Manual Prático
da Advocacia Cível
nos Tribunais

VANDERLEI GARCIA JR.

É advogado, consultor jurídico e árbitro, tendo exercido, por 16 anos, o cargo de assessor de Desembargador do Tribunal de Justiça do Estado de São Paulo. Doutor em Direito Civil pela Universidade de São Paulo (USP), mestre em Direito Processual Civil pela Faculdade Autônoma de Direito (FADISP), e pesquisador visitante da Columbia University, da Universidade de Roma II – Tor Vergata e da Université Paris I Panthéon-Sorbonne. Certificado em Negociação pelo Programa de Negociação da Escola de Direito de Harvard (Harvard Law School), é especialista em Negociação e Comportamento Humano pela Pontifícia Universidade Católica do Rio Grande do Sul (PUC-RS), pós-graduado em Direito Processual Civil pela Escola Paulista da Magistratura (EPM) e em Direito Privado pela Faculdade de Direito Damásio de Jesus (FDDJ). Professor de Direito Civil e Processo Civil em cursos preparatórios para a OAB e carreiras jurídicas, cursos de graduação e pós-graduação em Direito.

Vanderlei Garcia Jr.

Manual Prático da Advocacia Cível nos Tribunais

Recursos e os Meios Autônomos de Impugnação de Decisões Judiciais

2025

- O autor deste livro e a editora empenharam seus melhores esforços para assegurar que as informações e os procedimentos apresentados no texto estejam em acordo com os padrões aceitos à época da publicação, *e todos os dados foram atualizados pelo autor até a data da entrega dos originais à editora.* Entretanto, tendo em conta a evolução das ciências, as atualizações legislativas, as mudanças regulamentares governamentais e o constante fluxo de novas informações sobre os temas que constam do livro, recomendamos enfaticamente que os leitores consultem sempre outras fontes fidedignas, de modo a se certificarem de que as informações contidas no texto estão corretas e de que não houve alterações nas recomendações ou na legislação regulamentadora.

- Data do fechamento do livro: 24/10/2024

- O autor e a editora se empenharam para citar adequadamente e dar o devido crédito a todos os detentores de direitos autorais de qualquer material utilizado neste livro, dispondo-se a possíveis acertos posteriores caso, inadvertida e involuntariamente, a identificação de algum deles tenha sido omitida.

- Direitos exclusivos para a língua portuguesa
  Copyright ©2025 by
  Saraiva Jur, um selo da SRV Editora Ltda.
  Uma editora integrante do GEN | Grupo Editorial Nacional
  Travessa do Ouvidor, 11
  Rio de Janeiro – RJ – 20040-040

- **Atendimento ao cliente: https://www.editoradodireito.com.br/contato**

- Reservados todos os direitos. É proibida a duplicação ou reprodução deste volume, no todo ou em parte, em quaisquer formas ou por quaisquer meios (eletrônico, mecânico, gravação, fotocópia, distribuição pela Internet ou outros), sem permissão, por escrito, da **SRV Editora Ltda.**

- Capa: Tiago Fabiano Dela Rosa
  Diagramação: Fernanda Matajs

DADOS INTERNACIONAIS DE CATALOGAÇÃO NA PUBLICAÇÃO (CIP)
ODILIO HILARIO MOREIRA JUNIOR – CRB-8/9949

G216m   Garcia Jr, Vanderlei
Manual prático da advocacia cível nos tribunais: recursos e os meios autônomos de impugnação de decisões judiciais / Vanderlei Garcia Jr. – São Paulo: Saraiva Jur, 2025.

304 p.
ISBN 978-85-5362-610-6 (impresso)

1. Direito civil. 2. Recursos. 3. Impugnação. 4. Decisões judiciais. 5. Duplo grau de jurisdição. 6. Juízo de admissibilidade. 7. Prazo para interposição. 8. Coisa julgada. 9. Reclusão. 10. Conflito de competência. 11. Ação rescisória. I. Título.

	CDD 347
2024-3080	CDU 347

Índices para catálogo sistemático:
1. Direito civil   347
2. Direito civil   347

Ao meu Deus, pai amado e fiel, por estar sempre ao meu lado, abençoando-me, guiando-me e oferecendo oportunidades de felicidades.

À minha amada esposa, Priscila Ferreira, razão diária dos meus sorrisos, meu grande e verdadeiro amor.

Aos meus amados pais, Sandra e Vanderlei, responsáveis por tudo, especialmente pelo amor incondicional e pelos valores, princípios e ideais transmitidos durante uma existência.

Vanderlei Garcia Junior

Apresentação

Prezado leitor,

É com grande entusiasmo que apresento nosso **"Manual Prático da Advocacia Cível nos Tribunais"**, um guia dedicado à prática jurídica em variados níveis do Judiciário brasileiro, incluindo os Tribunais de Justiça, os Tribunais Regionais Federais e os Tribunais Superiores (Superior Tribunal de Justiça e Supremo Tribunal Federal).

Este manual é uma ferramenta destinada a enriquecer a prática dos profissionais do Direito perante essas cortes, combinando teoria e prática eficazmente. Aqui, discutimos teses relevantes para aprimorar as peças processuais e exploramos detalhadamente os procedimentos operacionais de cada tribunal.

Uma das principais barreiras para profissionais do Direito, seja como advogados, estagiários, defensores, seja também como magistrados, promotores, procuradores ou assessores, é a compreensão prática das dinâmicas internas dos tribunais. Este guia detalha estruturas, como a composição dos julgadores, procedimentos de sustentação oral e diversos outros aspectos essenciais para a elaboração e o sucesso dos recursos jurídicos.

Organizamos o conteúdo da obra em três módulos, trabalhando, respectivamente, a Teoria Geral dos Recursos, introduzindo os aspectos iniciais e procedimentais dos processos nos tribunais, desde as análises principiológica, de efeitos, da estrutura e processamento dos Tribunais de Justiça e dos Tribunais Regionais Federais e, sobretudo, a forma de julgamento dos processos nos tribunais.

Na sequência, no segundo módulo, estudaremos os recursos cíveis em espécie, conforme tipificados no Código de Processo Civil, com procedimentos práticos e teóricos, inclusive com modelos e petições *on-line*, para servirem como fundamento para sua atividade profissional, iniciando pela apelação, passando pelos agravos (de instrumento e interno), analisando o arcabouço dos embargos de declaração para, depois, esgotar os recursos interpostos nos Tribunais Superiores (recurso ordinário, recurso especial, recurso extraordinário, recursos repetitivos, agravo em recursos especial e extraordinário e os embargos de divergência).

No terceiro módulo, analisaremos o uso dos precedentes pelos tribunais e a importância prática do seguimento desses julgados, especialmente nas peças processuais. Estudaremos cada um dos precedentes vinculativos previstos no Código de Processo Civil, tais como o incidente de resolução de demandas repetitivas, o incidente de assunção de competência, o conflito de competência, as homologações de decisão estrangeira e da concessão do *exequatur* à carta rogatória e o incidente de arguição de inconstitucionalidade, bem como as ações originárias, que são propostas diretamente ou se iniciam nos próprios tribunais, tal como ocorre com a ação rescisória, com a reclamação e com o mandado de segurança.

Ressaltamos, pois, que, além de toda a apresentação dos aspectos teóricos, dos fundamentos jurídicos e legais para cada um dos temas estudados, traremos modelos de peças para que possam se inspirar e servir de efetivos guias, claro, sem a pretensão de esgotar as possibilidades advindas do dia a dia da prática jurídica.

São, de fato, apenas ideias e propostas apresentadas por um atual advogado, mas que, durante aproximadamente dezesseis anos, foi Assessor do Tribunal de Justiça do Estado de São Paulo, tendo analisado e estudado inúmeros recursos e ações, sempre respeitando as máximas da efetiva tutela do direito e do devido processo legal.

Com isso, expresso minha gratidão e desejo sucesso a todos os profissionais que buscam aprimorar suas habilidades práticas por meio deste manual!

O Autor.
São Paulo, setembro de 2024.

Sumário

Apresentação VII

PRIMEIRA PARTE
TEORIA GERAL DOS RECURSOS

1. Conceito de recurso e dos meios autônomos de impugnação de decisões judiciais 3
2. Classificação dos recursos 5
3. Pronunciamentos judiciais e a sistemática recursal 13
4. Princípios dos recursos 21
   - 4.1. Princípio do duplo grau de jurisdição 21
   - 4.2. Princípio da taxatividade 24
   - 4.3. Princípio da singularidade, da unicidade ou da unirrecorribilidade ... 25
   - 4.4. Princípio da fungibilidade 26
   - 4.5. Princípio da dialeticidade 27
   - 4.6. Princípio da proibição da *reformatio in pejus* 28
5. Objetivo dos recursos 29
6. Juízo de admissibilidade 35
7. Efeitos dos recursos 56
8. Recurso adesivo 67
9. Prazo para a interposição de recursos 69
10. Honorários advocatícios 70
11. Da sentença e da coisa julgada 74
    - 11.1. Sentença 74
      - 11.1.1. Requisitos 77
      - 11.1.2. Limites da sentença 79
      - 11.1.3. Sentença e o dever de fundamentação 80
    - 11.2. Coisa julgada 87
      - 11.2.1. Conceito 87
      - 11.2.2. Limites objetivos da coisa julgada 88
      - 11.2.3. Limites subjetivos da coisa julgada 92
      - 11.2.4. Eficácia preclusiva 93

X *Manual Prático da Advocacia Cível nos Tribunais*

11.3. Preclusão 94

12. Da remessa necessária.. 96

13. Do julgamento das ações relativas às prestações de fazer, de não fazer e de entregar coisa... 97

SEGUNDA PARTE
RECURSOS EM ESPÉCIE

1. Recurso de Apelação... 103

2. Recurso de Agravo de Instrumento... 113

3. Recurso de Agravo Interno 124

4. Embargos de Declaração 129

5. Recurso Ordinário... 135

6. Recurso Especial e Recurso Extraordinário 141

7. Agravos em Recurso Especial e em Recurso Extraordinário 161

8. Embargos de Divergência... 166

TERCEIRA PARTE
MÉTODOS AUTÔNOMOS DE IMPUGNAÇÃO
DAS DECISÕES JUDICIAIS

1. Dos processos nos tribunais 173

   1.1. Da ordem dos processos nos tribunais 173

2. O sistema dos precedentes judiciais pelos tribunais 186

   2.1. Conceito de precedentes 187

3. O Código de Processo Civil e o sistema dos precedentes à brasileira 190

4. Distinção e superação de precedente 192

5. Do incidente de assunção de competência................................. 195

6. Do incidente de arguição de inconstitucionalidade................. 199

7. Do conflito de competência 204

8. Da homologação de decisão estrangeira e da concessão do *exequatur* à carta rogatória... 209

9. Do Incidente de Resolução de Demandas Repetitivas.............. 215

10. Da reclamação... 223

11. Ação rescisória.. 231

   11.1. Introdução... 231

   11.2. Hipóteses de cabimento 233

   11.3. Legitimidade 242

   11.4. Procedimento.. 244

Sumário   XI

12. *Querela nullitatis insanabilis* ou ação declaratória de nulidade 251

13. Mandado de segurança 256

Súmulas do STF e do STJ – Recursos e Processos nos Tribunais 272

Enunciados das Jornadas de Direito Processual Civil do Conselho da Justiça Federal – CJF 277

Enunciados do Fórum Permanente de Processualistas Civis – FPPC 284

Enunciados da Escola Nacional de Formação e Aperfeiçoamento de Magistrados – ENFAM 289

Referências Bibliográficas 291

PRIMEIRA PARTE
TEORIA GERAL DOS RECURSOS

1. CONCEITO DE RECURSO E DOS MEIOS AUTÔNOMOS DE IMPUGNAÇÃO DE DECISÕES JUDICIAIS

O Poder Judiciário, além de desempenhar suas funções jurisdicionais essenciais, tem como objetivos principais promover a efetiva pacificação social e assegurar a estabilidade nas relações jurídicas. Nesse sentido, a atividade jurisdicional, conduzida por juízes, magistrados e ministros, deve ser sempre pautada pela resolução dos conflitos de interesses apresentados de maneira eficaz, buscando prevenir a perpetuação das disputas e, consequentemente, dos conflitos.

Entretanto, dentro dessa atividade jurisdicional de *"julgar"* (ou seja, de "dizer o direito"), é natural que insatisfações ou descontentamentos surjam por parte dos interessados. E é nesse contexto que nascem os *meios de impugnação das decisões judiciais*.

Dessa forma, o ordenamento jurídico processual civil apresenta várias opções para contestar decisões judiciais, incluindo recursos, ações autônomas e sucedâneos recursais. Com a promulgação do Código de Processo Civil de 2015, foram também introduzidos mecanismos para padronizar e uniformizar as interpretações proferidas pelas decisões dos tribunais, conhecidos como precedentes judiciais. Dentre esses mecanismos, destacam-se a reclamação, o incidente de resolução de demandas repetitivas e a utilização dos recursos repetitivos.

A possibilidade de impugnar decisões judiciais emerge em nosso sistema como um reflexo do direito de recorrer, o que, na verdade, é derivado de uma das principais garantias constitucionais voltadas ao processo, o do *devido processo legal*, conforme estabelecido pelo art. 5º, LIV, da Constituição Federal, assegurando que *"ninguém será privado da liberdade ou de seus bens sem o devido processo legal"*.

De igual maneira, a própria Constituição Federal, de forma expressa e efetiva, também tutela, como garantia fundamental, a ampla defesa e o contraditório, conforme art. 5º, LV, permitindo aos litigantes todos os meios e os recursos inerentes a eles, sobretudo quando diante de decisões judiciais eventualmente consideradas inadequadas ou incorretas.

Na verdade, recurso é a *garantia constitucional intrínseca ao processo*, e concedida às partes que se sentirem lesadas ou prejudicadas pela decisão judicial.

Esse mecanismo permite à parte insatisfeita a provocação do Poder Judiciário para a reanálise, a reavaliação ou o reexame das matérias e questões decididas, pelo mesmo órgão jurisdicional, tal qual ocorre com os embargos de declaração, ou por outro órgão de hierarquia superior.

Portanto, o recurso constitui um instrumento voluntário de impugnação das decisões judiciais, cujos objetivos são variados e incluem reformar, modificar ou anular a decisão anterior. Além disso, visa, também, ao aprimoramento e à integração do julgado, clarificando e eliminando possíveis omissões, contradições ou ambiguidades presentes na decisão original.

Dessa forma, o recurso não apenas desafia a decisão judicial, mas também contribui para a precisão e a clareza do pronunciamento judicial, assegurando que a justiça seja feita de maneira completa e transparente.

Nesse sentido, ensina Eduardo Arruda Alvim que *"recurso é meio de impugnação de decisões judiciais inserido no mesmo processo em que aquelas tenham sido proferidas, mas não necessariamente nos mesmos autos"*[1].

Conforme tal interpretação, compreende-se que as decisões judiciais são proferidas dentro do escopo do processo e que os recursos são instrumentos que podem ser apresentados no mesmo conjunto de autos, como é o caso da apelação, ou em autos separados, como ocorre nos agravos de instrumento. Importante destacar que, ao interpor um recurso, não se estabelece uma nova relação jurídica processual, ou seja, não há ampliação subjetiva ou objetiva da lide, pois a relação original se mantém com base no direito de ação, garantindo tão somente a continuidade processual.

Quando uma decisão se mostra inadequada ou causa prejuízo às partes, por motivos que serão detalhadamente explorados, surgem para o prejudicado ou para um terceiro interessado a necessidade e o direito de impugnar ("recorrer contra") essa decisão. O recurso, neste contexto, não surge somente como um direito às partes afetadas pela decisão, mas como uma garantia constitucional e uma faculdade processual colocada à sua disposição. E isso sublinha a importância de demonstrar o prejuízo efetivo, conhecido como *sucumbência*, que pode ser de natureza econômica, de direito material ou até mesmo de ordem processual.

Assim, a principal função dos recursos é proporcionar um mecanismo de controle e revisão das decisões judiciais, o que ajuda a manter a integridade do sistema jurídico. Os recursos garantem que as decisões sejam consistentemente revistas por diferentes níveis de tribunais, o que ajuda a corrigir erros, a uniformizar a interpretação das leis e a promover a justiça e a equidade. Por exemplo, uma parte que se sente prejudicada por um erro de direito ou de fato tem a oportunidade de ter seu caso reconsiderado, muitas vezes por um tribunal superior.

---

[1] ALVIM, Eduardo Arruda. *Direito processual civil*. 5. ed. rev. atual. e ampl. São Paulo: RT, 2013, p. 746.

Os recursos são instrumentos fundamentais para um sistema jurídico robusto e justo, assegurando que as partes tenham a oportunidade de corrigir decisões equivocadas e garantindo que o direito seja aplicado de maneira uniforme e equitativa em todo o sistema. Eles refletem o compromisso do sistema jurídico com o devido processo legal, a justiça substancial e a correção de erros.

Dessa forma, os recursos desempenham um papel indispensável na dinâmica do processo civil, não apenas promovendo a função de revisão e correção, mas também fortalecendo a confiança pública no sistema de justiça como um todo.

Além dos recursos tradicionais, é fundamental destacar a importância de outros instrumentos autônomos de impugnação de decisões judiciais, que desempenham um papel crucial na revisão e na correção de julgamentos dentro do sistema jurídico. Esses meios, embora não sejam tecnicamente considerados recursos, são essenciais para contestar, modificar ou anular decisões, sentenças ou acórdãos.

Analisaremos instrumentos como a ação rescisória, a *querela nullitatis insanabilis*, o mandado de segurança, a reclamação, os embargos de terceiro, os instrumentos aplicadores dos precedentes judiciais que, muito embora não tenham a natureza recursal, prestam para impugnar ou buscar a desconstituição de decisões, sentenças ou acórdãos, que também foram incorporados a essa obra.

Cada um desses instrumentos possui características e requisitos específicos que são essenciais para sua correta aplicação e eficácia e, ao estruturarmos esses meios autônomos de impugnação, nossa obra proporciona uma compreensão ampla de como essas ferramentas operam dentro do sistema legal, oferecendo aos profissionais do Direito conhecimento crítico para a prática jurídica eficiente e informada. Assim, eles complementam o arsenal de ferramentas disponíveis para os operadores do Direito na sua missão de buscar justiça e correção de equívocos judiciais.

2. CLASSIFICAÇÃO DOS RECURSOS

Certamente, na doutrina, existem várias formas de classificação dos recursos. Nesta obra, vamos analisar as mais relevantes para a efetiva construção da peça processual, sendo elas:

a) Recursos totais ou recursos parciais: a primeira classificação diz respeito à possibilidade de os recursos serem direcionados à totalidade da decisão judicial ou apenas a partes dela, também chamadas de *"capítulos da decisão"*. No Código de Processo Civil, retira-se essa classificação do art. 1.002, o qual determina que a decisão pode ser impugnada no ***todo ou em parte***.

Por capítulo do julgado, entenda-se:

As partes em que ideologicamente se decompõe o decisório de uma sentença ou acordão – ou mesmo de uma decisão interlocutória ou mandado monitório –, cada uma delas contendo o julgamento de uma pretensão distinta[2].

E justamente por ser um direito facultativo à parte sucumbente, certamente caberá exclusivamente a ela decidir se irá recorrer ou não, bem como quais capítulos da decisão deseja impugnar. Essa escolha influenciará diretamente nos efeitos dos recursos, especialmente porque, por exemplo, com a sua interposição, resultará no recebimento do recurso em seu efeito devolutivo integral, caso a decisão tenha sido totalmente atacada pelo recurso, ou haverá o efeito devolutivo somente de parcela da decisão, devolvendo ao Judiciário a reanálise somente do capítulo específico da sentença impugnada.

Nesses casos, tais efeitos ensejarão no julgado o fenômeno chamado de *"preclusão"*, ou seja, ao recorrer de toda a decisão, evita-se a *preclusão total* do julgado, no entanto, ao recorrer de parcela da decisão, somente evita-se a preclusão com relação à parte impugnada. Assim, devolvendo-se tão somente a análise ao órgão jurisdicional é que se evita a preclusão, o que não ocorre com os capítulos não impugnados, que transitarão em julgado.

Vamos considerar, por exemplo, uma sentença que julga procedentes os pedidos do autor, resultando na condenação do réu ao pagamento de danos materiais de R$ 15.000,00, danos estéticos de R$ 10.000,00 e danos morais de R$ 25.000,00, além das custas processuais e honorários advocatícios. Contudo, descontente com parte da decisão, o réu decide interpor um recurso de apelação, impugnando apenas as partes da sentença que se referem aos danos estéticos e morais, sem mencionar os danos materiais ou questionar os valores determinados.

Nesse contexto, o recurso tem efeito apenas sobre os pontos impugnados – ou seja, com relação aos danos morais e estéticos. Portanto, apenas essas partes da decisão são submetidas à reanálise pelo Tribunal. Consequentemente, a condenação referente aos danos materiais, por não ter sido objeto do recurso, sofre preclusão, ou seja, torna-se definitiva e não pode mais ser contestada. Isso ilustra como a decisão de recorrer apenas de certos aspectos da sentença pode levar à preclusão das partes da decisão que não foram impugnadas, consolidando-as como inalteráveis.

Importante, nesse ponto, distinguir tais fenômenos processuais: preclusão, trânsito em julgado e coisa julgada.

Pode-se dizer que a *preclusão* é o instituto processual que se refere à perda da faculdade de uma parte de exercer um direito processual, geralmente devido

---

[2] DINAMARCO, Candido Rangel. *Instituições de direito processual civil*. 6. ed. São Paulo: Malheiros, 2009. v. 3. p. 695.

Primeira Parte • Teoria Geral dos Recursos

à inação, ao uso anterior do mesmo direito ou a contradições nas suas ações. A preclusão pode ser categorizada em três tipos principais: *preclusão temporal, preclusão consumativa e preclusão lógica.*

A *"preclusão temporal"* ocorre quando uma parte perde o direito de realizar um ato processual porque os *prazos legal, convencional ou judicial* para realizá-lo já expiraram. Suponha que uma parte tenha o direito de apelar de uma decisão judicial dentro de um prazo de 15 dias, a partir de sua intimação. Se essa parte não apresentar o recurso de apelação dentro desse período, ocorrerá a preclusão temporal, e ela perderá permanentemente a oportunidade de apelar dessa decisão.

A *"preclusão consumativa"*, por seu turno, ocorrerá na hipótese de um direito processual já ter sido exercido, portanto, não podendo ser utilizado novamente no mesmo contexto processual. Imagine que uma parte interpõe um recurso de apelação sobre um determinado ponto da sentença. Uma vez que o direito já foi praticado, a mesma parte, arrependida, pretende apelar novamente. Por certo, não poderá interpor outro recurso de apelação sobre o mesmo ponto ou sobre outro ponto daquela decisão. Se tentar fazê-lo, encontrará a barreira da preclusão consumativa, pois o direito de questionar aquele ponto específico já foi *"consumado"* pelo exercício anterior.

E a *"preclusão lógica"* ocorre quando uma ação realizada por uma parte impede logicamente que ela tome ações futuras que sejam contraditórias com a ação anteriormente praticada. Suponha que, em um processo, a parte autora renuncie explicitamente ao direito de contestar certos aspectos da prova durante uma audiência. Se, posteriormente, essa parte tentar contestar esses mesmos aspectos da prova em um recurso, enfrentará a preclusão lógica, pois sua ação anterior (a renúncia) é logicamente incompatível com a contestação posterior desses pontos.

O *trânsito em julgado* é um conceito fundamental no direito processual, que ocorre quando uma decisão judicial se torna definitiva e indiscutível dentro daquele processo, seja pelo esgotamento de todos os meios de impugnação (recursos) disponíveis, seja pela ocorrência de preclusões que impedem a interposição de novos recursos. Uma vez que uma decisão transita em julgado, ela adquire autoridade de coisa julgada, o que significa que não pode mais ser modificada ou questionada pelas partes envolvidas no processo em que foi proferida.

Esse fenômeno está intrinsecamente ligado à estabilidade das relações jurídicas e à segurança jurídica, pois garante que decisões judiciais não sejam eternamente contestadas, permitindo que as partes e a sociedade em geral confiem na decisão como final e executável. Além disso, o trânsito em julgado marca o ponto a partir do qual podem ser iniciadas a execução da sentença e a aplicação das medidas nela determinadas.

Vamos considerar o caso de uma disputa civil sobre a propriedade de um imóvel, em que o juiz de primeira instância decide a favor do reclamante, concedendo-lhe a posse do imóvel. O réu, então, apela para um tribunal superior, que confirma a decisão. O réu tenta, sem sucesso, interpor um recurso especial e um recurso extraordinário, que são ambos inadmitidos por não atenderem aos requisitos necessários.

Após a rejeição dos últimos recursos possíveis, não há mais meios jurídicos disponíveis para contestar a decisão. Nesse momento, a decisão judicial sobre a posse do imóvel *transita em julgado*. Isso significa que o réu deve cumprir a decisão e ceder a posse do imóvel ao reclamante. A partir desse ponto, qualquer tentativa de reabrir a disputa sobre a posse do imóvel nesse processo seria inválida, e medidas de execução podem ser tomadas para garantir o cumprimento da decisão.

O trânsito em julgado é, portanto, um marco final no tratamento judicial de um caso, após o qual a decisão se torna absoluta dentro do contexto do processo específico, encerrando formalmente o litígio entre as partes no âmbito daquele processo.

Finalmente, pode-se conceituar a coisa julgada como a garantia processual-constitucional que se concretiza como a qualidade que torna imutável o conteúdo decisório da decisão de mérito e que torna, por consectário, indiscutíveis todas as questões debatidas, seja no processo em que proferida a decisão, seja em outro processo. Essa qualidade de finalidade se aplica tanto à substância da decisão quanto às questões processuais definitivamente resolvidas durante o litígio.

A coisa julgada pode ser classificada em:

- **Coisa julgada formal:** refere-se à imutabilidade da decisão dentro do mesmo processo, impedindo que a matéria seja novamente discutida no curso desse processo.

- **Coisa julgada material:** estende a imutabilidade para outros processos, seja entre as mesmas partes ou em relação a terceiros, garantindo que o assunto não possa ser objeto de nova demanda.

Suponhamos que duas empresas disputem em juízo o direito exclusivo sobre uma patente. Após um longo processo, o tribunal decide que a Empresa A é a legítima detentora dos direitos sobre a patente. Essa decisão é impugnada por meio de todos os recursos possíveis, mas, eventualmente, transita em julgado.

Com o trânsito em julgado, a decisão adquire a qualidade de coisa julgada material. Isso significa que nenhuma das partes pode iniciar um novo processo para discutir o mesmo direito sobre a patente. Além disso, terceiros também estão impedidos de contestar a propriedade da patente em futuros litígios, garantindo à Empresa A a segurança jurídica de que seu direito sobre a patente não será mais questionado judicialmente.

Primeira Parte • Teoria Geral dos Recursos

Assim, a coisa julgada representa uma proteção ao direito adquirido e à justiça da decisão, encerrando definitivamente a disputa sobre o assunto que foi objeto do processo e consolidando as decisões judiciais como um ponto final nas controvérsias que alcançam esse *status*.

b) Recursos ordinários ou recursos extraordinários: pode-se classificar os recursos como ordinários e extraordinários, quando relacionados à discussão dos direitos objetivos e subjetivos dos recorrentes.

Recursos ordinários são aqueles utilizados com a intenção de revisar e reexaminar aspectos fáticos e probatórios de um julgamento, focando *nos direitos subjetivos das partes envolvidas*. Eles não se concentram exclusivamente na aplicação de textos legais específicos, mas buscam corrigir eventuais injustiças ou erros na apreciação das provas ou na interpretação dos fatos apresentados durante o processo.

Esse tipo de recurso é considerado "ordinário" porque faz parte dos meios habituais de impugnação de decisões judiciais que não se conformam ao entendimento ou expectativas das partes quanto aos seus direitos materiais. Esses recursos permitem a análise de como as provas foram avaliadas e de como os fatos foram interpretados, buscando assegurar que a decisão final seja justa e refletiva das realidades do caso, a exemplo da apelação e do agravo de instrumento.

São recursos de natureza ordinária:

(i) Apelação: provavelmente, o recurso mais comum, utilizado para impugnar sentenças proferidas pelos juízes de primeira instância. A apelação pode abranger revisões completas dos aspectos fáticos e legais da sentença (art. 1.009 do CPC).

(ii) Agravo de Instrumento: utilizado para desafiar decisões interlocutórias (decisões que ocorrem no curso do processo, mas que não terminam com ele), permitindo uma revisão rápida por um tribunal superior sobre determinados atos do juiz que poderiam causar dano irreparável se não fossem imediatamente revisados (art. 1.015 do CPC).

(iii) Agravo Interno (ou Agravo Regimental): empregado contra decisões monocráticas de relatores nos tribunais, buscando a revisão dessas decisões pelas Câmaras ou Turmas desses mesmos tribunais (art. 1.021 do CPC, art. 259 do Regimento Interno do STJ e art. 317 do Regimento Interno do STF).

Por outro lado, os *recursos extraordinários*, também conhecidos como *recursos excepcionais*, são estritamente limitados à discussão de *questões de direito*, isto é, aspectos que envolvem a interpretação da legislação e a aplicação de normas jurídicas. Eles não permitem a reanálise de fatos ou provas e estão focados em assegurar que o ordenamento jurídico seja corretamente observado e

10 *Manual Prático da Advocacia Cível nos Tribunais*

preservado. Tais recursos são empregados quando se alega que a decisão contém uma violação direta a um dispositivo legal ou constitucional.

Esses recursos são denominados *"extraordinários"* porque só são admissíveis em circunstâncias específicas e restritas, visando garantir uma interpretação uniforme e coerente das leis em todo o território nacional.

Assim, esses recursos extraordinários: (i) não permitem o reexame de matéria fática; (ii) exigem o esgotamento de todos os recursos na instância ordinária; e (iii) somente permitem a reavaliação da questão de direito já decidida.

Esses recursos estão previstos na própria Constituição Federal e no Código de Processo Civil, e são:

(i) **Recurso Extraordinário:** cabível em caso de afronta à CF (art. 102, III, da CF/88). Encaminhado ao Supremo Tribunal Federal (STF), foca exclusivamente em questões constitucionais. É admissível quando uma decisão judicial contraria a Constituição Federal ou quando há divergência na interpretação de preceito fundamental;

(ii) **Recurso Especial:** em casos de afronta à lei infraconstitucional (art. 105, III, da CF/88). Destinado ao Superior Tribunal de Justiça (STJ), é utilizado para discutir questões relativas à interpretação da legislação federal. O recurso especial é admitido em casos que envolvem divergência na interpretação de lei federal ou quando se alega que uma decisão contrariou um dispositivo dessa legislação;

(iii) **Embargos de Divergência:** visam obter do STF e do STJ seus reais entendimentos a respeito de determinada matéria; servem para uniformizar a jurisprudência dentro desses tribunais, quando há divergência entre diferentes Turmas ou seções na interpretação de leis federal ou constitucional (art. 1.043 do CPC).

c) Recursos de fundamentação livre ou de fundamentação vinculada: como o nome bem diz, essa classificação leva em consideração a fundamentação adotada pelos recorrentes na interposição dos recursos.

Os recursos com *fundamentação livre* caracterizam-se pela flexibilidade na sua formulação, não sendo necessária a indicação específica de um vício particular na decisão para que sejam considerados cabíveis.

Para a admissibilidade desses recursos, é suficiente que o recorrente alegue a existência de um vício, seja ele um erro de procedimento (*error in procedendo*) ou um erro de julgamento (*error in judicando*).

O essencial é que tal vício seja claramente alegado e devidamente fundamentado, além de estar associado a uma decisão que tenha causado prejuízo ao recorrente.

Assim, são ***recursos de fundamentação livre***:

Primeira Parte • Teoria Geral dos Recursos

(i) a Apelação;
(ii) o Agravo de Instrumento;
(iii) o Agravo Interno; e
(iv) o Recurso Ordinário.

Os recursos de *fundamentação vinculada* são uma categoria específica de recursos no âmbito jurídico, nos quais a legislação estabelece critérios estritos e predefinidos que devem ser atendidos para que a sua interposição seja considerada válida. Esses critérios geralmente envolvem a necessidade de demonstrar a presença de determinados tipos de vícios ou fundamentos específicos na decisão que está sendo contestada.

A característica principal dos recursos de fundamentação vinculada é que a lei não apenas recomenda, mas explicitamente exige que certos requisitos sejam comprovados para que o recurso seja admissível. Isso significa que o recorrente deve identificar e articular claramente o fundamento legal específico que justifica a revisão da decisão, como a violação de um artigo legal, a aplicação errônea de uma norma ou a ocorrência de um erro processual que afete os direitos das partes.

Nesses casos, podemos identificar:

(i) os Embargos de Declaração: exigem a demonstração da omissão, da contradição ou da obscuridade do julgado;

(ii) o Recurso Especial: necessidade de comprovação da violação à lei federal e, agora, da relevância da questão federal;

(iii) o Recurso Extraordinário: necessidade de comprovação da violação à Constituição Federal, bem como da repercussão geral;

(iv) o Agravo em Recursos Especial ou Extraordinário: exige a comprovação da violação de leis federal ou constitucional, conforme a natureza do recurso, para o julgamento do Tribunal Superior; e

(v) os Embargos de Divergência: é necessário comprovar a divergência entre julgados de órgãos dentro do mesmo Tribunal.

Se os argumentos apresentados no recurso não atenderem especificamente aos requisitos estabelecidos pela legislação, o recurso pode ser *prontamente inadmitido pelo Tribunal*, sem que haja a análise do mérito. Isso reflete a natureza vinculada da fundamentação, em que a conformidade com os critérios legais específicos é indispensável para a aceitação e processamento do recurso.

Essa estrutura de fundamentação vinculada assegura que os recursos sejam utilizados de forma objetiva e focada, promovendo a eficiência do sistema judicial ao limitar as revisões a questões jurídicas substantivas que possuem fundamentação clara e definida por lei.

d) Recursos independentes ou recursos subordinados: essa classificação leva em consideração a forma de interposição do recurso, e não de uma modalidade recursal, podendo ser efetivado de maneira independente ou na dependência de outro recurso para a sua admissibilidade, classificando-os como *recurso independente ou subordinado.*

Os *recursos independentes* são aqueles que podem ser interpostos autonomamente, sem a necessidade de vinculação ou dependência de qualquer outro recurso anterior. Esses recursos baseiam-se exclusivamente em seus próprios méritos e requisitos legais de admissibilidade, conforme estabelecido pela legislação processual.

Um exemplo claro da operacionalização de recursos independentes pode ser visto no art. 997, *caput*, do CPC, que assegura a cada parte a possibilidade de interpor seu recurso de maneira autônoma, respeitando os prazos e exigências legais específicas.

Isso significa que o recurso será conhecido e analisado com base na adequação desses requisitos, sem que haja necessidade de considerar outros fatores externos ao próprio recurso. A apelação e o agravo de instrumento são exemplos típicos de recursos independentes, que permitem às partes desafiar decisões judiciais diretamente.

Em contraste, os *recursos subordinados* são aqueles cuja admissibilidade depende da interposição ou existência de um recurso independente prévio. Esse tipo de recurso não pode ser interposto isoladamente, pois sua viabilidade está intrinsecamente ligada ao recurso principal ao qual está subordinado. A admissão de um recurso subordinado geralmente segue a do recurso independente, significando que, se o recurso principal for considerado inadmissível, os subordinados também o serão.

Os recursos subordinados são relevantes em situações em que a legislação ou a jurisprudência determina que certas questões ou argumentos só podem ser revisados em conjunto ou como complemento a outro recurso. Um exemplo seria o recurso adesivo, que deve ser interposto dentro do prazo e nas condições do recurso principal, não podendo prosseguir se o principal for inadmissível. O CPC admite duas possibilidades de recursos subordinados:

(i)   **o Recurso Adesivo; e**
(ii) **as Contrarrazões de Apelação que impugnam decisão interlocutória.**

Quanto ao recurso adesivo, estabelece o § 1º do art. 997 do CPC que, sendo vencidos autor e réu, ao recurso interposto por qualquer deles poderá aderir o outro. Igualmente, o § 2º determina que o recurso adesivo fica subordinado ao recurso independente, sendo-lhe aplicáveis as mesmas regras deste quanto aos requisitos de admissibilidade e ao julgamento no tribunal, salvo disposição legal diversa, observado, ainda, o seguinte:

Primeira Parte • Teoria Geral dos Recursos

I – será dirigido ao órgão perante o qual o recurso independente fora interposto, no prazo de que a parte dispõe para responder;

II – será admissível na apelação, no recurso extraordinário e no recurso especial;

III – não será conhecido, se houver desistência do recurso principal ou se for ele considerado inadmissível.

Outra hipótese de recurso subordinado são as contrarrazões ao recurso de apelação, que, com fundamento no art. 1.009, § 1º, do CPC, podem veicular impugnação a determinadas decisões interlocutórias que não são recorríveis em separado[3].

Dessa forma, as questões resolvidas na fase de conhecimento, se a decisão a seu respeito não comportar agravo de instrumento, não são cobertas pela preclusão e devem ser suscitadas em preliminar de apelação, eventualmente interposta contra a decisão final, ou nas contrarrazões.

No caso acima, as questões que não comportarem agravo de instrumento no momento processual em que proferidas deverão ser alegadas nas razões do recurso de apelação ou nas contrarrazões ao recurso de apelação. Percebam que, nesse último caso, a alegação realizada nas contrarrazões possui, inegavelmente, natureza recursal, estando totalmente dependente e subordinada ao recurso de apelação interposto.

A classificação entre recursos independentes e subordinados é importante para a estratégia processual, pois influencia diretamente na maneira como as partes devem preparar e fundamentar seus recursos dentro do contexto mais amplo do litígio. Entender essas categorias ajuda as partes e seus advogados a planejarem adequadamente suas ações e a garantir que não percam oportunidades de revisão judicial devido a erros técnicos na interposição de recursos.

3. PRONUNCIAMENTOS JUDICIAIS E A SISTEMÁTICA RECURSAL

No sistema jurídico, os **pronunciamentos judiciais** são considerados formas pelas quais os juízes e tribunais se manifestam nos processos, resolvem os litígios entre as partes, determinam os direitos e deveres dos envolvidos ou solucionam questões processuais durante o andamento de um processo.

Essas formas de pronunciamento podem variar desde sentenças, que decidem o mérito do caso apresentado, até decisões interlocutórias e despachos, que tratam de questões preliminares, procedimentais ou questões de mero expediente do juízo.

---

[3] Nesse sentido: CUNHA, Leonardo Carneiro da; DIDIER JUNIOR, Fredie. Apelação contra decisão interlocutória não agravável: a apelação do vencido e a apelação subordinada do vencedor: duas possibilidades do CPC/2015. *Revista Thesis Juris*, São Paulo, v. 4, n. 1, p. 191, jan.-jun. 2015.

A complexidade do processo judicial e a possibilidade de erro humano ou de interpretação diversa da lei requerem que o sistema jurídico disponibilize mecanismos para revisão desses pronunciamentos.

Aqui entra a importância do pronunciamento do juiz para a *sistemática recursal*, ou seja, é partir do pronunciamento proferido pelo juiz que identificaremos qual o recurso cabível. Assim, temos como observar toda essa sistemática recursal como o conjunto de procedimentos e normas que permitem às partes contestar e impugnar decisões judiciais dentro do mesmo sistema judicial, buscando uma reforma, um esclarecimento ou, até mesmo, a modificação ou anulação da decisão contestada.

Importante iniciar o estudo dos **recursos** e das **decisões judiciais** analisando a definição e a natureza jurídica dos atos de provimentos judiciais proferidos pelo juiz.

Conforme determinam os **arts. 203 e 204 do CPC**, os pronunciamentos do juiz consistirão em:

- **(i) Sentenças;**
- **(ii) Decisões Interlocutórias;**
- **(iii) Despachos; e**
- **(iv) Acórdãos.**

Nesse sentido, os ***despachos*** são considerados meros atos de provimentos judiciais *sem qualquer conteúdo decisório*, também chamados de atos de mero expediente, portanto, não interessando o estudo aprofundado a respeito do tema. Isso porque, nos termos do art. 1.001 do CPC, *"dos despachos não cabe recurso"*, sendo, logo, irrecorríveis.

As ***decisões interlocutórias***, por seu turno, são aqueles pronunciamentos realizados pelo juiz que efetivamente possuem *cunho ou força decisória*, ou seja, que decidem a respeito das postulações alegadas pelas partes, causando a *modificação, a criação ou a extinção de direitos entre as partes*, mas fazendo prosseguir regularmente o processo, *sem colocar fim a qualquer fase cognitiva ou de execução do processo*, nos termos do **art. 203, § 2º, do CPC**.

Nota-se que o Código de Processo Civil vigente, no tocante às decisões interlocutórias, adotou um **conceito residual**, ou seja, são atos decisórios que não se enquadrem no conceito ou na natureza jurídica de sentença, tal como ocorre, por exemplo, quando o juiz decide a respeito de tutela de urgência ou sobre o deferimento ou indeferimento de justiça gratuita ou, ainda, sobre a admissibilidade de um tipo específico de prova.

Primeira Parte • Teoria Geral dos Recursos

Por fim, as **sentenças** são os pronunciamentos por meio dos quais o juiz, com fundamento nos arts. 485[4] e 487[5], *põe fim à fase cognitiva do procedimento comum, bem como extingue a execução* (art. 203, § 1º, do CPC/2015), porquanto a sentença é o ato processual pelo qual *o juiz efetiva a prestação definitiva da tutela jurisdicional*.

As sentenças são pronunciamentos judiciais proferidos pelos juízes que representam uma das formas de decisão dentro do processo judicial. Elas têm a característica de extinguir o processo, *analisando ou não o mérito da causa*, ou seja, colocando fim, mas decidindo sobre a questão central do litígio apresentado ao órgão jurisdicional (art. 487 do CPC) ou em razão de algum vício formal eventualmente existente no processo (art. 485 do CPC). Uma sentença determina os direitos e deveres das partes envolvidas, finalizando o procedimento, ao menos com relação ao magistrado responsável pelo procedimento comum ou pela fase de execução.

Diferenciar decisão interlocutória de sentença é de fundamental importância para a sistemática recursal. Vejamos, de forma resumida e esquematizada, tais diferenças:

- **Sentença:** decisão que tem **fundamento nos arts. 485 e 487** (com ou sem resolução do mérito) **e** põe **fim** à fase cognitiva do processo de conhecimento e extingue a execução (requisitos cumulativos).

- **Decisão interlocutória:** pronunciamentos do juiz que possuem *cunho ou força decisória*, que inclusive pode ter fundamento nos arts. 485 e 487, mas que *não põe fim ao processo*.

A grande diferença está em colocar fim ou não à fase do procedimento.

Pensemos, aqui, nos casos do **julgamento antecipado do mérito** (art. 355 do CPC) e no **julgamento antecipado parcial de mérito** (art. 356 do CPC).

---

[4] Art. 485. O juiz não resolverá o mérito quando: I – indeferir a petição inicial; II – o processo ficar parado durante mais de 1 (um) ano por negligência das partes; III – por não promover os atos e as diligências que lhe incumbir, o autor abandonar a causa por mais de 30 (trinta) dias; IV – verificar a ausência de pressupostos de constituição e de desenvolvimento válido e regular do processo; V – reconhecer a existência de perempção, de litispendência ou de coisa julgada; VI – verificar ausência de legitimidade ou de interesse processual; VII – acolher a alegação de existência de convenção de arbitragem ou quando o juízo arbitral reconhecer sua competência; VIII – homologar a desistência da ação; IX – em caso de morte da parte, a ação for considerada intransmissível por disposição legal; e X – nos demais casos prescritos neste Código.

[5] Art. 487. Haverá resolução de mérito quando o juiz: I – acolher ou rejeitar o pedido formulado na ação ou na reconvenção; II – decidir, de ofício ou a requerimento, sobre a ocorrência de decadência ou prescrição; III – homologar: a) o reconhecimento da procedência do pedido formulado na ação ou na reconvenção; b) a transação; c) a renúncia à pretensão formulada na ação ou na reconvenção.

a) julgamento antecipado do mérito (art. 355 do CPC)

Conforme o **art. 355 do CPC**, o juiz **julgará antecipadamente o pedido**, proferindo sentença com resolução de mérito, quando:

I - não houver necessidade de produção de outras provas;

II - o réu for revel, ocorrer o efeito previsto no art. 344 e não houver requerimento de prova, na forma do art. 349.*

Imagine que o autor ingressou com ação de indenização por danos materiais, danos emergentes e lucros cessantes, em razão de acidente de trânsito sofrido por culpa do réu. O autor comprovou todas as suas alegações com provas documentais já realizadas e o réu não se opôs ou, citado, foi revel com os efeitos da revelia (art. 344 do CPC).

Guarde aqui o seguinte: nesse caso, o juiz poderá dispensar a produção de outras provas e **julgar antecipadamente o pedido**, ou seja, julgar de maneira antecipada **TODOS** os pedidos realizados pelo autor (danos materiais, danos emergentes e lucros cessantes, conforme nosso exemplo), sejam procedentes ou improcedentes (ou seja, com fundamento no **art. 487 do CPC**), colocando **FIM** à fase cognitiva do processo de conhecimento!

O pronunciamento do juiz tem natureza de **SENTENÇA** e o recurso cabível será o de **APELAÇÃO**.

b) julgamento antecipado parcial de mérito (art. 356 do CPC)

Por outro lado, conforme **art. 356 do CPC**, o juiz decidirá **parcialmente o mérito** quando um ou mais dos pedidos formulados ou parcela deles:

I - mostrar-se incontroverso;

II - estiver em condições de imediato julgamento, nos termos do art. 355.

Imagine o mesmo exemplo anterior, em que o autor ingressou com ação de indenização por danos materiais, danos emergentes e lucros cessantes, acrescentando ainda danos morais e danos estéticos, também em decorrência de acidente de trânsito sofrido por culpa do réu.

No entanto, o autor comprovou somente as suas alegações de danos materiais, danos emergentes e lucros cessantes com provas documentais e o réu não se opôs, tornando-os, portanto, incontroversos e prontos para serem imediatamente julgados (art. 356, I e II, do CPC).

No entanto, o juiz entende que ainda há a necessidade de produzir provas periciais e testemunhais a respeito dos pedidos de danos morais e de danos estéticos, portanto, para esses pedidos, determina o início da fase probatória.

---

* Nota do editor: todos os grifos em textos legislativos são do autor.

Primeira Parte • Teoria Geral dos Recursos

Resumindo: juiz julga procedentes **PARTE** dos pedidos realizados pelo autor, somente quanto aos danos materiais, danos emergentes e lucros cessantes (ou seja, art. 487 do CPC), e *não põe fim à fase cognitiva do processo*, pois ainda há provas a serem realizadas (por isso o nome de julgamento *parcial* de mérito).

Nesse caso, o pronunciamento do juiz tem natureza de **DECISÃO INTER-LOCUTÓRIA** e o recurso cabível será o de **AGRAVO DE INSTRUMENTO**.

> **Art. 356. (...) § 5º** A decisão proferida com base neste artigo é *impugnável por agravo de instrumento*.
>
> **Art. 1.015.** Cabe *agravo de instrumento contra as decisões interlocutórias* que versarem sobre: (...)
>
> **II –** *mérito do processo;*

Outrossim, no tocante aos *pronunciamentos dos tribunais*, temos os chamados *acórdãos*, assim entendidos como os julgamentos colegiados proferidos pelos tribunais, nos termos do art. 204 do CPC. Certamente, não podemos esquecer que, além dos acórdãos, no âmbito dos tribunais, temos também as decisões monocráticas, que são aquelas proferidas pelo relator, conforme permissivo do art. 932 do CPC.

Aprofundando um pouco mais sobre as *sentenças*, temos a necessidade de verificar os seus três elementos estruturantes, com fundamento no art. 489 do Código de Processo Civil[6], quais sejam:

a) **o *relatório***, que conterá os nomes das partes, a suma do pedido e da resposta do réu, bem como o registro das principais ocorrências havidas no andamento do processo;

b) **os *fundamentos* (ou a *motivação*)**, em que o juiz analisará as questões de fato e de direito; e

c) **o *dispositivo***, em que o juiz resolverá as questões que as partes lhe submeterem.

Do ponto de vista lógico, a sentença corresponde, segundo grande parte da doutrina especializada, a um silogismo lógico, em que a premissa maior constitui a previsão normativa; a premissa menor são os fatos; e a conclusão é o resultado da operação realizada pelo juiz, mediante a subsunção dos fatos à regra legal.

A conclusão é, precisamente, a *criação da norma individual concreta* que, a partir daí, será a *lei reguladora do caso decidido*.

As sentenças, seguindo tal entendimento, podem ser caracterizadas como *sentenças processuais* (ou *terminativas* – art. 485 do CPC/2015) ou *sentenças de mérito* (definitivas – art. 487 do CPC/2015).

---

[6] Art. 489. São elementos essenciais da sentença: I – o relatório, que conterá os nomes das partes, a identificação do caso, com a suma do pedido e da contestação, e o registro das principais ocorrências havidas no andamento do processo; II – os fundamentos, em que o juiz analisará as questões de fato e de direito; III – o dispositivo, em que o juiz resolverá as questões principais que as partes lhe submeterem.

Sentenças processuais ou terminativas são aquelas consideradas o pronunciamento pelo qual o juiz *extingue o processo sem o exame do mérito*. Esse seria o caso de extinção pela ocorrência de algum motivo de crise formal no processo, a impedir a análise aprofundada do mérito ou a correção pela parte, a permitir o prosseguimento da ação, enquanto a *sentença definitiva de mérito* é o ato pelo qual o juiz resolve totalmente o mérito da ação, nos termos do art. 487 do CPC, decidindo efetivamente o direito tutelado. As sentenças definitivas decidem sobre o mérito da causa, abordando diretamente as questões substanciais em disputa.

Elas podem ser de natureza *condenatória, declaratória, constitutiva, executiva ou mandamental:*

- **Condenatórias:** impõem a uma parte a obrigação do cumprimento de uma prestação, como no caso de condenação ao pagamento de uma indenização por danos morais e materiais. Por intermédio delas, o juiz impõe uma obrigação que, em caso de descumprimento, possibilitará ao beneficiário o cumprimento daquela sentença, com a prática dos atos expropriatórios e executivos; Exemplo: *"Julgo procedente o pedido do autor para **condenar** o réu ao pagamento de XXX".*

- **Declaratórias:** reconhece a existência, a inexistência ou o modo de ser de uma determinada relação jurídica; ou também a autenticidade ou a falsidade de um documento, nos termos do art. 19, I e II, do CPC. Para tanto, deverá o autor promover a respectiva ação meramente declaratória, nos termos do art. 20 do CPC, cujos efeitos serão imediatos, dispensando qualquer procedimento executivo.
  Exemplo: *"Julgo procedente o pedido do autor para **declarar** a (in)existência de XXX (grupo econômico, por exemplo)".*

- **Constitutivas:** modificam uma situação jurídica, como na alteração de registro civil ou na dissolução de uma sociedade; no divórcio; na anulação de um negócio jurídico; na rescisão de um contrato. Nesse caso, haverá a constituição de um novo estado jurídico, pois poderão tanto criar como extinguir uma determinada relação jurídica. São também chamadas de *constitutivas positivas*, quando constituem ou criam uma relação jurídica; ou de *constitutivas negativas*, quando possuem o poder de desconstituir ou extinguir essa relação.
  Exemplo: *"Julgo procedente o pedido do autor para **anular** o contrato de compra e venda XXX".* Ou: *"Julgo procedente o pedido do autor para **rescindir** o contrato de XXX".*

- **Mandamentais:** ordenam que uma parte faça ou deixe de fazer algo, geralmente o Estado ou um órgão público, típicas em mandados de segurança ou mandados de reintegração de servidor ao cargo. Nesse caso, as sentenças conterão uma ordem determinada expedida, para que alguma das partes cumpra um fazer ou um não fazer.

Exemplo: *"Julgo procedente o pedido do autor para* **determinar** *a sua imediata reintegração XXX, com a expedição do competente mandado"*. Ou: *"***Concedo a ordem** *para determinar a reintegração do servidor público ao cargo"*.

- **Executivas *lato sensu*:** são aquelas sentenças nas quais o preceito, por si só, já determina o que deve ser cumprido, sobretudo nas relações de natureza privada. No caso, o comando jurisdicional determina, por ele mesmo, o cumprimento satisfativo da pretensão, com a incidência de meios expropriatórios e de cumprimento imediato do bem da vida tutelado, incidindo sobre o patrimônio do executado.

Exemplo: *"Julgo procedente o pedido para* **determinar** *a imediata imissão do autor na posse no imóvel XXX"*. Ou: *"Julgo procedente o pedido para* **determinar** *o despejo do réu do imóvel, em razão da falta de pagamento"*.

No desenrolar processual, em especial em toda a atividade decisória do juiz realizada no processo, a sentença é, sem sombra de dúvidas, o ato mais importante, por ser o momento de exteriorização efetiva da prestação da tutela jurisdicional às partes.

Retornando ao estudo dos elementos estruturais da sentença, conforme estabelecido no art. 489, I, do CPC, é no *relatório* que o juiz descreve os contornos do caso submetido à sua apreciação. Essa parte da sentença faz uma síntese concisa da demanda, incluindo o pedido e a causa de pedir formulados pelo autor, bem como os argumentos de defesa do réu. O relatório é fundamental para garantir a aplicação do princípio da congruência, da correlação ou da adstrição, que assegura que a decisão judicial se limite às questões efetivamente discutidas e pedidas pelas partes, evitando decisões-surpresa e garantindo o direito ao contraditório e à ampla defesa

O *dispositivo da sentença*, conforme inciso III do art. 489 do CPC, é onde o juiz resolve o caso concreto. Trata-se da parte conclusiva da sentença, em que o magistrado explicita sua decisão, acolhendo ou rejeitando os pedidos formulados, total ou parcialmente. Aqui, o juiz declara, de forma objetiva, quem detém o direito reivindicado no processo e atribui o bem da vida disputado. O dispositivo é essencialmente o núcleo da sentença, pois é onde se manifesta a solução jurídica para o conflito apresentado, vinculando diretamente as partes envolvidas.

Por sua vez, nos termos do inciso II do art. 489 do CPC, na *fundamentação* o juiz expõe as razões que sustentam sua decisão, abordando tanto as questões de fato quanto as de direito. Essa parte da sentença é crucial porque demonstra o raciocínio jurídico do magistrado, mostrando como ele chegou às suas conclusões com base nas alegações e provas apresentadas pelas partes, assim como pela aplicação das normas jurídicas pertinentes ao caso. A fundamentação deve abordar todas as controvérsias apresentadas durante o processo, utilizando técnicas de hermenêutica jurídica para interpretar textos normativos e integrar a decisão ao ordenamento jurídico vigente. A adequada fundamentação não

20 · Manual Prático da Advocacia Cível nos Tribunais

apenas reforça a transparência e a justiça da decisão, mas também possibilita às partes compreenderem os motivos de sua vitória ou derrota, além de fornecer a base necessária para a interposição de recursos.

Esses três elementos – relatório, dispositivo e fundamentação – formam a estrutura fundamental da sentença judicial e são essenciais para a efetividade do processo judicial, garantindo que as decisões sejam justas, baseadas em evidências e conforme a lei, e que sejam suficientemente detalhadas para permitir a revisão por cortes superiores, caso necessário.

É, certamente, na sentença que o Estado, por intermédio de seu órgão investido de jurisdição, aplica a norma legal, bem como, eventualmente, as demais formas de expressão do direito, ao caso concreto, declarando qual tutela jurisdicional será conferida a determinado interesse proposto em juízo, de acordo com as determinações propostas pelo ordenamento jurídico.

O entendimento dessas colocações acima é importante, pois será por intermédio delas que verificaremos quais são os recursos cabíveis:

PRONUNCIAMENTO DO JUIZ (ART. 203 DO CPC)	RECURSO (ART. 994 DO CPC)
Despachos	Irrecorríveis (art. 1.001 do CPC)
Decisões interlocutórias	Agravo de instrumento (art. 1.015 do CPC) Embargos de declaração (art. 1.022 do CPC)
Sentenças	Apelação (art. 1.009 do CPC) Embargos de declaração (art. 1.022 o CPC)
Acórdãos	Embargos de declaração (art. 1.022 do CPC) Recurso especial (art. 1.029 do CPC) Recurso extraordinário (art. 1.029 do CPC) Recurso ordinário (art. 1.027 do CPC) Embargos de divergência (somente cabível no STJ e STF) (art. 1.043 do CPC)
Decisões monocráticas	Embargos de declaração (art. 1.022 o CPC) Agravo interno (art. 1.021 do CPC) Agravo em recurso especial ou extraordinário (decisão do presidente ou do vice-presidente do tribunal que inadmite REsp ou RE) (art. 1.042 do CPC)

JULGAMENTO (ARTS. 355 E 356 DO CPC)	PRONUNCIAMENTO DO JUIZ (ART. 203 DO CPC)	RECURSO (ART. 994 DO CPC)
Julgamento Antecipado de Mérito (art. 355 do CPC)	Sentença	Apelação
Julgamento Antecipado Parcial de Mérito (art. 356 do CPC)	Decisão interlocutória	Agravo de Instrumento

Primeira Parte • Teoria Geral dos Recursos

4. PRINCÍPIOS DOS RECURSOS

Continuando nosso estudo, verificaremos, agora, a análise dos principais princípios voltados aos recursos, tanto os princípios de ordem constitucional quanto os princípios processuais.

4.1. Princípio do duplo grau de jurisdição

O princípio do duplo grau de jurisdição desempenha um papel fundamental no sistema jurídico, garantindo às partes o direito a uma revisão das decisões judiciais por um órgão superior. Embora não seja explicitamente mencionado na Constituição Federal do Brasil, esse princípio é amplamente reconhecido e adotado como um alicerce do processo legal justo, sendo implicitamente derivado da estrutura organizacional e das competências atribuídas aos diversos níveis do Judiciário.

O princípio do duplo grau de jurisdição permite que as decisões judiciais sejam submetidas ao escrutínio de um tribunal hierarquicamente superior, proporcionando uma oportunidade para corrigir erros de julgamento (*error in judicando*) e procedimentos (*error in procedendo*).

Essa revisão visa não apenas assegurar a correção de equívocos e a justiça no caso concreto, mas também fortalecer a confiança pública no sistema judicial.

- **Error in Judicando**: refere-se a erros na aplicação da lei ou na interpretação do direito durante a tomada de decisão. Isso pode incluir equívocos na avaliação da lei pertinente ou na sua aplicação aos fatos do caso.

- **Error in Procedendo**: diz respeito a falhas no processo judicial, como desrespeito aos procedimentos legais, omissões processuais ou inadequações na forma de conduzir o julgamento.

Embora a Constituição Federal não mencione explicitamente o duplo grau de jurisdição, a existência desse princípio pode ser inferida da organização do sistema judiciário, como evidenciado em vários de seus artigos:

- **Art. 92 da CF:** estabelece a composição do sistema judiciário brasileiro, listando os diferentes tribunais e órgãos que compõem o Poder Judiciário. A existência de múltiplos níveis de tribunais já sugere a possibilidade de revisão das decisões judiciais.

- **Arts. 102 e 105 da CF:** definem as competências do Supremo Tribunal Federal e do Superior Tribunal de Justiça, respectivamente, incluindo suas funções como cortes revisoras, o que reforça a implementação do duplo grau de jurisdição.

O duplo grau de jurisdição é essencial para aperfeiçoar o processo de tomada de decisões judiciais. Ao permitir que decisões sejam revisadas, o sistema jurídico busca eliminar erros, promover a justiça e manter a integridade legal.

Além disso, esse princípio serve como um importante mecanismo de controle para evitar a arbitrariedade e garantir que as decisões sejam fundamentadas em conformidade com a lei.

Em resumo, o duplo grau de jurisdição é um princípio implícito vital no Direito brasileiro, que não só aumenta as chances de correção de erros judiciais como também contribui significativamente para a confiança do público no sistema de justiça, assegurando que as decisões judiciais sejam justas, equitativas e baseadas em uma apreciação rigorosa da lei e dos fatos.

Assim, temos:

São órgãos do Poder Judiciário Art. 92 da CF	Supremo Tribunal Federal
	Conselho Nacional de Justiça
	Superior Tribunal de Justiça
	Tribunal Superior do Trabalho
	Tribunais Regionais Federais e Juízes Federais
	Tribunais e Juízes do Trabalho
	Tribunais e Juízes Eleitorais
	Tribunais e Juízes Militares
	Tribunais e Juízes dos Estados e do Distrito Federal e Territórios

Além disso, o duplo grau de jurisdição pode ser interpretado tanto como um princípio quanto como um fenômeno do processo, refletindo uma consequência natural e lógica da própria organização do Poder Judiciário.

A maioria dos estudiosos do Direito classifica o duplo grau como um princípio, porque ele efetivamente oferece ao jurisdicionado a garantia de ter, no mínimo, uma segunda análise de uma decisão proferida em primeira instância, por meio do reexame decorrente de um recurso.

Embora implícito na Constituição Federal, o princípio do duplo grau de jurisdição é explicitamente reconhecido no âmbito do processo civil. Isso fica evidente no art. 496 do CPC, que trata da remessa necessária, também conhecida como reexame necessário ou duplo grau obrigatório.

Esse dispositivo legal exige que certas decisões judiciais proferidas contra a União, o Estado, o Distrito Federal, os Municípios, e suas respectivas autarquias e fundações de direito público, sejam submetidas à apreciação de um tribunal, mesmo na ausência de recurso interposto pela parte interessada.

Esse mecanismo reforça a importância do duplo grau de jurisdição, assegurando que decisões que envolvem grandes interesses públicos sejam revistas, o que contribui para uma maior precisão e justiça no processo judicial:

Primeira Parte • Teoria Geral dos Recursos

Art. 496. Está sujeita ao **duplo grau de jurisdição**, não produzindo efeito senão depois de confirmada pelo tribunal, a sentença:

I – proferida contra a União, os Estados, o Distrito Federal, os Municípios e suas respectivas autarquias e fundações de direito público;

II – que julgar procedentes, no todo ou em parte, os embargos à execução fiscal.

Dessa forma, verificando as competências, em termos práticos e recursais, temos:

ÓRGÃO DO PODER JUDICIÁRIO	COMPETÊNCIA	FUNDAMENTO LEGAL
Supremo Tribunal Federal	– **ação rescisória** de seus julgados; – a **reclamação** para a preservação de sua competência e garantia da autoridade de suas decisões; – julgar, mediante **recurso extraordinário**, as causas decididas em única ou última instância, quando a decisão recorrida: a) contrariar dispositivo desta Constituição; b) declarar a inconstitucionalidade de tratado ou lei federal; c) julgar válida lei ou ato de governo local contestado em face desta Constituição. d) julgar válida lei local contestada em face de lei federal.	Art. 102 da CF
Superior Tribunal de Justiça	– **ações rescisórias** de seus julgados; – **reclamação** para a preservação de sua competência e garantia da autoridade de suas decisões; – **mandados de segurança** decididos em única instância pelos Tribunais Regionais Federais ou pelos tribunais dos Estados, do Distrito Federal e Territórios, quando denegatória a decisão; – julgar, em **recurso especial**, as causas decididas, em única ou última instância, pelos Tribunais Regionais Federais ou pelos tribunais dos Estados, do Distrito Federal e Territórios, quando a decisão recorrida: a) contrariar tratado ou lei federal, ou negar-lhes vigência; b) julgar válido ato de governo local contestado em face de lei federal; c) der a lei federal interpretação divergente da que lhe haja atribuído outro tribunal.	Art. 105 da CF
Tribunais Regionais Federais	– **ações rescisórias** de julgados seus ou dos juízes federais da região; – os **mandados de segurança** contra ato do próprio Tribunal ou de juiz federal; – julgar, em **grau de recurso**, as causas decididas pelos juízes federais e pelos juízes estaduais no exercício da competência federal da área de sua jurisdição.	Art. 108 da CF
Tribunais de Justiça Estaduais	– a **competência dos tribunais é residual** e será definida na Constituição do Estado, sendo a lei de organização judiciária de iniciativa do Tribunal de Justiça.	Art. 125 da CF

Outrossim, a importância do chamado "grau recursal" ou "grau de jurisdição", evidenciada e refletida a partir do princípio do duplo grau de jurisdição, é impor aos julgadores o reexame do conteúdo já conhecido anteriormente em âmbito processual, seja para reformar, invalidar ou esclarecer.

Importante mencionar que, em regra, denomina-se:

a) **órgão *a quo*** aquele que proferiu a decisão, que recebe o recurso e faz o juízo de recebimento ou o juízo de admissibilidade, como regra, posteriormente remetendo para o órgão responsável pelo julgamento; e

b) órgão ***ad quem***, é aquele que repete a análise dos requisitos de admissibilidade e julga o recurso, fazendo, enfim, o chamado ***"juízo de mérito"***.

No entanto, alguns recursos são julgados pelo próprio órgão *a quo*, ou seja, aquele mesmo órgão que proferiu a decisão, como é o caso dos embargos de declaração, da mesma forma que outros têm a sua interposição direta no órgão *ad quem*, como é o caso dos demais recursos.

4.2. Princípio da taxatividade

O princípio da taxatividade dos recursos é uma norma fundamental no processo civil brasileiro que estipula que apenas serão reconhecidos como recursos aqueles expressamente definidos em lei federal. Esse princípio assegura que as partes não podem inventar novos tipos de recursos ou classificar como tal procedimentos que não estejam claramente especificados no sistema recursal estabelecido pela legislação vigente.

A taxatividade limita a admissão e o reconhecimento de recursos àqueles previamente definidos pelo legislador. Isso contribui para a previsibilidade e a segurança jurídica, assegurando que o manejo de recursos em qualquer litígio siga um padrão uniforme e reconhecível.

A rigidez desse princípio evita ambiguidades e confusões sobre o que constitui um recurso legítimo, facilitando a administração da justiça e a correta aplicação das leis.

> **Art. 994**. São cabíveis os seguintes recursos:
>
> I – apelação;
>
> II – agravo de instrumento;
>
> III – agravo interno;
>
> IV – embargos de declaração;
>
> V – recurso ordinário;
>
> VI – recurso especial;
>
> VII – recurso extraordinário;
>
> VIII – agravo em recurso especial ou extraordinário;
>
> IX – embargos de divergência.

Primeira Parte • Teoria Geral dos Recursos

> **Atenção:** não há a possibilidade de "criação" de recursos que não estejam nesse rol do art. 994, tampouco a interposição de recurso que não seja de natureza cível. Dessa forma, por exemplo, é incabível Recurso de Revista (RR) em processo civil, muito embora seja um recurso previsto para o processo do trabalho, bem como é incabível Recurso em Sentido Estrito (RESE), típico do processo penal.

Essa lista taxativa assegura que apenas esses mecanismos possam ser empregados como recursos, garantindo uma abordagem sistemática e controlada à revisão judicial. A clareza na definição dos recursos disponíveis também facilita o trabalho dos operadores do direito, que podem se preparar e orientar suas estratégias processuais com base em um conjunto conhecido e estável de opções recursais.

Em suma, o princípio da taxatividade no contexto dos recursos no processo civil brasileiro serve para manter a ordem e a eficiência no sistema judiciário, evitando a proliferação de medidas recursais inovadoras não previstas em lei, que poderiam comprometer a estrutura e a função do processo judicial.

4.3. Princípio da singularidade, da unicidade ou da unirrecorribilidade

O princípio da singularidade, também conhecido como princípio da unicidade ou da unirrecorribilidade, é um conceito fundamental no direito processual que regula a interposição de recursos contra decisões judiciais. Segundo esse princípio, geralmente é permitido interpor apenas um recurso contra cada decisão judicial, proibindo-se a utilização simultânea ou cumulativa de múltiplos recursos pela mesma parte contra o mesmo ato judicial.

Com efeito, o pronunciamento judicial desafia apenas um recurso de cada vez, ou seja, comporta-se tão somente um recurso para cada decisão judicial proferida. Apesar da regra geral, existem exceções importantes que permitem a flexibilização do princípio da singularidade:

1. **Embargos de Declaração e outros recursos:** é permitida a interposição de embargos de declaração conjuntamente com outro recurso, como apelação ou agravo de instrumento. No entanto, embora tecnicamente possam ser preparados ao mesmo tempo, na prática eles são usualmente interpostos em momentos distintos. Os embargos de declaração são utilizados para solicitar esclarecimentos sobre uma decisão que possa conter omissões, contradições ou obscuridades antes de prosseguir com um recurso que desafie a decisão em si.
2. **Recurso Especial e Recurso Extraordinário:** conforme os §§ 1º e 2º do art. 1.030 do Código de Processo Civil, é possível interpor simultaneamente um recurso especial e um recurso extraordinário. Isso ocorre porque ambos tratam de matérias distintas, com o recurso especial focado em violações da legislação federal e o recurso extraordinário destinado a questões constitucionais.

Na verdade, esse princípio visa prevenir a proliferação excessiva de recursos e a garantir a eficiência e a celeridade processuais. Ele assegura que cada decisão judicial seja contestada de forma ordenada e sistemática, evitando a sobrecarga do sistema judiciário com recursos múltiplos e frequentemente redundantes.

O princípio da singularidade reflete a busca por um equilíbrio entre a necessidade de revisão judicial e a eficiência processual. Ao limitar as partes a um único recurso por decisão, o sistema incentiva a seleção cuidadosa dos argumentos e recursos utilizados. Além disso, evita atrasos processuais e promove uma conclusão mais rápida dos litígios, o que é essencial para a justiça efetiva.

Em resumo, enquanto o princípio da singularidade impõe limites estritos ao direito de recorrer, as suas exceções reconhecem a necessidade de flexibilidade em circunstâncias específicas, garantindo que os direitos processuais das partes sejam adequadamente protegidos e que questões complexas recebam a atenção judicial necessária para sua resolução adequada.

4.4. Princípio da fungibilidade

O princípio da fungibilidade, no âmbito do direito processual, refere-se à permissibilidade de se aceitar um recurso que foi interposto de forma equivocada como se fosse o recurso correto. Esse princípio é aplicado para evitar prejuízos às partes devido a erros formais na escolha do recurso, permitindo uma certa flexibilidade no tratamento dos recursos processuais.

A aplicação do *princípio da fungibilidade* é condicionada a critérios específicos que devem ser meticulosamente observados para que um recurso equivocadamente interposto seja devidamente aceito, como se o correto fosse:

a) **Dúvida objetiva:** o princípio da fungibilidade se aplica somente em situações em que exista uma dúvida objetiva sobre qual recurso deveria ser utilizado. Esta dúvida deve ser real e justificável à luz da complexidade do direito aplicável ou de interpretações divergentes da legislação.

b) **Atualidade da dúvida:** a dúvida sobre a interposição do recurso adequado deve ser atual, refletindo um entendimento ou uma interpretação contemporânea do direito que possa gerar confusão legítima no momento da interposição do recurso.

c) **Observância do prazo correto:** é crucial que o recurso interposto erroneamente seja apresentado dentro do prazo estipulado para a interposição do recurso correto. Essa condição assegura que não haja prejuízo à parte contrária ou ao andamento do processo devido a atrasos processuais.

Com a promulgação do Código de Processo Civil de 2015 (CPC/2015), os prazos para a interposição da maioria dos recursos foram unificados em *15 dias*, com a exceção notável dos embargos de declaração, que possuem um prazo diferenciado de *5 dias*. Essa padronização dos prazos recursais facilita a

Primeira Parte • Teoria Geral dos Recursos

aplicação do princípio da fungibilidade, pois minimiza as variações nos prazos que poderiam complicar a determinação de qual recurso foi interposto dentro do prazo adequado.

O princípio da fungibilidade é de grande importância para a administração da justiça, pois permite que o mérito das questões seja examinado sem que as partes sejam prejudicadas por erros formais menores na escolha dos recursos.

Além disso, promove a eficiência processual, ao permitir que os tribunais corrijam equívocos sem necessidade de devolução do caso para reinterposição do recurso, o que contribui para a celeridade e a redução de custos no processo judicial.

Assim, o princípio da fungibilidade reflete um equilíbrio entre a rigidez necessária para a ordem processual e a flexibilidade requerida para a justiça e equidade, assegurando que as decisões judiciais sejam tomadas com base no mérito substancial, e não em tecnicismos.

4.5. Princípio da dialeticidade

Consiste na necessidade de motivação dos recursos.

O princípio da dialeticidade, essencial no direito processual, exige que todos os recursos apresentados pelas partes em um processo judicial sejam devidamente fundamentados. Este princípio garante que o recurso não apenas conteste a decisão judicial, mas também apresente argumentação coerente e completa sobre os motivos de fato e de direito que justifiquem a revisão da decisão.

A dialeticidade requer que a parte recorrente elabore claramente suas razões de discordância com a decisão que está sendo recorrida. Isso envolve uma exposição detalhada e argumentativa que deve abordar, especificamente, os pontos com os quais a parte se mostra inconformada.

O recurso deve, portanto, ser um *diálogo crítico* com a decisão recorrida, evidenciando os erros de julgamento ou de procedimento que, na visão da parte, devem ser corrigidos pelo tribunal superior.

Ainda, o princípio da dialeticidade implica que o recurso deve *impugnar especificamente* os aspectos da decisão que o recorrente deseja contestar. Isso significa que o recurso deve ir além de uma mera expressão de descontentamento geral; deve identificar exatamente quais partes da decisão são consideradas equivocadas e por quê.

Esse requisito assegura que o tribunal de apelação tenha clareza sobre quais questões estão sendo realmente levantadas e necessitam de reexame.

A argumentação no recurso deve incluir uma fundamentação robusta, tanto no aspecto factual quanto no jurídico.

Os recorrentes devem apresentar uma análise detalhada das evidências e da aplicação da lei, mostrando como e por que a decisão original falhou em alcançar um resultado justo ou correto conforme a legislação aplicável. E essa abordagem assegura que o tribunal superior possa entender completamente as bases do desafio ao julgamento anterior.

O princípio da dialeticidade é crucial para a eficácia do sistema de justiça, pois promove uma discussão jurídica qualificada e fundamentada entre as partes e o tribunal. Ele não apenas permite que os tribunais de apelação revisem as decisões com base em argumentos sólidos e bem-articulados, mas também contribui para a transparência e a *accountability* no processo judicial.

Além disso, esse princípio impede a interposição de recursos frívolos ou genéricos que não contribuem para a resolução efetiva dos litígios, ajudando a desafogar o sistema judiciário e a concentrar esforços nos casos que realmente merecem atenção.

Portanto, a dialeticidade é essencial para garantir que o direito de recorrer seja exercido de forma responsável e eficiente, possibilitando que o sistema recursal funcione como um verdadeiro *mecanismo de revisão e correção das decisões judiciais*.

4.6. Princípio da proibição da *reformatio in pejus*

O princípio da proibição da *"reformatio in pejus"*, ou reforma para pior, é um preceito fundamental no direito processual que protege o recorrente de receber uma decisão mais desfavorável do que aquela originalmente proferida no caso de interpor um recurso.

Esse princípio assegura que a instância superior, ao revisar uma decisão a pedido de uma das partes, não possa piorar a situação dessa parte em relação ao resultado obtido anteriormente no processo.

A *"reformatio in pejus"* é proibida para evitar que o direito de recorrer se torne uma espada de dois gumes, em que o apelo em busca de justiça acabe resultando em uma condição mais gravosa para o recorrente. Esse princípio é particularmente relevante em situações em que apenas uma das partes apela da decisão. Nesses casos, a corte de apelação é *restrita* a analisar os aspectos da decisão que foram especificamente contestados pelo recorrente, sem modificar outras partes da decisão que poderiam piorar sua situação.

A vedação da *"reformatio in pejus"* é justificada pela necessidade de promover a *segurança jurídica* e a *equidade* no processo de apelação, pois incentiva as partes a utilizarem o recurso de apelação sem o medo de retaliações ou consequências negativas inesperadas, promovendo assim uma litigância mais justa e ponderada.

Apesar de sua aplicação generalizada, existem situações em que o princípio da *non reformatio in pejus* não se aplica de maneira absoluta. Por exemplo, em casos de recurso de ofício (reexame necessário) e em situações em que ambas as partes apelam da decisão, o tribunal pode revisar a decisão de maneira mais

Primeira Parte • Teoria Geral dos Recursos

ampla, podendo resultar em alterações que não sejam exclusivamente favoráveis ao recorrente inicial.

A aplicação do princípio da proibição da *reformatio in pejus* é necessário para a própria integridade do sistema judiciário, assegurando que os tribunais superiores não extrapolem seus poderes ao revisar decisões judiciais, garantindo que os recursos sirvam como um *meio efetivo de obtenção de justiça*, sem o risco adicional de penalizações injustas.

Portanto, esse princípio é essencial para manter a confiança das partes no processo de apelação e para assegurar que o sistema de justiça seja percebido como um verdadeiro instrumento de retificação e não de penalização adicional.

Assim, ao evitar decisões que exacerbem as penalidades já impostas, o princípio da proibição da *reformatio in pejus* contribui significativamente para a equidade e a previsibilidade no direito processual.

5. OBJETIVO DOS RECURSOS

Antes de nos aprofundarmos na estrutura recursal e nos tipos específicos de recursos disponíveis no sistema jurídico, é fundamental entender os objetivos que podem ser perseguidos por intermédio da utilização desses mecanismos processuais.

Os recursos podem servir a diversos propósitos, que podem ser buscados isoladamente ou de forma combinada, dependendo das circunstâncias do caso e das necessidades das partes.

Esses objetivos incluem reforma, invalidação, esclarecimento e integração da decisão judicial.

Vamos explorar cada um desses objetivos mais detalhadamente:

1) Reforma: o objetivo de reformar uma decisão por meio de um recurso é alterar o resultado do julgamento anterior, modificando parte ou toda a decisão proferida. Essa situação é comumente perseguida nas hipóteses em que o recorrente acredita que o juiz errou na aplicação da lei ou na interpretação dos fatos do caso.

A reforma pode resultar em uma decisão mais favorável para o recorrente, corrigindo erros de julgamento ou de fato que foram prejudiciais aos seus interesses.

O objetivo de reforma de uma decisão judicial, no contexto dos recursos, é um dos mais fundamentais e frequentemente invocado pelos recorrentes. Esse objetivo busca corrigir erros de julgamento, conhecidos como *"error in judicando"*, no qual o critério decisório adotado pelo juiz ou tribunal de primeira instância pode não estar alinhado com a legislação vigente ou com a interpretação corrente dos precedentes judiciais.

O termo *"error in judicando"* refere-se a equívocos no processo de aplicação ou interpretação da lei ao caso concreto. Quando um juiz erra na interpretação da norma jurídica ou na aplicação desta ao fato, seja por desconsiderar uma legislação pertinente ou por interpretá-la de forma contrária ao entendimento dominante, cria-se um fundamento para a reforma da decisão.

Ao buscar a reforma de uma decisão, o recurso apropriado pode ter como consequência a substituição da decisão recorrida pela nova decisão do tribunal superior. Isso significa que a decisão original é não apenas anulada, mas efetivamente substituída pela nova decisão, que reavalia os méritos do caso e emite um novo julgamento. Esse efeito é uma característica dos recursos que visam modificar o resultado do processo na instância anterior.

Um exemplo clássico da busca por reforma é a interposição do recurso de apelação, que poderá ser dirigido contra *sentenças terminativas*, que não resolvem o mérito da causa (conforme o art. 485 do CPC), ou *definitivas*, que decidem o mérito (conforme o art. 487 do CPC). O recurso de apelação é adequado quando há alegação de que um dispositivo legal relevante foi ignorado ou aplicado incorretamente pelo juiz na decisão recorrida.

Quando se interpõe uma apelação, o recorrente busca uma decisão que reforme a sentença de primeira instância, argumentando que houve erro na aplicação da lei ou na avaliação das provas. E o Tribunal, ao analisar a apelação, examinará as alegações de erro e poderá emitir uma nova decisão que modifique substancialmente os efeitos da sentença anterior, em favor do recorrente.

Nesse caso, portanto, pretende-se reformar ou alterar a decisão anterior do juízo de base pela do Tribunal, pois o julgamento proferido pelo tribunal substituirá a decisão impugnada no que tiver sido objeto de recurso, conforme art. 1.008 do CPC, operando-se, com isso, o chamado *efeito substitutivo do recurso*, pois se a decisão do Tribunal apreciou o mérito do recurso haverá, por consequência, a *substituição do julgado*.

Portanto, o objetivo de reforma em um recurso é uma ferramenta essencial para assegurar a correta aplicação da justiça, permitindo que as partes desafiem decisões que acreditem estar fundamentadas em erros de interpretação legal ou fática. Ele garante o dinamismo do sistema jurídico e fortalece o princípio da legalidade, proporcionando aos indivíduos a possibilidade de buscar uma revisão judicial que pode alterar decisivamente os efeitos de uma sentença anterior.

2) Invalidação: a invalidação tem como objetivo principal anular a decisão judicial anterior. Este expediente é utilizado quando existem vícios processuais, como falhas na forma do processo ou no cumprimento dos procedimentos legais que comprometem a legitimidade da decisão.

A invalidação pode levar a um novo julgamento ou ao retorno do caso ao estado anterior para que seja corrigido o vício identificado, pois é um objetivo

Primeira Parte • Teoria Geral dos Recursos

específico dentro do sistema de recursos que se concentra em anular uma decisão judicial devido à presença de vícios que comprometem sua validade.

Ao contrário da reforma, que busca modificar o mérito da decisão para corrigir erros de julgamento, a invalidação tem por finalidade a cassação pura e simples do ato judicial, com o propósito de que a matéria seja reexaminada e decidida novamente, livre dos erros que contaminaram o julgamento original.

Quando um recurso visa a invalidação, ele não procura uma nova decisão sobre as questões de fato ou de direito subjacentes ao caso. Em vez disso, o foco é remover completamente a decisão anterior do ordenamento jurídico devido à sua incompatibilidade com as normas processuais ou substanciais aplicáveis.

Esse mecanismo é frequentemente invocado em situações em que há falhas graves no processo, como:

a) **Incompetência do juízo:** quando uma decisão é tomada por um juiz ou tribunal que não possui a competência legal para julgar o caso.

b) **Cerceamento de defesa:** situações em que as garantias processuais, como os direitos à ampla defesa e ao contraditório, são negadas ou inadequadamente observadas.

c) **Decisões *citra, extra* ou *ultra petita*:** quando o juiz decide menos do que foi pedido (*citra petita*), além do que foi pedido (*ultra petita*), ou sobre questões não apresentadas pelas partes (*extra petita*).

d) **Falta de pressupostos processuais ou condições da ação:** por exemplo, a falta de citação do réu, que impede que a parte tenha conhecimento e possibilidade de se defender no processo; ou a ilegitimidade de parte; ou a falta de interesse processual.

Um exemplo claro de situação que exige invalidação ocorre quando há *nulidade da citação*, como a citação de pessoa diversa do réu. Esse erro processual fundamental prejudica a estrutura do processo, pois o demandado efetivo não foi devidamente notificado para participar e exercer seu direito de defesa. Em tais casos, qualquer ato processual subsequente realizado sob essa *citação defeituosa é passível de nulidade*.

A apelação é o recurso típico contra sentenças e pode ser utilizada para atacar invalidades processuais, buscando a anulação de toda a cadeia de atos processuais que se seguem ao ato viciado. A decisão do Tribunal superior que reconhece essa nulidade determinará que o processo retorne à fase processual adequada para correção, garantindo assim o devido processo legal.

Outro exemplo relevante é a apelação contra uma *sentença não fundamentada* ou com vício de fundamentação. Segundo o art. 489, § 1º, do CPC, uma decisão que não apresenta fundamentação suficiente é considerada *nula* e, nesse contexto, o recurso não busca reformar o conteúdo da decisão, mas sim a sua

32 Manual Prático da Advocacia Cível nos Tribunais

anulação para que uma nova decisão seja proferida, desta vez com a devida fundamentação.

Assim, conforme o art. 489, § 1º, do CPC, não se considera fundamentada qualquer decisão judicial, seja ela interlocutória, sentença ou acórdão, que:

I – se limitar à indicação, à reprodução ou à paráfrase de ato normativo, sem explicar sua relação com a causa ou a questão decidida;

II – empregar conceitos jurídicos indeterminados, sem explicar o motivo concreto de sua incidência no caso;

III – invocar motivos que se prestariam a justificar qualquer outra decisão;

IV – não enfrentar todos os argumentos deduzidos no processo capazes de, em tese, infirmar a conclusão adotada pelo julgador;

V – se limitar a invocar precedente ou enunciado de súmula, sem identificar seus fundamentos determinantes nem demonstrar que o caso sob julgamento se ajusta àqueles fundamentos;

VI – deixar de seguir enunciado de súmula, jurisprudência ou precedente invocado pela parte, sem demonstrar a existência de distinção no caso em julgamento ou a superação do entendimento.

A invalidação como objetivo de um recurso destaca a importância da estrita observância das normas processuais e substanciais no julgamento dos casos. Ela serve como um mecanismo essencial para assegurar que as decisões judiciais sejam justas, legítimas e baseadas em procedimentos corretos, reforçando a integridade e a credibilidade do sistema jurídico.

3) Esclarecimento: os recursos que visam ao esclarecimento, como os embargos de declaração, são empregados para eliminar dúvidas, obscuridades, omissões ou contradições na decisão judicial. Esse tipo de recurso não altera o mérito da decisão, mas clarifica seu conteúdo para assegurar que todos os pontos estejam bem definidos e compreendidos pelas partes.

O esclarecimento é necessário para o processo, pois visa garantir a correta execução da decisão e evitar futuros litígios decorrentes de mal-entendidos sobre o que foi decidido.

Na verdade, o objetivo do *esclarecimento* nos recursos se destina a resolver problemas específicos em decisões judiciais que possam apresentar omissões, obscuridades ou contradições. Esses elementos podem dificultar a compreensão da decisão pelo jurisdicionado e impactar a correta execução do julgado.

A clareza na decisão judicial é crucial para garantir que todas as partes envolvidas compreendam exatamente o que foi decidido e quais são suas obrigações ou direitos decorrentes. Assim, temos:

a) **Necessidade de clareza:** em muitos casos, uma decisão pode não estar claramente compreensível, seja por ter deixado de mencionar aspectos essenciais

Primeira Parte • Teoria Geral dos Recursos

que afetam a aplicação do julgado, seja por apresentar redação que gera dúvidas sobre seu verdadeiro significado. Isso pode ocorrer, por exemplo, em decisões complexas nas quais múltiplas questões são tratadas simultaneamente.

b) **Resolução de ambiguidades:** o esclarecimento busca eliminar quaisquer ambiguidades que possam existir em uma decisão, garantindo que o entendimento e a aplicação da decisão sejam feitos de maneira inequívoca e conforme a intenção do julgamento.

Os embargos de declaração, conforme previsto no art. 1.022 do CPC, são considerados o instrumento processual específico utilizado para solicitar o esclarecimento de decisões judiciais. Eles são cabíveis em qualquer tipo de decisão judicial e têm como finalidade:

- **Esclarecer obscuridades:** quando a decisão contém aspectos que não estão claros ou são de difícil interpretação.
- **Eliminar contradições:** quando existem partes do texto decisório que se opõem ou se contradizem.
- **Suprir omissões:** quando a decisão deixa de abordar pontos ou questões essenciais que deveriam ter sido decididos ou mencionados pelo juiz.

Considere, por exemplo, o caso de um juiz que condena a parte Ré a pagar uma quantia à parte Autora, mas omite qual índice de correção monetária deverá ser aplicado. Essa omissão pode gerar incerteza sobre como efetivar o pagamento correto. Para resolver essa questão, a parte interessada pode interpor embargos de declaração, permitindo que o juiz esclareça qual índice de correção monetária deve ser utilizado, garantindo que o pagamento seja realizado conforme os termos do julgamento e com a devida atualização financeira.

Portanto, o esclarecimento por meio dos embargos de declaração é essencial para a integridade e a funcionalidade do processo judicial. Ele não apenas ajuda a garantir que as decisões sejam compreendidas e aplicadas corretamente, mas também fortalece o princípio da justiça, ao permitir que as partes tenham uma visão clara e inequívoca do que foi decidido, evitando futuras disputas ou mal-entendidos sobre a interpretação da decisão judicial.

4) Integração: a integração busca completar uma decisão que deixou de abordar algum ponto que deveria ter sido decidido. Esse recurso é necessário quando a decisão é incompleta e deixa lacunas que precisam ser preenchidas para resolver completamente o litígio.

A integração é essencial para garantir que todos os aspectos do caso sejam adequadamente resolvidos, proporcionando uma solução completa e justa para as partes.

34 Manual Prático da Advocacia Cível nos Tribunais

O objetivo de integração em um recurso processual é especialmente relevante quando uma decisão judicial precisa ser complementada por algum aspecto que não foi adequadamente abordado no julgamento original.

Na verdade, esse objetivo não visa necessariamente alterar o fundamento da decisão, mas sim adicionar elementos ou esclarecimentos que a tornem completa e eficaz em sua aplicação prática.

A integração distingue-se da reforma por não buscar uma mudança na decisão original em si, mas sim o acréscimo de detalhes ou a explicitação de pontos que foram omitidos ou não completamente explorados. Esse acréscimo visa garantir que todas as questões relevantes ao litígio sejam efetivamente resolvidas, proporcionando uma decisão mais clara e abrangente.

Por certo, a principal finalidade da integração é assegurar que a decisão judicial seja *plenamente executável e justa*, cobrindo todos os aspectos necessários para resolver o litígio de forma integral. Isso é particularmente importante em casos complexos nos quais o esquecimento de tratar certos aspectos pode levar a futuras controvérsias ou dificuldades na aplicação da decisão.

a) **Apelação com foco em integração:** em uma apelação que visa a integração, pode-se requerer que a sentença seja complementada com critérios ou elementos específicos que não foram considerados inicialmente. Por exemplo, em uma disputa contratual, a apelação pode solicitar que a sentença seja expandida para incluir diretrizes específicas sobre a execução de cláusulas contratuais que foram vagamente definidas na decisão original.

b) **Embargos de declaração para integração:** os embargos de declaração são frequentemente utilizados como meio de integração. Eles permitem que as partes solicitem o esclarecimento ou a adição de informações à decisão que, embora não alterem o seu mérito, são essenciais para a sua compreensão e implementação. Por exemplo, um embargo pode ser oposto para corrigir um erro material evidente ou para adicionar um critério decisório que foi inadvertidamente omitido, como especificar os juros de mora ou a correção monetária aplicável.

A integração é um aspecto crucial dos recursos no direito processual, pois garante que as decisões judiciais sejam completas e abordem todos os elementos necessários para resolver completamente os conflitos apresentados.

E, ao permitir que partes adicionem informações essenciais por intermédio de recursos, como apelações e embargos de declaração, o sistema jurídico promove decisões mais precisas e justas, evitando futuras disputas e garantindo a efetiva aplicação da justiça.

Esses objetivos refletem a multifuncionalidade dos recursos dentro do sistema processual. Cada um desses objetivos serve a uma função distinta, permitindo que o sistema de justiça seja não apenas um meio de contestação, mas

Primeira Parte • Teoria Geral dos Recursos

também uma ferramenta para aprimorar e clarificar as decisões judiciais, assegurando a justiça e a correção processual.

A compreensão desses objetivos é crucial para a aplicação eficaz dos recursos, guiando as partes sobre quando e como recorrer para atender suas necessidades específicas dentro do processo.

6. JUÍZO DE ADMISSIBILIDADE

O juízo de admissibilidade é, talvez, uma das etapas mais importantes e fundamentais no processo de análise de recursos dentro do sistema judiciário.

Ele consiste na avaliação preliminar realizada pelo julgador para determinar se um recurso cumpre com todos os requisitos processuais necessários para que possa ser considerado e julgado quanto ao seu mérito. Essa fase é essencial para garantir que os recursos interpostos sejam apropriados, válidos e dignos de consideração pelo Tribunal.

Desse modo, um recurso pode ser *conhecido ou admitido* e, no mérito, *provido, improvido ou parcialmente provido*.

No juízo de admissibilidade inicial realizado pelo magistrado, as expressões comumente utilizadas em seus julgados serão: **"admitido ou inadmitido"; "conhecido ou não conhecido"; ou, ainda, "recebido ou não recebido"**.

Terminologias Comuns no Juízo de Admissibilidade

Durante o juízo de admissibilidade, o magistrado utiliza determinadas expressões para indicar a decisão tomada:

a) **admitido ou inadmitido:** indica se o recurso foi aceito para análise com base nos critérios processuais. Um recurso inadmitido é aquele que falha em atender um ou mais dos requisitos necessários.

b) **conhecido ou não conhecido:** refere-se à decisão do magistrado sobre se o recurso será examinado quanto ao mérito. Um recurso não conhecido é aquele que, mesmo podendo ser tecnicamente aceito para análise, é considerado inadequado para provocar a revisão da decisão apelada.

c) **recebido ou não recebido:** usado principalmente para indicar se o recurso foi formalmente aceito para processamento, levando em conta aspectos como a correta formalização e apresentação.

d) ***"conheço do recurso"* ou *"admito o recurso"* ou *"recebo o recurso"*:** utilizado pelos juízes quando positivo o juízo de admissibilidade, isto é, quando o órgão entende concorrerem todos os requisitos necessários para tornar o recurso admissível.

e) ***"não se conhece do recurso"* ou *"recurso inadmitido"* ou *"não recebo o recurso"*:** utilizado quando, diversamente, considera o órgão jurisdicional que falta algum (ou mais de um) daqueles requisitos.

f) *"dá-se provimento"* **ao recurso:** nesse caso, superado o juízo de admissibilidade, o juiz analisa o mérito e, quando se apura que assiste razão ao recorrente (isto é, que sua impugnação é fundada), dá ou não provimento ao recurso.

g) *"nega-se provimento"* **ao recurso:** ao contrário, entende o juiz que não assiste razão ao recorrente.

Atenção: os termos ***procedência ou improcedência*** são utilizados, efetivamente, quando há a análise dos pedidos de mérito formulados pelas partes no processo, seja pela *sentença proferida pelo juiz*, seja pelo acórdão proferido pelos desembargadores e/ou ministros de tribunais, quando *autorizados ao julgamento de mérito dos recursos* e aos processos de competência originária dos tribunais.

Exemplos:

Sentença: Diante do exposto, julgo **procedentes (ou improcedentes)** os pedidos (...).

Acórdão: Diante do exposto, **conheço do recurso**, para, no mérito, **dar provimento** e julgar **procedente (ou improcedentes) os pedidos** formulados e condenar o recorrente (ou recorrido) ao pagamento de (...).

Quanto aos requisitos, conforme explica Barbosa Moreira[7], o juízo de admissibilidade divide-se em *requisitos intrínsecos e extrínsecos*, sendo que os intrínsecos incluem o cabimento, a legitimidade, o interesse e a inexistência de fato extintivo do direito de recorrer, já os extrínsecos englobam a tempestividade, o preparo, a regularidade formal e a inexistência de fato impeditivo do direito de recorrer.

Assim, o juízo de admissibilidade é composto pela análise dos *requisitos intrínsecos e extrínsecos* necessários como condição para o exame e julgamento de mérito dos recursos.

REQUISITOS INTRÍNSECOS	Cabimento
	Legitimidade
	Interesse
	Inexistência de fato extintivo do direito de recorrer
REQUISITOS EXTRÍNSECOS	Tempestividade
	Preparo
	Regularidade formal
	Inexistência de fato impeditivo do direito de recorrer

Assim, após o julgador *superar a análise positiva* de cada um dos requisitos intrínsecos e extrínsecos é que se *analisa o mérito do recurso*.

---

[7] BARBOSA MOREIRA, José Carlos. *Comentários ao Código de Processo Civil*. 11. ed. Rio de Janeiro: Forense, 2003. v. 5.

Requisitos Intrínsecos:

Relacionam-se com a natureza do recurso em si, incluindo a legitimidade para recorrer, o interesse recursal e a adequação do recurso. Eles garantem que o recorrente tenha a capacidade legal de apresentar o recurso e que este seja o meio correto para questionar a decisão em questão. Esses requisitos também verificam se o recorrente tem um interesse jurídico direto que justifique a revisão da decisão.

a) Cabimento: consiste na interposição do recurso correto, contra a decisão proferida pelo magistrado, ou seja, como visto anteriormente, exige-se que a decisão seja recorrível e que, por consequência, o recurso interposto seja o respectivamente adequado.

O recurso utilizado deve ser apropriado para a decisão que está sendo contestada. Por exemplo, não se pode usar um recurso especial para contestar uma decisão interlocutória que deveria ser impugnada por um agravo de instrumento.

Embora o princípio da fungibilidade recursal não seja explicitamente mencionado na legislação, sua aplicação nos tribunais é reconhecida, desde que certas condições sejam atendidas, a fim de evitar abusos e garantir a correta aplicação do direito.

Esse princípio permite a conversão de um recurso erroneamente interposto em outro correto, sob a condição de que a escolha equivocada não tenha sido fruto de má-fé ou de um erro grosseiro, e que haja uma dúvida objetiva sobre qual recurso seria apropriado.

No entanto, não deve ser tratada a interposição do recurso de maneira indiferente ou de forma negligente, devendo ser utilizado aquele recurso indicado por lei (art. 994 do CPC), conforme o ato se trate de decisão interlocutória, sentença ou acórdão[8].

A legislação processual civil, especialmente com a entrada em vigor do CPC/2015, estabelece claramente quais recursos são cabíveis contra diferentes tipos de decisões judiciais:

- **Da sentença:** cabe a interposição de **apelação**, que é o recurso adequado para impugnar sentenças que resolvem a lide de forma definitiva ou terminativa.

- **Da decisão interlocutória:** o recurso apropriado é o **agravo de instrumento**, destinado a questionar decisões que não terminam o processo, mas que decidem questões importantes durante seu curso.

- **Da decisão monocrática:** pode-se recorrer por meio de **agravo interno**, visando à revisão da decisão pelo órgão colegiado correspondente dentro do mesmo tribunal.

---

[8] AMARAL DOS SANTOS, Moacyr. *Primeiras linhas de direito processual civil.* 28. ed. São Paulo: Saraiva, 2012. p. 82. v. 3.

- **Do acórdão:** dependendo da matéria discutida no acórdão, podem ser cabíveis o **recurso especial** (dirigido ao Superior Tribunal de Justiça, sobre questões de lei federal) ou o **recurso extraordinário** (dirigido ao Supremo Tribunal Federal, sobre questões constitucionais).
- **Embargos de declaração:** são sempre cabíveis contra qualquer decisão judicial, caso haja omissões, obscuridades, contradições ou erros materiais.

Portanto, antes de iniciarmos o estudo dos recursos em espécie, cabe verificar os atos judiciais para no estudo dos recursos em espécie já termos as definições prontas. Reforçando o que acima foi explicitado, temos:

> - **Acórdão:** é a decisão colegiada dos tribunais, sendo a categoria mais fácil de verificar.
> - **Decisão Monocrática:** é a decisão singular do tribunal, sendo, em regra, proferida pelo relator.
>
> Na prática forense, não se diferenciam decisão monocrática (põe fim ao procedimento recursal) e interlocutória (ocorre no curso do procedimento recursal), referindo-se sempre à denominação "decisão monocrática".
>
> Entretanto, tal diferenciação é muito importante, porque a tendência é que a decisão interlocutória se torne cada vez mais irrecorrível (ex.: relator indefere efeito suspensivo ao agravo de instrumento, cabendo reconsideração para o próprio relator), diferentemente da monocrática (ex.: relator julga apelação improvida por ser contrária à súmula do STF), que é recorrível via agravo (interno/legal/regimental).
>
> - **Despacho:** é ato judicial sem caráter decisório (vista; remessa; ordem de juntada, dentre outros), por isso irrecorrível, mas impugnável por correição parcial (1º grau) ou mandado de segurança (2º grau).
> - **Decisão Interlocutória:** é o ato judicial que não encerra toda a fase/procedimento de conhecimento, execução ou cautelar, tendo ou não os conteúdos dos arts. 485 ou 487 do CPC/2015, que, como regra, pertencem à sentença.
> - **Sentença:** é o pronunciamento por meio do qual o juiz, com fundamento nos arts. 485 e 487, encerra a fase cognitiva do procedimento comum (processo de conhecimento), bem como extingue a execução, nos termos do art. 203, § 1º, do CPC/2015.

Assim, destaca-se, ainda, que nem todos os atos do juiz são recorríveis, por exemplo, dos ***despachos não cabem recurso*** (art. 1.001 do CPC).

A precisão na escolha do recurso adequado é fundamental para a eficiência do processo legal. Erros na interposição de recursos podem resultar em atrasos e até mesmo na perda de oportunidades para revisão judicial.

Portanto, entender claramente o tipo de decisão e o recurso correspondente é essencial antes de proceder com ações judiciais.

b) Legitimidade para recorrer: o recurso deve ser interposto por uma parte que tenha legitimidade segundo a lei. Isso significa que apenas as partes diretamente afetadas pela decisão têm o direito de recorrer, garantindo que terceiros sem interesse jurídico direto não interfiram no processo.

Primeira Parte • Teoria Geral dos Recursos

O conceito de legitimidade para recorrer é uma peça-chave no direito processual, definido pelo Código de Processo Civil no art. 996. Essa cláusula legal estabelece quem possui o direito de apelar de uma decisão judicial, assegurando que apenas partes com um interesse substancial e direto sejam capazes de questionar as decisões judiciais.

(i) **Parte vencida:** tradicionalmente, a parte que não obteve sucesso em sua pretensão em uma decisão judicial tem plena legitimidade para recorrer. Essa é uma extensão do direito ao contraditório e à ampla defesa, permitindo que as decisões sejam reexaminadas por um tribunal superior.

(ii) **Terceiro prejudicado:** este é um indivíduo ou entidade que, não sendo parte original do processo, sofre impactos diretamente prejudiciais devido à decisão judicial. O terceiro prejudicado deve demonstrar que a decisão afeta seus direitos legítimos de maneira significativa. O interesse jurídico aqui é mandatório, diferenciando-se de interesses puramente econômicos ou indiretos.

(iii) **Ministério Público:** o Ministério Público tem um papel duplo: pode recorrer tanto como parte, caso esteja diretamente envolvido na ação, quanto como *"custos legis"*, ou fiscal da ordem jurídica, hipótese em que seu papel é defender o interesse público e a ordem jurídica.

A legislação requer que o *terceiro prejudicado* comprove seu interesse jurídico na matéria discutida para que seu recurso seja considerado válido. Esse interesse deve estar claramente relacionado aos efeitos da decisão judicial, e não simplesmente a uma consequência indireta ou a uma perda econômica. Por exemplo, no caso de uma sublocação, o sublocatário, que não é parte original na ação de despejo contra o locatário, pode recorrer da decisão de despejo se puder demonstrar que tal decisão interfere diretamente em seus direitos contratuais e sua habitação.

A legitimidade para recorrer não se restringe apenas às partes convencionais do processo. Ela pode ser estendida em *circunstâncias excepcionais a terceiros* que demonstrem que a decisão judicial lhes causa um prejuízo direto e concreto.

Esse aspecto é fundamental para garantir que todas as partes afetadas por uma decisão judicial possam buscar reparação ou revisão judicial, mesmo que não tenham participado do processo desde o início.

Assim, a legitimidade para recorrer é fundamental para assegurar que apenas aqueles com um interesse direto e substancial possam desafiar decisões judiciais, promovendo a eficiência processual e prevenindo a sobrecarga do sistema judicial com recursos frívolos. Ao mesmo tempo, oferece uma via de acesso à justiça para aqueles que são inesperadamente afetados por decisões judiciais, respeitando os princípios de justiça e equidade processual.

c) Interesse recursal: o recorrente deve demonstrar que possui um interesse real na modificação da decisão, indicando como a decisão lhe afeta adversamente. Esse requisito assegura que o sistema judicial não seja sobrecarregado com recursos meramente especulativos ou protelatórios, sem impacto prático para o recorrente.

Ademais, baseia-se no princípio de que apenas as partes que têm uma razão válida e concreta para recorrer devem ser autorizadas a fazê-lo. Esse interesse é geralmente demonstrado pela análise do *binômio necessidade e utilidade*, garantindo que o recurso não apenas seja permitido pelo direito processual, mas que também seja relevante para a obtenção de um resultado judicial favorável.

(i) Necessidade recursal: a necessidade recursal surge quando não existem alternativas viáveis além do recurso para alterar uma decisão desfavorável. Isso significa que o recurso deve ser o único ou último meio disponível para a parte alcançar um desfecho mais benéfico em sua situação jurídica.

O reconhecimento da necessidade do recurso sublinha a importância de permitir que a parte continue a buscar justiça por meio do sistema judicial, especialmente em casos em que a decisão inicial é considerada errônea ou injusta.

(ii) Utilidade do recurso: a utilidade do recurso, por sua vez, está intimamente ligada à existência de um prejuízo real, muitas vezes representado pela sucumbência, em que a parte sofreu uma derrota parcial ou total na decisão inicial.

Esse aspecto do interesse recursal foca na capacidade do recurso de proporcionar um benefício concreto ao recorrente, remediando o prejuízo sofrido.

A utilidade é demonstrada pela potencial reversão da improcedência ou pela modificação de uma decisão que, como estava, negava à parte um pedido ou direito que ela inicialmente pleiteava.

A *exigência de demonstrar o interesse recursal* serve a vários propósitos fundamentais dentro do Judiciário, como:

(i) garantir que o sistema judicial não seja sobrecarregado por recursos que não têm como objetivo alcançar um resultado prático ou necessário, focando os recursos judiciais em questões que verdadeiramente necessitam de revisão;

(ii) bem como, ao exigir que os recorrentes demonstrem tanto a necessidade quanto a utilidade do recurso, o sistema encoraja as partes a considerarem cuidadosamente a viabilidade e as consequências de seus recursos antes de proceder; e

(iii) finalmente, o princípio apoia a ideia de que o acesso aos recursos judiciais deve ser preservado para casos em que há genuína necessidade de revisão judicial, assegurando que decisões potencialmente erradas ou injustas possam ser corrigidas.

Primeira Parte • Teoria Geral dos Recursos

Portanto, o interesse recursal não é apenas uma formalidade processual, mas uma garantia de que os recursos são utilizados de maneira responsável e eficaz, com o objetivo legítimo de corrigir erros judiciais e promover a justiça. Isso ajuda a manter a integridade do sistema judicial e a garantir que os recursos judiciais sejam acessíveis àqueles que realmente necessitam deles para remediar decisões judiciais inadequadas ou prejudiciais.

d) Inexistência de fato impeditivo ou extintivo do direito de recorrer: o recorrente não deve estar impedido de recorrer por qualquer questão processual, como a desistência prévia ou a renúncia ao direito de recorrer ou a ocorrência de coisa julgada.

No contexto do direito processual civil, o princípio que rege a inexistência de fato impeditivo ou extintivo do direito de recorrer é crucial para garantir que apenas partes com a capacidade e o interesse legítimo possam levar adiante um recurso judicial. Esse princípio visa evitar a utilização de recursos judiciais de maneira improdutiva ou mal-intencionada, assegurando a eficiência e a justiça do sistema judicial.

Os fatos impeditivos ou extintivos do direito de recorrer incluem a *desistência, a renúncia e a aceitação da decisão judicial.* Cada um desses atos possui características próprias e implicações legais que afetam diretamente a capacidade de uma parte de continuar a disputa judicial por meio de recursos.

A *desistência* é um ato pelo qual a parte que interpôs um recurso decide voluntariamente cessar sua tentativa de modificar a decisão judicial. Conforme o art. 998 do CPC, a *desistência pode ocorrer a qualquer momento* antes do julgamento do recurso e não requer a anuência da parte contrária ou dos litisconsortes. Isso proporciona à parte recorrente a liberdade de reavaliar sua posição estratégica durante o processo.

No entanto, o CPC estipula que, em casos de recursos especiais ou extraordinários selecionados como paradigmas em julgamentos de repercussão geral ou em recursos repetitivos, a desistência não é permitida, pois a questão em análise transcende os interesses das partes individuais, impactando uma gama mais ampla de casos semelhantes.

Ademais, não é necessária a anuência do recorrido ou de litisconsorte para desistir. O STJ firmou o entendimento que, em se tratando de recurso especial repetitivo, selecionado como paradigma de análise para julgamento, não cabe desistência, de igual maneira, a desistência do recurso também não impede a análise de questão cuja repercussão geral já tenha sido reconhecida pelo STF e daquele objeto de julgamento de recursos extraordinários ou especiais repetitivos (art. 998, parágrafo único, do CPC).

A *renúncia ao direito de recorrer* ocorre antes da interposição do recurso e está prevista no art. 999 do CPC. Ao contrário da desistência, *a renúncia impede a parte de iniciar o processo de recurso.* Esse ato é definitivo e independe da concordância de outras partes envolvidas no processo. Exemplos práticos de renúncia incluem atos que demonstram uma aceitação implícita das consequências da decisão, como o pagamento voluntário de uma indenização determinada em sentença, sendo este ato, o de pagar, efetivamente contrário à vontade de recorrer.

A *aceitação* ocorre quando uma parte concorda explicita ou tacitamente com o conteúdo da decisão judicial, como indicado pelo art. 1.000 do CPC. Um exemplo claro de aceitação tácita é o pagamento voluntário da quantia determinada por uma decisão judicial. A aceitação, seja expressa ou tácita, preclude qualquer tentativa subsequente de recurso, pois significa que a parte está satisfeita com o desfecho do processo.

Desistência, renúncia e aceitação são mecanismos legais que permitem às partes controlar o curso de suas disputas judiciais, proporcionando um meio de concluir litígios sem a necessidade de prosseguir com processos prolongados quando não mais desejado ou necessário.

Esses atos têm efeito imediato sobre a procedibilidade dos recursos e são fundamentais para manter a integridade processual, evitando recursos desnecessários ou meramente protelatórios. Ao entender e aplicar corretamente esses princípios, as partes e seus representantes legais podem navegar com mais eficácia no sistema judicial, otimizando a gestão de seus casos e respeitando a finalidade e os limites da lei processual.

Requisitos Extrínsecos:

Dizem respeito às formalidades processuais, como o cumprimento de prazos para a interposição do recurso, o pagamento de eventuais custas processuais, e a observância das normas de formatação e procedimento. A falta de observância de qualquer um desses requisitos pode resultar na inadmissão do recurso.

a) Preparo: é o pagamento das despesas e custas judiciais inerentes à interposição dos recursos e a sua devida comprovação no ato de interposição, de acordo com o art. 1.007 do CPC/2015. A falta de preparo, a menos que o recorrente seja beneficiário de justiça gratuita, pode levar à inadmissibilidade do recurso, e a pena para quem não paga o recurso é a *deserção.*

Preparar o recurso significa custear as despesas consequentes ao seu processamento, sendo incluído nestas despesas o porte de remessa e de retorno, caso o processo seja físico. Sem isso, "*É deserto o recurso interposto para o Superior Tribunal de Justiça, quando o recorrente não recolhe, na origem, a importância das despesas de remessa e retorno dos autos*" (Súmula 187 do STJ).

O Código de Processo Civil trouxe importantes mudanças e especificações no que tange ao preparo de recursos, incluindo disposições sobre o recolhimento de custas processuais e porte de remessa e retorno nos casos de uso de autos

Primeira Parte • Teoria Geral dos Recursos

eletrônicos e recursos interpostos por fax. Essas disposições têm implicações significativas para a admissibilidade dos recursos e a gestão processual.

Conforme estabelecido pelo art. 1.007, § 3º, do CPC, em processos que tramitam de forma eletrônica, ou seja, por meio de sistemas digitais, é dispensado o recolhimento do porte de remessa e retorno. Essa medida reflete a economia processual e a eficiência que a digitalização traz para o sistema judicial. A dispensa dessas taxas elimina custos associados ao transporte físico de documentos entre as instâncias judiciais, incentivando a adoção de processos eletrônicos, que são mais rápidos e acessíveis.

A possibilidade de interpor recursos por fax ainda é mantida pelo CPC, apesar do avanço dos sistemas eletrônicos. Essa modalidade de interposição de recursos exige que o preparo seja comprovado no dia da transmissão do recurso por fax, e não na data da apresentação dos originais ao órgão judicial. Essa disposição garante que não haja atrasos ou incertezas quanto à efetivação do recurso, assegurando que as partes cumpram os requisitos financeiros necessários para a sua admissibilidade no momento adequado.

O CPC também introduziu mudanças significativas relacionadas ao preparo, flexibilizando as regras que determinam a deserção de recursos por falta de preparo.

Por certo, a *deserção* ocorre quando um recurso é considerado inadmissível devido à falta de pagamento das custas processuais necessárias. As novas disposições buscam evitar penalidades excessivamente rigorosas por falhas no recolhimento de custas que possam ser corrigidas, dando às partes a oportunidade de remediar eventuais erros no pagamento dentro de um prazo especificado pelo tribunal.

Essas mudanças são fundamentais para equilibrar a necessidade de rigor na observância das regras processuais com a flexibilidade necessária para lidar com erros e omissões que podem ocorrer sem intenção de prejudicar o andamento processual. Elas refletem um esforço do legislador para modernizar o processo civil, tornando-o mais justo e acessível, ao mesmo tempo em que mantém a integridade e a seriedade do procedimento recursal, desta forma:

> **a)** *insuficiência no valor do preparo*, inclusive porte de remessa e retorno, implicará **deserção** se o recorrente, intimado na pessoa de seu advogado, *não vier a supri-lo no prazo de 5 dias*;
>
> **b)** o recorrente que *não comprovar*, no ato de interposição do recolhimento do preparo, inclusive do porte de remessa e retorno, será intimado, na pessoa de seu advogado, **para realizar o recolhimento em dobro, sob pena de deserção**;
>
> **c)** é *vedada a complementação,* se houver insuficiência parcial do preparo, inclusive porte de remessa e retorno, no recolhimento realizado na forma do item anterior, ou seja, recolhido a menor, mas realizado após o prazo.

Conforme o art. 1.007, § 6º, do CPC, se houver um *"justo motivo"* que impeça o recorrente de realizar o preparo da apelação, o juiz pode *relevar a pena de deserção*. Nesse contexto, a legislação processual civil autoriza o juiz a conceder um *prazo adicional de 5 dias* para que o preparo seja efetuado, garantindo que a parte não seja prejudicada por circunstâncias fora de seu controle.

Ainda, erros no preenchimento da guia de custas, que são comuns e, muitas vezes, não implicam má-fé, também são abordados pelo CPC. Um equívoco no preenchimento da guia não resultará automaticamente na deserção do recurso. Em vez disso, o relator do caso tem a prerrogativa de, diante de dúvidas sobre o correto recolhimento, intimar o recorrente para corrigir o erro dentro de um prazo de 5 dias. Essa disposição assegura que falhas administrativas possam ser corrigidas sem que isso custe à parte o direito de ter seu recurso analisado.

Existem exceções à exigência de que o preparo seja comprovado no ato da interposição do recurso, abordando situações em que tal exigência poderia resultar em injustiça ou impedir o acesso ao recurso. Algumas dessas exceções incluem:

> **Recurso inominado dos Juizados Especiais:** que pode ser preparado até 48 horas após a interposição.
>
> **Recurso interposto após o encerramento do horário bancário:** cujo preparo será feito no primeiro dia útil seguinte, sem implicar deserção, conforme a Súmula 484 do STJ.
>
> **Justiça gratuita:** as partes que têm o benefício da justiça gratuita são dispensadas do pagamento das custas processuais, incluindo o preparo do recurso.
>
> **Entidades públicas:** em algumas jurisdições, entidades públicas e órgãos do governo podem ser isentos do pagamento de custas processuais devido a disposições legais específicas.
>
> **Casos de urgência:** situações em que a urgência da matéria discutida no recurso justifica a rápida interposição, permitindo que o preparo seja feito posteriormente.
>
> **Falhas no sistema de recolhimento:** falhas técnicas ou erros no sistema de recolhimento que impedem o pagamento no momento da interposição do recurso.

Como regra, todos os recursos têm preparo, porém, o recurso de agravo do art. 1.042 do CPC, o *agravo interno, o agravo regimental e os embargos declaratórios são isentos*. E, como visto, também estão *dispensados do preparo* qualquer recurso interposto pelo Ministério Público, pela União, pelos Estados e Municípios e respectivas autarquias, e pelos que gozam de isenção legal (beneficiários da justiça gratuita, p. ex.).

As normas relativas ao preparo de recursos estabelecidas pelo CPC são exemplos de como o direito processual está se adaptando às novas tecnologias e às necessidades de um sistema judicial mais eficiente e menos oneroso e refletem um equilíbrio entre a necessidade de garantir a seriedade no uso dos recursos judiciais e a flexibilidade necessária para acomodar situações excepcionais.

Primeira Parte • Teoria Geral dos Recursos

Assim, relevar a pena de deserção em casos justificados e corrigir erros administrativos, o CPC assegura que o acesso à justiça seja preservado, ao mesmo tempo em que mantém a integridade e a eficácia do processo judicial, da mesma forma que busca promover a eficiência e a justiça processual, assegurando que todos os litigantes tenham a oportunidade de ter seus recursos julgados de maneira equitativa.

b) Tempestividade: o recurso deve ser interposto dentro do prazo legal. Esse prazo varia conforme o tipo de recurso e é rigorosamente observado para garantir a celeridade e a ordem no processo.

Assim, tempestividade é um conceito central na prática do direito processual, referindo-se à necessidade de interpor recursos dentro de prazos estritamente definidos pela legislação. Este princípio garante a ordem e a previsibilidade no processo judicial, contribuindo para a eficiência e a justiça ao assegurar que os casos avancem em um ritmo razoável e que decisões se tornem definitivas após oportunidades adequadas de revisão.

Prazos processuais: o Código de Processo Civil estabelece prazos específicos para a interposição de recursos, que são medidas cruciais para evitar atrasos processuais e garantir que os litígios sejam resolvidos de maneira oportuna. A não observância desses prazos resulta no fenômeno da *preclusão temporal*, um mecanismo que impede a parte de realizar ou modificar um ato processual após o prazo expirado.

Preclusão temporal: como visto anteriormente, a preclusão temporal ocorre quando um prazo processual expira sem que a parte tenha realizado o ato necessário (como interpor um recurso). Isso solidifica a decisão anterior, tornando-a imune a desafios posteriores por meio de recursos ordinários, a menos que se prove uma justa causa para a delonga.

Justa causa para atraso: o art. 223 do CPC permite que uma parte demonstre que a falha em cumprir um prazo ocorreu por justa causa, ou seja, em circunstâncias excepcionais e fora do controle da parte que impediram a ação no tempo devido, possibilitando, assim, a extensão ou a reconsideração do prazo.

O art. 1.003, § 5º, do CPC padroniza o prazo para a interposição da maioria dos recursos em **15 dias**, facilitando a compreensão e o cumprimento dos prazos processuais. Esta uniformidade ajuda as partes e seus advogados a gerenciarem melhor os prazos e assegura uma aplicação mais consistente das leis processuais.

Exceções: uma exceção importante é para os *embargos de declaração*, que devem ser interpostos em um prazo mais curto de **5 dias**, conforme estabelecido no art. 1.023 do CPC. Os embargos de declaração são destinados a esclarecer obscuridades ou corrigir erros manifestos em uma decisão, e seu prazo reduzido reflete a urgência e a simplicidade relativa desse tipo de recurso.

Contrarrazões: o prazo para apresentar contrarrazões é, em regra, o mesmo que o prazo para interpor o recurso, garantindo que ambas as partes tenham um período equitativo para preparar e apresentar suas argumentações, mantendo o equilíbrio e a equidade no processo adversarial.

Importante atentar para os *prazos dobrados*:

a) do **Ministério Público** e da **Fazenda Pública** (arts. 180 e 183 do CPC);

b) da **Defensoria Pública** (art. 186 do CPC/2015); e

c) dos **litisconsortes com procuradores diferentes**, de escritórios de advocacia distintos (art. 229 do CPC/2015), sendo que o prazo para interposição de recurso conta-se da data em que foram intimados da decisão, bem como, ressalta-se, que também serão considerados intimados em audiência quando nesta for proferida a decisão.

Dessa forma, se há litisconsórcio no processo com procuradores diferentes, incide o art. 229 do CPC, salvo se apenas um dos consortes sucumbe, porque aí não há prazo em dobro, conforme o art. 229, § 1º, CPC, analogicamente, e a Súmula 641 do STF: *"Não se conta em dobro o prazo para recorrer, quando só um dos litisconsortes haja sucumbido".*

Outrossim, se o *processo é eletrônico*, não se concede prazo em dobro para os litisconsortes. Essa disposição visa agilizar o trâmite processual, aproveitando a eficiência das comunicações eletrônicas que permitem uma gestão mais rápida e simultânea das informações entre as partes envolvidas (art. 229, § 2º, CPC).

Destaque-se a redação do art. 231, I a VI, do CPC, que estabelecem regras específicas para a contagem de prazos quando um réu interpõe um recurso contra uma decisão proferida antes de sua citação. Essa disposição é relevante para garantir que o réu, uma vez oficialmente envolvido no processo, tenha conhecimento pleno e justo das decisões que o afetam e possa exercer seu direito de defesa adequadamente.

O cumprimento dos prazos para a interposição de recursos é essencial para a admissibilidade desses instrumentos processuais. O CPC estipula que o recorrente deve respeitar o prazo máximo definido para interpor recursos. A não observância desse prazo pode resultar na preclusão do direito de recorrer, estabilizando a decisão e impedindo a revisão judicial da matéria.

Finalmente, o art. 219 do CPC introduz uma mudança importante na forma como os prazos processuais são contados. Conforme essa disposição, apenas os *dias úteis* são considerados na contagem de prazos estabelecidos por lei ou pelo juiz.

Essa regra se aplica *exclusivamente* a prazos processuais, diferenciando-se da contagem de prazos para atos administrativos ou contratuais, que podem incluir dias corridos.

Primeira Parte • Teoria Geral dos Recursos

A contagem em dias úteis é uma medida que visa equilibrar as exigências processuais com os períodos de descanso e feriados, proporcionando uma gestão de tempo mais realista e humanizada para as partes e seus representantes legais.

Dessa forma, as normas relativas à contagem de prazos e à interposição de recursos no CPC são fundamentais para o bom andamento dos processos judiciais e para o controle da tempestividade. Elas garantem que os procedimentos sejam realizados dentro de um quadro temporal justo e adequado, respeitando tanto a necessidade de uma tramitação eficiente quanto os direitos processuais das partes envolvidas.

c) Regularidade Formal: o recurso deve ser apresentado de acordo com as normas processuais aplicáveis, incluindo a forma e os procedimentos estabelecidos pela lei. Isso inclui a assinatura por advogado, em petição escrita, dirigida ao julgador competente.

No contexto processual, além da observância dos prazos e da legitimidade para recorrer, a forma como um recurso é apresentado e os requisitos formais associados à sua interposição são aspectos cruciais que podem determinar sua admissibilidade. O art. 1.029, § 1º, do CPC estipula exigências específicas quanto à apresentação e estrutura dos recursos, que se enquadram na categoria de regularidade formal.

Exigências de formatação e exposição: o CPC especifica que, em certos casos, é necessária uma ordem particular de exposição dos argumentos e uma maneira específica de demonstração da irresignação com a decisão recorrida, impondo ao recorrente o dever seguir um formato prescrito que pode incluir a apresentação lógica e sequencial dos fatos, questões de direito e argumentos que fundamentam o pedido de revisão da decisão.

Compleição do recurso com peças processuais necessárias: para que um recurso seja conhecido e julgado, é essencial que esteja acompanhado de todas as peças processuais exigidas pela legislação, por exemplo, com cópias das decisões recorridas, certidões de intimação, procurações, e quaisquer outros documentos que sejam pertinentes para a compreensão e avaliação do recurso pelo tribunal.

Efetivo enfrentamento das razões da decisão recorrida: um aspecto fundamental da regularidade formal é que o recurso deve contestar diretamente as razões apresentadas na decisão que se recorre. Nesse caso, o recorrente deve abordar especificamente os fundamentos jurídicos e fáticos que sustentaram a decisão do juízo *a quo*, apresentando argumentos contrários que justifiquem a reforma, anulação ou alteração da decisão.

Assim, deve o recorrente, por exemplo, sob pena de inadmissibilidade de seu recurso:

> **a) apresentar as suas razões**, impugnando especificamente os fundamentos da decisão recorrida (art. 932, III, CPC);
>
> **b) juntar as peças obrigatórias no agravo de instrumento**, quando se tratar de processo em autos de papel;
>
> **c) juntar**, em caso de recurso especial fundado na divergência jurisprudencial, a **prova da divergência**, bem como demonstrar, com análise das circunstâncias da decisão recorrida e da decisão paradigma, a existência dessa divergência (art. 1.029, § 1º, CPC);
>
> **d) afirmar a existência de repercussão geral** do recurso extraordinário;
>
> **e) afirmar a existência de relevância** da questão de direito federal infraconstitucional;
>
> **f) formular o pedido recursal**;
>
> **g) respeitar a forma escrita** para a interposição do recurso (à exceção dos embargos de declaração em Juizados Especiais Cíveis – art. 49, Lei n. 9.099/95 – que podem ser interpostos oralmente).

A falta de aderência aos requisitos de regularidade formal pode levar à inadmissibilidade do recurso. Isso ocorre porque o Tribunal precisa ter clareza e acesso completo às questões discutidas para fazer uma avaliação justa e informada do caso. Sem a apresentação adequada e completa dos argumentos e documentos necessários, o Tribunal pode determinar que o recurso não é apto para julgamento, resultando na sua não admissão.

Considere um cenário em que um recorrente falha em incluir no recurso de agravo de instrumento, realizado em autos físicos, as peças que demonstrem efetivamente o pedido das partes, com a inicial e a contestação, bem como a cópia das procurações, da própria decisão recorrida e de sua publicação. Nesse caso, o Tribunal está totalmente limitado e pode não ser capaz de verificar se o recurso foi interposto dentro do prazo legal ou quais são, realmente, os limites da decisão, levando à possibilidade de inadmissibilidade por *falta de regularidade formal*.

Em resumo, a exigência de regularidade formal, conforme delineada no CPC, é projetada para assegurar que todos os recursos sejam apresentados de maneira que permita uma revisão judicial eficaz e justa. Ela é vital para manter a ordem e a eficiência no processo judicial, garantindo que os recursos sejam não apenas tecnicamente corretos, mas também substancialmente capazes de persuadir o tribunal a revisar a decisão anterior.

Assim, os recorrentes devem prestar atenção meticulosa ao preparar e apresentar seus recursos para evitar quaisquer impedimentos à sua admissibilidade e, ao observar as exigências legais e apresentar o recurso em documento escrito, redigido em língua portuguesa, e ao anexar todos os documentos

Primeira Parte • Teoria Geral dos Recursos

necessários, como é requerido, por exemplo, no caso do agravo de instrumento, *a regularidade formal será adequadamente respeitada.*

d) Dialeticidade: importante destacar que, ao interpor o respectivo recurso, deve o recorrente expor de forma precisa em que consiste o seu inconformismo com a decisão combatida, destacando de forma clara e fundamentada as razões para a reforma da decisão e os motivos pelos quais não pode persistir a decisão recorrida.

O princípio da dialeticidade no contexto dos recursos judiciais enfatiza a necessidade de o recorrente apresentar uma argumentação clara, específica e fundamentada ao desafiar uma decisão judicial. Esse princípio assegura que o recurso não apenas expresse descontentamento com a decisão, mas também articule de maneira precisa e detalhada as bases jurídicas e fáticas que justificam a revisão solicitada.

O recorrente deve detalhar claramente em que consiste seu inconformismo com a decisão que está sendo recorrida, incluindo a identificação dos aspectos específicos da decisão que são considerados errôneos ou prejudiciais, e explicar por que tais aspectos não podem ser mantidos. A apresentação de argumentos deve ser *lógica* e embasada em fundamentos jurídicos sólidos, garantindo que o tribunal possa compreender e avaliar adequadamente os méritos do recurso.

Exemplificando: no caso do *recurso de apelação*, que é interposto por petição dirigida ao juízo de primeiro grau, o recorrente deve cumprir o que estabelece o art. 1.010, II e III, do CPC.

A petição de apelação deve conter uma *exposição clara do fato e do direito*, assim como as *razões detalhadas do pedido de reforma ou de decretação de nulidade da sentença*. Importante ressaltar que não é suficiente apenas remeter aos argumentos apresentados anteriormente na petição inicial ou na contestação. O recorrente deve *especificamente* impugnar os fundamentos da sentença, demonstrando claramente como e por que esses fundamentos são contestáveis ou insustentáveis.

Quando se trata do *agravo de instrumento*, dirigido diretamente ao tribunal competente, a petição deve atender aos requisitos do art. 1.016, III, do CPC/2015. Assim, o agravante deve apresentar não só as razões do pedido de reforma ou de invalidação da decisão interlocutória como também *detalhar o próprio pedido de reforma*. Isso inclui uma explanação precisa sobre porque a decisão não pode ser mantida, baseada em evidências e argumentação jurídica.

Ainda, analisando o *princípio da dialeticidade* à luz do entendimento sumular e da Constituição Federal, temos:

> **1)** É **inadmissível o recurso extraordinário** quando não ventilada, na decisão recorrida, a questão federal suscitada (Súmula 282 do STF).
>
> **2)** É **inadmissível o recurso extraordinário** quando a deficiência na sua fundamentação não permitir a exata compreensão da controvérsia (Súmula 284 do STF).
>
> **3)** **Nega-se provimento ao agravo** quando a deficiência na sua fundamentação ou na do recurso extraordinário não permitir a exata compreensão da controvérsia (Súmula 287 do STF).
>
> **4)** É **inadmissível recurso especial** quando o acórdão recorrido se assenta em fundamentos constitucional e infraconstitucional, qualquer deles suficiente, por si só, para mantê-lo, e a parte vencida não manifesta recurso extraordinário (Súmula 126 do STJ).
>
> **5)** É **inviável o agravo** que deixa de atacar especificamente os fundamentos da decisão agravada (Súmula 182 do STJ).
>
> **6)** No **recurso especial**, o recorrente deve demonstrar a relevância das questões de direito federal infraconstitucional discutidas no caso, nos termos da lei, a fim de que a admissão do recurso seja examinada pelo Tribunal, o qual somente pode dele não conhecer com base nesse motivo pela manifestação de 2/3 (dois terços) dos membros do órgão competente para o julgamento (EC 125/2022 e art. 105, § 2º, da CF/88).

A dialeticidade é fundamental para a eficácia do sistema de justiça, pois promove a transparência e o entendimento claro dos argumentos jurídicos. Ela possibilita que os tribunais superiores avaliem de forma justa e informada os apelos apresentados, facilitando a tomada de decisões que sejam tanto juridicamente corretas quanto justas. Além disso, a exigência de uma argumentação fundamentada e especificamente dirigida contra os pontos contestados da decisão ajuda a prevenir o uso indiscriminado de recursos como mera tentativa de procrastinação ou como estratégia dilatória.

Portanto, a observância do princípio da dialeticidade é crucial para qualquer parte que deseje ver uma decisão judicial revisada ou anulada, assegurando que o recurso seja substancial e não meramente formal, bem como exigindo que a interação dos atores processuais se estabeleça mediante diálogo coerente e adequado entre seus interlocutores.

Não por outro motivo, os recorrentes devem promover o ataque específico de todos os fundamentos da decisão impugnada, cuja reforma pressupõe a apresentação de razões suficientes para demonstrar o desacerto do entendimento perfilhado pelo julgador. Sem o cumprimento desse ônus processual, o *recurso nem sequer terá aptidão para promover a alteração por ele buscada.*

d.1) Os juízos de recebimento, de conhecimento e de provimento dos recursos: como visto anteriormente, temos *três graus no juízo empregado a um recurso.*

Primeira Parte • Teoria Geral dos Recursos

> 1) o juízo de *recebimento* do recurso;
> 2) o juízo de *conhecimento* do recurso; e
> 3) o juízo de *provimento* (ou *de mérito*) do recurso.

Na verdade, durante o processo de revisão judicial por meio de recursos, o juízo de admissibilidade desempenha um papel fundamental na determinação de quais recursos serão considerados para posterior julgamento de mérito. Esse juízo inicial de admissibilidade é essencialmente uma avaliação preliminar feita pelo relator no tribunal competente, que verifica se o recurso cumpre todos os requisitos legais e processuais necessários para sua admissão.

Fase de recebimento do recurso: a primeira etapa no tratamento de um recurso é o seu recebimento, durante o qual o relator realiza o juízo de admissibilidade.

Dessa forma, o juízo de recebimento é a primeira avaliação feita quando um recurso é apresentado. Esta fase envolve a verificação preliminar dos requisitos formais do recurso, incluindo a *adequação*, a *tempestividade* e o *preparo* devidamente recolhidos. O objetivo dessa fase é determinar se o recurso foi apresentado de maneira correta e dentro do prazo legal.

Nesse estágio, o Tribunal *não entra no mérito* das questões levantadas pelo recurso, mas apenas verifica se o recurso é apto para ser admitido para análise posterior. Se os requisitos formais não são atendidos, o recurso pode ser considerado inadmissível sem qualquer análise substancial.

Esse é o momento em que se analisam diversos critérios essenciais, tais como:

> **Cabimento:** verifica se o tipo de recurso utilizado é apropriado para a decisão que se deseja contestar.
>
> **Adequação:** avalia se o recurso é o meio correto para tratar a questão em disputa.
>
> **Tempestividade:** confirma se o recurso foi interposto dentro do prazo legal estabelecido.
>
> **Preparo:** examina se todas as taxas necessárias foram pagas (exceto em casos de isenção).
>
> **Outros requisitos de admissibilidade:** inclui a verificação de outros critérios específicos que podem variar dependendo do tipo de recurso.

Conforme o art. 1.011 do Código de Processo Civil, o juízo de admissibilidade de recursos como a apelação ocorre diretamente no próprio Tribunal de Justiça ou no Tribunal Regional Federal, e é *realizado pelo relator*, e não mais pelo juiz de primeiro grau.

Juízo de admissibilidade negativo e recursos contra a decisão: se o relator determinar que o recurso não cumpre os requisitos necessários para a admissibilidade, ele emitirá um *juízo de admissibilidade negativo*, ou seja, essa decisão impede o recurso de progredir para a análise de mérito.

Assim, conforme o art. 932, III, do CPC, a decisão do relator que nega a admissibilidade de um recurso pode ser impugnada por meio de um *agravo interno*. Esse é um recurso interno, previsto no art. 1.021 do CPC, que permite à parte recorrente solicitar que a decisão monocrática do relator seja revisada pelo órgão colegiado do tribunal.

O agravo interno é utilizado especificamente para desafiar decisões monocráticas do relator, oferecendo uma segunda chance para que o recurso seja considerado admissível.

Fase de conhecimento do recurso: na sequência, superada essa fase preliminar (e recebido o recurso), inicia-se o juízo de conhecimento dos recursos.

Nessa fase, o tribunal analisa se o recurso é admissível com base em critérios mais substanciais que incluem a verificação da legitimidade, interesse recursal e se o recurso é apropriado para a questão em disputa. Esse é um momento crítico, pois é quando o tribunal decide se irá efetivamente examinar o mérito das questões apresentadas no recurso.

O *juízo de conhecimento* ainda não implica uma análise detida sobre o mérito das razões do recurso, mas sim *se tais razões merecem ser examinadas*. Se um recurso é conhecido, isso significa que o Tribunal reconheceu que o recurso é processualmente válido e merece uma análise mais profunda das questões que são levantadas.

Portanto, é nesse juízo de conhecimento que o Tribunal avalia se o recurso preenche todos os requisitos necessários para ser examinado quanto ao mérito. Esse juízo inclui a verificação de todos os requisitos processuais e, essencialmente, a ausência de quaisquer impedimentos que possam obstar o conhecimento do recurso pelo tribunal.

Se todos os requisitos forem atendidos e nenhum impedimento for identificado, o *Tribunal procederá ao juízo de provimento*, em que o mérito do recurso será de fato analisado.

Caso não haja nada que impeça o tribunal de conhecer e decidir sobre os temas estaremos diante do **juízo de conhecimento** do recurso, passando-se, enfim, para o **juízo de provimento** (ou análise do mérito) do recurso.

Conforme estabelecido no art. 932, parágrafo único, do CPC, antes de declarar um recurso inadmissível – isto é, de decidir não conhecer do recurso por falhas formais ou substanciais –, o relator deve oferecer ao recorrente a oportunidade de corrigir qualquer vício ou de completar a documentação necessária.

Esse período, fixado em *cinco dias*, é fundamental para manter a equidade do processo, permitindo que as partes corrijam eventuais falhas muitas vezes

Primeira Parte • Teoria Geral dos Recursos

inadvertidas que, se não fossem sanadas, resultariam na perda de uma oportunidade de revisão judicial.

Esse mecanismo reflete a *preferência do sistema jurídico pelo julgamento de mérito* (primazia do julgamento de mérito) em detrimento da decisão baseada em critérios meramente formais. Ele serve para garantir que, sempre que possível, as disputas sejam resolvidas com base nas questões substanciais em jogo, em vez de serem prematuramente encerradas devido a tecnicismos.

Assim, após o *conhecimento do recurso*, o Tribunal decidirá sobre o mérito (daí também chamar de juízo de mérito) **dando ou negando provimento a ele**. Essa decisão poderá se dar **monocraticamente pelo relator** ou de forma **colegiada**, pelos três desembargadores que compõem a Câmara ou a Turma Julgadora.

Entenda-se como se desenvolverá o juízo de **(des)provimento monocrático** do recurso.

Incumbe ao relator **negar provimento a recurso** que for contrário a (art. 932, IV, do CPC):

(i) súmula do Supremo Tribunal Federal, do Superior Tribunal de Justiça ou do próprio tribunal;

(ii) acórdão proferido pelo Supremo Tribunal Federal ou pelo Superior Tribunal de Justiça em julgamento de recursos repetitivos;

(iii) entendimento firmado em incidente de resolução de demandas repetitivas ou de assunção de competência.

Também incumbe ao relator, depois de facultada a apresentação de contrarrazões, **dar provimento ao recurso** se a decisão recorrida for contrária a (art. 932, V, do CPC):

(i) súmula do Supremo Tribunal Federal, do Superior Tribunal de Justiça ou do próprio tribunal;

(ii) acórdão proferido pelo Supremo Tribunal Federal ou pelo Superior Tribunal de Justiça em julgamento de recursos repetitivos;

(iii) entendimento firmado em incidente de resolução de demandas repetitivas ou de assunção de competência.

Não se enquadrando nestes casos, as *decisões de (des)provimento dos recursos serão tomadas por colegiado*, ou seja, pelos julgadores (desembargadores) que compõem a Câmara ou a Turma Julgadora, ocorrendo o julgamento em sessão, que em alguns casos permite aos recorrentes fazerem sustentação oral (art. 937 do CPC) das razões do recurso.

Nesse contexto, continuando com o estudo dos *"termos recursais"*, diante de todo o exposto, alguns pontos devem ser destacados para a compreensão da estrutura recursal.

Dessa forma, deve-se compreender que, obedecendo a forma técnica, os recursos serão sempre **"interpostos"**, não sendo admitida a utilização do termo **"impetrados"** ou **"propostos"**, pois somente é **impetrada ação constitucional** (por exemplo, o mandado de segurança) e somente pode ser **proposta a ação** (por exemplo, uma ação declaratória ou condenatória).

Nesse sentido, quanto aos "termos", observar:

	EXPRESSÃO	SIGNIFICADO	INCIDÊNCIA	UTILIZAÇÃO
IDENTIFICAÇÃO DA ESPÉCIE DE PETIÇÃO	**Propor ou ajuizar**	É utilizado para identificar as *petições iniciais*, ou seja, aquelas que tiverem natureza de ação.	– Petições iniciais.	Fulano de Tal (...), vem *propor* a presente Ação de Indenização (...)
	Apresentar ou oferecer	É utilizada a expressão quando a petição oferecida for incidental ou comum ao processo já em andamento.	– Contestação; – Quesitos; – Memoriais; – Contrarrazões etc.	Fulano de Tal (...), vem *apresentar* sua Contestação (...)
	Impetrar	É utilizado exclusivamente para indicar a propositura de ações mandamentais.	– *Habeas corpus*; – Mandado de segurança; – Mandado de injunção; – *Habeas data*.	Fulano de Tal (...), vem *impetrar* mandado de segurança (...)
	Opor	Utilizado para indicar a apresentação de embargos, quando não há mudança de jurisdição.	– Embargos de declaração; – Embargos de divergência.	Fulano de Tal (...), vem *opor* embargos de declaração (...)
	Interpor	É utilizado para identificar a interposição de algum recurso, quando há a modificação de jurisdição.	– Apelação; – Agravos; – Recursos especial, ordinário e extraordinário.	Fulano de Tal (...), vem *interpor* recurso de apelação (...).
	Arguir	É utilizado quando for indicar a apresentação de algum inconformismo quanto às questões de ordem pública.	– Incidente de impedimento ou suspeição; – Preliminares de contestação etc.	Fulano de Tal (...), vem *arguir* em Incidente de Impedimento (...)

Primeira Parte • Teoria Geral dos Recursos

Assim, atente-se quanto aos pedidos, pois temos:

	EXPRESSÃO	SIGNIFICADO	INCIDÊNCIA	UTILIZAÇÃO
PEDIDOS	Procedência ou Improcedência	Utilizado sempre que a pretensão for a de julgamento e análise do mérito. Nota-se que, neste caso, o que pretende ser julgado *procedente ou improcedente é o pedido* formulado, tendo em vista que o juiz ao prolatar sua sentença não julga a ação (que é direito subjetivo).	– Petição inicial; – Contestação; – Memoriais; – Apelação etc.	(...) vem, por meio desta petição inicial, pedir a *procedência do pedido* (...) (...) vem, por meio desta contestação, pedir a *improcedência do pedido* formulado na petição inicial (...)
	Deferimento, Indeferimento, Concessão ou Revogação	Utilizam-se referidas expressões, *deferimento, indeferimento, concessão ou revogação*, para solicitar ao magistrado a análise de alguma medida incidental, perpetrada no curso do processo, bem como de efeitos pretendidos a recursos ou ao próprio processo.	– Pedidos de tutelas provisórias; – Pedidos de provas; – Pedidos de suspensão em recursos; – Pedidos de suspensão na execução etc.	(...) pretende-se a *concessão de efeito suspensivo* ao presente agravo de instrumento (...) (...) requer-se a *revogação da tutela provisória de urgência* concedida ao autor (...) (...) requer-se o *deferimento da oitiva de testemunhas* pleiteada (...)
	Recebimento	Analisa-se o recebimento de determinado recurso, a partir do preenchimento dos requisitos de admissibilidade objetivos e de verificação direta. Se devidamente comprovados, o magistrado receberá o recurso, caso contrário, negará seguimento.	– Recursos	(...) preenchidos os requisitos de admissibilidade, requer-se o *recebimento do recurso* e seu devido processamento (...)
	Conhecimento	Ultrapassado o juízo de recebimento, o magistrado realizará o juízo de conhecimento, no qual analisará os requisitos de admissibilidade subjetivos, como um possível juízo inicial de mérito.	– Recursos	(...) requer-se o *conhecimento do recurso*, com a devida análise e julgamento do mérito (...)
	Provimento	Se for conhecido o recurso de apelação, vai-se, portanto, para o próximo passo, o juízo de provimento em que se observará o ponto central do recurso, ou seja, o efetivo juízo de mérito.	– Recursos	(...) requer o efetivo julgamento do mérito do presente recurso, *dando provimento aos pedidos* formulados (...)

Portanto, em resumo, o ***recurso é inicialmente recebido*** (ou **não recebido** – juízo de recebimento), para depois ***ser conhecido*** (ou **não conhecido** – juízo de conhecimento) e, por fim, ser ***provido*** (ou **desprovido** – juízo de provimento).

RESUMINDO:

JUÍZO DE ADMISSIBILIDADE			
REQUISITOS INTRÍNSECOS		**REQUISITOS EXTRÍNSECOS**	
CABIMENTO	É a interposição do recurso correto, sendo possível aplicar a fungibilidade.	TEMPESTIVIDADE	É a interposição do recurso no prazo certo.
LEGITIMIDADE	Partes; MP (parte ou *custos legis*); 3º prejudicado.	DIALETICIDADE	Deve o recorrente expor de forma precisa em que consiste o seu inconformismo com a decisão combatida.
INTERESSE	Utilidade (prejuízo) e necessidade (o recurso deve ser o único meio de impugnação).	PREPARO	Pagamento das custas judiciais recursais e a sua devida comprovação no ato de interposição.
INEXISTÊNCIA DE ÓBICE	Renúncia: antes da interposição. Desistência: após a interposição. Aceitação: é da decisão.	REGULARIDADE FORMAL	É o procedimento e a peça correta.

7. EFEITOS DOS RECURSOS

Na nossa sistemática processual civil, os recursos desempenham uma função essencial, ao permitir que as partes desafiem decisões judiciais que consideram errôneas ou injustas. Sempre que ocorre a interposição de um recurso, os recorrentes não apenas buscam uma revisão da decisão impugnada, mas também se deflagram diversos efeitos que podem alterar o andamento do processo ou o estado das partes.

A compreensão desses efeitos é fundamental para que advogados, as partes e os integrantes daquela determinada relação jurídica processual tomem decisões informadas sobre o uso de recursos em litígios. Vamos explorar os principais efeitos dos recursos no processo civil: *suspensivo, devolutivo, translativo, obstativo, regressivo, expansivo e ativo*.

Efeito devolutivo: o *efeito devolutivo* é inerente a todos os recursos e se refere à transferência (ou a devolução) da matéria impugnada para apreciação do tribunal ou ao órgão *ad quem*. Este efeito delimita a extensão do que será

Primeira Parte • Teoria Geral dos Recursos

reexaminado pelo órgão; apenas as questões efetivamente argumentadas e discutidas no recurso serão examinadas.

O efeito devolutivo garante que o tribunal de segunda instância possa reavaliar as questões de fato e de direito contidas na decisão recorrida, mas dentro dos limites das razões apresentadas pelo recorrente. Por exemplo, é o que diz o art. 1.013 do CPC a respeito da apelação: ***"devolverá ao tribunal o conhecimento da matéria impugnada"***.

Dessa forma, "o efeito devolutivo é o que atribui ao juízo recursal o exame da matéria analisada na decisão recorrida e *expressamente impugnada* pelo recorrido. Por depender de expressa impugnação da parte, diz-se que constitui uma manifestação do *princípio da demanda* no âmbito dos recursos"[9].

Esse é o efeito devolutivo que permite a devolução ao tribunal de tudo que foi decidido no conflito de base, fazendo-se aplicar o *tantum devolutum quantum appellatum.*

Efeito suspensivo: já o *efeito suspensivo*, por seu turno, é um dos mais significativos efeitos de um recurso. Quando um recurso possui efeito suspensivo, sua interposição *suspende a eficácia da decisão recorrida* até que o recurso seja julgado. Isso significa que a decisão não pode ser executada enquanto o recurso está pendente, sendo necessário em situações em que a execução imediata da decisão poderia causar *danos irreversíveis ou de difícil reparação à parte recorrente.*

No entanto, nem todos os recursos têm efeito suspensivo automático. Alguns recursos, como a apelação, em certos casos (art. 1.012, CPC), carregam esse efeito de forma inerente, enquanto em outros, como no agravo de instrumento, o efeito suspensivo pode ser concedido judicialmente, a depender da análise de necessidade e urgência demonstradas pela parte.

Dessa forma, conforme estabelece o art. 995 do CPC, a interposição de um recurso, por regra geral, não suspende automaticamente a eficácia da decisão judicial, a menos que exista uma disposição legal ou uma decisão judicial que determine o contrário. Assim, o efeito suspensivo, quando aplicável, retarda a produção dos efeitos da decisão contestada e tem início antes mesmo da interposição do recurso, perdurando até que uma decisão final e definitiva sobre o recurso seja proferida.

Aqueles recursos que não têm o efeito suspensivo, como o agravo de instrumento, podem ganhá-lo de forma excepcional a critério do juiz nas situações do art. 932 do CPC.

Com efeito, a interposição de recurso extraordinário e recurso especial não impedem a execução da sentença, ou seja, são recursos que não possuem efeito suspensivo, assim como determina o art. 995 do CPC. No entanto, a eficácia da

---

[9] MARINONI, Luiz Guilherme; ARENHART, Sérgio Cruz; MITIDIERO, Daniel. *Novo curso de processo civil.* São Paulo: RT, 2015. v. 2. p. 515 e s.

58   *Manual Prático da Advocacia Cível nos Tribunais*

decisão recorrida poderá ser suspensa por decisão e a critério do relator, se da imediata produção de seus efeitos houver risco de dano grave, de difícil ou de impossível reparação, e ficar demonstrada a probabilidade de provimento do recurso (art. 995, parágrafo único, do CPC).

Embora certos recursos, como o agravo de instrumento, tipicamente não possuam efeito suspensivo automático, a legislação permite que esse efeito seja concedido de forma excepcional. De acordo com o art. 932 do CPC, o juiz pode atribuir efeito suspensivo ao agravo de instrumento em situações em que a execução imediata da decisão possa resultar em danos graves e de difícil reparação. Essa concessão é feita a critério do juiz, que deve avaliar cuidadosamente os riscos e as consequências da aplicação imediata da decisão.

Quanto aos recursos extraordinário e especial, o art. 995 do CPC clarifica que eles não impedem a execução da sentença, ou seja, não possuem efeito suspensivo inerente. No entanto, em situações em que a execução imediata da decisão possa ocasionar prejuízos significativos ou irreversíveis, o relator do caso possui a discricionariedade para suspender os efeitos da decisão recorrida. Para isso, é necessário que se demonstre a probabilidade de sucesso do recurso (probabilidade de provimento) e a existência de risco de dano grave, de difícil ou de impossível reparação, conforme especificado no parágrafo único do art. 995.

O efeito suspensivo é uma ferramenta jurídica crucial porque equilibra a necessidade de eficácia e finalidade das decisões judiciais com a proteção dos direitos das partes durante o processo de revisão judicial. Ele assegura que, enquanto um recurso está sendo considerado, os efeitos potencialmente prejudiciais da decisão recorrida sejam pausados para evitar danos irreparáveis.

Efeito translativo: o *efeito translativo* é aquele que possibilita ao tribunal, caso existam matérias das quais o tribunal *ad quem* (o tribunal que recebe o recurso) possa conhecer, independentemente da devolução operada pela vontade impugnante do recorrente, decidir sobre tais matérias mesmo que não haja provocação da parte recorrente.

Esse fenômeno reflete a autonomia e a responsabilidade dos tribunais superiores em assegurar que a efetividade da justiça, independentemente das limitações ou omissões nas argumentações das partes.

De fato, o efeito translativo está intimamente ligado às questões que o Poder Judiciário tem o dever de examinar a qualquer momento e em qualquer instância, independentemente de serem expressamente levantadas pelas partes. Este princípio está ilustrado no art. 337 do CPC (preliminares da contestação), com exceção de questões como a convenção de arbitragem e a incompetência relativa, que não são abordadas automaticamente.

Quando um recurso é analisado, o tribunal possui a prerrogativa de abordar essas questões de ordem pública, mesmo que não tenham sido previamente decididas pelo juízo de primeiro grau ou discutidas nas razões do recurso. Essa

Primeira Parte • Teoria Geral dos Recursos

capacidade reflete o compromisso do tribunal em assegurar que as decisões judiciais estejam em conformidade com as leis e princípios fundamentais, garantindo uma justiça substancial e processualmente correta.

No entanto, a aplicação do efeito translativo deve ser manejada com cautela para evitar a violação do princípio do contraditório. Se uma questão de ordem pública é levantada pela primeira vez em instância recursal, é essencial que às partes sejam dadas a oportunidade de discutir a questão antes que o tribunal tome uma decisão.

Esse procedimento assegurará que todas as partes envolvidas no processo tenham a chance de apresentar seus argumentos e evidências relevantes, evitando surpresas injustas que possam prejudicar qualquer uma das partes.

Portanto, embora esses temas de ordem pública não estejam restritos pelo efeito devolutivo e possam ser examinados pelo tribunal em qualquer circunstância, sua análise deve sempre ser precedida de um debate adequado no âmbito do contraditório, sendo efetivo para manter a integridade do processo judicial e garantir que as decisões sejam tomadas de forma justa e informada.

Em resumo, enquanto o efeito translativo permite que os tribunais superiores abordem proativamente questões de ordem pública durante o julgamento de recursos, a implementação desse princípio deve sempre respeitar os direitos processuais das partes, assegurando que o processo seja conduzido de maneira transparente e equitativa.

Outrossim, de acordo com o art. 1.013, § 1º, do CPC, o tribunal está autorizado a julgar todas as questões que foram levantadas e discutidas durante o processo, mesmo que o juiz de primeira instância não as tenha resolvido explicitamente, desde que se relacionem ao capítulo da decisão que está sendo impugnado. Especificamente, se o pedido ou a defesa tiver múltiplos fundamentos e o juiz decidir com base em apenas um deles, a apelação permitirá que o tribunal analise os fundamentos restantes.

O efeito translativo, que permite ao tribunal abordar questões de ordem pública que não foram explicitamente decididas nas instâncias inferiores, é típico dos *recursos ordinários*. Isso inclui recursos como apelação, agravos, embargos de declaração, embargos infringentes e recurso ordinário constitucional. Esse efeito é utilizado para assegurar que o julgamento seja completo e que todas as questões relevantes, incluindo aquelas de ordem pública, sejam adequadamente consideradas pelo tribunal.

Em contraste, nos *recursos excepcionais*, que são dirigidos aos Tribunais Superiores, como os recursos especial e extraordinário, o efeito translativo não se aplica de maneira geral. Esses recursos seguem um regime jurídico específico, detalhadamente estabelecido tanto no sistema normativo brasileiro quanto na Constituição Federal. Um aspecto-chave desse regime é o requisito do *prequestionamento*, que exige que as questões de ordem pública sejam explicitamente

60   *Manual Prático da Advocacia Cível nos Tribunais*

discutidas e decididas nas instâncias inferiores antes que possam ser objeto de recurso nos Tribunais Superiores.

O prequestionamento serve como um filtro para os recursos excepcionais, garantindo que o Tribunal Superior apenas examine questões que foram devidamente consideradas e decididas pelos tribunais inferiores. Este requisito enfatiza o efeito devolutivo dos recursos, que devolve ao tribunal apenas as matérias que foram efetivamente debatidas e decididas anteriormente.

Portanto, o efeito *translativo nos recursos ordinários* amplia a capacidade dos tribunais de justiça de revisar e corrigir decisões, abrangendo todas as questões pertinentes ao litígio, incluindo aquelas de ordem pública não decididas anteriormente. Por outro lado, *nos recursos excepcionais*, a análise de questões de ordem pública pelos Tribunais Superiores é restrita pelo princípio do prequestionamento, limitando sua abrangência às questões já debatidas nas decisões recorridas.

Essa distinção reflete a estrutura dual do sistema recursal brasileiro, em que os recursos ordinários e excepcionais servem propósitos distintos e operam sob regras específicas para garantir a justiça e a eficiência processual.

Efeito obstativo: quanto ao *efeito obstativo*, por sua vez, é um dos aspectos menos discutidos, mas altamente significativo, dos recursos no direito processual.

Esse efeito impede que a decisão recorrida transite em julgado enquanto o recurso está pendente de julgamento, assegurando que a matéria permaneça *sub judice* até uma decisão final pelo órgão recursal. Esse efeito é essencial para evitar a concretização de efeitos potencialmente irreversíveis de decisões que ainda estão sendo contestadas judicialmente.

De fato, tem "o condão do recurso de obstar a preclusão e a formação da coisa julgada, mantendo o processo pendente até o seu julgamento. Mais propriamente, aliás, até o momento do escoamento do último prazo recursal. A interposição do recurso – ou a existência de prazo recursal pendente – impede a preclusão e o trânsito em julgado das decisões judiciais. Todos os recursos têm o condão de impedir a preclusão e, se for o caso, a formação da coisa julgada"[10].

O efeito obstativo surge naturalmente com a interposição de um recurso e tem a função de suspender a autoridade da *res judicata* da decisão recorrida. Isso significa que, enquanto o recurso estiver em trâmite, a decisão não se torna definitiva, permitindo que as questões debatidas possam ser reexaminadas por um tribunal superior.

Essa característica dos recursos é essencial para garantir o *direito ao duplo grau de jurisdição*, permitindo que as partes tenham suas causas revistas por

---

[10] MARINONI, Luiz Guilherme; ARENHART, Sérgio Cruz; MITIDIERO, Daniel. *Novo curso de processo civil*. São Paulo: RT, 2015. v. 2. p. 527.

Primeira Parte • Teoria Geral dos Recursos

uma instância superior antes que os efeitos da decisão se consolidem de maneira irreversível.

Implicações do efeito obstativo:

a) **Preservação dos direitos:** o efeito obstativo preserva os direitos das partes de continuar a litigar uma questão sem o risco de a decisão inicial ser executada enquanto o recurso está pendente. Isso é particularmente importante em casos em que a execução da decisão pode resultar em danos irreparáveis ou quando a matéria em discussão envolve questões complexas de direito ou fatos que necessitam de revisão detalhada.

b) **Manutenção da estabilidade jurídica:** ao impedir que a decisão se torne final e irrecorrível enquanto há um recurso pendente, o efeito obstativo contribui para a estabilidade do sistema jurídico, assegurando que as decisões judiciais sejam justas e corretas antes de se tornarem definitivas.

c) **Impacto na execução provisória:** embora o efeito obstativo impeça o trânsito em julgado, não necessariamente impede a execução provisória da decisão, especialmente em casos em que a lei permite expressamente essa execução. Essa nuance destaca a importância de uma análise cuidadosa das circunstâncias de cada caso e das disposições legais pertinentes.

Apesar de suas vantagens, o efeito obstativo não é aplicável a todos os tipos de recursos. Alguns recursos, especialmente aqueles que não possuem efeito suspensivo expresso ou que são interpostos contra decisões interlocutórias, podem não deter esse efeito. Além disso, a jurisprudência e a legislação podem definir limites e condições específicas para a aplicação deste efeito, variando de acordo com a natureza do recurso e a legislação aplicável.

Portanto, "consoante a jurisprudência do Superior Tribunal de Justiça, a simples interposição de determinado recurso obsta a formação da preclusão máxima – também chamada pela doutrina de coisa julgada formal. Vale dizer: não é necessário que o recurso seja admitido para que se perpetue a litispendência. Assim, já se decidiu que, mesmo no caso de inadmissibilidade ou intempestividade do recurso interposto, ressalvado o erro grosseiro ou a má-fé do recorrente, o trânsito em julgado só se forma com a decisão que inadmite o recurso"[11].

O efeito obstativo dos recursos desempenha um papel fundamental no sistema de justiça, proporcionando um mecanismo essencial para a revisão judicial e a proteção dos direitos das partes, assegurando que as decisões judiciais não se tornem final e executáveis enquanto ainda há questões legais significativas

---

[11] MARINONI, Luiz Guilherme; ARENHART, Sérgio Cruz; MITIDIERO, Daniel. *Novo Código de Processo Civil comentado*. São Paulo: RT, 2015. p. 927. STJ, 1.ª Turma, REsp 544.870/RS, rel. Min. Teori Zavascki, j. 18.11.2004, *DJ* 06.12.2004, p. 201.

sendo debatidas nos tribunais superiores, contribuindo assim para a integridade e a justiça do processo judicial.

Efeito ativo: o efeito ativo, também conhecido como suspensivo ativo ou antecipação da tutela recursal, é um aspecto importante dos recursos no direito processual civil. Esse efeito ocorre especificamente em situações em que o recurso interposto possui apenas o efeito devolutivo, sem o acompanhamento do efeito suspensivo. Essa característica permite que, mesmo enquanto o recurso está sendo processado, a decisão contestada comece a produzir seus efeitos práticos de maneira imediata no mundo real.

O efeito ativo surge em contextos nos quais, por disposição legal ou decisão judicial, o recurso interposto *não suspende automaticamente* a execução da decisão de primeira instância. Essa particularidade é crucial porque, em muitos casos, a suspensão completa dos efeitos da decisão poderia causar danos irreparáveis ou injustiças substanciais, especialmente em matérias urgentes como provisões de alimentos, medidas protetivas, entre outras.

Quando um recurso é investido somente com o efeito devolutivo, ele é analisado pelo tribunal superior apenas quanto ao mérito das questões apeladas, sem interromper a aplicação da decisão já proferida. Assim, enquanto o tribunal realiza sua revisão, as ordens e os efeitos jurídicos da decisão original continuam a influenciar o estado de fato das partes envolvidas.

O efeito ativo desempenha um papel duplo no equilíbrio processual:

a) **Garantia de efetividade:** assegura que certas decisões, particularmente aquelas de natureza urgente ou com impactos significativos na vida das partes, não sejam indevidamente retardadas pela tramitação de recursos. Isso é essencial para garantir que a justiça seja prática e adaptada às necessidades imediatas das partes.

b) **Revisão judicial continuada:** ao mesmo tempo, o recurso segue sendo revisado em segunda instância, o que proporciona uma oportunidade adicional para que as decisões judiciais sejam examinadas em profundidade, garantindo a correção de possíveis erros e a justa aplicação do direito.

Tomando como exemplo a apelação, ela possui efeito suspensivo, de acordo com o art. 1.012 do CPC, o que impede que os efeitos da sentença se concretizem enquanto o recurso está pendente. No entanto, existem exceções especificadas no § 1º do mesmo artigo, em que o efeito suspensivo não é aplicado, permitindo que a sentença produza seus efeitos imediatamente após ser proferida.

As situações incluem:

a) **Sentenças de homologação de divisão ou demarcação de terras:** dada a natureza litigiosa e, muitas vezes, urgente desses casos, é importante que as decisões sejam implementadas rapidamente para evitar prejuízos maiores.

Primeira Parte • Teoria Geral dos Recursos

b) Sentenças que condenam ao pagamento de alimentos: nestes casos, os efeitos da sentença são vitais para a subsistência da parte que recebe os alimentos, podendo ser uma questão de sobrevivência.

c) Sentenças que extinguem sem resolução de mérito ou julgam improcedentes os embargos do executado: tais casos envolvem situações em que já existe uma condenação firme baseada em título executivo, e a manutenção da execução é crucial.

d) Sentenças que julgam procedente o pedido de instituição de arbitragem: permitir que esses efeitos sejam imediatos facilita a transição para o juízo arbitral.

e) Sentenças que confirmam, concedem ou revogam tutela provisória: a natureza dessas decisões e a necessidade da tutela provisória justificam a produção imediata dos efeitos da sentença.

f) Sentenças que decretam a interdição: é essencial que os efeitos dessas sentenças sejam imediatos para proteger os interesses do interditado.

Essas situações excepcionais mostram que a legislação prioriza casos de urgência, nos quais retardar os efeitos da sentença poderia causar danos irreparáveis.

Adicionalmente, o efeito ativo no agravo de instrumento amplia o poder do relator, que não apenas pode suspender a decisão agravada, mas também pode antecipar a tutela urgentemente requerida e anteriormente indeferida pelo juiz.

Conforme o art. 1.019, I, do CPC, ao receber o agravo de instrumento, o relator pode atribuir efeito suspensivo ao recurso ou deferir, antecipadamente e de forma total ou parcial, a pretensão recursal. Essa decisão deve ser comunicada imediatamente ao juiz de primeira instância e fortalece a funcionalidade do agravo de instrumento como um recurso efetivo para lidar com questões urgentes, garantindo que medidas necessárias não sejam indevidamente retardadas pela tramitação do recurso.

O efeito ativo é, portanto, uma ferramenta processual que reflete a necessidade de um sistema de justiça ágil e responsivo, que sabe equilibrar a necessidade de revisão judicial minuciosa com a urgência de certas situações legais. Ele sublinha a importância de um sistema judiciário que não apenas delibera sobre a lei, mas também responde prontamente às demandas reais das pessoas que busca proteger.

Efeito substitutivo: o efeito substitutivo é uma característica fundamental dos recursos no direito processual civil, em que a decisão proferida pelo tribunal em resposta a um recurso substitui completamente a decisão que foi objeto do recurso.

Esse efeito é claramente delineado no art. 1.008 do CPC, que estabelece que a decisão do tribunal, uma vez que o recurso seja conhecido e provido, passa a substituir a sentença ou decisão original nas questões que foram revisadas.

Essa substituição significa que, em termos práticos, a decisão do tribunal superior não apenas anula os efeitos da decisão recorrida, mas também estabelece um novo entendimento legal que prevalece para o caso concreto. E esse mecanismo é fundamental para a eficácia dos processos judiciais, assegurando que as decisões mais acertadas e justas, após o devido processo de revisão, tenham *força legal definitiva*.

Efeito expansivo: por fim, o **efeito expansivo** (objetivo ou subjetivo) consiste na possibilidade de o órgão *"ad quem"*, ao julgar o recurso, proferir decisão cujos efeitos tenham aptidão para gerar consequências colaterais à própria decisão recorrida, a outros atos, até mesmo, a outras decisões do processo (*objetivo*) ou, ainda, a eventuais outros sujeitos do processo, que não o recorrente (*subjetivo*).

O efeito expansivo dos recursos, portanto, pode ser compreendido nessas duas formas: *objetivo e subjetivo*.

a) **Expansivo objetivo:** refere-se à capacidade de uma decisão de recurso em afetar outros aspectos do mesmo processo que não foram diretamente objeto do recurso. Por exemplo, a decisão de um tribunal superior pode esclarecer um ponto de direito que, por sua vez, influencia a interpretação de outros aspectos do processo ainda em curso ou que possam causar efeitos a outras decisões anteriormente proferidas. Este efeito assegura que as decisões judiciais sejam coerentes e consistentes dentro do mesmo contexto processual, evitando contradições e promovendo uma justiça mais sistemática.

b) **Expansivo subjetivo:** este efeito ocorre quando a decisão sobre um recurso afeta partes do processo que não foram diretamente envolvidas no recurso em questão. Por exemplo, em um caso de direito de família, a decisão sobre o recurso de uma das partes pode impactar direitos ou obrigações de terceiros que dependem do resultado daquela decisão. Este efeito reconhece e maneja a interdependência das relações jurídicas e pessoais que podem estar em jogo em processos judiciais complexos.

Efeito regressivo: um último efeito que merece análise e de fundamental importância para os recursos é o chamado efeito regressivo (ou juízo de retratação). Este efeito se manifesta quando o **órgão judicial** que proferiu a decisão impugnada é instado a reavaliar e reanalisar a sua própria decisão antes que o recurso seja encaminhado a um tribunal superior.

O objetivo principal do efeito regressivo é conferir uma oportunidade ao juiz ou tribunal de origem para reconsiderar a decisão à luz dos argumentos apresentados no recurso, possivelmente evitando o prolongamento desnecessário do litígio e o sobrecarregamento das instâncias superiores.

Primeira Parte • Teoria Geral dos Recursos

O **juízo de retratação** pode ocorrer em diferentes tipos de recursos, principalmente:

a) no agravo de instrumento – art. 1.018, § 1º, do CPC;

Art. 1.018. (...)

§ 1º Se o *juiz comunicar que reformou inteiramente a decisão*, o relator considerará prejudicado o agravo de instrumento.

b) no agravo interno – art. 1.021, § 2º, do CPC;

Art. 1.021. (...)

§ 2º O agravo será dirigido ao relator, que intimará o agravado para manifestar-se sobre o recurso no *prazo de 15 (quinze) dias*, ao final do qual, *não havendo retratação*, o relator levá-lo-á a julgamento pelo órgão colegiado, com inclusão em pauta.

c) no recurso especial e extraordinário – art. 1.030, II, do CPC;

Art. 1.030. (...)

II – encaminhar o processo ao *órgão julgador para realização do juízo de retratação*, se o acórdão recorrido divergir do entendimento do Supremo Tribunal Federal ou do Superior Tribunal de Justiça exarado, conforme o caso, nos regimes de repercussão geral ou de recursos repetitivos;

d) no recurso especial e extraordinário repetitivos – art. 1.041, do CPC;

Art. 1.041. (...)

§ 1º *Realizado o juízo de retratação*, com alteração do acórdão divergente, o tribunal de origem, se for o caso, decidirá as demais questões ainda não decididas cujo enfrentamento se tornou necessário em decorrência da alteração.

e) no agravo em recurso especial e extraordinário – art. 1.042, § 2º, do CPC.

Art. 1.042. (...)

§ 2º A petição de agravo será dirigida ao presidente ou ao vice-presidente do tribunal de origem e independe do pagamento de custas e despesas postais, aplicando-se a ela o regime de repercussão geral e de recursos repetitivos, inclusive quanto à possibilidade de sobrestamento e do juízo de retratação.

> **Cuidado!**
> No tocante ao *recurso de apelação*, importante mencionar que, *como regra*, **não terá efeito regressivo**, ou seja, **não será admitido o juízo de retratação**.

Entretanto, excepcionalmente, o CPC permite a retratação do julgador em **3 hipóteses específicas**, quais sejam:

a) Indeferimento da petição inicial, art. 331, *caput*, CPC.

Art. 331. Indeferida a petição inicial, o autor poderá apelar, *facultado ao juiz, no prazo de 5 (cinco) dias, retratar-se*.

b) Improcedência liminar do pedido, art. 332, § 3º, CPC.

Art. 332. (...)

§ 3º Interposta a apelação, o *juiz poderá retratar-se em 5 (cinco) dias.*

c) Sentença sem resolução do mérito, art. 485, § 7º, CPC.

Art. 485. (...)

§ 7º Interposta a apelação em qualquer dos casos de que tratam os incisos deste artigo, o *juiz terá 5 (cinco) dias para retratar-se.*

O efeito regressivo apresenta várias vantagens.

Em primeiro lugar, promove a **celeridade processual**, pois permite a correção de equívocos de julgamento de forma mais rápida, sem a necessidade de movimentar toda a estrutura dos tribunais de instâncias superiores.

Em segundo lugar, contribui para a **economia processual**, reduzindo custos tanto para as partes envolvidas quanto para o próprio Judiciário.

Por fim, favorece a **estabilidade das decisões**, na medida em que possibilita a resolução de controvérsias ainda na fase inicial do processo recursal.

RESUMINDO:

Os efeitos dos recursos, em suma, podem ser:

EFEITOS DOS RECURSOS	
Devolutivo (todos os recursos)	Consiste em devolver ao tribunal a matéria que deve ser julgada.
Translativo (todos os recursos)	Disposto no art. 1.013, § 1º, do CPC, no qual o tribunal decide além do que lhe foi devolvido, desde que seja matéria de ordem pública, discutidas e suscitadas no processo, devendo ser verificado o art. 938, § 1º, do CPC.
Expansivo subjetivo (todos os recursos)	Quem não recorre sofre os efeitos da decisão.
Expansivo objetivo (todos os recursos)	A matéria não recorrida, bem como determinados atos praticados no processo e, até mesmo, a própria decisão sofrem os efeitos da decisão.
Suspensivo (depende do recurso)	Impede a execução imediata da decisão recorrida.
Ativo (regra somente no agravo de instrumento)	Em se tratando do recurso de agravo de instrumento, pode ser que o próprio relator, ao receber o recurso, liminarmente, defere a antecipação dos efeitos da tutela recursal para conceder o pedido que, anteriormente, havia sido indeferido pelo juiz.
Obstativo (todos os recursos)	É a qualidade do recurso interposto de obstar a preclusão e a formação da coisa julgada.
Substitutivo (todos os recursos)	É a circunstância de a decisão proferida pelo órgão julgador substituir e prevalecer sobre a decisão recorrida (art. 1.008 do CPC).
Regressivo (depende do recurso)	É o juízo de retratação. O órgão judicial que proferiu a decisão impugnada será instado a reanalisar a sua própria decisão antes que o recurso seja encaminhado a um tribunal superior.

8. RECURSO ADESIVO

O *recurso adesivo* representa uma faceta interessante e estratégica dentro do sistema de recursos no direito processual civil. Ele funciona como uma oportunidade secundária para uma parte que inicialmente *optou por não recorrer ou perdeu o prazo para fazê-lo*, permitindo-lhe apresentar um recurso em resposta a um recurso interposto pela parte adversa. Esse mecanismo está previsto no art. 997, § 1º, do CPC.

O recurso adesivo é essencialmente *dependente ou condicionado* ao recurso principal interposto pela outra parte. Se apenas uma parte recorre da decisão e a outra parte, mesmo tendo sido parcialmente vencida, opta inicialmente por aceitar a decisão sem recorrer, a interposição de um recurso pela primeira parte pode mudar essa sua postura inicial.

Ou seja, a parte que não recorreu pode então decidir aderir ao recurso já apresentado, submetendo um recurso adesivo.

A legislação processual estabelece que cada parte deve interpor seu recurso de maneira independente e autônoma, respeitando os prazos e requisitos legais. Contudo, em situações em que ambos, autor e réu, são vencidos em algum aspecto da decisão, o recurso adesivo permite que a parte que inicialmente não recorreu possa aderir ao recurso já interposto pela outra parte.

O recurso adesivo deve ser interposto perante a *mesma autoridade competente* que admitiu o recurso principal e *dentro do prazo* que a parte tem para responder ao recurso interposto pela parte contrária, geralmente o *prazo para as contrarrazões*. Isso significa que o recurso adesivo é simultaneamente uma resposta ao recurso da parte contrária e uma nova articulação de questões que a parte aderente deseja ver reexaminadas pelo tribunal.

Importante notar que o recurso adesivo está limitado a certos tipos de recursos. A legislação brasileira especifica que este tipo de recurso é admissível apenas em situações de **apelação, recurso especial e recurso extraordinário**.

Essa restrição visa manter a eficácia e a pertinência do recurso adesivo, assegurando que ele seja utilizado apenas em contextos em que a decisão de aderir pode efetivamente influenciar o resultado do processo ou garantir a justiça substancial entre as partes.

O recurso adesivo é uma *estratégia processual* que permite a uma parte reagir a movimentos inesperados da parte adversa, garantindo que nenhum aspecto legal relevante seja negligenciado durante o processo de apelação. Ao permitir que uma parte adira ao recurso da outra, o sistema jurídico fomenta uma completa *revisão judicial das questões em disputa*, promovendo uma resolução mais abrangente e justa dos litígios.

Ainda, é necessário entender que o recurso adesivo tem uma natureza *condicional e depend*ente, estando sua viabilidade estritamente ligada ao recurso principal. De acordo com o sistema processual civil, o recurso adesivo *não será conhecido se ocorrer a desistência do recurso principal*, ou se este for *declarado inadmissível ou deserto*, sobretudo devido ao fato de que a existência e o exame do recurso adesivo estão intrinsecamente atrelados ao tratamento e à progressão do recurso principal no sistema judicial.

Assim, quando a parte que interpôs o recurso principal opta por desistir dele, ou quando o recurso é considerado inadmissível ou deserto, o recurso adesivo *automaticamente perde seu objeto e razão de ser*, resultando na sua não apreciação. Essa situação reflete a subordinação direta do recurso adesivo ao destino do recurso principal, reforçando a ideia de que o recurso adesivo depende integralmente das adversidades do recurso ao qual está vinculado.

> **Lembre-se:** o uso de recursos no direito processual não é apenas uma medida de direito substantivo, mas também uma *tática estratégica*. Partes astutas podem, por exemplo, desistir de um recurso principal com o propósito específico de impedir que um recurso adesivo seja conhecido e julgado. Tal manobra pode ser utilizada para limitar a possibilidade de reversão ou modificação da decisão que atualmente lhes é favorável. Esta é uma estratégia que pode ser particularmente relevante em litígios complexos em que múltiplas questões ou grandes interesses estão em jogo.

Além disso, é importante diferenciar *desistência e renúncia* no contexto dos recursos, conforme estipulado nos arts. 998 e 999 do CPC. A desistência do recurso ocorre após sua interposição e não necessita da anuência da parte adversa para ser efetivada. Em contraste, a renúncia ao direito de recorrer deve ser feita antes de qualquer recurso ser formalmente apresentado. Ambos os conceitos são essenciais para a gestão estratégica de recursos e podem influenciar diretamente a admissibilidade e o processamento de recursos adesivos.

Por fim, é essencial lembrar que o recurso adesivo está sujeito às mesmas regras de admissibilidade, preparo e outros requisitos processuais aplicáveis ao recurso independente, tendo em vista que, além de sua dependência em relação ao recurso principal, o recurso adesivo deve cumprir todos os critérios e formalidades exigidos para que qualquer recurso seja considerado admissível e julgado pelos tribunais locais ou superiores.

Em suma, o recurso adesivo é uma ferramenta processual que oferece uma segunda chance para partes que, inicialmente, optaram por não recorrer. No entanto, sua eficácia e aplicabilidade são condicionadas pela existência e *status* do recurso principal, o que exige uma abordagem meticulosa e estrategicamente informada ao decidir recorrer de uma decisão judicial.

Primeira Parte • Teoria Geral dos Recursos

9. PRAZO PARA A INTERPOSIÇÃO DE RECURSOS

A definição dos prazos para a interposição de recursos é um aspecto fundamental do processo judicial, garantindo a ordem e a previsibilidade das ações dentro do sistema jurídico.

No direito processual civil, a *regra geral* é a de que o prazo para interpor a maioria dos recursos, bem como para responder a eles, é de **15 dias**, excetuando-se os *embargos de declaração*, que possuem um prazo de **5 dias**.

O início da contagem do prazo para a interposição de um recurso é marcado a partir da data em que os advogados das partes, sejam eles representantes de uma sociedade de advogados, membros da Advocacia Pública, da Defensoria Pública ou do Ministério Público, são intimados da decisão. Seguindo o que dispõe o art. 270 do CPC, essas intimações são realizadas preferencialmente por meio eletrônico, facilitando o acesso rápido e eficiente às decisões judiciais e consequentemente à contagem do prazo.

Entretanto, evidentemente, em situações em que a decisão é proferida diretamente em audiência, e todas as partes relevantes – incluindo advogados, representantes da Advocacia Pública, Defensoria Pública e Ministério Público – estão presentes, eles são considerados intimados imediatamente. Nesses casos, o prazo para a interposição de recursos começa a contar a partir do momento da audiência, acelerando o processo recursal.

Existem circunstâncias específicas nas quais a decisão judicial é proferida antes mesmo da citação do réu, o que pode ser prejudicial aos direitos e interesses deste. Para tais situações, o art. 231 do CPC estabelece diretrizes especiais que regem o início da contagem de prazo para a interposição de recursos. Esses dispositivos garantem que o réu, uma vez citado, tenha a oportunidade adequada de contestar a decisão que afeta seus direitos, respeitando os princípios do devido processo legal e do contraditório.

Para *processos físicos*, a petição de recurso é protocolada diretamente no cartório onde tramita o processo. Em contraste, nos *processos digitais*, o recurso deve ser submetido de acordo com as normas estabelecidas para a organização judiciária do tribunal em questão, utilizando plataformas, como e-SAJ, PJe, entre outras. Essas plataformas digitais simplificam e agilizam o processo de submissão e gestão dos recursos.

Outrossim, para a aferição da tempestividade do recurso remetido pelo correio, o julgador considerará como data de interposição do recurso, a data de postagem, sendo também da responsabilidade do recorrente comprovar, no ato de interposição do recurso, a ocorrência de eventual feriado local/municipal, mediante a apresentação de documento idôneo que demonstre a ocorrência do feriado, ou seja, conforme decisão já proferida pelo STJ sobre o tema: *"A jurisprudência desta corte orienta-se no sentido de que calendários como o ora tratado não permitem a aferição adequada da tempestividade recursal, sendo necessária, para*

70 *Manual Prático da Advocacia Cível nos Tribunais*

tanto, *a juntada de cópia do ato normativo que determina a inexistência de expediente forense em razão da existência de feriado local*"[12].

Ainda com relação aos prazos, importante observar a situação em que, durante o prazo para interposição de um recurso, caso ocorra o falecimento da parte ou de seu advogado, ou se houver um evento de força maior que interrompa o curso do processo, o prazo será *restituído em favor da parte, herdeiro ou sucessor*. Dessa forma, o novo prazo começará a correr após a intimação apropriada, garantindo que as partes afetadas tenham oportunidade justa de prosseguir com suas reivindicações legais.

Após o trânsito em julgado de uma decisão, o escrivão ou o chefe da secretaria devem, sem necessidade de despacho adicional, proceder à baixa dos autos ao juízo de origem dentro de cinco dias. Essa etapa marca a conclusão formal do tratamento do recurso nos tribunais e o retorno do caso para as instâncias inferiores para execução ou outras providências, conforme determinado.

O entendimento detalhado dos procedimentos para a interposição de recursos é essencial para a prática jurídica eficaz, vez que, assegurar que todos os prazos e requisitos formais sejam cumpridos é fundamental para o sucesso no processo de recurso, respeitando os direitos processuais e maximizando as chances de um resultado favorável para as partes envolvidas.

10. HONORÁRIOS ADVOCATÍCIOS

Os honorários advocatícios representam uma parte fundamental do litígio, especialmente no que diz respeito às demandas de condenação por esses valores durante as diversas fases processuais, incluindo a inicial, as respostas das partes, e, de maneira significativa, nas etapas recursais. Essa compensação não é apenas uma retribuição pelo serviço prestado pelos advogados, mas também um reconhecimento da importância e da necessidade de seu trabalho no sistema de justiça.

Por certo, os honorários advocatícios são fixados na sentença e destinam-se a remunerar o advogado da parte vencedora, sendo pagos pelo vencido. É fundamental destacar que esses honorários têm *natureza alimentar*, o que os coloca no mesmo patamar de privilégios que os créditos trabalhistas. Isso demonstra a importância de tratar os honorários advocatícios com a mesma seriedade que as obrigações trabalhistas, reconhecendo o *papel essencial do advogado na administração da justiça.*

Importante notar que é *expressamente proibida a compen*sação de honorários em casos de *sucumbência recíproca*, isto é, quando ambas as partes têm

---

[12] Nesse sentido: STJ, AREsp 1.779.552/GO, rel. Min. Humberto Martins, *DJ* 09.12.2020.

Primeira Parte • Teoria Geral dos Recursos

sucesso e fracasso em partes de suas reivindicações. Essa proibição garante que os direitos do advogado ao recebimento dos honorários sejam preservados, independentemente do desempenho parcial de seu cliente no processo.

Os honorários advocatícios podem ser fixados em várias fases do processo, incluindo:

(i) na **reconvenção**;

(ii) no **cumprimento de sentença**, seja provisório ou definitivo;

(iii) na **execução**;

(iv) nos **recursos**; além daqueles estipulados pelo magistrado no processo de conhecimento, alertando que tais honorários, quando cabíveis, serão sempre **cumulativos (art. 85, § 1º, do CPC)**;

(v) durante o **processo de conhecimento**, com os honorários estipulados pelo magistrado.

É imprescindível reconhecer que, quando aplicáveis, esses honorários são cumulativos, conforme estabelecido no art. 85, § 1º, do CPC.

Os honorários são geralmente fixados entre *10% e 20% sobre o valor da condenação ou do proveito econômico obtido*. Se esses valores não puderem ser mensurados, os honorários são calculados com base no *valor atualizado da causa*.

A determinação desse percentual leva em consideração:

> • O grau de zelo do profissional;
> • O local onde o serviço foi prestado;
> • A natureza e a importância da causa;
> • O trabalho realizado pelo advogado e o tempo necessário para prestar o serviço, conforme detalhado no art. 85, § 2º, do CPC.

Importante verificar as causas em que a **Fazenda Pública for parte**, isso porque o CPC possui previsão especial a respeito da fixação dos honorários, que observará os critérios estabelecidos nos incisos I a IV do § 2º do art. 85, com os seguintes percentuais:

> a) **mínimo de 10% e máximo de 20%** sobre o **valor da condenação** ou do **proveito econômico obtido até 200 salários mínimos**;
>
> b) **mínimo de 8% e máximo de 10%** sobre o **valor da condenação** ou do **proveito econômico obtido acima de 200 salários mínimos até 2.000 salários mínimos**;
>
> c) **mínimo de 5% e máximo de 8%** sobre o **valor da condenação** ou do **proveito econômico obtido acima de 2.000 salários mínimos até 20.000 salários mínimos**;

> d) **mínimo de 3%** e **máximo de 5%** sobre o **valor da condenação** ou do **proveito econômico obtido acima de 20.000 salários mínimos até 100.000 salários mínimos**;
>
> e) **mínimo de 1%** e **máximo de 3%** sobre o **valor da condenação** ou do **proveito econômico obtido acima de 100.000 salários mínimos**.

Outrossim, algumas regras específicas devem ser observadas, sobretudo na petição inicial, que certamente influenciará na fixação dos honorários recursais:

> **1)** Nas causas em que for **inestimável ou irrisório o proveito econômico** ou, ainda, **quando o valor da causa for muito baixo**, o juiz fixará o valor dos honorários por **apreciação equitativa**, observando as determinações do § 2º do art. 85 do CPC.
>
> **2)** Na **ação de indenização por ato ilícito contra pessoa**, o percentual de honorários incidirá sobre a **soma das prestações vencidas acrescida de 12 prestações vincendas**.
>
> **3)** Nos casos de **perda do objeto**, os honorários serão devidos por quem deu causa ao processo.
>
> **4)** O **tribunal**, ao julgar o **recurso, majorará os honorários** fixados anteriormente levando em conta o trabalho adicional realizado em grau recursal, observando, conforme o caso, o disposto nos §§ 2º a 6º do art. 85 do CPC, sendo vedado ao tribunal, no cômputo geral da fixação de honorários devidos ao advogado do vencedor, ultrapassar os respectivos limites estabelecidos nos §§ 2º e 3º para a fase de conhecimento.
>
> **5)** Os **honorários recursais são cumuláveis** com **multas e outras sanções processuais**, inclusive as previstas no art. 77.
>
> **6)** As verbas de sucumbência arbitradas em **embargos à execução rejeitados ou julgados improcedentes** e em **fase de cumprimento de sentença** serão acrescidas no **valor do débito principal**, para todos os efeitos legais.
>
> **7)** O advogado pode requerer que o pagamento dos honorários que lhe caibam seja efetuado em favor da sociedade de advogados que integra na qualidade de sócio.
>
> **8)** Quando os **honorários forem fixados em quantia certa**, os **juros moratórios** incidirão a partir da **data do trânsito em julgado da decisão**.
>
> **9)** Os honorários **serão devidos** quando o **advogado atuar em causa própria**.
>
> **10)** Caso a decisão transitada em julgado seja omissa quanto ao direito aos honorários ou ao seu valor, é **cabível ação autônoma para sua definição e cobrança**.
>
> **11)** Os **advogados públicos** perceberão honorários de sucumbência, nos termos da lei.

A reforma do Código de Processo Civil trouxe inovações significativas no que tange à fixação dos **honorários advocatícios em grau recursal**. O § 11 do art. 85 do CPC introduziu a possibilidade de os tribunais *majorarem* os honorários previamente estabelecidos, considerando o trabalho adicional realizado pelo advogado durante o processo recursal.

Primeira Parte • Teoria Geral dos Recursos

Essa majoração deve levar em conta não apenas o esforço adicional despendido, mas também deve observar as normas estabelecidas nos §§ 2º a 6º do mesmo artigo. Importante ressaltar que há limites para esta majoração: os tribunais estão proibidos de fixar honorários que ultrapassem os limites estipulados para a fase de conhecimento do processo, objetivando evitar desequilíbrios na remuneração do advogado, garantindo uma compensação justa sem conceder valores excessivamente altos.

Nesse sentido, o Enunciado 7 da I Jornada de Direito Processual Civil do CJF/STJ: *"A ausência de resposta ao recurso pela parte contrária, por si só, não tem o condão de afastar a aplicação do disposto no art. 85, § 11, do CPC"*, ou seja, a inatividade da parte adversa não é um fator que elimina automaticamente a possibilidade de aumento dos honorários no recurso.

De igual maneira, o Enunciado 8 da I Jornada de Direito Processual Civil do CJF/STJ: "Não cabe majoração de honorários advocatícios em agravo de instrumento, salvo se interposto contra decisão interlocutória que tenha fixado honorários na origem, respeitados os limites estabelecidos no art. 85, §§ 2º, 3º e 8º, do CPC".

Finalmente, importante entender que a majoração dos honorários advocatícios em recursos é restrita a situações em que já existem honorários fixados por sentença. A legislação utiliza o termo *"majorará"*, indicando que a intenção é aumentar a quantia já determinada anteriormente, sem a introdução de novos honorários por conta do recurso.

Além disso, mesmo com a majoração, a soma total dos honorários fixados em todas as instâncias judiciais **não deve ultrapassar o limite de 20% sobre o valor da causa, da condenação ou do proveito econômico obtido**.

As regras para a fixação e majoração de honorários advocatícios em recursos refletem uma tentativa de equilibrar a justa compensação dos advogados pelo trabalho adicional em grau recursal com a necessidade de manter a remuneração dentro de limites razoáveis. Esse equilíbrio é essencial para manter a integridade e a equidade do sistema jurídico, assegurando que os advogados sejam adequadamente remunerados sem impor encargos desproporcionais às partes.

Dessa forma, os honorários advocatícios desempenham uma função fundamental não só como uma forma de compensação pelos serviços legais prestados, mas também como um mecanismo de sustentação do acesso à justiça. Eles incentivam a advocacia de qualidade e asseguram que os advogados sejam justamente remunerados pelo seu trabalho e dedicação aos interesses legais de seus clientes. Assim, a fixação adequada dos honorários é essencial para a manutenção da integridade e eficiência do sistema judicial.

74   *Manual Prático da Advocacia Cível nos Tribunais*

11. DA SENTENÇA E DA COISA JULGADA

11.1. Sentença

A sentença, no contexto do processo civil brasileiro, conforme descrito pelo Código de Processo Civil, é um dos tipos de pronunciamentos judiciais mais significativos, ao lado das decisões interlocutórias e dos despachos. Por certo, como visto, cada um desses pronunciamentos serve a funções distintas dentro do processo, sendo a sentença particularmente central por ser o instrumento por intermédio do qual se *resolve a questão principal do litígio*.

Considerando que esses são, por sua natureza, "atos processuais praticados pelo juiz", é importante destacar que a **sentença** é o pronunciamento judicial que pode ocorrer em qualquer fase do procedimento comum ou da execução, fundamentado nos **arts. 485 e 487 do CPC**, sempre quando o juiz constata que o processo instaurado apresenta deficiências ou insuficiências relacionadas à validade ou à legitimidade da relação processual, bem como a qualquer vício de ordem formal ou quando o juiz resolve definitivamente o conflito de direito material. A sentença, portanto, é o pronunciamento judicial que põe fim à fase cognitiva do procedimento comum ou extingue a execução.

De acordo com o art. 203, § 1º, do CPC/2015, a sentença é definida como o ato pelo qual o juiz *resolve a fase cognitiva do procedimento comum ou extingue a execução*. Essa definição engloba dois tipos principais de sentença.

a) **Sentença sem resolução de mérito (art. 485 do CPC):** esse tipo de sentença ocorre quando o juiz conclui que existem impedimentos processuais que obstam o julgamento do mérito da causa. Isso pode incluir razões como falta de legitimidade das partes, litispendência, falta de interesse processual, entre outros.

b) **Sentença com resolução de mérito (art. 487 do CPC):** esse tipo ocorre quando o juiz analisa e decide sobre as questões centrais do conflito apresentado pelas partes, seja julgando procedente ou improcedente o pedido, ou ainda decidindo sobre a homologação de acordo entre as partes.

A *sentença de carência de ação* é um exemplo clássico de uma decisão que não resolve o mérito da causa. Nesse tipo de sentença, o juiz reconhece a existência de falhas fundamentais que impedem a análise substancial do caso. Tais falhas podem incluir a ilegitimidade das partes para agir, a falta de interesse processual ou a ausência de uma das condições da ação necessárias para que o processo possa ser validamente julgado. Ao identificar qualquer dessas condições, o juiz decreta a extinção do processo com base no art. 485 do CPC, sem entrar no exame das questões de direito material que subjazem ao conflito.

A sentença, portanto, é ato processual fundamental porque marca o fim da fase cognitiva do procedimento, ou seja, o momento processual em que se analisam as provas e se estabelece uma decisão final sobre o conflito de direi-

Primeira Parte • Teoria Geral dos Recursos

tos materiais apresentado ao Judiciário. No caso da execução, a sentença representa a conclusão do processo de execução, decidindo sobre o cumprimento ou não da obrigação definida judicialmente.

Dessa forma, sentença é um ato exclusivo do juiz, que decide o processo com ou sem resolução de mérito, distinguindo-se das *decisões interlocutórias* e dos *despachos* (art. 203).

A doutrina jurídica classifica as sentenças em dois grandes grupos: *terminativas e definitivas.*

As **sentenças terminativas** são aquelas que *encerram o processo sem julgar o mérito da causa*, ou seja, elas ocorrem quando o julgamento do mérito é obstruído por questões processuais preliminares, como as já mencionadas condições da ação.

Na verdade, essa categoria de sentença visa preservar a economia processual e a correção procedimental, evitando que recursos judiciais sejam consumidos em casos que não estão adequadamente constituídos para decisão, previstas no **art. 485 do CPC**.

> **Art. 485.** O juiz **não resolverá o mérito** quando:
>
> I – indeferir a petição inicial;
>
> II – o processo ficar parado durante mais de 1 (um) ano por negligência das partes;
>
> III – por não promover os atos e as diligências que lhe incumbir, o autor abandonar a causa por mais de 30 (trinta) dias;
>
> IV – verificar a ausência de pressupostos de constituição e de desenvolvimento válido e regular do processo;
>
> V – reconhecer a existência de perempção, litispendência ou de coisa julgada;
>
> VI – verificar ausência de legitimidade ou de interesse processual;
>
> VII – acolher a alegação de existência de convenção de arbitragem ou quando o juízo arbitral reconhecer sua competência;
>
> VIII – homologar a desistência da ação;
>
> IX – em caso de morte da parte, a ação for considerada intransmissível por disposição legal;
>
> X – nos demais casos prescritos neste Código.

Nesse caso, conforme estabelecido pelo art. 486 do CPC, tal pronunciamento judicial permite que a parte reproponha a mesma ação, desde que cumpra certas condições financeiras, como o pagamento ou depósito das custas processuais e dos honorários advocatícios. Essa possibilidade é fundamental para assegurar que meras falhas processuais não impeçam a resolução de disputas substanciais entre as partes.

De acordo com o § 1º do art. 485 do CPC, nas hipóteses dos incisos II e III, se a extinção do processo ocorrer devido à *falta de pressupostos de constituição válida do processo*, a parte será *intimada pessoalmente* para corrigir a falta no prazo estipulado de cinco dias, objetivando conferir à parte a oportunidade de emendar falhas processuais menores, bem como permitir que o litígio seja decidido com base no mérito, ao invés de ser prematuramente encerrado por questões formais.

Ainda, em situações de extinção devido à litispendência ou conforme outros motivos enumerados nos incisos I, IV, VI e VII do art. 485, a parte interessada deve corrigir os vícios que levaram à sentença terminativa para poder ajuizar novamente a ação, incluindo assegurar que não existam causas pendentes sobre o mesmo objeto, ou resolver quaisquer outros problemas legais ou processuais que tenham impedido o julgamento do mérito anteriormente.

Uma situação particularmente restritiva ocorre quando uma ação é extinta devido ao *abandono da causa pelo autor por três vezes*. Nesses casos, o CPC prevê como efeito a ocorrência da **perempção**, ou seja, o autor perde o direito de ajuizar novamente a mesma ação contra o mesmo réu. Contudo, isso não elimina o direito do autor de defender-se utilizando o mesmo direito em outra ação, mostrando a flexibilidade do sistema legal para garantir que direitos substantivos possam ser defendidos, mesmo após falhas processuais reiteradas.

Portanto, a *sentença terminativa*, apesar de não decidir o mérito, não obstrui definitivamente a possibilidade de reexame da questão *sub judice*, uma vez que ela extingue o processo atual, mas permite que a parte, após corrigir os problemas que levaram à extinção sem resolução de mérito, possa reiniciar o litígio por meio de novo ajuizamento, assumindo que as devidas correções sejam feitas e as obrigações processuais sejam atendidas. Esse arranjo processual enfatiza a importância da determinação e precisão na condução de ações judiciais, garantindo que as partes tenham a oportunidade de ter suas disputas resolvidas efetivamente pelo Judiciário.

Por outro lado, as **sentenças definitivas** resolvem o conflito de direitos materiais entre as partes, entregando uma solução jurídica que pode ser a procedência ou improcedência do pedido.

Essas sentenças tratam diretamente do mérito e têm o poder de produzir a coisa julgada material, encerrando definitivamente a disputa sobre aquela questão específica, salvo revisão em instâncias superiores mediante recurso, quando ocorrer uma das hipóteses do art. 487 do CPC/2015.

> **Art. 487.** Haverá resolução de mérito quando o juiz:
> I – acolher ou rejeitar o pedido formulado na ação ou na reconvenção;
> II – decidir, de ofício ou a requerimento, sobre a ocorrência de decadência ou prescrição;
> III – homologar:
> a) o reconhecimento da procedência do pedido formulado na ação ou na reconvenção;
> b) a transação;
> c) a renúncia à pretensão formulada na ação ou na reconvenção.

Primeira Parte • Teoria Geral dos Recursos

A sentença definitiva, por sua vez, não apenas resolve o mérito da questão apresentada, mas também tem o efeito de extinguir o direito de ação sobre a mesma pretensão, significando que a mesma demanda não pode ser objeto de nova ação entre as mesmas partes. Isso assegura a finalidade e a autoridade da decisão judicial, promovendo a estabilidade jurídica e a segurança das relações sociais e legais.

Por certo, ao decidir o mérito, a sentença definitiva aborda o cerne das questões levantadas pelas partes no curso do processo, incluindo a análise e a aplicação das normas jurídicas pertinentes ao caso, culminando em uma decisão que pode ser a procedência ou a improcedência do pedido.

Assim, uma vez proferida, essa sentença produz o efeito de coisa julgada material, o que impede que a matéria seja novamente discutida em juízo, conferindo uma solução permanente e irrecorrível à disputa, a menos que seja interposto e provido um recurso dentro do prazo legal.

Conforme estipulado no art. 488 do CPC, o juiz tem a obrigação, sempre que possível, de *resolver o mérito da ação*. Essa orientação é particularmente relevante quando a decisão seria favorável à parte que se beneficiaria do julgamento conforme os critérios do art. 485 do CPC.

Ou seja, mesmo nas circunstâncias em que poderia ser possível dispensar a análise de mérito por questões processuais ou por falta de requisitos para a constituição válida do processo, o juiz é encorajado a proferir uma decisão sobre o mérito sempre que tal decisão beneficiaria a parte que, de outro modo, teria direito ao pronunciamento judicial favorável.

Essa prática enfatiza a preferência do sistema judiciário pelo julgamento substancial das questões em disputa, refletindo o princípio de que o acesso à justiça inclui o direito de ter uma decisão judicial que aborde de maneira conclusiva e definitiva os direitos e responsabilidades das partes.

Assim, ao proferir uma sentença definitiva que decide o mérito, o juiz não apenas resolve o litígio, mas também contribui para a efetividade do sistema de justiça, garantindo que os recursos judiciais sejam utilizados para alcançar decisões justas e fundamentadas.

11.1.1. Requisitos

Na estrutura processual civil, a composição das sentenças segue um formato padronizado que visa garantir clareza, consistência e justiça nas decisões judiciais. Tipicamente, uma sentença judicial é composta por três elementos fundamentais: *o relatório, a fundamentação e o dispositivo*.

Esses componentes são necessários para entender a lógica da decisão, os fundamentos legais aplicados e o resultado do litígio.

Assim, são **requisitos essenciais** da sentença, segundo art. 489 do CPC/2015:

I – o **relatório**, que conterá os nomes das partes, a identificação do caso, com a suma do pedido e da contestação, e o registro das principais ocorrências havidas no andamento do processo;
II – os **fundamentos**, em que o juiz analisará as questões de fato e de direito (é a exposição dos motivos que formaram sua convicção, sob pena de nulidade da sentença);
III – o **dispositivo**, em que o juiz resolverá as questões principais que as partes lhe submeterem.

Podemos assim estruturar:

a) **Relatório:** é a parte inicial da sentença, em que o juiz descreve os fatos relevantes do caso concreto, incluindo as alegações das partes e o histórico processual. Ele serve para contextualizar a decisão, fornecendo uma base para a análise subsequente.
b) **Fundamentação:** nesta seção, o juiz discorre sobre as razões jurídicas que sustentam a sua decisão, analisando a legislação, a jurisprudência e outros princípios do direito aplicáveis ao caso. A fundamentação é essencial para demonstrar a imparcialidade e o rigor jurídico da decisão.
c) **Dispositivo:** é a parte conclusiva da sentença, na qual o juiz expressa sua decisão final sobre as questões apresentadas, acolhendo ou rejeitando, total ou parcialmente, os pedidos feitos pelas partes. *Este é o segmento da sentença que tem efeito vinculante.*

Embora a estrutura acima seja a regra geral, existem exceções em determinados contextos processuais. Por exemplo, nos Juizados Especiais Cíveis, conforme o art. 38 da Lei n. 9.099/95, o relatório pode ser dispensado. Essa flexibilização busca agilizar os procedimentos e tornar a justiça mais acessível, mantendo-se, no entanto, a obrigação de que as decisões sejam fundamentadas e claras em seus dispositivos.

No mais, todas as sentenças deverão ser formadas pelos ter requisitos essenciais: **relatório, fundamentação e dispositivo**.

É característica da sentença que o juiz resolva o mérito acolhendo ou rejeitando, no todo ou em parte, os pedidos formulados pelas partes.

A precisão na redação de uma sentença é crucial, pois qualquer omissão ou erro pode ser base para a interposição de recursos. De acordo com o art. 491 do CPC, em casos que envolvem obrigações de pagar quantia, a sentença deve especificar claramente a extensão da obrigação, os índices de correção monetária, taxas de juros, o termo inicial e a periodicidade da capitalização dos juros, exceto nos casos em que:

a) não for possível determinar, de modo definitivo, o montante devido; ou,
b) se a apuração do valor devido depender da produção de prova de realização demorada ou excessivamente dispendiosa, assim reconhecida na sentença.

Primeira Parte • Teoria Geral dos Recursos

Nessas circunstâncias, a sentença deve indicar que a definição do valor ocorrerá por meio de *liquidação de sentença*, garantindo que o processo possa prosseguir para a fase de execução sem ambiguidades.

As sentenças são, portanto, pronunciamentos fundamentais proferidos pelos juízes nos processos judiciais, proporcionando a resolução final dos conflitos apresentados ao Judiciário. A correta estruturação de uma sentença é, igualmente, essencial para assegurar que as decisões sejam justas, baseadas em evidências e em conformidade com a lei, facilitando a compreensão e a implementação das decisões judiciais e reduzindo a necessidade de litígios futuros sobre a mesma questão.

11.1.2. Limites da sentença

As sentenças judiciais são fundamentais para a resolução de litígios e devem respeitar estritamente os limites impostos pela legislação para garantir que as decisões sejam justas e adequadas às demandas apresentadas.

Nesse sentido, o art. 492 do CPC estabelece princípios essenciais que regulam esses limites, assegurando que as sentenças não excedam nem se desviem das solicitações das partes.

Trata-se da aplicação do **princípio da congruência ou da correlação**, exigindo que a sentença esteja em completa harmonia e diálogo com as alegações e os pedidos formulados pelas partes. Ele se manifesta em duas etapas críticas do julgamento:

a) **entre o relatório e a fundamentação:** a fundamentação da sentença deve corresponder diretamente ao que foi relatado, seguindo uma sequência lógica e factual que reflete as questões levantadas durante o processo.

b) **entre a fundamentação e o dispositivo:** o dispositivo da sentença, que é a parte que efetivamente resolve a demanda, deve estar em conformidade direta com a fundamentação, garantindo que as conclusões legais e factuais suportem a decisão final.

Ainda, de acordo com a sistemática processual civil, o juiz está proibido de:

> • Emitir uma sentença de natureza diversa da pretendida pelas partes *(extra petita)*.
> • Decidir sobre questões não solicitadas *(ultra petita)*.
> • Ignorar questões que foram levantadas *(citra petita)*.

Essas proibições protegem as partes contra decisões arbitrárias e garantem que os litígios sejam resolvidos dentro dos estritos contornos das disputas apresentadas ao tribunal.

Caso haja algum fato constitutivo, modificativo ou extintivo do direito, conhecido depois da proposição da ação – fato novo – que venha a influir no

80   *Manual Prático da Advocacia Cível nos Tribunais*

julgamento do mérito, caberá ao juiz tomá-lo em consideração, de ofício ou a requerimento da parte, no momento de proferir a decisão, nos termos do art. 493 do CPC.

Ademais, ainda se afirme que constatando o juiz, de ofício, o *fato novo*, ouvirá as partes sobre ele antes de decidir, para garantir que, em sua decisão, já possa analisar tal fato, evitando a decisão surpresa, conforme art. 10 do CPC.

Outrossim, o parágrafo único do art. 492 do CPC assegura que a sentença seja clara quanto aos pedidos, podendo especificar se a decisão é líquida ou ilíquida em termos financeiros.

Importante destacar que, uma vez que um recurso (como a apelação) é interposto contra a sentença, o *juiz não possui mais a capacidade de retratar-se*, salvo em decisões interlocutórias de maneira excepcional. Isso reforça a finalidade da decisão e a transição do caso para análise por um tribunal superior.

Dessa forma, publicada a sentença, o juiz somente poderá *alterá-la* para correção de *erros materiais* e retificação de *erros de cálculos* (seja de ofício ou a requerimento das partes), por intermédio dos **embargos de declaração** (art. 494 do CPC).

A estrutura e os limites das sentenças no direito processual são projetados para assegurar decisões justas e precisas, respeitando o direito das partes e promovendo a eficiência do sistema judicial, sendo essencial o seu estudo para advogados e partes, pois influencia diretamente na formulação de estratégias processuais e na preparação para possíveis apelações ou outros recursos.

11.1.3. Sentença e o dever de fundamentação

A obrigação de fundamentação das decisões judiciais é um pilar central da justiça e um direito constitucional assegurado pelo art. 93, IX, da Constituição Federal. Essa exigência não apenas fortalece a transparência e a compreensão das decisões judiciais, mas também serve como um *"pressuposto fundamental para a legitimidade das ações do Poder Judiciário"*[13].

A fundamentação das sentenças judiciais cumpre uma *dupla função*:

- **(i) Politicamente**, ela justifica as decisões perante a sociedade, mostrando que o Judiciário não atua com arbitrariedade ou fora dos limites da lei;
- **(ii) Legalmente**, a fundamentação valida a decisão no âmbito jurídico, proporcionando a base para a aplicação coerente e consistente das leis.

---

[13] Nesse sentido: "A fundamentação constitui pressuposto de legitimidade das decisões judiciais. A fundamentação dos atos decisórios qualifica-se como pressuposto constitucional de validade e eficácia das decisões emanadas do Poder Judiciário. A inobservância do dever imposto pelo art. 93, IX, da Carta Política, precisamente por traduzir grave transgressão de natureza constitucional, afeta a legitimidade jurídica da decisão e gera, de maneira irremissível, a consequente nulidade do pronunciamento judicial. Precedentes" (STF, HC 80.892, 2ª T., Min. Celso de Mello, j. 16.10.2001, *DJ* 23.11.2007).

Primeira Parte • Teoria Geral dos Recursos

Essas práticas não apenas esclarecem o raciocínio do magistrado, mas também reforçam a *confiança pública no sistema de justiça*.

De igual maneira, a decisão devidamente fundamentada permite diversos *níveis de controle*.

Primeiramente, facilita o *exercício dos recursos pelas partes envolvidas no processo*, permitindo que desafiem a decisão baseando-se em fundamentos concretos e bem definidos. Adicionalmente, a *sociedade* e o *próprio Poder Judiciário* podem revisar e monitorar as decisões, assegurando que estas estejam em conformidade com os preceitos legais e éticos vigentes.

Assim, quando uma decisão não é fundamentada ou é mal fundamentada, isso prejudica significativamente o poder de controle e a capacidade de impugnação. Sem uma base clara para entender as razões por trás de uma decisão, não é possível contestar ou impugnar efetivamente o mérito, tampouco de identificar erros potenciais na aplicação da lei.

E, certamente, isso ocasionará um vício processual grave, em que a falta de fundamentação pode resultar na *nulidade da decisão*. Tal cenário compromete o direito ao contraditório e à ampla defesa, princípios essenciais do processo justo.

Tanto decisões não fundamentadas quanto aquelas mal fundamentadas têm, essencialmente, o mesmo efeito prejudicial sobre o processo judicial. Ambas impedem que as partes exercitem adequadamente seus direitos processuais e obstam o controle adequado dos atos judiciais. Por essa razão, ambas as situações *são consideradas nulas sob a mesma previsão constitucional*, exigindo que qualquer decisão judicial seja revertida ou refeita de maneira apropriada.

Certamente, fundamentar uma decisão judicial implica muito mais do que um mero formalismo; trata-se de um processo no qual o magistrado precisa expor de forma clara e detalhada as razões de fato e de direito que o levaram a determinar um veredicto específico. A *fundamentação substancial* é essencial não apenas para justificar a decisão perante as partes e a sociedade, mas também para garantir a legitimidade e a transparência do processo judicial, permitindo que as decisões sejam compreendidas, respeitadas e, quando necessário, contestadas por meio de recursos.

A decisão de um juiz deve transcender, ou seja, ir além da mera citação ou análise de leis aplicáveis; ela deve integrar um exame detalhado do caso concreto, articulando como os fatos apresentados e as normas pertinentes interagem para formar a base da decisão. Esta prática não apenas fortalece a confiança no sistema de justiça, mas também assegura que as decisões sejam robustas e defensáveis perante instâncias superiores.

Uma fundamentação bem-estruturada é imprescindível para a *sistemática processual constitucional*, especialmente porque fornece às partes insatisfeitas com o resultado do litígio a possibilidade de entender completamente as razões da decisão e, se assim desejarem, de buscar um reexame da questão por um tribunal

82   *Manual Prático da Advocacia Cível nos Tribunais*

superior, fundamental, portanto, para o princípio do duplo grau de jurisdição, que permite a revisão das decisões judiciais e ajuda a prevenir erros judiciais.

Reconhecendo a importância da fundamentação, o legislador foi meticuloso ao definir o que constitui uma decisão não fundamentada. O art. 489, § 1º, do CPC, estabelece critérios específicos que, se não observados, podem render uma decisão judicial *inválida por falta de fundamentação*. Entre os elementos que devem ser evitados estão:

> **Art. 489. (...)**
>
> **§ 1º Não se considera fundamentada qualquer decisão judicial, seja ela interlocutória, sentença ou acórdão, que:**
>
> I – se limitar à indicação, à reprodução ou à paráfrase de ato normativo, sem explicar sua relação com a causa ou a questão decidida;
>
> II – empregar conceitos jurídicos indeterminados, sem explicar o motivo concreto de sua incidência no caso;
>
> III – invocar motivos que se prestariam a justificar qualquer outra decisão;
>
> IV – não enfrentar todos os argumentos deduzidos no processo capazes de, em tese, infirmar a conclusão adotada pelo julgador;
>
> V – se limitar a invocar precedente ou enunciado de súmula, sem identificar seus fundamentos determinantes nem demonstrar que o caso sob julgamento se ajusta àqueles fundamentos;
>
> VI – deixar de seguir enunciado de súmula, jurisprudência ou precedente invocado pela parte, sem demonstrar a existência de distinção no caso em julgamento ou a superação do entendimento.

Uma decisão que não atende a esses critérios de fundamentação é considerada não fundamentada, prejudicando não apenas a percepção da decisão como justa e equitativa, mas também abre a porta para que seja facilmente contestada e potencialmente anulada em instâncias superiores. A falta de uma fundamentação adequada compromete a eficácia do processo judicial e desafia o próprio núcleo da justiça processual.

De fato, no caso do *inciso I*, estabelece o art. 489, § 1º, que não se considera fundamentada qualquer decisão judicial que se limite a indicar, reproduzir ou parafrasear um dispositivo legal sem explicar como o texto da lei se aplica ao caso concreto – um processo conhecido como subsunção. A subsunção é essencial porque conecta a norma abstrata aos fatos específicos do caso, formando a base para uma decisão jurídica coerente e justificada. Portanto, uma decisão que falha em realizar essa conexão é inadequada, pois não oferece uma verdadeira resolução jurídica do litígio.

Ao fundamentar uma decisão, o magistrado deve sempre estabelecer uma correlação explícita entre os fatos alegados e as normas aplicáveis, identificando os elementos fáticos relevantes e explicar como a interpretação da lei se aplica a esses elementos.

Primeira Parte • Teoria Geral dos Recursos

Igualmente, conforme indica o *inciso II do § 1º do art.* **489**, se o juiz utilizar conceitos jurídicos indeterminados, princípios gerais do direito ou máximas jurídicas, ele deve explicitar como esses conceitos se aplicam ao caso em discussão, certamente, não apenas a menção ao princípio ou conceito, mas uma explanação detalhada de como essa noção jurídica influencia ou determina o resultado do caso.

Com efeito, conceitos jurídicos indeterminados são termos ou expressões usados na legislação que não possuem um significado fixo e precisamente delimitado, demandando interpretação e aplicação contextual pelo magistrado ou aplicador da lei. Esses conceitos são intencionalmente deixados vagos pelo legislador para permitir flexibilidade e adaptabilidade na aplicação da lei a diversas circunstâncias que possam surgir. Eles exigem que o intérprete aplique seu julgamento e conhecimento para concretizar o sentido da norma no caso específico.

Exemplos comuns incluem termos como "boa-fé", "ordem pública", "interesse social", e "razoabilidade". A natureza aberta desses conceitos permite que os juízes considerem as particularidades de cada caso e ajustem a aplicação da lei às mudanças sociais e circunstâncias individuais.

Cláusulas gerais são disposições legais que estabelecem princípios amplos a serem observados nas relações jurídicas. Elas também são formuladas de maneira intencionalmente ampla e genérica, proporcionando aos juízes a liberdade de preencher as lacunas legais e adaptar a norma à realidade social contemporânea. Assim como os conceitos jurídicos indeterminados, as cláusulas gerais dependem significativamente da interpretação judicial para sua aplicação prática.

Um exemplo clássico de cláusula geral é o *princípio da função social da propriedade ou do contrato*, que obriga o intérprete a considerar não apenas os interesses das partes envolvidas, mas também o impacto social da aplicação da lei. Outras cláusulas incluem o *princípio da boa-fé objetiva*, que deve nortear a condução dos contratos em geral.

De igual modo, a fundamentação das decisões judiciais, conforme exigido pelo *inciso III do § 1º do art.* **489 do CPC**, rejeita o uso de motivações genéricas que poderiam se aplicar indistintamente a qualquer caso. Isso visa prevenir a prolação de sentenças que, por sua generalidade, não abordam as peculiaridades e especificidades do caso concreto em questão, resultando em uma decisão que poderia ser percebida como despersonalizada ou desvinculada das circunstâncias únicas apresentadas.

Este princípio de exigir uma fundamentação que seja diretamente relevante e específica ao caso apresentado enfrenta desafios particulares em contextos de demandas repetitivas. Nessas situações, as alegações e fundamentos legais podem ser muito semelhantes, se não idênticos, de um caso para outro, como ocorre frequentemente em litígios envolvendo direitos do consumidor, questões previdenciárias, entre outros.

O debate central aqui é até que ponto é razoável e prático exigir que cada decisão seja totalmente personalizada em cenários de alta repetitividade. Exigir uma fundamentação única e meticulosamente adaptada para cada caso poderia potencialmente comprometer a eficiência e a celeridade processuais.

Tais exigências poderiam levar a um aumento do tempo e dos recursos necessários para resolver cada caso, podendo também afetar a previsibilidade e a uniformidade das decisões judiciais, elementos vitais para a segurança jurídica.

Os princípios da celeridade e da economia processual incentivam a resolução de casos de maneira rápida e com o mínimo dispêndio de recursos judiciais, enquanto a segurança jurídica busca garantir que as leis sejam aplicadas de forma consistente e previsível. Em casos de demandas repetitivas, esses princípios podem justificar uma abordagem mais uniforme na fundamentação das decisões, desde que cada decisão ainda respeite os requisitos legais e os direitos processuais das partes envolvidas.

Uma abordagem possível para reconciliar a necessidade de decisões personalizadas com a eficiência processual é o uso de decisões paradigmáticas ou *leading cases*, em que uma decisão detalhadamente fundamentada em um caso pode servir como referência para outros casos semelhantes.

No entanto, é essencial que mesmo em casos de demandas repetitivas, em que as alegações são uniformes e a fundamentação legal é consistentemente a mesma, a decisão do juiz não se torne meramente automática ou mecânica.

Ainda que a tentação de padronizar decisões em cenários de alta repetição possa parecer eficiente do ponto de vista da economia processual, cada caso deve ser considerado com uma atenção detalhada às circunstâncias que podem diferenciar uma situação da outra, mesmo que sutilmente.

O **inciso IV do § 1º do art. 489 do CPC** destaca a necessidade de o magistrado enfrentar todos os argumentos trazidos ao processo que, *em tese*, poderiam refutar a decisão final adotada. Esse requerimento é essencial para garantir que as decisões judiciais sejam completas e reflitam uma análise integral do caso, contribuindo assim para a justiça e a adequação das decisões.

A expressão *"em tese"* presente no inciso carrega um significativo grau de subjetividade, o que pode levar a desafios na sua aplicação prática. Há o risco de que essa subjetividade torne a norma menos efetiva, permitindo que decisões continuem sendo proferidas de maneira genérica, sem a devida consideração a todos os argumentos relevantes, o que pode resultar em sentenças nas quais argumentos fundamentais, que poderiam levar a um desfecho diferente, sejam inadvertidamente ignorados ou descartados sem justificativa explícita.

A intenção do legislador, ao incluir tal mandamento, foi claramente promover uma justiça mais detalhada e consciente, em que os magistrados são compelidos a considerar e responder a todos os argumentos relevantes, garantindo,

Primeira Parte • Teoria Geral dos Recursos

assim, que as partes sintam que suas vozes e preocupações foram devidamente ouvidas e avaliadas.

No entanto, na prática, verifica-se que nem sempre essa intenção é alcançada. Frequentemente, partes se deparam com decisões que não abordam pontos que consideram essenciais para o deslinde do caso, o que pode levar a uma percepção de injustiça ou de falta de devida consideração por parte do Judiciário.

O inciso deve ser aplicado a todos os argumentos, sejam eles fáticos ou jurídicos, sem distinção. Isso sublinha a importância de uma análise abrangente que aborde todas as dimensões do caso. O juiz deve fornecer respostas para cada ponto levantado durante o processo, garantindo que a decisão final seja o resultado de uma consideração cuidadosa e completa de todos os elementos apresentados.

Ainda assim, vem em boa hora o dispositivo, pois combate, fortemente, a jurisprudência defensiva que vinha no sentido de que *"o simples fato de as teses apresentadas não serem integralmente repelidas não significa, por si só, irregularidade, pois o juiz não está obrigado a se manifestar sobre todos os argumentos suscitados pelas partes"*[14].

Ainda nesse sentido, segundo o STJ *"não é o órgão julgador obrigado a rebater, um a um, todos os argumentos trazidos pelas partes em defesa da tese que apresentaram, devendo apenas enfrentar a demanda, observando as questões relevantes e imprescindíveis à sua resolução"*[15].

Ainda assim, deve o juiz enfrentar todos os fundamentos deduzidos no processo capazes de infirmar a conclusão adotada pelo julgador, sob pena de negativa de prestação jurisdicional[16], sendo nula a decisão que não tiver rebatido suficientemente os fundamentos contrários à tese adotada.

O *inciso V do § 1º do art. 489 do CPC* enfatiza a necessidade de uma fundamentação adequada no *uso de precedentes judiciais* para apoiar decisões. Essa disposição visa assegurar que as sentenças sejam não apenas juridicamente corretas, mas também pertinentes e aplicáveis ao caso em questão.

Certamente, ao basear uma decisão em um precedente judicial, o magistrado deve garantir que exista uma congruência fática e jurídica entre o caso atual e o caso anterior que fundamenta a decisão. Isso significa que não basta que os casos sejam superficialmente similares; eles devem compartilhar características essenciais que justifiquem a aplicação do mesmo raciocínio jurídico.

É fundamental que o juiz não apenas identifique o precedente relevante, mas também explique claramente por que e como aquele precedente se aplica ao

---

[14] STJ, AgRg no REsp 1.345.266SC, 2ª T., rel. Min. Og Fernandes, j. 11.02.2014, *DJe* 06.03.2014.

[15] STJ, AgRg no AREsp 31.742/RJ, 2.ª T., rel. Min. Herman Benjamin, j. 04.10.2011, *DJe* 17.10.2011.

[16] STF, MS 25.787, Tribunal Pleno, rel. Min. Gilmar Mendes, j. 08.11.2006, *DJe* 14.09.2007. STJ, REsp 478.857/MG, 2.ª T., rel. Min. Eliana Calmon, j. 17.02.2004, *DJ* 29.03.2004.

caso que está sendo julgado. O ônus de estabelecer essa conexão é do magistrado, não dos jurisdicionados. Esperar que as partes façam suas próprias interpretações para ligar seus casos a decisões anteriores coloca uma carga excessiva sobre elas e pode comprometer a equidade do processo judicial.

A decisão que se limita a transcrever a ementa de um julgado anterior sem uma análise detalhada é *insuficiente e pode ser considerada não fundamentada*.

Para que um precedente seja corretamente aplicado, o juiz deve demonstrar explicitamente que os fatos do caso atual se alinham aos do precedente e que as razões jurídicas são aplicáveis. Simplesmente invocar um precedente sem essa análise detalhada compromete a *validade da decisão* e pode resultar em sua *nulidade*.

A falha em fundamentar adequadamente uma decisão utilizando precedentes pode ter sérias consequências. Além de potencialmente levar à nulidade da decisão, prejudica o princípio da segurança jurídica e pode resultar em uma aplicação inconsistente da lei, comprometendo a confiança no sistema judicial e na previsibilidade das decisões judiciais, pilares essenciais para a estabilidade legal e o respeito aos direitos das partes.

O **inciso VI do § 1º do art. 489 do CPC** aborda uma questão crítica relacionada à adequação com que os argumentos jurídicos são tratados nas decisões judiciais.

Na verdade, esse inciso reflete a necessidade de que os juízes considerem as teses e precedentes apresentados pelas partes ao formular suas decisões. É imprescindível que todas as alegações e fundamentos jurídicos trazidos pelos litigantes sejam examinados cuidadosamente, mesmo em face de uma possível proliferação de argumentos que podem não ser diretamente relevantes ou aplicáveis ao caso em questão.

Quando uma parte invoca entendimentos judiciais específicos para sustentar seu caso, o magistrado tem o dever de analisar e responder a esses argumentos em sua decisão, pois, ignorar completamente tais fundamentos pode comprometer a justiça do processo e a adequação da decisão, dando a impressão de que o julgamento foi realizado sem a devida consideração pelas posições das partes.

Em contextos no quais predominam ações repetitivas, pode ocorrer uma tendência de generalização de teses jurídicas que não se aplicam especificamente aos detalhes únicos de cada caso. Essa prática, embora possa parecer eficiente do ponto de vista administrativo, muitas vezes falha em atender às necessidades jurídicas individuais e ignora as peculiaridades de cada situação.

Portanto, é fundamental que tanto advogados quanto magistrados evitem o uso indiscriminado de argumentos padronizados e se esforcem para aplicar teses jurídicas de maneira que genuinamente reflitam as circunstâncias de cada caso.

Primeira Parte • Teoria Geral dos Recursos

Além disso, a virtualização do processo, embora traga muitos benefícios em termos de eficiência e acessibilidade, não deve substituir a necessidade de uma postulação e decisão bem fundamentadas e adaptadas às nuances de cada caso. Mesmo no ambiente digital, o processo judicial deve manter seu compromisso com um julgamento baseado em evidências concretas e análise fática detalhada.

Como diz Arruda Alvim, *"não é válida, portanto, a fundamentação que simplesmente ignora (isto é, não observa) um precedente. E não o é, também, a decisão que deixa de aplicar precedentes, salvo as duas hipóteses constantes do dispositivo: (a) distinção, e (b) superação do entendimento"*[17].

Ou seja, fazer a distinção do caso concreto e do precedente, realizando-se o chamado *distinguishing*, ou seja, demonstrando porque o precedente apresentado não se enquadra no caso concreto; ou, ainda, de outro lado, no caso de superação do precedente, realizando-se, então, o *overruling*, dessa forma, demonstrando estar superado aquele entendimento.

Caso assim não seja, a *decisão evidentemente será nula*.

Dessa forma, respeitando essas estruturas, será possível ao julgador deixar de seguir enunciado de súmula, jurisprudência ou precedente invocado pela parte, desde que assim o faça de maneira devidamente fundamentada.

O certo é que a fundamentação é dever daquele que, na condição de julgador, decide o litígio, e sua ausência é elemento gerador de nulidade constitucionalmente prevista. O legislador deu real atenção ao tema e arrolou as hipóteses nas quais a falta de fundamentação irá gerar a nulidade da decisão, por ausência de fundamentação.

11.2. Coisa julgada

11.2.1. Conceito

A coisa julgada é um conceito fundamental no direito processual, que confere à decisão judicial as qualidades de *imutabilidade* e de *indiscutibilidade* da decisão, conforme estabelecido no art. 502 do CPC. Esse atributo é necessário para garantir a *estabilidade das relações jurídicas* e a *segurança jurídica*, pois evita que questões já decididas sejam perpetuamente reavaliadas.

Assim, segundo determina o art. 502 do CPC, *"Denomina-se coisa julgada material a autoridade que torna imutável e indiscutível a decisão de mérito não mais sujeita a recurso"*.

Pode-se classificar a coisa julgada de duas formas: **(i)** coisa julgada *material* e **(ii)** coisa julgada *formal*.

---

[17] ALVIM, Arruda. *Novo contencioso cível no CPC/2015*. São Paulo: RT, 2016. p. 294.

Coisa julgada material: esta forma de coisa julgada é alcançada quando uma decisão sobre o mérito do caso torna-se definitiva, imutável e indiscutível, não estando mais sujeita a qualquer tipo de recurso.

Essa qualidade demonstra que a decisão de mérito não apenas resolveu a disputa entre as partes, mas também que tal resolução não pode ser questionada ou modificada em nenhum outro processo judicial.

Esse é o aspecto mais robusto da coisa julgada, conferindo à decisão uma autoridade permanente e obrigatória, e é o tipo de coisa julgada que efetivamente contribui para a segurança jurídica, impedindo que os mesmos litígios sejam reabertos indefinidamente.

Coisa julgada formal: diferentemente da coisa julgada material, a coisa julgada formal não se refere à imutabilidade da decisão no contexto de outros processos, mas à sua imutabilidade dentro do mesmo processo.

Ela ocorre tanto em *sentenças terminativas*, que não resolvem o mérito da causa, quanto em *sentenças definitivas*.

A coisa julgada formal se estabelece quando todos os recursos possíveis são esgotados ou quando o prazo para recorrer expira sem que qualquer recurso seja interposto, obstando e impedindo que a decisão seja alterada no curso do processo em que foi proferida, mas não impede que a questão seja rediscutida em outro processo.

A distinção entre coisa julgada material e formal é essencial para compreender os limites e o alcance das decisões judiciais. Enquanto a coisa julgada material fortalece a estabilidade das decisões ao torná-las definitivas em qualquer contexto judicial futuro, a coisa julgada formal assegura que o litígio seja encerrado de forma conclusiva dentro do processo em que a decisão foi emitida.

Assim, em se tratando, pois, de **sentença terminativa**, haverá apenas a **coisa julgada formal**, o que impedirá a rediscussão no mesmo processo, não obstante a ação possa ser novamente ajuizada. Já em se tratando de **sentença definitiva**, haverá **coisa julgada formal e material**, impedindo a rediscussão tanto naquele processo quando em qualquer outro.

11.2.2. Limites objetivos da coisa julgada

Os limites objetivos da coisa julgada são fundamentais para definir o escopo e a extensão da imutabilidade conferida às decisões judiciais. Na verdade, esses limites estão intrinsecamente relacionados ao conteúdo decisório da sentença, ou seja, àquelas partes da decisão que, por terem sido objeto de análise e julgamento de mérito pelo Poder Judiciário, adquirem a qualidade de *indiscutibilidade*.

Os limites objetivos da coisa julgada delimitam especificamente o que na decisão judicial é protegido contra futuras contestações, referindo-se, diretamente, ao dispositivo da sentença, que é a parte da decisão na qual o juiz expressa o veredicto sobre as questões que foram colocadas em julgamento.

Esta parte da sentença é essencial porque define os direitos e obrigações das partes conforme resolvidos pelo juiz.

Assim, somente o que está expressamente decidido no dispositivo pode se tornar imutável e formar a *res iudicata*, termo latino que se traduz como "coisa julgada".

A delimitação clara dos limites objetivos é fenômeno fundamental para a estabilidade jurídica, pois garante que apenas as questões efetivamente consideradas e decididas no mérito sejam protegidas pela coisa julgada, bem como evita a reabertura de disputas sobre os mesmos temas entre as mesmas partes, consolidando as decisões judiciais como finais e obrigatórias.

Por outro lado, questões que não foram expressamente decididas no dispositivo, mesmo que discutidas durante o processo, não são cobertas pela coisa julgada material, consequentemente, permitindo que aspectos do caso que não foram definitivamente resolvidos possam ser objeto de novas ações, sem violar o princípio da coisa julgada.

De outro modo, o art. 504 do CPC/2015 estabelece que *não fazem coisa julgada*:

I – os **motivos**, ainda que importantes para determinar o alcance da parte dispositiva da sentença;

II – a **verdade dos fatos**, estabelecida como fundamento da sentença.

O Código de Processo Civil de 2015 (CPC/2015) introduziu mudanças significativas nos limites objetivos da coisa julgada em comparação com o Código anterior de 1973. Uma dessas mudanças fundamentais, conforme estabelecido no art. 503, § 1º, é a ampliação desses limites para incluir as *questões prejudiciais*, que são decisões incidentais que podem afetar a matéria principal sob julgamento. Essa inovação legislativa busca proteger a integridade e a conclusão das questões legais tratadas no processo, garantindo que questões acessórias decisivas também sejam cobertas pelo manto da imutabilidade.

Questões prejudiciais são aquelas questões que não formam o cerne da disputa principal, mas cuja resolução é necessária para o julgamento do mérito. São consideradas antecedentes às questões principais e podem ser divididas em duas categorias:

- **Preliminares:** questões que devem ser resolvidas antes de se chegar ao mérito do caso, como a competência do juízo ou a admissibilidade da ação.
- **Prejudiciais:** questões que, embora não sejam o foco principal do litígio, têm impacto direto sobre a decisão final, como a existência de um contrato ou a validade de um testamento.

Com a inclusão das questões prejudiciais nos limites da coisa julgada, o CPC garante que decisões sobre essas questões se tornem definitivas e indiscutíveis, assim como as decisões sobre o mérito principal. Isso é importante porque assegura que não apenas a conclusão do caso, mas também todos os elementos jurídicos essenciais que informam essa conclusão, sejam protegidos contra futuras contestações. Essa abordagem promove uma maior estabilidade jurídica e evita a reabertura de aspectos já decididos do caso, facilitando a administração da justiça de forma mais eficiente e definitiva.

Uma questão prejudicial, conforme tratada no Código de Processo Civil, refere-se a qualquer ponto de fato ou de direito que, não constituindo o cerne da demanda, necessita ser resolvido antes do julgamento do mérito. Essa resolução passa a ser protegida pela coisa julgada, garantindo sua imutabilidade e indiscutibilidade futura.

Tradicionalmente, o princípio da inércia da jurisdição determina que o Poder Judiciário atua somente quando provocado pelas partes, conforme estipulado pelo art. 2º do CPC. No entanto, ao considerar as questões prejudiciais como parte da coisa julgada, o CPC introduz uma certa flexibilização desse princípio, efetivamente porque tais questões podem ser decididas pelo juiz independentemente de uma provocação direta para esse fim específico por parte das partes envolvidas.

Com a extinção da ação declaratória incidental, previamente regulamentada no CPC/73, o CPC/2015 fortalece a integração das questões prejudiciais no contexto mais amplo do julgamento.

Anteriormente, questões prejudiciais poderiam necessitar de uma ação separada para serem resolvidas, mas agora são tratadas diretamente no curso do processo principal, o que justifica tais questões serem julgadas como parte integral do processo e estão sujeitas à coisa julgada, assegurando que decisões sobre aspectos fundamentais da relação jurídica sejam definitivas.

Embora a abordagem do CPC/2015 possa parecer, em primeira análise, uma afronta ao princípio dispositivo, que sustenta que as partes têm controle sobre a matéria discutida em juízo, na prática, ela serve a um propósito maior de eficiência e justiça processual. Efetivamente, com a possibilidade de questões fundamentais serem resolvidas de maneira conclusiva dentro do processo principal, evita-se a necessidade de litígios subsequentes sobre os mesmos pontos, o que contribui para a economia processual e a estabilidade das relações jurídicas.

Ainda assim, de acordo com o art. 503, § 1º, esses critérios são fundamentais para determinar quando e como uma questão prejudicial deve ser tratada para que sua resolução seja considerada definitiva e indiscutível:

Primeira Parte • Teoria Geral dos Recursos

a) *se dessa resolução depender o julgamento do mérito* (inciso I);

b) se a seu respeito *tiver havido contraditório prévio e efetivo*, não se aplicando no caso de revelia (inciso II); e, por fim,

c) se o *juízo tiver competência em razão da matéria e da pessoa* para resolvê-la como questão principal (inciso III).

Podemos vislumbrar, portanto, os seguintes critérios para a coisa julgada em questões prejudiciais:

a) **dependência do julgamento do mérito (inciso I):** a resolução da questão prejudicial deve ser essencial para o julgamento do mérito da causa. Isso significa que a questão incidentalmente decidida deve ter uma relação direta e indispensável com a resolução da disputa principal, influenciando diretamente o desfecho do caso.

b) **contraditório prévio e eficaz (inciso II):** deve haver um contraditório prévio e efetivo sobre a questão prejudicial, assegurando que todas as partes tiveram a oportunidade de participar ativamente da discussão e da formação da decisão. Importante ressaltar que esse critério não se aplica em situações de revelia, em que o réu não contesta as alegações do autor, para evitar que decisões sejam tomadas sem a devida contestação e defesa.

c) **competência do juízo (inciso III):** o juízo onde o processo está sendo julgado deve ter competência tanto em razão da matéria quanto da pessoa para resolver a questão prejudicial como se fosse a questão principal. Esse critério garante que o órgão julgador possua autoridade adequada para tratar a questão com a devida profundidade e jurisdicionalidade.

Conforme estabelecido no art. 503, § 2º, do CPC/2015, mesmo quando uma questão prejudicial atende aos critérios mencionados, a coisa julgada não se formará se *houver limitações probatórias ou restrições à cognição no processo*.

Essas limitações referem-se a situações em que a análise completa e aprofundada da questão prejudicial são impedidas por fatores como a falta de evidências suficientes ou restrições legais específicas que afetam a capacidade do tribunal de realizar um exame completo, visando a prevenir a formação de uma coisa julgada baseada em uma análise insuficiente ou superficial, assegurando a integridade e a justiça das decisões judiciais.

Assim, preenchidos os pressupostos previstos nos §§ 1º e 2º do art. 503 do CPC/2015, as questões prejudiciais, então, poderão ser atingidas pela coisa julgada, *sem necessidade de pedido ou provocação específicos*. Reforçando essa compreensão, o Enunciado 165 do Fórum Permanente dos Processualistas Civis reitera que *"independentemente de provocação, a análise de questão prejudicial incidental, desde que preencha os pressupostos dos parágrafos do art. 503, está sujeita à coisa julgada"*.

Assim, o CPC/2015 promove uma abordagem mais integrada e menos fragmentada do processo civil, na qual questões prejudiciais são consideradas e resolvidas dentro do processo principal, recebendo a proteção da coisa julgada, o que simplifica não apenas o procedimento judicial, mas também reforça a segurança jurídica, garantindo que decisões sobre questões cruciais sejam tratadas com a devida seriedade e finalidade, dentro do contínuo esforço de aprimoramento do sistema judiciário brasileiro.

Portanto, o CPC estendeu a coisa julgada à questão prejudicial, suposto que a decisão de mérito seja delas dependente, observados os requisitos da competência do juiz para conhecer da matéria como questão principal e do contraditório efetivo (não se aplicando no caso de revelia e no de restrições probatórias ou cognitivas impedientes de seu exame em profundidade), devendo, pois, ter havido controvérsia efetiva e decisão do juiz a respeito.

11.2.3. Limites subjetivos da coisa julgada

Os limites subjetivos da coisa julgada são essenciais para definir *quem será afetado pela imutabilidade e pela indiscutibilidade de uma decisão judicial.*

Esses limites garantem que apenas as partes diretamente envolvidas no processo sejam vinculadas pelo resultado do julgamento, refletindo a natureza bilateral do litígio e o princípio do contraditório.

De fato, os limites subjetivos da coisa julgada referem-se especificamente aos *sujeitos do processo* que estão diretamente envolvidos na ação e que, portanto, são afetados pela decisão de mérito que se torna coisa julgada, podendo-se afirmar que a decisão vincula as partes que participaram do litígio, sejam elas autoras, rés, ou terceiros intervenientes, como assistentes ou opoentes.

Embora a coisa julgada em si se aplique apenas às partes do processo, os efeitos dessa decisão podem transcender esses limites subjetivos. Por exemplo, uma decisão que determina a paternidade de uma criança não afeta apenas as partes do processo (mãe e suposto pai), mas também a própria criança e outros familiares, modificando direitos relacionados à herança, por exemplo. Portanto, os efeitos de tais decisões podem ter um alcance mais amplo, influenciando pessoas que não estavam diretamente envolvidas no litígio.

Interessante notar também que, apesar da imutabilidade do comando sentencial em termos de coisa julgada, as partes envolvidas podem, ainda, ter certa autonomia em como os efeitos da decisão são implementados na prática. Em alguns casos, as partes podem ajustar a forma de cumprimento da decisão, desde que isso não contrarie o comando central da sentença e esteja dentro dos limites legais, o que, certamente, enseja alguma flexibilidade na aplicação prática da decisão, facilitando a adequação à realidade das partes.

A decisão judicial que se torna coisa julgada pode também, em algumas circunstâncias, afetar terceiros que não participaram do processo. Esse impacto em

Primeira Parte • Teoria Geral dos Recursos 93

terceiros pode ocorrer quando os efeitos da decisão alteram o estado jurídico de bens, direitos ou relações que extrapolam o âmbito das partes originais do processo. É um aspecto particularmente relevante em casos que envolvem direitos sobre propriedades comuns ou questões de estado civil, em que a decisão pode ter implicações legais e práticas para uma gama mais ampla de indivíduos.

O art. 506 do Código de Processo Civil de 2015 clarifica o princípio de que a sentença judicial possui efeito de coisa julgada exclusivamente entre as partes envolvidas no litígio, *sem afetar terceiros que não fizeram parte do processo*. Isso estabelece uma distinção clara entre os efeitos da decisão e sua autoridade de imutabilidade.

Embora a coisa julgada assegure que a decisão de mérito não seja mais sujeita à contestação entre as partes, os efeitos dessa decisão podem se estender além desses limites. Por exemplo, em uma disputa de propriedade, enquanto a decisão é vinculante apenas para as partes que disputaram o caso, os efeitos da decisão – como a determinação da propriedade de um bem – podem influenciar a situação legal de terceiros que lidam com a propriedade em questão no futuro.

A imutabilidade garantida pela coisa julgada significa que a decisão não pode ser alterada ou contestada pelas partes do processo ou por seus sucessores legais.

E isso inclui qualquer pessoa ou entidade que assuma os direitos ou responsabilidades das partes originais, como herdeiros ou empresas que adquiram uma parte que estava envolvida no processo.

Essa transmissão da imutabilidade da decisão para os sucessores também é imprescindível para garantir a continuidade e a estabilidade dos direitos legais ao longo do tempo.

Importante destacar que a coisa julgada busca equilibrar a justiça entre as partes com a proteção dos interesses legítimos de terceiros. A legislação evita impor limitações ou obrigações aos terceiros que não tiveram a oportunidade de se defender ou argumentar em um processo do qual não participaram, refletindo o princípio fundamental de justiça, garantindo que ninguém seja prejudicado por um processo ao qual não esteve envolvido.

11.2.4. Eficácia preclusiva

O conceito de eficácia preclusiva da coisa julgada é fundamental no âmbito do CPC, sobretudo para assegurar a *finalidade* e a *estabilidade das decisões judiciais*. Essa noção está intrinsecamente ligada à prevenção de litígios repetitivos sobre as mesmas matérias, garantindo que, uma vez resolvida uma questão por meio de uma decisão judicial que atinge a coisa julgada material, tal questão não possa ser novamente discutida em outro processo.

Com efeito, o art. 508 do CPC estipula que, uma vez que uma decisão de mérito transite em julgado, todas as alegações e defesas que as partes

94

poderiam ter apresentado em favor ou contra o pedido são consideradas deduzidas e repelidas.

Nesse caso, significa afirmar que se presume que todas as questões relevantes para o caso foram abordadas e decididas, independente de terem sido explicitamente citadas ou não no processo. Tal disposição tem como objetivo principal evitar que as partes tentem reintroduzir questões que já foram ou poderiam ter sido resolvidas no curso da litigância inicial.

Outrossim, a eficácia preclusiva *fortalece a autoridade da coisa julgada*, ao impedir que as partes reabram discussões sobre questões que foram ou poderiam ter sido objeto do litígio anterior. Essa abordagem reflete os princípios essenciais de economia processual e segurança jurídica, evitando a reiteração de disputas sobre o mesmo assunto e garantindo que as decisões judiciais sejam definitivas e conclusivas.

Quando as partes não suscitam certas questões durante o processo que depois se revelam relevantes para a causa de pedir ou para os pedidos formulados, essas questões tornam-se preclusas com o *trânsito em julgado* da decisão.

Esse fenômeno impede que tais matérias sejam trazidas em futuras ações como novas ou independentes, sob o fundamento de que não foram adequadamente exploradas anteriormente. A regra da preclusão protege o processo judicial contra eventuais manobras utilizadas pelas partes que visem a prolongar disputas ou a reintroduzir litígios já decididos.

Assim, diante da eficácia preclusiva da coisa julgada, torna-se essencial para as partes a articulação completa e adequada de todas as suas alegações e defesas durante o processo original. O entendimento e a observância dessa exigência são fundamentais para advogados e seus clientes, pois a falha em levantar questões pertinentes pode resultar na perda da oportunidade de discuti-las posteriormente.

11.3. Preclusão

Preclusão, como visto anteriormente, é um conceito jurídico determinante no direito processual, definido como a perda da capacidade de praticar um ato processual. Esse fenômeno está fundamentado no art. 507 do CPC/2015 e é essencial para garantir a ordem e a eficiência dos procedimentos judiciais.

A preclusão evita que as questões sejam indefinidamente rediscutidas, contribuindo para a segurança jurídica e a celeridade processual.

A doutrina e a legislação processual civil identificam três tipos principais de preclusão, cada uma com características e implicações específicas:

a) Preclusão lógica: este tipo de preclusão ocorre quando uma parte realiza um ato que é incompatível com um ato posterior que ela pretenda realizar. Por exemplo, se uma parte renuncia explicitamente ao direito de recorrer de uma

Primeira Parte • Teoria Geral dos Recursos

decisão judicial e, posteriormente, decide interpor recurso, o ato de renúncia impede que o recurso seja admitido, garantindo a coerência dos atos processuais e evita contradições dentro do mesmo processo.

b) Preclusão temporal: a preclusão temporal acontece quando um ato processual não é realizado dentro do prazo estabelecido pela legislação ou pelo juiz. Após o término desse prazo, o direito de realizar o ato se extingue permanentemente. Isso impõe disciplina às partes para que sigam os cronogramas processuais, contribuindo para a rápida resolução dos litígios.

c) Preclusão consumativa: este tipo ocorre quando um ato processual já foi realizado e, consequentemente, consuma o direito de praticar o mesmo ato ou um ato que seria contraditório. Por exemplo, uma vez que o autor de uma ação submete a petição inicial e não arrola testemunhas no procedimento sumário, não pode, posteriormente, apresentar uma lista de testemunhas, pois o ato de arrolamento deveria ocorrer no momento da petição inicial conforme as normas desse procedimento.

A preclusão é fundamental para a *estabilidade das decisões e dos processos judiciais*, pois impede que as partes alterem indefinidamente suas estratégias processuais de maneira desordenada ou procrastinadora. Além disso, a preclusão assegura que o processo avance sem interrupções desnecessárias, promovendo uma justiça mais rápida e efetiva.

Ademais, a preclusão protege a expectativa das partes e a confiança no sistema judicial, assegurando que decisões tomadas dentro de certos parâmetros não sejam facilmente revertidas ou ignoradas, sendo especialmente relevante em um contexto em que as decisões judiciais precisam fornecer soluções definitivas e confiáveis para os conflitos apresentados.

O CPC/2015 introduziu importantes modificações na aplicação da preclusão às questões processuais, especificando que nem todas as questões estão sujeitas a esse fenômeno de forma imediata.

De acordo com o art. 1.009, § 1º, do CPC/2015, certas questões processuais resolvidas na fase de conhecimento, que não admitem agravo de instrumento, podem ser revisitadas e contestadas na fase de apelação.

Essa nova abordagem permite que, mesmo que uma decisão sobre uma questão processual durante a fase de conhecimento não seja passível de agravo de instrumento, essa mesma questão ainda possa ser objeto de discussão se uma apelação for posteriormente interposta. Este mecanismo assegura uma segunda chance para que as partes contestem decisões interlocutórias que possam ter impacto significativo no resultado do processo.

As questões processuais levantadas e decididas durante o processo de conhecimento só se tornam definitivamente preclusas após o prazo para interposição de apelação, pois, durante a apelação, as partes têm a oportunidade de levantar preliminares relacionadas a essas questões, argumentando porque a decisão anterior deveria ser reconsiderada pelo tribunal.

Essa disposição é especialmente relevante em casos nos quais a decisão interlocutória pode ter consequências duradouras para o processo e para os direitos das partes e, para os advogados, esta flexibilidade significa que uma estratégia processual cuidadosa é essencial.

Dessa forma, é importante monitorar as decisões interlocutórias e preparar argumentos eficazes para a fase de apelação, se acreditar que uma decisão anterior foi equivocada e poderia afetar adversamente o resultado do caso.

Em resumo, a nova sistemática do CPC sobre preclusão de questões processuais garante que as partes possam ter uma revisão mais ampla de decisões cruciais, mesmo que não sejam imediatamente passíveis de recurso específico, como o agravo de instrumento, reforçando o compromisso do Código com a justiça processual e permitindo que os tribunais abordem de maneira mais completa e justa as complexidades dos litígios civis.

12. DA REMESSA NECESSÁRIA

A remessa necessária, também conhecida como *reexame necessário*, é um mecanismo processual previsto pelo sistema jurídico brasileiro para garantir uma *segunda análise de certas decisões judiciais antes que produzam seus efeitos definitivos*, conforme art. 496 do CPC.

Esse instituto é aplicado principalmente em situações em que o *Poder Público* é parte da lide, ou em decisões que tenham um impacto significativo sobre as finanças públicas.

A *remessa necessária* é exigida por lei em casos específicos nos quais a sentença judicial é *proferida contra entidades públicas* – como a União, os Estados, o Distrito Federal, os Municípios, e suas respectivas autarquias e fundações de direito público –, ou em casos que envolvem a *procedência dos embargos à execução fiscal*.

Nesses casos, as sentenças *não têm eficácia imediata*, permanecendo suspensas até que sejam confirmadas por um tribunal. Assim, em não sendo interposta a apelação no prazo legal, o juiz ordenará a remessa dos autos ao tribunal, e, se não o fizer, o presidente do respectivo tribunal avocá-los-á.

De toda forma, conforme art. 496, § 2º, do CPC, *o tribunal é obrigado a julgar a remessa necessária, independente da interposição de recurso de apelação*.

Ademais, importante verificar as seguintes regras:

Não se aplica reexame necessário quando a condenação ou o proveito econômico obtido na causa for de valor certo e líquido inferior a (§ 3º do art. 496 do CPC):

Primeira Parte • Teoria Geral dos Recursos

I – 1.000 (mil) salários-mínimos para a União e as respectivas autarquias e fundações de direito público;

II – 500 (quinhentos) salários-mínimos para os Estados, o Distrito Federal, as respectivas autarquias e fundações de direito público e os Municípios que constituam capitais dos Estados;

III – 100 (cem) salários-mínimos para todos os demais Municípios e respectivas autarquias e fundações de direito público.

De igual maneira, atente-se:

Também não se aplica o reexame necessário quando a sentença estiver fundada em (§ 4º do art. 496 do CPC):

I – súmula de tribunal superior;

II – acórdão proferido pelo Supremo Tribunal Federal ou pelo Superior Tribunal de Justiça em julgamento de recursos repetitivos;

III – entendimento firmado em incidente de resolução de demandas repetitivas ou de assunção de competência;

IV – entendimento coincidente com orientação vinculante firmada no âmbito administrativo do próprio ente público, consolidada em manifestação, parecer ou súmula administrativa.

Por certo, esse instrumento processual implica uma segunda revisão obrigatória pelo tribunal, o que pode, por um lado, trazer maior segurança nessas decisões proferidas em prejuízo do Poder Público, no entanto, por outro lado, pode também significar uma maior demora para a conclusão do processo. No entanto, o objetivo principal é assegurar a *justiça e a correta aplicação da lei* em casos de significativa importância pública.

Assim, a remessa necessária é uma característica distintiva do processo civil brasileiro, refletindo a preocupação do sistema jurídico com a administração pública e a gestão fiscal responsável, assegurando que as decisões judiciais que as afetam sejam duplamente verificadas antes de se tornarem definitivas.

13. DO JULGAMENTO DAS AÇÕES RELATIVAS ÀS PRESTAÇÕES DE FAZER, DE NÃO FAZER E DE ENTREGAR COISA

As ações judiciais que envolvem as obrigações de fazer, não fazer e entregar coisa ocupam um lugar de destaque no Direito Civil e no processo judicial, pois frequentemente abordam questões relacionadas ao cumprimento de obrigações essenciais que impactam diretamente a vida das partes envolvidas.

Essas obrigações podem variar desde a entrega de um bem específico até a exigência de uma conduta ou a abstenção de uma ação, refletindo a ampla gama de situações cotidianas que podem necessitar de intervenção judicial para sua resolução.

98   *Manual Prático da Advocacia Cível nos Tribunais*

Nesse contexto, o Código de Processo Civil, por meio dos arts. 497 a 501, estabelece as diretrizes para o julgamento dessas ações, conferindo aos juízes as ferramentas necessárias para garantir a efetivação dos direitos das partes. Esses artigos são fundamentais, especialmente por detalhar o procedimento e as condições sob as quais as decisões devem ser tomadas, bem como para orientar a prática judicial e assegurar que as resoluções sejam tanto eficazes quanto justas, respeitando o princípio da legalidade e a segurança jurídica.

Dessa forma, as ações judiciais relacionadas às prestações de fazer, de não fazer e de entregar coisa são regulamentadas pelos arts. 497 e 498 do Código de Processo Civil, os quais estabelecem diretrizes claras sobre como o juiz deve proceder ao julgar esses tipos de ação.

No contexto das ações que objetivam uma prestação de fazer ou de não fazer, o art. 497 especifica que, caso o pedido seja julgado procedente, o juiz concederá a tutela específica ou determinará medidas que garantam o efeito prático equivalente ao do cumprimento específico.

Nessa hipótese, tem o juiz o poder de ordenar que uma parte faça ou deixe de fazer algo, assegurando assim que o direito buscado pelo autor seja efetivamente realizado. Importante destacar que, para a concessão dessa tutela específica – especialmente quando se destina a impedir a continuação, a reiteração ou a remoção de um ilícito –, não é necessário que se demonstre a ocorrência de dano, nem a existência de culpa ou dolo por parte de quem deve cumprir a obrigação (art. 497, *caput* e parágrafo único).

Já o art. 498 trata das ações que visam a entrega de uma coisa específica. Nesse caso, ao deferir a tutela específica, o juiz estabelecerá um prazo para que a obrigação seja cumprida. O dispositivo ainda menciona um detalhe importante relacionado à entrega de coisas determinadas pelo gênero e pela quantidade: (i) se a escolha da coisa específica couber ao autor, ele deve especificá-la já na petição inicial; (ii) se a escolha couber ao réu, este deverá realizar a individualização da coisa dentro do prazo fixado pelo juiz para o cumprimento da obrigação.

O Código de Processo Civil, ainda, em seus arts. 499 a 501, detalha aspectos significativos da execução das obrigações civis, principalmente no que se refere à conversão da obrigação em perdas e danos e à indenização correspondente, além de tratar dos efeitos da sentença que supre a declaração de vontade não emitida.

No art. 499, está previsto que a obrigação será *convertida em perdas e danos* somente sob duas condições: (i) se o autor assim o requerer, ou; (ii) se for impossível a concessão da tutela específica ou a obtenção de um resultado prático equivalente.

Interessante notar que, em situações de responsabilidade contratual e em casos de responsabilidades subsidiária e solidária, a lei prioriza a execução

Primeira Parte • Teoria Geral dos Recursos

específica da obrigação. Caso a conversão em perdas e danos seja requerida, o juiz deve inicialmente conceder a oportunidade para o cumprimento específico da obrigação, reforçando a preferência do sistema jurídico pela realização exata do que foi acordado pelas partes, antes de se optar pela reparação por equivalente monetário (parágrafo único do art. 499 do CPC).

O art. 500 acrescenta que a indenização por perdas e danos será concedida sem prejuízo da aplicação de multas periódicas que tenham como objetivo compelir o réu a cumprir a obrigação de maneira específica. Esse dispositivo assegura que as sanções pecuniárias possam *coexistir com a indenização*, ampliando as ferramentas à disposição do credor para efetivar seus direitos.

Por fim, o art. 501 trata das ações que visam à emissão de uma declaração de vontade. A sentença que julgar procedente esse tipo de pedido, uma vez transitada em julgado, passa a ter os mesmos efeitos jurídicos que teria a declaração de vontade originalmente pretendida pelas partes, mas não emitida.

Na verdade, esse artigo é determinante para a resolução de impasses em que uma das partes se *recusa* a formalizar uma declaração necessária para a efetivação de direitos reconhecidos judicialmente, garantindo que o efeito prático da vontade seja alcançado por meio da sentença.

Esses artigos, portanto, são essenciais para a efetivação da justiça contratual e para garantir que as obrigações sejam cumpridas conforme o acordado ou, quando isso não for possível, que as partes sejam adequadamente compensadas.

Assim, essa Seção do Código de Processo Civil **é essencial** para assegurar que os direitos envolvidos em demandas que envolvem obrigações de fazer, não fazer ou entregar algo sejam respeitados e adequadamente protegidos pelo Judiciário. Além disso, facilita a execução de sentenças, tornando o processo civil mais eficiente e eficaz ao lidar com esse tipo de litígio, promovendo a justiça e a rapidez na resolução dos conflitos.

SEGUNDA PARTE
RECURSOS EM ESPÉCIE

1. RECURSO DE APELAÇÃO

Eduardo Arruda Alvim destaca a apelação como o recurso primordial dentro da estrutura recursal do Direito Processual Civil. Conforme estipulado no art. 1.009 do CPC, a apelação é cabível contra qualquer sentença proferida, tornando-se o principal mecanismo para a preservação do princípio do duplo grau de jurisdição. Esse princípio assegura que decisões judiciais possam ser revisadas por um órgão superior, garantindo uma segunda análise sobre as matérias decididas[1].

O cabimento da apelação está intrinsecamente ligado à existência de uma sentença, seja ela terminativa, que não resolve o mérito da causa, ou definitiva, que resolve. O recurso de apelação abrange uma gama vasta de decisões, incluindo aquelas oriundas de processos de conhecimento, cautelares e de execução, conforme estabelecido no sobredito artigo.

A apelação serve para contestar inconformidades com a sentença, que podem emergir de dois principais tipos de erro:

a) **error in procedendo**: esse erro ocorre quando a parte identifica e contesta uma falha no procedimento judicial utilizado no processo. Erros dessa natureza geralmente dizem respeito à aplicação incorreta das normas processuais que poderiam, por si só, influenciar no desfecho do processo. A apelação, nesse caso, busca uma reforma da sentença para corrigir tais erros procedimentais, garantindo que o processo transcorra de forma justa e conforme o devido processo legal.

b) **error in judicando**: este tipo de erro está relacionado ao critério decisório adotado pelo juiz. Ocorre quando a sentença é fundamentada de maneira equivocada, seja por interpretação errada da lei, da doutrina aplicável ou da jurisprudência. A apelação que aponta um *error in judicando* visa a reforma da decisão com base no argumento de que a aplicação do direito ao caso concreto foi incorreta.

Embora a apelação seja o recurso padrão contra sentenças, existem exceções importantes que os candidatos a concursos públicos devem estar atentos,

---

[1] ALVIM, Eduardo Arruda. *Direito processual civil*. 5. ed. rev. atual. e ampl. São Paulo: RT, 2013. p. 891.

pois frequentemente são temas de questões de prova. Um exemplo significativo é que contra sentenças que decretam a falência, o recurso cabível não é a apelação, mas sim o agravo de instrumento. Essa particularidade destaca a necessidade de compreensão detalhada das nuances processuais impostas pelo ordenamento jurídico.

Lembre-se da inovação relevante trazida pelo CPC/2015, a respeito da disposição no **§ 1º do art. 1.009**, que modifica o tratamento de questões resolvidas na fase de conhecimento.

Segundo essa norma, se uma decisão tomada durante a fase de conhecimento **não for passível de agravo de instrumento**, então ela *não está sujeita à preclusão*, significando que tais questões podem ser levantadas novamente durante a apelação, seja na **preliminar de uma apelação** eventualmente interposta contra a decisão final ou nas contrarrazões do recurso.

Importante destacar que, se questões não preclusas forem levantadas nas contrarrazões de uma apelação, a parte que originalmente recorreu será intimada para se manifestar sobre essas questões dentro de um prazo de 15 dias, assegurando, efetivamente, o direito ao contraditório e à ampla defesa e permitindo que todas as partes envolvidas tenham a oportunidade de discutir completamente as questões legais pertinentes antes que o tribunal tome uma decisão final.

A apelação será *dirigida ao juízo de primeiro grau* e deverá conter:

> **(i)** os nomes e a qualificação das partes;
> **(ii)** a exposição do fato e do direito;
> **(iii)** as razões do pedido de reforma ou de decretação de nulidade; e
> **(iv)** o pedido de nova decisão.

Após a interposição de um recurso de apelação, o apelado é intimado para apresentar suas contrarrazões dentro de um prazo de *15 dias úteis*.

Caso o apelado decida interpor uma *apelação adesiva*, o que é a apresentação de seu inconformismo à sentença, deverá fazer no prazo das contrarrazões ao recurso inicial interposto pelo apelante, sendo certo que o juiz, então, intimará o apelante original para apresentar contrarrazões à apelação adesiva.

Essa dinâmica garante que ambas as partes tenham a oportunidade de expor completamente seus argumentos antes que o processo seja encaminhado ao tribunal.

Uma vez cumpridas as formalidades de apresentação de contrarrazões, os autos são enviados ao tribunal pelo juiz, agora *independentemente de um juízo de admissibilidade* preliminar pelo juiz de primeira instância.

Essa é uma alteração substancial em relação ao CPC de 1973, no qual era exigido um **duplo juízo de admissibilidade** (primeiro pelo juiz *a quo* e depois

Segunda Parte • Recursos em Espécie

pelo tribunal *ad quem*). O CPC/2015 simplifica esse procedimento, permitindo que o juízo de admissibilidade seja realizado diretamente pelo tribunal competente para julgar o recurso. Essa mudança, certamente, proporcionou maior **celeridade ao trâmite dos recursos**, evitando atrasos, demoras e análises contraditórias dos requisitos processuais de admissibilidade, de maneira totalmente desnecessárias.

Vimos, anteriormente, que a apelação, em regra, será recebida em seu *duplo efeito (devolutivo e suspensivo)*.

Como regra, nos termos do **art. 1.012, *caput*, do CPC**, a sentença *terá efeito suspensivo*.

No entanto, em algumas situações, o recurso de apelação será recebido apenas e tão somente em seu *efeito devolutivo*, possibilitando, desde logo, o início da *produção dos efeitos da sentença*, ou seja, que seja iniciado o seu **cumprimento provisório** logo depois de publicada a sentença (ou seja, sem a necessidade de aguardar o trânsito em julgado para iniciar o cumprimento definitivo da sentença), tal como previsto no próprio **art. 1.012, em seus §§ 1º e 2º, do CPC**:

> Art. 1.012. A apelação terá **efeito suspensivo**.
>
> § 1º Além de outras hipóteses previstas em lei, começa a produzir efeitos imediatamente após a sua publicação a sentença que:
>
> I – homologar a divisão ou a demarcação de terras;
>
> II – condenar a pagar alimentos;
>
> III – extingue sem resolução do mérito ou julga improcedentes os embargos do executado;
>
> IV – julga procedente o pedido de instituição da arbitragem;
>
> V – confirma, concede ou revoga tutela provisória;
>
> VI – decreta a interdição.
>
> § 2º Nos casos do § 1º, o apelado poderá promover o pedido de cumprimento provisório depois de publicada a sentença.

Ainda assim, mesmo que diante de uma dessas hipóteses acima, pode ser que o recorrente necessite *suspender a eficácia da sentença*, ou seja, que o juiz conceda excepcionalmente o efeito suspensivo a estes casos, sendo assim possível, desde que o apelante demonstre os requisitos necessários para tanto, quais sejam:

a) a *probabilidade de provimento do recurso*;

b) ou se, sendo **relevante a fundamentação**, *houver risco de dano grave ou de difícil reparação*.

Nesse caso, conforme o **§ 3º do art. 1.012 do CPC**, o pedido de concessão de efeito suspensivo para as hipóteses acima previstas poderá ser formulado por requerimento expresso e dirigido ao:

106   *Manual Prático da Advocacia Cível nos Tribunais*

> **I – tribunal**, no período compreendido entre a interposição da apelação e sua distribuição, ficando o relator designado para seu exame prevento para julgá-la; ou
> **II – relator**, se já distribuída a apelação.

Por fim, **recebida a apelação em ambos os efeitos**, o juiz não poderá mais inovar no processo, ou seja, terá finalizado a sua prestação jurisdicional e não mais poderá modificar o seu julgado, cabendo ao Tribunal o julgamento do Recurso.

Ademais, como ressaltado anteriormente, sendo recebida a apelação *tão somente no efeito devolutivo*, o apelado poderá promover, desde logo, o cumprimento provisório da sentença.

Neste caso, analisar o *efeito devolutivo* é um aspecto fundamental da apelação, pelo qual o recurso transfere (devolve) ao tribunal a competência para revisar a matéria impugnada. Importante destacar que, sob o *efeito devolutivo*, todas as questões que foram levantadas e discutidas no processo, mas que não foram decididas na sentença, serão também objeto de apreciação e julgamento pelo tribunal, desde que relacionadas ao capítulo da decisão que foi objeto do recurso.

Isso inclui situações em que a sentença se baseou em um único fundamento dentre múltiplos apresentados; a apelação possibilita que os fundamentos não acolhidos sejam igualmente examinados pelo tribunal, conforme **§ 2º do art. 1.013 do CPC**, determinando que, *"quando o pedido ou a defesa tiver mais de um fundamento e o juiz acolher apenas um deles, a apelação devolverá ao tribunal o conhecimento dos demais"*.

Adicionalmente, *o efeito devolutivo* permite que o tribunal, ao detectar nulidades sanáveis ou irregularidades processuais durante a análise do recurso, ordene a realização ou renovação dos atos processuais pertinentes, possibilitando suprir tais vícios e privilegiando o princípio da primazia do julgamento do mérito. Assim, após a execução das diligências necessárias e, sempre que possível, o tribunal prosseguirá com o julgamento da apelação.

No entanto, nos termos do **§ 3º do art. 1.013 do CPC**, se o processo estiver em condições de imediato julgamento, o Tribunal deve:

> **(i)** decidir desde logo o mérito quando reformar sentença fundada no art. 485;
> **(ii)** decretar a nulidade da sentença por não ser ela congruente com os limites do pedido ou da causa de pedir;
> **(iii)** constatar omissão no exame de um dos pedidos, hipótese em que poderá julgá-lo; e
> **(iv)** decretar a nulidade de sentença de fundamentação.

De acordo com o **§ 4º do art. 1.013 do CPC**, quando um tribunal reforma uma sentença que *reconheceu a decadência ou a prescrição*, e é possível fazer

Segunda Parte • Recursos em Espécie

isso, o tribunal deve prosseguir para julgar o mérito do caso, analisando as demais questões sem necessidade de remeter o processo de volta ao juízo de primeiro grau.

Essa disposição assegura que, sempre que possível, as questões sejam resolvidas de maneira definitiva no mesmo grau de recurso, promovendo uma resolução mais rápida e eficiente dos litígios, bem como privilegiando o princípio da primazia do julgamento do mérito.

De igual maneira, o **§ 5º do art. 1.013 do CPC** também esclarece que as decisões sobre *tutelas provisórias* – sejam elas confirmadas, concedidas ou revogadas – podem ser objeto de apelação.

Essa disposição possibilita que as partes tenham a oportunidade de impugnar na apelação o capítulo da sentença que tratam dessas medidas urgentes, garantindo que tais decisões sejam revisadas no recurso, em conjunto com o mérito do caso quando necessário, e não pela via de agravo de instrumento.

Uma inovação significativa no CPC é a permissão para que *questões de fato*, não apresentadas no juízo inferior, sejam levantadas na apelação se a parte provar que deixou de fazê-lo por *motivo de força maior*. Nesse caso, a sistemática processual civil oferece uma válvula de escape para circunstâncias imprevistas que possam ter impedido uma parte de apresentar todas as suas alegações na primeira instância.

Outrossim, importante observar que, além dos **efeitos devolutivo e suspensivo**, o CPC introduziu, excepcionalmente, o *efeito regressivo em situações específicas*, como no caso de indeferimento da petição inicial, na sentença sem resolução do mérito ou no caso de improcedência liminar do pedido.

Nesses casos, o magistrado tem o prazo de *5 dias* **para reconsiderar sua decisão** após tomar conhecimento da apelação.

Esse mecanismo assegura uma segunda chance e uma nova oportunidade para que o *juiz reavalie* sua decisão antes que o recurso prossiga para o Tribunal.

Como já visto acima, reitera-se:

No tocante ao *recurso de apelação*, importante mencionar que, *como regra*, **não terá efeito regressivo**, ou seja, **não será admitido o juízo de retratação**.

Entretanto, excepcionalmente, o CPC permite a retratação do julgador em **3 hipóteses específicas**, quais sejam:

a) Indeferimento da petição inicial, art. 331, *caput*, CPC.

Art. 331. Indeferida a petição inicial, o autor poderá apelar, *facultado ao juiz, no prazo de 5 (cinco) dias, retratar-se*.

b) Improcedência liminar do pedido, art. 332, § 3º, CPC.

Art. 332. (...)

§ 3º Interposta a apelação, o *juiz poderá retratar-se em 5 (cinco) dias.*

c) Sentença sem resolução do mérito, art. 485, § 7º, CPC.

Art. 485. (...)

§ 7º Interposta a apelação em qualquer dos casos de que tratam os incisos deste artigo, o *juiz terá 5 (cinco) dias para retratar-se.*

Com *relação ao procedimento*, quando uma apelação é interposta, o juiz deve declarar os efeitos em que a recebe e ordenar que seja dada vista ao apelado para responder por intermédio das contrarrazões, certamente, assegurando que ambos os lados tenham oportunidades iguais de apresentar seus argumentos, garantindo um julgamento justo, equitativo e equilibrado no tribunal.

Ademais, em relação ao **preparo recursal**, segundo o **§ 6º do art. 1.007 do CPC**, provando o apelante justo impedimento, o juiz relevará a pena de deserção, fixando-lhe prazo de *5 dias* para efetuar o preparo, sendo esta decisão irrecorrível, cabendo ao tribunal apreciar a legitimidade, conforme anteriormente estudado.

Dessa forma, *recebido o recurso de apelação no tribunal* e distribuído imediatamente, o relator poderá:

> **(i) decidir monocraticamente**, apenas nas hipóteses do art. 932, III a V; ou
>
> **(ii)** se não for o caso de decisão monocrática, elaborará seu **voto para julgamento** do recurso pelo órgão colegiado.

Modelos e Requisitos da Apelação

Em razão das peculiaridades da apelação, alguns passos devem ser observados:

a) Apresentação de uma petição de interposição ou de admissibilidade

Assim, verificada a necessidade de apresentação de apelação contra a sentença, deve ser constatado que o referido recurso exige a elaboração de duas peças.

Uma dirigida ao juiz da causa, *juízo a quo*, prolator da sentença (sempre analisando as proposições apresentadas pelo enunciado da questão); e outra, no tocante às razões do recurso de apelação, cujo endereçamento é realizado ao juízo *ad quem*, ou seja, ao Tribunal de Justiça responsável pelo juízo de admissibilidade, pela apreciação do recurso e pelo julgamento do mérito recursal de apelação.

Quanto à primeira peça, observar:

(i) O endereçamento ao *juízo de primeiro grau competente* e o número do processo;

Segunda Parte • Recursos em Espécie

> **AO JUÍZO DE DIREITO DA 1ª VARA CÍVEL DA COMARCA DE RIBEIRÃO PRETO**
>
> **Processo n. XXX (número do processo CNJ – *0000000-00.0000.0.00.0000*).**

(ii) Em seguida, como o recurso de apelação acompanha os autos, as partes já se encontram *devidamente qualificadas*, devendo o recorrente tão somente transcrever a qualificação, conforme já especificadas nos autos da ação.

> **FULANO DE TAL**, já devidamente qualificado nos autos da ação em epígrafe (...) **e** **CICLANO DE TAL**, igualmente qualificado nos autos do processo (...).

(iii) Importante sempre lembrar de identificar a fundamentação legal e o nome da peça.

> (...) vem, por intermédio de seu procurador, que esta subscreve, interpor o presente **RECURSO DE APELAÇÃO**, com fundamento nos arts. 1.009 e seguintes do CPC.

(iv) Lembrar de indicar a tempestividade do Recurso;

> (...) o que faz **tempestivamente**, nos termos do art. 1.003, § 5º, do CPC (...)

(v) Ao final da peça de admissibilidade, deve comprovar o recolhimento do preparo (art. 1.007 do CPC), bem como requerer que o juízo *a quo* receba o recurso de apelação, e remeta-o ao Egrégio Tribunal de Justiça para apreciação e julgamento por uma de suas Câmaras.

> (...) requerendo a Vossa Excelência que se digne a **receber o presente recurso** nos seus devidos efeitos e encaminhá-lo à Superior Instância, depois do devido processamento na forma da lei, com as inclusas **razões de apelação**.
>
> Segue anexada a este recurso a **guia do comprovante do pagamento do preparo**, conforme art. 1.007 do CPC.
>
> Nestes termos,
>
> Pede deferimento.
>
> Local... e Data...
>
> Assinatura...
>
> OAB n. ...

b) Apresentação da peça das razões recursais

Feita a petição de interposição do recurso de apelação perante o juízo de primeiro grau, deve ser iniciada a redação das chamadas **razões do recurso**.

Como dito anteriormente, o endereçamento das razões deverá ser realizado ao juízo de segundo grau, ou *ad quem*, ou seja, ao Tribunal de Justiça ou Tribunal Regional Federal responsável pela apreciação e julgamento do Recurso de Apelação, o qual reformará ou manterá a sentença combatida, identificando, ainda, o número do processo e as partes da relação processual.

Conforme o exemplo a seguir:

> **Apelante: XXX**
>
> **Apelado: XXX**
>
> **Processo n. XXX**
>
> **Egrégio Tribunal,**
>
> **Colenda Câmara,**
>
> **Ínclitos Julgadores.**

Em seguida, iniciar a redação do recurso, com todas as questões de fato e de direito que pretende ver reformadas, anuladas ou modificadas, fazendo, ao final, os pedidos necessários para a modificação da sentença:

> "Diante do exposto, requerer o **recebimento da presente Apelação**, sendo reconhecida, preliminarmente, estar incorreta a decisão interlocutória referida, para então reformar a decisão interlocutória (*dizer qual a decisão não agravável que deve ser reformada*) nos termos do art. 1.009, § 1º, do Código de Processo Civil.
>
> Ultrapassada a questão preliminar, deverá esse E. Tribunal dar **PROVIMENTO** à Apelação para **REFORMAR** a douta sentença, julgando **PROCEDENTES** os pedidos formulados na petição inicial, por ser de direito e de justiça (*dependendo do caso concreto pode ser um pedido só de reforma, só de anulação ou os dois, como exposto*)."

Estrutura resumida da peça

> **Folha de rosto ou petição de interposição:**
>
> **Endereçamento:** Atentar para o fato de que, por se tratar de recurso de apelação, deverá ser dirigido ao juízo da causa, já identificado, em razão de ser o juízo competente pelo julgamento da demanda (sentença), ou seja, da cidade/comarca, ao qual a peça deverá ser endereçada. Assim, utilizar:
>
> **"AO JUÍZO DE DIREITO DA XXX VARA CÍVEL DA COMARCA DE XXX ESTADO DE XXX (OU DA XXX VARA FEDERAL DA SUBSEÇÃO JUDICIÁRIA DE XXX/ XXX)"**
>
> **Número do processo:** Importante verificar que, por se tratar de recurso de apelação, haverá o devido número de distribuição. Assim, identificar o processo logo em seguida ao endereçamento:
>
> **Processo n. XXX (número do processo CNJ – *0000000-00.0000.0.00.0000*).**

Segunda Parte • Recursos em Espécie

Identificação das partes: Ressalta-se que não há necessidade de nova qualificação completa das partes, uma vez que já há ação em andamento, existindo a possibilidade de ser utilizada a informação *"já devidamente qualificado nos autos"*.

"NOME DO APELANTE", "já devidamente qualificado nos autos".

"NOME DO APELADO", "também já devidamente qualificado nos autos".

Nome da ação e sua fundamentação legal, com o pedido de recebimento do recurso: "vem, respeitosamente, interpor **RECURSO DE APELAÇÃO**, nos termos do art. 1.009 e seguintes do CPC, para a superior instância, contra a referida sentença que julgou XXX *(informar o teor da sentença),* o que faz tempestivamente, requerendo a Vossa Excelência que se digne a receber o presente recurso nos seus devidos efeitos e o encaminhe, depois do devido processamento na forma da lei, com as razões de apelação". Lembrar do pedido de intimação do apelado para apresentar contrarrazões: "intimando a apelada para, querendo, apresentar suas contrarrazões, nos termos do art. 1.010, § 1º, do CPC".

Fechamento:

Nestes Termos,

Pede Deferimento.

Local... e Data...

Nome do Advogado...

OAB n. ...

Folha das Razões de Apelação:

Endereçamento: Razões de Recurso de Apelação; identificação das partes (Apelante: ...; Apelado: ...); identificação do processo (Processo n. XXX); colocar as saudações: "Egrégio Tribunal, Colenda Câmara, Ínclitos Julgadores".

Fatos: Faça o resumo dos fatos. Importante verificar se há decisão interlocutória não agravável que, nos termos do art. 1.009, § 1º, do Código de Processo Civil, pode ser combatida, pois as questões resolvidas na fase de conhecimento, se a decisão a seu respeito não comportar agravo de instrumento, não são cobertas pela preclusão e devem ser suscitadas em preliminar de apelação, eventualmente interposta contra a decisão final, ou nas contrarrazões. Por isso, requerer a reforma daquela decisão.

Fundamentação: Faça a correta ligação entre os fatos e os dispositivos legais aplicáveis, como artigos de lei, súmulas, precedentes, desenvolvendo raciocínio lógico e coerência jurídica.

Pedidos e requerimentos: "Diante do exposto, requer o recebimento da presente Apelação, sendo reconhecida, preliminarmente, estar incorreta a decisão interlocutória referida, para então reformar a decisão interlocutória (dizer qual a decisão não agravável que deve ser reformada), nos termos do art. 1.009, § 1º, do Código de Processo Civil. Ultrapassada a questão preliminar, deverá esse E. Tribunal dar **PROVIMENTO** à Apelação para **REFORMAR** a douta sentença, julgando **PROCEDENTES** os pedidos formulados na petição inicial, por ser de direito e de justiça *(dependendo do caso concreto, pode ser um* pedido só de reforma, só de anulação ou os dois, como aqui foi exposto)".

Manual Prático da Advocacia Cível nos Tribunais

Fechamento da peça: Nestes Termos,

Pede Deferimento.

Local... e Data...

Nome do Advogado...

OAB n. ...

Modelo de Recurso de Apelação

Peça de Interposição

AO JUÍZO DE DIREITO DA XXXª VARA CÍVEL DA COMARCA DE XXX/XXX (ou DA SUBSEÇÃO JUDICIÁRIA DE XXX/XXX)

Processo n. XXX (número do processo CNJ – *0000000-00.0000.0.00.0000*).

NOME DO APELANTE, já devidamente qualificado nos autos da **AÇÃO XXX** *(colocar o nome da ação)* em curso perante esse MM. Juízo, em que contende com **NOME DO APELADO**, também já qualificado nos autos, cuja sentença julgou procedente/improcedente o pedido *(depende se o autor ou o réu está apelando)*, vem, respeitosamente, interpor

RECURSO DE APELAÇÃO

nos termos do art. 1.009 e seguintes do CPC, para a superior instância contra a referida sentença, o que faz **tempestivamente**, requerendo a Vossa Excelência que se digne a receber o presente recurso nos seus devidos efeitos e o encaminhe à Superior Instância, depois do devido processamento na forma da lei, com as inclusas razões de apelação.

Segue anexada a este recurso a guia do comprovante do pagamento do **preparo** (CPC, art. 1.007).

Nestes termos,

Pede deferimento.

Local... e Data...

Nome do Advogado...

OAB n...

RAZÕES DE APELAÇÃO

Apelante: XXX

Apelado: XXX

Processo n. XXX

Egrégio Tribunal,

Colenda Câmara,

Ínclitos Julgadores.

Segunda Parte • Recursos em Espécie

I – PRELIMINARMENTE

Ver se há decisão interlocutória não agravável que, nos termos do art. 1.009, § 1º, do Código de Processo Civil, pode ser combatida, pois as questões resolvidas na fase de conhecimento, se a decisão a seu respeito não comportar agravo de instrumento, não são cobertas pela preclusão e devem ser suscitadas em preliminar de apelação, eventualmente interposta contra a decisão final, ou nas contrarrazões.

Por isso, requerer a reforma daquela decisão.

Por fim, neste tópico, ver se ainda há outra questão preliminar que deva ser arguida.

II – SÍNTESE DOS FATOS

Narrar os fatos ocorridos desde a propositura da ação até a prolação da sentença ora recorrida.

III – MÉRITO

Apontar os erros de julgamento e/ou de atividade, levantando as questões de direito, pedindo a reforma e/ou anulação da sentença com retorno dos autos para nova sentença.

IV – RAZÕES DO PEDIDO DE REFORMA OU DE DECRETAÇÃO DE NULIDADE DA DECISÃO (CPC, ART. 1.010, III)

Apontar as razões do pedido de reforma ou de decretação de nulidade da sentença, pois são elementos necessários do presente recurso.

Observar se há precedente. Caso o precedente seja favorável, fazer a adesão. Caso desfavorável, fazer a distinção.

V – PEDIDOS

Diante do exposto, requerer o recebimento da presente Apelação, sendo reconhecida, preliminarmente, estar incorreta a decisão interlocutória referida, para então reformar a decisão interlocutória (*dizer qual a decisão não agravável que deve ser reformada*) nos termos do art. 1.009, § 1º, do Código de Processo Civil.

Ultrapassada a questão preliminar, deverá esse E. Tribunal dar **PROVIMENTO** à Apelação para **REFORMAR** (ou **ANULAR**) a douta sentença, julgando **PROCEDENTES** (ou **IMPROCEDENTES**) os pedidos formulados na petição inicial, por ser de direito e de justiça (*dependendo do caso concreto, pode ser um pedido só de reforma, só de anulação ou os dois, como aqui foi exposto*).

Nestes Termos,

Pede Deferimento.

Local... e Data...

Nome do Advogado...

OAB n. ...

2. RECURSO DE AGRAVO DE INSTRUMENTO

O agravo de instrumento é um importante recurso dentro do sistema jurídico brasileiro, especificamente destinado a impugnar decisões interlocutórias, isto é, aquelas decisões proferidas durante o curso de um processo, que não levam à sua extinção. Esta ferramenta processual é essencial para garantir que decisões judiciais possam ser revistas ou revisadas rapidamente, sem necessidade de aguardar o final do processo.

Na verdade, o agravo é o **gênero do recurso**, sendo que o CPC/2015 especificou três formas principais deste recurso: o *agravo de instrumento*, o *agravo interno* e o *agravo em recurso especial e em recurso extraordinário*.

O *agravo de instrumento*, regulamentado pelo art. 1.015, é o recurso especialmente dirigido contra *decisões interlocutórias* que podem significativamente afetar o desenvolvimento do processo, influenciando diretamente nos direitos das partes, enquanto o *agravo interno* é utilizado contra decisões proferidas por um relator em instâncias recursais, nos termos do art. 1.021 do CPC.

Por fim, o *agravo em recursos especial e extraordinário*, por certo, é o recurso cabível contra a decisão do presidente ou do vice-presidente do tribunal recorrido que inadmitir o recurso extraordinário ou o recurso especial, conforme o art. 1.042 do CPC/2015.

A reforma trazida pelo CPC/2015 trouxe mudanças significativas na aplicação do agravo de instrumento, notadamente na precisão das situações em que é cabível e na *extinção do agravo retido*, que antes permitia que certas decisões interlocutórias fossem revisadas apenas no momento da apelação final (agora sendo questões a serem alegadas como preliminares da apelação, lembre-se).

A lista de situações em que o agravo de instrumento pode ser utilizado é agora taxativamente (ressalta-se, de **taxatividade mitigada**, segundo o STJ) delimitada pelo art. 1.015 do CPC/2015, que inclui decisões relacionadas a:

Art. 1.015 (...)

I – tutelas provisórias;

II – mérito do processo;

III – rejeição da alegação de convenção de arbitragem;

IV – incidente de desconsideração da personalidade jurídica;

V – rejeição do pedido de gratuidade da justiça ou acolhimento do pedido de sua revogação;

VI – exibição ou posse de documento ou coisa;

VII – exclusão de litisconsorte;

VIII – rejeição do pedido de limitação do litisconsórcio;

IX – admissão ou inadmissão de intervenção de terceiros;

X – concessão, modificação ou revogação do efeito suspensivo aos embargos à execução;

XI – redistribuição do ônus da prova nos termos do art. 373, § 1º;

XII – (VETADO);

XIII – outros casos expressamente referidos em lei.

Ainda, o CPC estabelece, em seu art. 1.015, parágrafo único, que o agravo de instrumento é cabível também contra *decisões interlocutórias* proferidas em

Segunda Parte • Recursos em Espécie

outras fases do processo e não somente nas decisões proferidas durante a fase de conhecimento, tais como na *liquidação de sentença, cumprimento de sentença, no processo de execução e no processo de inventário.*

Essa extensão do cabimento do agravo de instrumento demonstra a importância de se proporcionar uma revisão rápida e eficaz das decisões judiciais que possam impactar significativamente o andamento do processo, o direito das partes e a conclusão desses procedimentos.

Uma questão complexa que surge com o art. 1.015 é o tratamento de decisões interlocutórias que não se enquadram no rol taxativo previsto.

A legislação adota uma postura restritiva ou taxativa em seu rol, indicando que, para decisões não listadas, *não cabe a interposição imediata de agravo de instrumento*. Nesses casos, as partes devem aguardar a oportunidade de discutir tais decisões nas razões ou contrarrazões de apelação, conforme estipulado nos §§ 1º e 2º do art. 1.009 do CPC. Importante ressaltar que tais decisões não são sujeitas à preclusão até que sejam definitivamente apreciadas no recurso de apelação.

Importante aqui mencionar o julgamento realizado pela **Corte Especial do Superior Tribunal de Justiça**, em dezembro de 2018, que alcançou uma decisão significativa durante o julgamento do **REsp 1.704.520**, processado sob o rito dos recursos repetitivos. Esse julgamento estabeleceu uma interpretação de *taxatividade mitigada* para o rol do art. 1.015 do CPC, ampliando as possibilidades de interposição do agravo de instrumento além das hipóteses explicitamente listadas no Código.

Durante a apresentação de seu voto, a Ministra Nancy Andrighi, relatora do caso, argumentou a favor de uma interpretação mais flexível do art. 1.015 do CPC. Ela destacou que o rol, apesar de parecer exaustivo, se mostra insuficiente e não alinhado com as normas fundamentais do processo civil. Nesse caso, a ministra salientou que existem diversas questões urgentes que permanecem fora do rol estabelecido, o que torna impraticável a visão de que o rol deve ser interpretado de maneira absolutamente taxativa e restritiva.

A decisão da Corte Especial, portanto, introduziu um novo paradigma na aplicação do agravo de instrumento, permitindo que, em casos em que *questões críticas e urgentes* emergem e não estão explicitamente mencionadas no rol do art. 1.015, ainda possa ser possível a interposição deste recurso. Esta abordagem visa garantir que o processo civil seja conduzido de maneira justa e eficiente, permitindo uma resposta judicial rápida a decisões interlocutórias que possam afetar significativamente o andamento e o resultado de um processo.

Tese Firmada no Tema 988: *O rol do art. 1.015 do CPC é de taxatividade mitigada, por isso admite a interposição de agravo de instrumento quando verificada a urgência decorrente da inutilidade do julgamento da questão no recurso de apelação.*

116 *Manual Prático da Advocacia Cível nos Tribunais*

Seguindo, quanto à forma de interposição, o agravo de instrumento deve ser encaminhado *diretamente ao tribunal competente* (*ad quem*) e não mais ao juízo competente para o julgamento (*a quo*), ou seja, em **peça única**.

A petição de interposição do agravo deve atender a requisitos específicos, delineados no art. 1.016 do CPC/2015, garantindo que todas as informações necessárias estejam disponíveis para uma análise adequada pelo tribunal. Esses requisitos incluem:

> **Art. 1.016 (...)**
>
> I – os nomes das partes;
>
> II – a exposição do fato e do direito;
>
> III – as razões do pedido de reforma ou de invalidação da decisão e o próprio pedido;
>
> IV – o nome e o endereço completo dos advogados constantes do processo.

Após a interposição do agravo de instrumento, o agravante tem a responsabilidade de assegurar que todas as partes relevantes do processo estejam cientes do recurso. Isso inclui a juntada, aos autos do processo principal, de uma *cópia da petição do agravo de instrumento*, do comprovante de sua interposição e da relação dos documentos que acompanharam o recurso. Essa etapa é fundamental para garantir a transparência e permitir que todas as partes tenham acesso completo às tentativas de impugnação das decisões.

Para processos que não são eletrônicos, o agravante deve realizar essa juntada dentro de um *prazo de três dias*, a partir da interposição do agravo de instrumento. O não cumprimento dessa obrigação dentro do prazo estipulado pode resultar na *inadmissibilidade do recurso*, pois falha em proporcionar um registro adequado das ações recursais em curso.

Se, durante o processo, o juiz que proferiu a decisão interlocutória original optar por reformá-la integralmente (***juízo de retratação***), a situação do agravo de instrumento muda significativamente. Nesse caso, se o juiz comunica que a decisão foi completamente reformada, o relator do agravo no tribunal considerará o recurso prejudicado, ou seja, sem objeto para julgamento, pois a causa da disputa foi eliminada pela própria mudança na decisão inicial.

O art. 1.017 do CPC especifica as peças que devem instruir a petição do agravo de instrumento. Essa documentação é dividida em *peças obrigatórias* e *peças facultativas*:

- **Peças obrigatórias** incluem documentos essenciais para a compreensão da controvérsia e justificação do recurso, como a decisão agravada, a certidão da intimação, a procuração ao advogado, entre outros documentos que demonstrem o fato que gerou o recurso.

Segunda Parte • Recursos em Espécie

• **Peças facultativas** são aquelas que podem complementar a argumentação do agravante, oferecendo suporte adicional às alegações de erro na decisão interlocutória.

Deverá, pois, o agravante, *obrigatoriamente*, instruir o recurso de agravo com cópias da petição inicial, da contestação, da petição que ensejou a decisão agravada, da própria decisão agravada, da certidão da respectiva intimação ou outro documento oficial que comprove a tempestividade e das procurações outorgadas aos advogados do agravante e do agravado (inciso I) ou com a declaração de inexistência dos referidos documentos, feita pelo advogado do agravante, sob pena de sua responsabilidade pessoal (inciso II).

E, *facultativamente*, com quaisquer outras peças que entender úteis e necessárias para o julgamento do recurso (inciso III), além do comprovante do pagamento das respectivas custas e porte de remessa e retorno, quando devidos (§ 1º).

Ressalta-se que, no prazo previsto para a interposição do recurso, ou seja, de 15 dias, o CPC/2015 prevê algumas possibilidades para o agravo ser interposto, vejamos:

Conforme o CPC, o agravo de instrumento pode ser protocolado de várias maneiras, adaptando-se às circunstâncias e à disponibilidade dos recursos tecnológicos e logísticos das partes e dos tribunais:

a) **Diretamente no tribunal competente:** essa é a forma mais direta e assegura que o recurso seja rapidamente entregue à corte que irá julgá-lo.

b) **Na própria comarca, seção ou subseção judiciárias:** facilita o acesso à justiça para aqueles que estão distantes dos tribunais superiores e diante da inexistência de processo eletrônico.

c) **Por via postal, sob registro, com aviso de recebimento:** igualmente, diante da ausência de processo eletrônico, garante que o documento chegue ao destino e que o remetente receba uma confirmação de entrega.

d) **Por transmissão de dados tipo fac-símile:** permite o envio de documentos à distância, uma opção útil em casos de urgência ou quando os envolvidos não podem se deslocar fisicamente, também diante da ausência de processo eletrônico.

e) **Nos demais casos previstos em legislação especial:** abre espaço para flexibilização conforme outras normativas que possam surgir.

No entanto, se o recurso for interposto por sistema de transmissão de dados tipo fac-símile ou similar, exige-se que todas as peças relevantes sejam apresentadas no ato do protocolo, incluindo o comprovante de pagamento das custas e do porte de remessa e retorno, quando aplicáveis. Essas taxas são necessárias para o devido processamento do recurso, e sua não comprovação pode resultar na inadmissibilidade do agravo (§ 4º).

Importante destacar que o CPC prevê um mecanismo para a correção de falhas processuais que possam surgir durante a interposição do agravo de instrumento.

O art. 932, parágrafo único, estipula que antes de declarar o recurso inadmissível, o relator deve conceder ao recorrente um prazo de cinco dias para corrigir qualquer vício ou completar a documentação necessária. Esse procedimento é fundamental para garantir o direito ao devido processo legal e à ampla defesa, permitindo que as partes ajustem sua submissão para atender aos requisitos legais sem que sejam penalizadas de forma desproporcional por erros formais.

Assim, na falta da cópia de qualquer peça ou no caso de algum outro vício que comprometa a admissibilidade do agravo de instrumento, deve o relator, antes de considerar inadmissível o recurso de agravo de instrumento, conceder o prazo de 5 dias ao recorrente para que seja sanado o referido vício ou complementada a documentação exigível.

Uma das inovações mais relevantes é a flexibilidade concedida aos relatores no trato das peças consideradas obrigatórias em processos eletrônicos. No ambiente digital, muitas das peças processuais já estão disponíveis eletronicamente para consulta direta pelo tribunal, o que torna desnecessária a repetição de juntadas por parte do agravante.

Portanto, o CPC estipula que, nos casos de autos eletrônicos, o relator pode dispensar a inclusão das peças obrigatórias tradicionais, permitindo que o agravante anexe apenas os documentos que considere úteis para elucidar a controvérsia. Essa medida simplifica o procedimento de agravo de instrumento, reduz redundâncias e acelera o processamento do recurso.

Outro aspecto de grande importância introduzido pelo CPC/2015 é o fortalecimento dos poderes do relator nos casos de agravo de instrumento, conforme delineado no art. 1.019.

Essa disposição aumenta a autonomia do relator para tomar decisões que, anteriormente, poderiam exigir deliberação por um colegiado. Assim, recebido o agravo de instrumento e uma vez distribuído, o relator dispõe de 5 *dias* para realizar uma série de ações decisivas, a menos que se aplique o **art. 932, III e IV** (*não conhecer o recurso inadmissível, prejudicado ou que não tenha sido impugnado especificamente os fundamentos da decisão recorrida; ou negar provimento a recurso contrário à súmula do STF, STJ ou do próprio Tribunal, acórdão proferido pelo STF, STJ em julgamento de recursos repetitivos, ou de entendimento firmado em incidente de resolução de demandas repetitivas ou de assunção de competência*). Incluem-se, nos termos do art. 1.019 do CPC:

I – **atribuir efeito suspensivo** ao recurso ou **deferir, em antecipação de tutela**, total ou parcialmente, a pretensão recursal, comunicando ao juiz sua decisão;

Segunda Parte • Recursos em Espécie

II – **ordenar a intimação** do agravado pessoalmente, por carta com aviso de recebimento, quando não tiver procurador constituído, ou pelo Diário da Justiça ou por carta com aviso de recebimento dirigida ao seu advogado, para que responda no prazo de 15 (quinze) dias, facultando-lhe juntar a documentação que entender necessária ao julgamento do recurso;

III – **determinar a intimação** do Ministério Público, preferencialmente por meio eletrônico, quando for o caso de sua intervenção, para que se manifeste no prazo de 15 (quinze) dias.

Destaque-se que, uma vez que o agravado é intimado, o relator tem a responsabilidade de pedir dia para julgamento do recurso em um prazo não superior a *1 mês*. Essa disposição visa minimizar os atrasos no processamento dos agravos de instrumento, garantindo que os recursos sejam tratados em um tempo razoável, conforme a intenção do art. 1.020 do CPC.

Essa prática é essencial não apenas para a eficiência processual, mas também para assegurar o direito das partes a uma resolução justa e tempestiva de suas controvérsias.

Outro aspecto significativo no manejo do agravo de instrumento, como já mencionado anteriormente, é o *juízo de retratação*. Esse mecanismo permite que o juiz que proferiu a decisão interlocutória original reconsidere sua posição antes que o recurso seja julgado pelo tribunal. Assim, se o juiz decidir reformar totalmente sua decisão interlocutória em resposta ao agravo de instrumento, essa nova decisão pode levar à *perda de objeto do recurso*.

O art. 1.018 do CPC detalha essa possibilidade, estabelecendo que, se o juiz reformar a decisão interlocutória de maneira integral, o relator do agravo no tribunal considerará o *recurso prejudicado*. Isso significa que o recurso não terá mais razão de ser, pois a causa da contestação foi eliminada pela própria mudança na decisão.

Modelo de Agravo de Instrumento

a) Necessidade de endereçamento diretamente ao Tribunal

Diferentemente do que ocorre com a apelação, o recurso de agravo de instrumento será dirigido e protocolado diretamente em *segunda instância*, ou seja, ao Tribunal de Justiça ou no Tribunal Regional Federal.

EXCELENTÍSSIMO SENHOR DOUTOR DESEMBARGADOR PRESIDENTE DO EGRÉGIO TRIBUNAL DE JUSTIÇA DE SÃO PAULO

Processo n. XXX (número do processo CNJ – *0000000-00.0000.0.00.0000*).

b) Qualificação das partes

Em seguida, como no recurso de agravo de instrumento já existe o processo, as partes já se encontram *devidamente qualificadas*, podendo o recorrente tão somente transcrever a qualificação, conforme já especificadas nos autos da ação.

> **NOME DO AGRAVANTE**, já devidamente qualificado nos autos da ação em epígrafe (...) **e NOME DO AGRAVADO**, igualmente qualificado nos autos do processo (...).

c) Nome da peça e fundamentação

Importante sempre lembrar de identificar a fundamentação legal e o nome da peça.

> (...) vem, por intermédio de seu procurador, que esta subscreve, interpor o presente **RECURSO DE AGRAVO DE INSTRUMENTO**, com fundamento nos arts. 1.015 e seguintes do CPC *(lembrar de colocar os pedidos de efeito suspensivo ou de antecipação da tutela recursal)*.

d) Tempestividade

Lembrar de indicar a tempestividade do Recurso.

> (...) o que faz **tempestivamente**, nos termos do art. 1.003, § 5º, do CPC, pelo que expõe e requer a esse Egrégio Tribunal o seguinte: (...)

Estrutura resumida da peça

> **Endereçamento:** Atentar para o fato de que, por se tratar de recurso de agravo de instrumento, deverá ser dirigido **diretamente ao Tribunal de Justiça**. Assim, por exemplo, utilizar: **"EXCELENTÍSSIMO SENHOR DOUTOR DESEMBARGADOR PRESIDENTE DO EGRÉGIO TRIBUNAL DE JUSTIÇA DE XXX (OU DO TRIBUNAL REGIONAL FEDERAL DA XXXª REGIÃO)"**.
>
> **Número do processo:** Importante verificar que, por se tratar de recurso de agravo de instrumento, haverá o devido número de distribuição. Assim, identificar o processo logo em seguida ao endereçamento:
>
> **Processo n. XXX (número do processo CNJ – *0000000-00.0000.0.00.0000*).**
>
> **Identificação das partes:** Ressalta-se que não há necessidade de nova qualificação das partes, existindo a possibilidade de ser utilizada a informação "já devidamente qualificado nos autos".
>
> **"NOME DO AGRAVANTE"**, "já devidamente qualificado nos autos". De igual maneira, ressalta-se a possibilidade de ser utilizada a informação "já devidamente qualificado nos autos".
>
> **"NOME DO AGRAVADO"**, "também já devidamente qualificado nos autos".

Segunda Parte • Recursos em Espécie

Nome da ação e sua fundamentação legal: "vem, respeitosamente, interpor o presente *AGRAVO DE INSTRUMENTO*, nos termos dos arts. 1.015 e seguintes do CPC, o que faz tempestivamente, inclusive tendo recolhido o devido preparo recursal (art. 1.007 do CPC)".

Fatos: Faça a narrativa dos fatos. Importante mencionar que os fatos apresentados se encaixam nas hipóteses de cabimento do art. 1.015, do CPC.

Fundamentação: Faça a correta ligação entre os fatos e os dispositivos legais aplicáveis, como artigos de lei, súmulas, precedentes, desenvolvendo raciocínio lógico e coerência jurídica.

Pedidos e requerimentos: "Diante do exposto, requer o recebimento do presente Agravo de Instrumento, concedendo o efeito suspensivo/antecipação da tutela, arts. 1.019, I, e 932, II, do CPC, determinando-se a intimação do agravado (CPC, art. 1.019, II) para responder no prazo legal. Ao final, requer o Agravante o provimento do Agravo de Instrumento para, com a reforma da decisão agravada XXX (*fazer o pedido pleiteado – art. 1.015 do CPC, p. ex. concedendo os benefícios da justiça gratuita*), dando seguimento ao processo, por ser de direito e de justiça (*dependendo do caso concreto, pode ser um pedido só de reforma, só de anulação ou os dois*)".

Indicação do nome e endereço dos advogados e das peças: "Nome e endereço completo dos advogados" (art. 1.016, IV, do CPC).

Os advogados que atuam no caso são os seguintes:

Pelo Agravante:

(NOME DO ADVOGADO...), Endereço: (...)

Pelo Agravado:

(NOME DO ADVOGADO...), Endereço: (...)

Juntada das peças obrigatórias e facultativas (art. 1.017 do CPC).

Informa o Agravante que juntou a este Agravo de Instrumento cópia integral dos autos, declarada autêntica pelo advogado subscritor nos termos do art. 425, IV, do Código de Processo Civil, estando, portanto, juntadas as seguintes peças obrigatórias:

a) cópia da decisão agravada fls. (...) dos autos reproduzidos;

b) cópia da certidão da intimação da decisão agravada fls. (...) dos autos reproduzidos;

c) cópia da procuração e substabelecimento outorgado aos advogados fls. (...) dos autos reproduzidos.

Fechamento da peça:

Nestes Termos,

Pede Deferimento.

Local... e Data...

Nome do Advogado...

OAB n. ...

Modelo de Recurso de Agravo de Instrumento

EXCELENTÍSSIMO SENHOR DOUTOR DESEMBARGADOR PRESIDENTE DO EGRÉGIO TRIBUNAL DE JUSTIÇA DE XXX (OU TRIBUNAL REGIONAL FEDERAL DA XXXª REGIÃO)

Processo n. XXX (número do processo CNJ – *0000000-00.0000.0.00.0000*).

NOME DO AGRAVANTE, já devidamente qualificado nos autos da ***AÇÃO XXX*** *(colocar o nome da ação)* em curso perante esse MM. Juízo, em que contende com **NOME DO AGRAVADO**, também já qualificado nos autos, cuja decisão interlocutória decidiu por *XXX (colocar o teor da decisão)*, vem, respeitosamente, por seu advogado que esta subscreve, interpor

RECURSO DE AGRAVO DE INSTRUMENTO

(lembrar de colocar os pedidos de efeito suspensivo ou de antecipação da tutela recursal)

nos termos do art. 1.015 e seguintes do CPC, o que faz **tempestivamente**, nos termos do art. 1.003, § 5º, também do CPC, pelo que expõe e requer a esse Egrégio Tribunal o seguinte:

I – SÍNTESE DOS FATOS

Narrar os fatos ocorridos desde a propositura da ação até a prolação da decisão interlocutória recorrida, assim como determina o art. 1.016, II, do CPC, demonstrando a razão do recorrente quando a tais questões, em face dos elementos trazidos.

II – MÉRITO

Na narrativa das questões jurídicas, assim como determina o art. 1.016, II, do CPC, apontar o erro de julgamento em relação à decisão interlocutória indeferida pelo julgador de base.

III – RAZÕES DO PEDIDO DE REFORMA DA DECISÃO
(CPC, ART. 1.016, III)

Apontar as razões do pedido de reforma da decisão (art. 1.016, III, do CPC), pois elementos necessários do presente recurso.

Observar se é caso de atribuição de efeito suspensivo ou de antecipação da tutela recursal, fundamentar e desenvolver a necessidade de concessão de efeito, art. 1.019, I, e 932, II, do CPC.

IV – DAS ANTECIPAÇÃO DA TUTELA RECURSAL
(ou DA CONCESSÃO DO EFEITO SUSPENSIVO)

Informar os motivos para a antecipação da tutela recursal ou da necessidade de suspender os efeitos da decisão interlocutória, nos termos dos arts. 932, II, 995, parágrafo único e 1.019, I, do CPC.

Segunda Parte • Recursos em Espécie

IV – PEDIDOS

Diante do exposto, requer o recebimento do presente Agravo de Instrumento, concedendo o efeito suspensivo/antecipação da tutela, conforme arts. 1.019, I; 932, II, e 995, parágrafo único, todos do CPC, comunicando-se o juiz da decisão e determinando-se a intimação do agravado (CPC, art. 1.019, II) para, querendo, responder no prazo legal.

Ao final, requer o Agravante o provimento do Agravo de Instrumento para, com a reforma da decisão agravada (*fazer o pedido pleiteado – art. 1.015 do CPC, p. ex. concedendo os benefícios da justiça gratuita*), dando seguimento ao processo, por ser de direito e de justiça (*dependendo do caso concreto, pode ser um pedido só de reforma, só de anulação ou os dois, como aqui foi exposto*).

Nome e endereço completo dos Advogados (art. 1.016, IV, do CPC).

Os Advogados que atuam no caso são os seguintes:

Pelo Agravante:

(NOME DO ADVOGADO...), Endereço: (...)

Pelo Agravado:

(NOME DO ADVOGADO...), Endereço: (...)

Juntada das peças obrigatórias e facultativas (art. 1.017 do CPC).

Informa o Agravante que juntou a este Agravo de Instrumento cópia integral dos autos, declarada autêntica pelo advogado subscritor nos termos do art. 425, IV, do Código de Processo Civil, estando, portanto, juntadas as seguintes peças obrigatórias:

a) Cópia da decisão agravada fls. (...) dos autos reproduzidos;

b) Cópia da certidão da intimação da decisão agravada fls. (...) dos autos reproduzidos;

c) Cópia da procuração e substabelecimento outorgado aos advogados fls. (...) dos autos reproduzidos.

OU

Em cumprimento ao art. 1.017, § 5°, do CPC, sendo eletrônicos os autos do processo, deixa de juntar as cópias obrigatórias do inciso I do art. 1.017 do CPC.

O agravante informa que providenciará a juntada, aos autos do processo, de cópia da petição do agravo de instrumento, do comprovante de sua interposição e da relação dos documentos que instruíram o recurso, podendo o Juízo *a quo* reformar a sua decisão em decorrência do juízo de retratação, nos termos do art. 1.018, § 1º, do CPC.

Nestes Termos,

Pede Deferimento.

Local... e Data...

Nome do Advogado...

OAB n. ...

Modelo de petição simples informando ao juízo de primeira instância

> **AO JUÍZO DE DIREITO DA XXX VARA CÍVEL DA COMARCA DE XXX/XXX (ou DA SUBSEÇÃO JUDICIÁRIA DE XXX/XXX)**
>
> **Processo n. XXX**
>
> **NOME DO AGRAVANTE**, já devidamente qualificado nos autos da **AÇÃO XXX** (colocar o nome da ação) em curso perante esse MM. Juízo, proposta em face de **NOME DO AGRAVADO**, também já qualificado nos autos, vem, por intermédio de seu advogado que esta subscreve, tempestivamente, em cumprimento ao disposto no art. 1.018, do CPC, informar a interposição do
>
> ### RECURSO DE AGRAVO DE INSTRUMENTO
>
> no Tribunal de Justiça (ou Tribunal Regional Federal), contra a r. decisão que XXX (informar o teor da decisão interlocutória – exemplo: que negou ao Autor a concessão da tutela provisória de urgência de natureza antecipada), cuja cópia do recurso e das peças que o instruíram segue anexa.
>
> Requer a Vossa Excelência a retratação da decisão agravada, com a XXX (fazer o pedido da retratação – exemplo: concedendo a tutela provisória de urgência ao Autor de natureza antecipada), sendo tal retratação comunicada ao Tribunal, nos termos do art. 1.018, § 1º, do CPC.
>
> Nestes termos,
>
> Pede deferimento.
>
> Local... e Data...
>
> Advogado...
>
> OAB n. ...

3. RECURSO DE AGRAVO INTERNO

O agravo interno é um recurso fundamental dentro do sistema jurídico recursal brasileiro, utilizado para impugnar **decisões monocráticas** proferidas pelos relatores nos tribunais, locais e superiores – Tribunal de Justiça (TJ), Tribunal Regional Federal (TRF), Superior Tribunal de Justiça (STJ) e Supremo Tribunal Federal (STF) – bem como em causas de competência originária dessas cortes.

Esse recurso destina-se a promover a revisão de tais decisões pelo **órgão colegiado** correspondente, assegurando uma segunda análise das questões jurídicas envolvidas.

A principal função do agravo interno é permitir que uma decisão tomada individualmente pelo relator seja reexaminada pelo conjunto dos juízes que

Segunda Parte • Recursos em Espécie

compõem o colegiado do tribunal. Esse mecanismo é essencial para corrigir possíveis erros ou vícios na decisão monocrática, *reforçando o princípio do controle colegiado das decisões judiciais.*

Assim, o agravo interno, conforme destacado em jurisprudência da Corte Especial do STJ (MS 12.220/DF, rel. Min. Ari Pargendler, julgado em 19.09.2007), *não pode ser decidido monocraticamente,* justamente porque busca submeter a matéria ao debate e deliberação conjunta.

De acordo com o ordenamento jurídico brasileiro, o agravo interno pode ser interposto contra qualquer decisão do relator, salvo algumas exceções legalmente previstas. Essas exceções incluem, mas não se limitam a situações como a admissão de *amicus curiae* (conforme o art. 138 do CPC), a decisão que *releva a pena de deserção* (art. 1.007, § 6º, do CPC) e o *sobrestamento de recursos especial ou extraordinário* (art. 1.031, §§ 2º e 3º, do CPC). Essas disposições legais garantem que determinadas decisões procedimentais do relator não sejam objeto de agravo interno, visando a eficiência processual e a celeridade judicial.

Com efeito, é recurso, como diz o nome, que cabe das decisões do relator, qualquer que seja o seu conteúdo e, portanto, trata-se de recurso que visa levar determinada questão decidida pelo relator à apreciação do colegiado do qual faz parte.

Uma das mudanças mais notáveis introduzidas pelo CPC/2015 é a unificação da terminologia do **agravo interno**.

Antes dessa normatização, o recurso era conhecido por vários nomes, como agravo regimental, agravo interno, agravo do art. 557, ou informalmente até como *"agravinho".* Essa variedade de denominações poderia causar confusão e inconsistências no tratamento dado ao recurso pelos diferentes tribunais. Com o CPC/2015, a designação *agravo interno* foi adotada uniformemente, simplificando e padronizando sua referência e aplicação em todo o território nacional, ainda que exista previsão nos regimentos internos dos tribunais.

O CPC/2015 também estabelece uma *"regra geral"* para o cabimento do agravo interno, dirigindo-se contra decisões monocráticas proferidas por relatores nos tribunais. Essa padronização se reflete no processamento do recurso, que deve apenas seguir as regras dos regimentos internos dos respectivos tribunais, garantindo que o procedimento respeite as particularidades de cada corte.

Outro aspecto importante da nova regulamentação é a exigência da **impugnação específica** dos fundamentos da decisão agravada. Essa obrigatoriedade reforça o *princípio da dialeticidade recursal,* assegurando que o agravo interno não apenas conteste a decisão de maneira genérica, mas também dialogue especificamente com os pontos levantados pelo relator. Isso contribui para um debate mais aprofundado e fundamentado sobre as questões jurídicas em análise.

Adicionalmente, o CPC/2015 introduziu o dever de oitiva da parte contrária, oferecendo a ela a oportunidade de responder ao recurso dentro de um prazo de *15 dias*. Essa resposta deve ser dirigida ao mesmo relator que proferiu a decisão monocrática, reforçando a transparência e o contraditório no trâmite recursal.

Conforme estabelecido pelo § 5º do art. 1.003 do CPC/2015, o prazo geral para interpor o agravo interno é de *15 dias*, alinhando-se com outros prazos recursais para garantir uniformidade.

Contudo, existem exceções, como no caso de Mandado de Segurança, em que o prazo para a interposição de agravo contra a decisão do presidente de um tribunal que suspende a segurança concedida é de apenas *5 dias*, conforme art. 15 da Lei n. 12.016/2009. Essa variação destaca a necessidade de atenção às disposições de leis especiais que podem alterar os prazos processuais padrão.

Uma inovação relevante no tratamento do agravo interno é a proibição explícita ao relator de meramente reproduzir os fundamentos da decisão agravada ao proferir o julgamento no órgão colegiado. Essa medida visa fortalecer a qualidade da jurisprudência, ao exigir que cada decisão reflita uma análise consciente e fundamentada, evitando decisões superficiais e reforçando o princípio da dialeticidade.

O art. 1.021, § 4º, do CPC/2015 introduz uma *sanção específica* para desencorajar a interposição de agravos internos manifestamente inadmissíveis ou improcedentes. A penalidade consiste numa multa de *1% a 5%* do valor atualizado da causa, que deve ser depositada previamente pelo agravante para a interposição de qualquer outro recurso, salvo exceções para a Fazenda Pública e beneficiários de gratuidade da justiça, que podem realizar o pagamento ao final do processo.

A competência para julgar o agravo interno reside no órgão fracionário do tribunal ao qual o relator que proferiu a decisão monocrática pertence. Nos casos em que a decisão original é emitida pelo presidente ou vice-presidente do tribunal, a competência se desloca para o Órgão Especial ou Pleno do respectivo Tribunal. Os regimentos internos dos tribunais são responsáveis por especificar o procedimento exato de processamento do agravo, incluindo a possibilidade de **retratação pelo juiz** que proferiu a decisão inicial.

Segunda Parte • Recursos em Espécie

Estrutura resumida do Agravo Interno

Endereçamento: Importante relembrar que a peça será redigida em petição única, endereçada ao relator do processo no Tribunal, e pedir que o recurso seja julgado pela Turma julgadora ou pelo colegiado. Assim, por exemplo, utilizar:

"EXCELENTÍSSIMO SENHOR DESEMBARGADOR RELATOR DA XXXª CÂMARA DE DIREITO PRIVADO DO TRIBUNAL DE JUSTIÇA DE SÃO PAULO (OU DA XXX TURMA DO TRIBUNAL REGIONAL FEDERAL DA XXXª REGIÃO)".

Número do processo: Importante verificar que, por se tratar de recurso de agravo interno, haverá o devido número de distribuição. Assim, identificar o processo logo em seguida ao endereçamento:

Processo n. XXX (número do processo CNJ – *0000000-00.0000.0.00.0000*).

Identificação das partes: Seguir como nos recursos anteriores.

"**NOME DO AGRAVANTE**, já devidamente qualificado nos autos. (...) **NOME DO AGRAVADO**, também já devidamente qualificado nos autos".

Nome da ação e sua fundamentação legal: "vem, respeitosamente, perante Vossa Excelência, interpor o presente AGRAVO INTERNO, nos termos do art. 1.021 do CPC".

Fatos: Narrar os fatos conforme ocorridos no processo, da propositura da ação até a prolação da decisão interlocutória recorrida, bem como a decisão monocrática combatida, assim como determina o art. 1.021 do CPC, demonstrando que, no caso, a decisão monocrática resta equivocada em face dos elementos trazidos.

Fundamentação: Faça a correta ligação entre os fatos e os dispositivos legais aplicáveis, como artigos de lei, súmulas, precedentes, desenvolvendo raciocínio lógico e coerência jurídica. Apontar e tratar diretamente da impugnação específica dos fundamentos da decisão agravada, demonstrando que está em desacerto a decisão monocrática recorrida.

Pedidos e requerimentos: "Diante do exposto, requer o recebimento do presente Agravo Interno, determinando-se a intimação do agravado (CPC, art. 1.021, § 2º) para responder no prazo legal, requerendo-se ao Nobre Relator a reconsideração da decisão monocrática recorrida. Em assim não sendo, seja o Agravo Interno remetido à Colenda Câmara julgadora deste Egrégio Tribunal de Justiça e que a ele seja dado provimento para reformar a decisão monocrática agravada (*dependendo do caso concreto, pode ser um pedido só de reforma, só de anulação ou os dois, como aqui foi exposto*), fazendo-se justiça".

Fechamento da peça:

Nestes Termos,

Pede Deferimento.

Local... e Data...

Nome do Advogado...

OAB n. ...

Modelo do Recurso de Agravo Interno

EXCELENTÍSSIMO SENHOR DOUTOR DESEMBARGADOR RELATOR DO EGRÉGIO TRIBUNAL DE JUSTIÇA DE XXX (OU TRIBUNAL REGIONAL FEDERAL DA XXXª REGIÃO)

Processo n. XXX (número do processo CNJ – *0000000-00.0000.0.00.0000*).

NOME DO AGRAVANTE, já devidamente qualificado nos autos da *AÇÃO XXX (colocar o nome da ação)* em curso perante esse MM. Juízo, movida em face de **NOME DO AGRAVADO**, também já qualificado nos autos, vem, respeitosamente, por seu advogado que esta subscreve, interpor

RECURSO DE AGRAVO DE INTERNO

nos termos dos arts. 1.021 e seguintes do CPC, o que faz **tempestivamente**, nos termos do art. 1.003, § 5º, também do CPC, pelo que expõe e requer a esse Egrégio Tribunal o seguinte:

I – SÍNTESE DOS FATOS

Narrar os fatos ocorridos desde a propositura da ação até a prolação da decisão interlocutória recorrida, bem como a decisão monocrática combatida, assim como determina o art. 1.021 do CPC, demonstrando que, no caso, a decisão monocrática resta equivocada em face dos elementos trazidos.

II – MÉRITO

Narrativa das questões jurídicas que dão margem à reforma, em colegiado, da decisão monocrática do Relator.

III – DA IMPUGNAÇÃO ESPECÍFICA DOS FUNDAMENTOS DA DECISÃO AGRAVADA (CPC, ART. 1.021, § 1º)

Apontar e tratar diretamente da impugnação específica dos fundamentos da decisão agravada, demonstrando que está em desacerto a decisão monocrática recorrida.

IV – DOS PEDIDOS

Diante do exposto, requer o recebimento do presente agravo interno, determinando-se a intimação do agravado (CPC, art. 1.021, § 2º) para, querendo, responder no prazo legal, requerendo-se ao ilustre Relator a reconsideração da decisão monocrática recorrida no sentido de XXX *(fazer o pedido de reexame da matéria).*

Em assim não sendo, seja o agravo interno remetido à Turma Julgadora (colegiado) deste Colendo Tribunal e que a ele seja dado provimento para reformar a decisão monocrática agravada *(dependendo do caso concreto, pode ser um pedido só de reforma, só de anulação ou os dois, como aqui foi exposto)*, fazendo-se justiça.

Nestes termos,

Pede deferimento.

Local... e Data...

Advogado...

OAB n. ...

Segunda Parte • Recursos em Espécie

4. EMBARGOS DE DECLARAÇÃO

Os *embargos de declaração* são um recurso processual tipificado dentro do sistema jurídico brasileiro, previsto no CPC, especificamente nos arts. 1.022 a 1.026, entretanto, que *não possuem a finalidade* de modificar o julgamento anterior, mas sim de esclarecer, complementar ou corrigir omissões, obscuridades, contradições ou erros materiais presentes na decisão judicial.

O objetivo é tornar a decisão judicial completamente clara e precisa, garantindo que todos os aspectos relevantes tenham sido adequadamente considerados e expressados.

Na verdade, o principal propósito dos embargos de declaração é aprimorar a qualidade das decisões judiciais ao assegurar que estas sejam livres de quaisquer ambiguidades ou insuficiências que possam prejudicar a compreensão das partes ou a execução do julgado. Eles servem como um instrumento para que as decisões judiciais sejam plenamente entendidas, tanto pelas partes quanto por terceiros, e para que reflitam exatamente o pensamento do juízo.

Os embargos de declaração são cabíveis nas seguintes situações:

- Quando houver, na sentença, no acórdão ou na decisão interlocutória, **obscuridade** (falta de clareza) ou **contradição** (falta de coerência e contradição entre os fundamentos lançados e o dispositivo decisório).

- Quando for **omitido** ponto ou questão sobre o qual devia pronunciar-se o juiz ou tribunal de ofício ou a requerimento da parte.

- Em caso de correção de **erro material**.

- Quando houver notório propósito de **prequestionamento** (questionar determinada matéria exigida para interposição de outros recursos) – Súmula 98 do STJ.

- Quando houver notório propósito de **modificação do julgado** (embargos de declaração com efeito infringente ou modificativo).

Conforme estabelece o art. 1.023 do CPC, os embargos de declaração devem ser opostos dentro do prazo de *5 dias*, por meio de uma petição específica dirigida ao juiz ou ao relator que proferiu a decisão questionada. Essa petição deve detalhar claramente a natureza do erro, da obscuridade, da contradição ou da omissão que se busca esclarecer. Importante destacar que esse recurso *não está sujeito a pagamento de custas processuais* (preparo), o que facilita seu acesso.

Diferentemente de outros recursos, os embargos de declaração não têm efeito suspensivo, ou seja, *não suspendem* os efeitos da decisão enquanto estão sendo julgados. No entanto, eles *interrompem* o prazo para a interposição de outros recursos, restituindo integralmente o prazo recursal uma vez decididos. Essa característica é fundamental, pois permite que as partes aguardem o

130   *Manual Prático da Advocacia Cível nos Tribunais*

esclarecimento da decisão antes de decidirem sobre a interposição de recursos adicionais que possam depender da clarificação trazida pelos embargos.

Nos Juizados Especiais Cíveis, os embargos de declaração também seguem o prazo de 5 dias para interposição e são cabíveis sob as mesmas condições de obscuridade, contradição ou omissão nas decisões. Uma mudança significativa trazida pelo CPC é que, nesses casos, os embargos agora têm efeito interruptivo do prazo para outros recursos, uma alteração que se afasta do efeito meramente suspensivo anteriormente previsto na Lei n. 9.099/95.

Os embargos declaratórios objetivam preencher a decisão omissa ou esclarecer a decisão contraditória ou obscura, da mesma forma que objetiva resolver ou corrigir eventual erro material existente na decisão. Por tal razão, quem faz o juízo de admissibilidade e o *juízo de mérito é o próprio julgador que proferiu a decisão recorrida*; até porque será ele o responsável a sanar o vício eventualmente existente na decisão, como regra, o recurso de embargos declaratórios não comporta contrarrazões ou resposta da parte contrária, exceto se o acolhimento do recurso ocasionar na inversão do julgado, como à frente será estudado.

Apesar de serem primariamente destinados ao esclarecimento, os embargos de declaração podem, em determinadas circunstâncias, *alterar* o resultado de uma decisão judicial. Esse efeito chamado de *modificativo* surge quando o preenchimento de omissões, contradições ou obscuridades, ou a correção de erros, mudam o próprio conteúdo da decisão. O CPC, ao reconhecer essa possibilidade, permite que as partes *ajustem ou complementem suas razões recursais* em resposta às modificações provocadas pelos embargos.

Assim, quando os embargos de declaração alteram a decisão original, e essa modificação implica uma mudança substancial do julgado, o embargado que já tiver interposto recurso contra a decisão originária tem o *direito de alterar ou de complementar as suas razões recursais*. Esse ajuste deve ocorrer dentro de um prazo de *15 dias*, a partir da intimação da decisão sobre os embargos, e somente nas partes afetadas pela modificação.

Por outro lado, se os embargos de declaração forem rejeitados ou não alterarem a conclusão do julgamento original, qualquer recurso que tenha sido interposto antes do julgamento dos embargos seguirá seu curso normalmente, sem necessidade de ratificação ou ajuste adicional.

Uma inovação significativa introduzida pelo CPC é a possibilidade de *conversão dos embargos de declaração em agravo interno*. Essa conversão ocorre se o órgão julgador considerar que o recurso apropriado para a questão levantada seria o agravo interno, e não os embargos de declaração. Nesse caso, o recorrente será intimado para, em um prazo de *5 dias*, ajustar suas razões recursais para atender às exigências do agravo interno, conforme o art. 1.021, § 1º, do CPC (impugnação específica).

Segunda Parte • Recursos em Espécie

Analisaremos, pois, um pouco mais sobre o efeito infringente do recurso de embargos de declaração, que nada mais é do que o chamado *efeito modificativo*. Ora, se o objetivo dos embargos declaratórios é de preencher ou esclarecer a decisão, em tese não há como existir efeito modificativo. Todavia, há casos em que os embargos declaratórios modificam a decisão.

Considere o caso em que um autor reivindica tanto danos materiais quanto morais, mas o juiz, ao emitir a sentença, apenas aborda os danos materiais, omitindo-se quanto aos danos morais. Se o autor interpõe embargos de declaração para esclarecer essa omissão, o juiz pode, ao revisar a omissão, decidir que os danos morais são improcedentes. Essa nova avaliação transformaria uma decisão de procedência total em uma de procedência parcial, exemplificando o impacto significativo que os embargos de declaração podem ter na decisão final de um caso.

Certamente, além de sua função clássica de esclarecimento, os embargos de declaração podem provocar *modificações substanciais na decisão*, denominadas efeitos infringentes. Esta possibilidade de modificar a decisão é a razão pela qual se exige a intimação do recorrido para apresentar contrarrazões, reforçando os princípios do contraditório e da ampla defesa.

A doutrina, majoritariamente, reconhece que o efeito infringente dos embargos de declaração se manifesta principalmente em casos de omissão ou contradição na decisão. A obscuridade, por outro lado, geralmente não é vista como causadora de efeito modificativo, pois tende a envolver clarificações que não alteram substancialmente o conteúdo decisório. No entanto, quando a obscuridade for tal que impeça o entendimento claro da decisão, sua correção pode, indiretamente, modificar o entendimento ou a aplicação do julgado.

Outrossim, o *prequestionamento* é um requisito essencial para a **admissibilidade dos recursos especial e extraordinário**, conforme estabelecem as Súmulas 211[2] e 320[3] do STJ e 282[4] e 356[5] do STF. Não basta apenas solicitar que o tribunal se manifeste sobre uma questão; é necessário que as matérias tenham sido efetivamente e previamente discutidas (ventiladas) no tribunal *a quo*.

---

[2] Súmula 211 do Superior Tribunal de Justiça: "Inadmissível recurso especial quanto à questão que, a despeito da oposição de embargos declaratórios, não foi apreciada pelo tribunal *a quo*".

[3] Súmula 320 do Superior Tribunal de Justiça: "A questão federal somente ventilada no voto vencido não atende ao requisito do prequestionamento".

[4] Súmula 282 do Supremo Tribunal Federal: "É inadmissível o recurso extraordinário, quando não ventilada, na decisão recorrida, a questão federal suscitada".

[5] Súmula 356 do Supremo Tribunal Federal: "O ponto omisso da decisão, sobre o qual não foram opostos embargos declaratórios, não pode ser objeto de recurso extraordinário, por faltar o requisito do prequestionamento".

Os embargos de declaração surgem como instrumento necessário para garantir o devido prequestionamento. Eles permitem que questões relevantes, que possam ter sido omitidas ou não suficientemente discutidas na decisão original, sejam explicitamente consideradas, cumprindo assim a exigência de prequestionamento para a subsequente admissão de recursos aos tribunais superiores.

Assim, os embargos declaratórios são considerados o meio para obter a discussão da matéria prequestionada, ocorrendo em dois casos:

1º) A parte prequestiona no recurso, porém, o tribunal não se manifesta quanto às matérias prequestionadas, razão pela qual devem ser interpostos embargos declaratórios, que preencherão a omissão.

2º) Não há como prequestionar, porque é justamente no momento de proferir o acórdão do recurso que surge a violação passível de recurso especial e/ou recurso extraordinário. Nesse caso, devem ser interpostos embargos declaratórios com o objetivo de prequestionar a matéria ventilada no julgado.

Quando os embargos de declaração são utilizados de forma *manifestamente protelatória*, com o objetivo claro de postergar a conclusão do processo, o juiz ou o tribunal deve tomar medidas específicas.

Nessas situações, a legislação processual permite que, por meio de uma decisão devidamente fundamentada, o embargante seja *penalizado* pelo uso indevido do recurso. Nesse contexto, o art. 1.026, § 2º, do CPC estipula que o embargante seja condenado a pagar ao embargado uma *multa* que pode chegar a até **2% do valor atualizado da causa**.

Em caso de *reincidência*, isto é, se houver a interposição reiterada de embargos de declaração com caráter protelatório, a multa pode ser elevada para até *10% do valor da causa*. Além disso, a interposição de qualquer outro recurso pelo embargante fica condicionada ao *depósito prévio do valor dessa multa*, assegurando, assim, que tais práticas protelatórias não prejudiquem a celeridade processual nem a efetividade da justiça (art. 1.026, § 3º, do CPC).

Adicionalmente, o art. 1.026, § 4º, do CPC estabelece uma restrição rigorosa para coibir a prática de abuso dos embargos de declaração: *não serão admitidos novos embargos de declaração se os dois anteriores tiverem sido classificados como protelatórios*.

Esta medida busca prevenir que as partes utilizem os embargos de declaração de forma abusiva, garantindo que o recurso cumpra sua função original de clarificar e complementar as decisões judiciais sem causar prejuízos ao trâmite processual ou às partes envolvidas no litígio.

Segunda Parte • Recursos em Espécie

Estrutura resumida da peça

Endereçamento: Os embargos de declaração deverão ser dirigidos e endereçados diretamente ao magistrado prolator da decisão, juiz, desembargador, ministro etc. Assim, por exemplo, utilizar:

"EXCELENTÍSSIMO SENHOR DOUTOR JUIZ DE DIREITO DA XXXª VARA CÍVEL DA COMARCA DE XXX (OU DA XXX VARA FEDERAL DA SEÇÃO JUDICIÁRIA DE XXX)";

"EXCELENTÍSSIMO SENHOR DESEMBARGADOR RELATOR DA XXXª CÂMARA DE DIREITO PRIVADO DO TRIBUNAL DE JUSTIÇA DE SÃO PAULO XXX (OU DA XXX TURMA JULGADORA DO TRIBUNAL REGIONAL FEDERAL DA XXXª REGIÃO)".

Número do processo: Importante verificar que, por se tratar de recurso de embargos de declaração, haverá o devido número de distribuição. Assim, identificar o processo logo em seguida ao endereçamento:

Processo n. XXX (número do processo CNJ – *0000000-00.0000.0.00.0000*).

Identificação das partes: Seguir a estrutura dos demais recursos.

"NOME DO EMBARGANTE, já devidamente qualificado nos autos. (...) **NOME DO EMBARGADO**, também já devidamente qualificado nos autos".

Nome da ação e sua fundamentação legal: "vem, respeitosamente, opor ***EMBARGOS DE DECLARAÇÃO***, nos termos do art. 1.022 e seguintes do CPC".

Fatos: Faça a narrativa dos fatos, da propositura da ação até a prolação da decisão embargada, destacando a omissão, a obscuridade, a contradição ou o erro material existente, assim como se depreende do art. 1.022 do CPC.

Fundamentação: Faça a correta ligação entre os fatos e os dispositivos legais aplicáveis, como artigos de lei, súmulas, precedentes, desenvolvendo raciocínio lógico e coerência jurídica. Apontar e tratar diretamente da impugnação específica dos fundamentos da decisão embargada, demonstrando que está em desacerto a decisão, sentença ou acórdão recorridos.

Pedidos e requerimentos: "Diante do exposto, requer o recebimento dos Embargos de Declaração e, sendo o caso de eventual modificação da decisão, seja intimado o Embargado para responder no prazo legal, nos termos do art. 1.023, § 2º, do Código de Processo Civil. Ao final, seja dado provimento aos Embargos de Declaração, sanando--se o vício existente e anunciado nestes Embargos (quer seja omissão, obscuridade, contradição ou o erro material existente, assim como se depreende do art. 1.022, I, II ou III, do CPC)".

Fechamento da peça:

Nestes Termos,

Pede Deferimento.

Local... e Data...

Nome do Advogado...

OAB n. ...

Modelo de Embargos de Declaração

AO JUÍZO DE DIREITO DA XXXª VARA CÍVEL DA COMARCA DE XXX/XXX (ou SEÇÃO JUDICIÁRIA DE XXX/XXX)

OU

EXCELENTÍSSO SENHOR DOUTOR DESEMBARGADOR RELATOR DO EGRÉGIO TRIBUNAL DE JUSTIÇA DE XXX (OU DA XXX TURMA JULGADORA DO TRIBUNAL REGIONAL FEDERAL DA XXXª REGIÃO)

Processo n. XXX (número do processo CNJ – *0000000-00.0000.0.00.0000*).

NOME DO EMBARGANTE, devidamente qualificado nos autos da **AÇÃO XXX** *(colocar o nome da ação)* em epígrafe, movida em face de **NOME DO EMBARGADO**, também já qualificado nos autos, vem, respeitosamente, opor

EMBARGOS DE DECLARAÇÃO

nos termos do art. 1.022 e seguintes do CPC, o que faz tempestivamente, com base nas razões a seguir tratadas.

I – SÍNTESE DO OCORRIDO

Narrar os fatos ocorridos desde a propositura da ação até a prolação da decisão embargada, destacando omissão, obscuridade, contradição ou erro material existente, assim como se depreende do art. 1.022 do CPC.

II – MÉRITO

Na narrativa das questões jurídicas que dão margem ao aperfeiçoamento da decisão, vale destacar qual o vício apontado, quer seja omissão, obscuridade, contradição ou erro material existente, assim como se depreende do art. 1.022, I, II ou III, do CPC, demonstrando e comprovando o vício para, então, pretender que seja este sanado.

III – CONCLUSÕES

Diante do exposto, requer o recebimento dos embargos de declaração e, sendo o caso de eventual modificação da decisão, seja intimado o embargado para, querendo, responder no prazo legal, nos termos do art. 1.023, § 2º, do Código de Processo Civil.

Ao final, seja dado provimento aos embargos de declaração, sanando-se o vício existente e anunciado nestes embargos *(quer seja omissão, obscuridade, contradição ou o erro material existente, assim como se depreende do art. 1.022, I, II ou III, do CPC).*

Nestes termos,

Pede deferimento.

Local... e Data...

Advogado...

OAB n. ...

Segunda Parte • Recursos em Espécie

5. RECURSO ORDINÁRIO

De fato, o recurso ordinário é um mecanismo processual de extrema relevância, dotado de natureza constitucional e estabelecido nos arts. 102, II, e 105, II, da Constituição Federal.

Diferentemente de recursos mais específicos, como o recurso especial, o recurso extraordinário ou os embargos de declaração, o *recurso ordinário* é caracterizado por sua *fundamentação livre*, permitindo ao recorrente abordar uma gama variada de vícios na decisão recorrida, sem restrições predefinidas sobre os tipos de fundamentos que podem ser alegados.

Essa abertura proporciona uma flexibilidade comparável à apelação, adaptada ao contexto de decisões emanadas de tribunais superiores.

O recurso ordinário é aplicável em casos específicos, conforme delineado explicitamente pela Constituição e reproduzido no art. 1.027 do CPC. A competência para apreciar o mérito desse recurso reside no Supremo Tribunal Federal ou no Superior Tribunal de Justiça, dependendo da natureza da matéria e da origem da decisão recorrida.

Dessa forma, ***serão julgados em recurso ordinário***:

I – pelo **Supremo Tribunal Federal**, os mandados de segurança, os *habeas data* e os mandados de injunção decididos em única instância pelos tribunais superiores, quando denegatória a decisão;

II – pelo **Superior Tribunal de Justiça**:

a) os mandados de segurança decididos em única instância pelos tribunais regionais federais ou pelos tribunais de justiça dos Estados e do Distrito Federal e Territórios, quando denegatória a decisão;

b) os processos em que forem partes, de um lado, Estado estrangeiro ou organismo internacional e, de outro, Município ou pessoa residente ou domiciliada no País.

Vislumbra-se que o recurso ordinário é espécie recursal, prevista em situações especiais pela Constituição Federal e pelo CPC/2015, cuja prestação jurisdicional dos tribunais competentes (STF e STJ) será efetivada por **cortes de segundo grau**.

Na verdade, o recurso ordinário é especialmente aplicável em ***decisões colegiadas*** proferidas em mandados de segurança, *habeas data* e mandados de injunção, que são proferidas em única instância por Cortes Superiores, ou pelos Tribunais Regionais Federais ou Tribunais de Justiça dos Estados e do Distrital e Territórios, sendo cabível a sua propositura perante o STF ou ao STJ, dentro de cada competência.

Atente-se que, se a decisão for ***monocrática***, não se enquadrará diretamente no recurso ordinário, mas sim em um ***agravo interno***, que pode elevar a questão ao colegiado e posteriormente permitir o recurso ordinário, caso a decisão do colegiado seja desfavorável.

Outrossim, o **efeito devolutivo do recurso ordinário** é notadamente mais abrangente em comparação com os recursos excepcionais, como os recursos especial e extraordinário. Ao contrário destes, que são limitados às questões de direito e exigem prequestionamento, o recurso ordinário permite a revisão de todas as questões de fato e de direito apresentadas ao longo do processo, mesmo aquelas não explicitamente discutidas nas instâncias anteriores, desde que relevantes para os capítulos da decisão que foram impugnados. Isso amplifica significativamente o escopo de revisão judicial, honrando o princípio do duplo grau de jurisdição, ao oferecer uma nova oportunidade para que as partes contestem e refinem as decisões judiciais.

Também, afirma-se que o recurso ordinário possui o efeito devolutivo, que opera em duas dimensões distintas: **horizontal e vertical**.

A *dimensão horizontal* é controlada pela vontade do recorrente e delimita o escopo da matéria que será reexaminada pelo tribunal superior. Por outro lado, a *dimensão vertical* abrange questões adicionais de ordem pública e outros fundamentos de defesa que não foram diretamente impugnados, fenômeno frequentemente referido na doutrina como efeito translativo.

Em relação ao efeito suspensivo, esse recurso, por sua natureza equiparada à de apelação, geralmente suspende a execução da decisão recorrida, exceto em situações em que a decisão é denominada "denegatória", ou seja, quando não há mais o que ser suspenso por já haver um indeferimento anterior.

É sabido, ainda, que, anteriormente, a jurisprudência do Superior Tribunal de Justiça (STJ) consolidou o entendimento de que não era possível prosseguir com o julgamento do recurso ordinário em mandado de segurança caso este fosse extinto sem resolução do mérito, baseando-se na **inaplicabilidade da teoria da causa madura** em tal contexto. Essa perspectiva refletia uma abordagem restritiva, limitando as possibilidades de revisão pelo STJ em casos em que o mérito não tinha sido anteriormente examinado[6].

No entanto, uma mudança significativa foi introduzida com o CPC/2015, especificamente no art. 1.027, § 2º, que estabelece de *forma explícita* a **aplicabilidade da teoria da causa madura** ao recurso ordinário, especialmente por fazer referência expressa *à aplicação do art. 1.013, § 3º, do CPC.*

Esse ajuste normativo permite que, mesmo que a instância originária tenha concluído o julgamento do mandado de segurança, por exemplo, sem resolver o mérito, o STJ agora pode examinar as questões de fato e direito e decidir de forma definitiva, desde que os autos ofereçam condições para tal decisão.

O procedimento para a interposição do recurso ordinário tanto para o Supremo Tribunal Federal quanto para o STJ segue as disposições estipuladas no

---

[6] RMS 46.033/SC, rel. Min. Benedito Gonçalves, 1.ª T., j. 04.09.2014, *DJe* 11.09.2014.

Segunda Parte • Recursos em Espécie

art. 1.027 do CPC/2015. Em regra, o recurso deve ser *interposto perante o tribunal de origem*, e cabe ao presidente ou vice-presidente desse tribunal determinar a intimação do recorrido para apresentar contrarrazões dentro de um prazo de **15 dias**.

Em uma *situação excepcional*, especificamente nos casos descritos no art. 1.027, II, *b*, do CPC/2015 – processos que envolvem, de um lado, Estado estrangeiro ou organismo internacional, e de outro, Município ou pessoa residente ou domiciliada no Brasil –, os requisitos de admissibilidade e o procedimento para o recurso ordinário seguem as normas aplicáveis à apelação, além de se observarem as disposições do *Regimento Interno do Superior Tribunal de Justiça*.

Ainda, nesses casos, contra as **decisões interlocutórias** caberá agravo de instrumento, no entanto **dirigidos ao Superior Tribunal de Justiça**, desde que observadas as hipóteses de cabimento previstas pelo art. 1.015 do CPC/2015, casos em que aplicar-se-ão as **disposições relativas ao agravo de instrumento** e o Regimento Interno do Superior Tribunal de Justiça.

No que tange às decisões interlocutórias proferidas nesses casos, cabe agravo de instrumento direcionado ao STJ, devendo ser observadas as hipóteses de cabimento estritamente delineadas pelo art. 1.015 do CPC/2015. Esse artigo especifica as situações em que o agravo de instrumento é admissível, garantindo que apenas decisões interlocutórias com significativo impacto na dinâmica processual possam ser reexaminadas pelo STJ. A regulação detalhada do agravo de instrumento e outras normas procedimentais aplicáveis são também determinadas pelo *Regimento Interno do STJ*, garantindo uma padronização e previsibilidade processual.

Importante destacar que o mesmo tribunal que tem competência para julgar o recurso ordinário também tem competência para julgar os agravos interpostos contra decisões interlocutórias no âmbito desses recursos. Assim, o STJ, ao julgar recursos ordinários oriundos de causas envolvendo entidades internacionais e partes brasileiras, também é o órgão competente para decidir sobre os agravos de instrumento que desafiam decisões interlocutórias emitidas durante o processo.

Por fim, após o período de 15 dias concedido para a apresentação das contrarrazões pelo recorrido, os autos são encaminhados ao STJ. Essa remessa ocorre independentemente de um juízo de admissibilidade preliminar, o que significa que o tribunal superior deverá avaliar a admissibilidade do recurso em conjunto com o mérito. Essa prática visa agilizar o processo de revisão judicial, reduzindo etapas processuais intermediárias e focando no exame direto e substantivo das questões jurídicas relevantes.

Estrutura resumida da peça

Folha de rosto ou petição de interposição:

Endereçamento: Atentar para o fato de que o recurso ordinário será endereçado ao Presidente (ou Vice-presidente) do Tribunal recorrido (TJ ou TRF). Assim, por exemplo, utilizar:

"EXCELENTÍSSIMO SENHOR DOUTOR DESEMBARGADOR PRESIDENTE (OU VICE-PRESIDENTE) DO E. TRIBUNAL DE JUSTIÇA DO ESTADO DE XXX (OU DO E. TRIBUNAL REGIONAL FEDERAL DA XXXª REGIÃO)".

Número do processo: Importante verificar que, por se tratar de recurso, haverá o devido número de distribuição do processo. Assim, identificar o processo logo em seguida ao endereçamento:

Processo n. XXX (número do processo CNJ – 0000000-00.0000.0.00.0000).

Identificação das partes: Segue o mesmo modelo dos recursos anteriores, recordar somente das especificidades do Recurso Ordinário:

"**NOME DO RECORRENTE**, já qualificado nos autos do **MANDADO DE SEGURANÇA**, de número em epígrafe, impetrado originariamente perante este Egrégio Tribunal, contra ato praticado por **NOME DA AUTORIDADE**, vinculado à **PESSOA JURÍDICA XXX**, devidamente qualificada nos autos".

Nome da ação e sua fundamentação legal: Recurso ordinário: "vem, respeitosamente, interpor o presente **RECURSO ORDINÁRIO**, com fundamento no art. 105, II, da Constituição Federal *(ou art. 102, II da CF, caso a origem seja Tribunal Superior)* e art. 1.027, II, do CPC *(ou inciso I, se o caso)*".

Fechamento:

Nestes Termos,

Pede Deferimento.

Local... e Data...

Nome do Advogado...

OAB n. ...

Folha das razões:

Endereçamento: "Razões de Recurso Ordinário"; identificação das partes (Recorrente: ...; Recorrido: ...); identificação do processo (Processo n. ...); "Egrégio Superior Tribunal de Justiça ou Supremo Tribunal Federal, Ilustres Ministros".

Fatos: Narrar os fatos ocorridos desde a propositura da ação até a prolação da decisão denegatória recorrida, demonstrando as questões relevantes para a reforma/anulação da decisão recorrida. Demonstrar, com base no art. 105, II, ou art. 102, II, ambos da CF/88, o cabimento do recurso (art. 1.029, II, do CPC), fundamentando ser cabível o referido recurso contra decisão denegatória de Mandados de Segurança, *Habeas Data* ou Mandado de Injunção (STF) ou de Mandados de Segurança (STJ) que julgar as causas decididas em única ou última instância pelos Tribunais Superiores (STF) ou tribunais regionais federais ou pelos tribunais de justiça dos Estados e do Distrito Federal e Territórios (STJ).

Segunda Parte • Recursos em Espécie

Fundamentação: Faça a correta ligação entre os fatos e os dispositivos legais aplicáveis, como artigos de lei, súmulas, precedentes, desenvolvendo raciocínio lógico e coerência jurídica. Apontar as razões do pedido de reforma ou invalidação (*error in judicando* ou *error in procedendo*) da decisão denegatória recorrida, pois elemento necessário do presente recurso, demonstrando qual o vício/defeito (contrariar dispositivo da Constituição) da decisão recorrida.

Pedidos e requerimentos: Diante do exposto, requer a este E. Tribunal Superior o recebimento e conhecimento do Recurso Ordinário, bem como seja concedido o efeito suspensivo ao presente recurso, com base no disposto nos arts. 995, parágrafo único, e 1.029, § 5º, ambos do CPC.

Ao final, requer o Recorrente o provimento do Recurso, para, com a reforma da decisão denegatória recorrida, julgar procedentes os pedidos formulados no Mandado de Segurança *XXX (dependendo do caso concreto, pode um ser pedido só de reforma, só de anulação ou os dois, como aqui foi exposto).*

Fechamento da peça:

Nestes termos,

Pede deferimento.

Local... e Data...

Advogado...

OAB n. ...

Modelo de Recurso Ordinário

Petição de interposição

EXCELENTÍSSIMO SENHOR DOUTOR DESEMBARGADOR PRESIDENTE (OU VICE-PRESIDENTE) DO E. TRIBUNAL DE JUSTIÇA DE XXX (OU DO E. TRIBUNAL REGIONAL FEDERAL DA XXXª REGIÃO)

"Processo n. ..."

NOME DO RECORRENTE, já qualificado nos autos do **MANDADO DE SEGURANÇA**, de número em epígrafe, impetrado originariamente perante este Egrégio Tribunal, contra ato praticado por **NOME DA AUTORIDADE**, vinculado à **PESSOA JURÍDICA XXX**, devidamente qualificada nos autos, vem, respeitosamente, interpor o presente

RECURSO ORDINÁRIO

com fundamento no art. 105, II, da Constituição Federal *(ou art. 102, II da CF, caso a origem seja Tribunal Superior)* e art. 1.027, II, do CPC *(ou inciso I, se o caso)*, o que faz tempestivamente, seguindo no anexo o comprovante do preparado recursal *(art. 1.007 do CPC)*, com as inclusas razões do Recurso.

Por oportuno, requer seja intimado o Recorrente para contrarrazões e, após, sejam os autos remetidos ao Tribunal Superior *(STJ ou STF)*, nos termos do art. 1.028, §§ 2º e 3º, do CPC, independentemente do juízo de admissibilidade.

Nestes termos,

Pede deferimento.

Local... e Data...

Advogado...

OAB n. ...

RAZÕES DO RECURSO ORDINÁRIO AO SUPERIOR TRIBUNAL DE JUSTIÇA (OU SUPREMO TRIBUNAL FEDERAL)

Recorrente: XXX

Recorrido: XXX

Processo n. XXX

Egrégio Superior Tribunal de Justiça (ou Supremo Tribunal Federal)

Ilustres Ministros

I – DO CABIMENTO DO PRESENTE RECURSO

Demonstrar, com base no art. 105, II, ou do art. 102, II, ambos da CF/88, o cabimento do recurso (art. 1.029, II, do CPC), fundamentando ser cabível o referido recurso contra decisão denegatória de Mandado de Segurança, Habeas Data *ou Mandado de Injunção (STF) ou de Mandado de Segurança (STJ) que julgar as causas decididas em única ou última instância pelos Tribunais Superiores (STF) ou tribunais regionais federais ou pelos tribunais de justiça dos Estados e do Distrito Federal e Territórios (STJ).*

II – SÍNTESE DO PROCESSADO

Narrar os fatos ocorridos desde a propositura da ação até a prolação da decisão denegatória recorrida, demonstrando as questões relevantes para a reforma/anulação da decisão recorrida.

III – RAZÕES DO PEDIDO DE REFORMA OU DE INVALIDAÇÃO DA DECISÃO RECORRIDA

Narrar as questões jurídicas e apontar as incorreções da decisão recorrida.

Apontar as razões do pedido de reforma ou invalidação ("error in judicando" ou "error in procedendo") da decisão denegatória recorrida, pois elemento necessário do presente recurso, demonstrando qual o vício/defeito (contrariar dispositivo da Constituição) da decisão recorrida.

Observar se há precedente. Caso o precedente seja favorável, fazer a adesão. Caso desfavorável, fazer a distinção.

IV – EFEITO SUSPENSIVO

Demonstrar os requisitos para o pedido de efeito suspensivo ao recurso, nos termos do art. 995, parágrafo único, do CPC e, por analogia, dos arts. 1.029, § 5º, e 1.012, § 4º, ambos do CPC.

Segunda Parte • Recursos em Espécie

V – CONCLUSÕES

Diante do exposto, requer a este E. Tribunal Superior o recebimento e conhecimento do Recurso Ordinário, bem como seja concedido o efeito suspensivo ao presente recurso, com base no disposto nos arts. 995, parágrafo único, e 1.029, § 5º, ambos do CPC.

Ao final, requer o Recorrente o provimento do Recurso, para, com a reforma da decisão denegatória recorrida, julgar procedentes os pedidos formulados no Mandado de Segurança XXX (*dependendo do caso concreto, pode ser um pedido só de reforma, só de anulação ou os dois, como aqui foi exposto*).

Nestes termos,

Pede deferimento.

Local... e Data...

Advogado...

OAB n. ...

---

6. RECURSO ESPECIAL E RECURSO EXTRAORDINÁRIO

Eduardo Arruda Alvim descreve os recursos extraordinário e especial como *"recursos de estrito direito"*, que têm objetivos distintos e fundamentais para a manutenção da ordem jurídica no Brasil. O recurso extraordinário visa assegurar a supremacia da Constituição Federal, enquanto o recurso especial busca preservar a uniformidade e integridade da legislação federal infraconstitucional em todo o território nacional[7].

O *recurso extraordinário (RE)* é uma ferramenta processual fundamental e necessária que está sob a competência do *Supremo Tribunal Federal (STF)*, conforme estabelecido pelo art. 102 da Constituição Federal de 1988. O STF tem como principal função a **guarda da Constituição**, e o recurso extraordinário é um dos meios pelo qual essa guarda é exercida.

De acordo com o art. 102, III, da CF/88, o recurso extraordinário é cabível nas seguintes situações:

---

a) **contrariar dispositivo da Constituição;**
b) **declarar a inconstitucionalidade de tratado ou lei federal;**
c) **julgar válida lei ou ato de governo local contestado em face desta Constituição;**
d) **julgar válida lei local contestada em face de lei federal.**

No contexto do recurso extraordinário, o recorrente é obrigado a demonstrar a *repercussão geral* das questões constitucionais discutidas no caso,

---

[7] ALVIM, Eduardo Arruda. *Direito processual civil*. 5. ed. rev. atual. e ampl. São Paulo: RT, 2013. p. 945.

conforme estipulado pelo CPC/2015. Esta etapa é determinante para que o Supremo Tribunal Federal (STF) proceda com a *análise de admissibilidade do recurso*.

Na verdade, a demonstração da repercussão geral é essencial porque o STF só deverá revisar questões constitucionais que possuam relevância social, econômica, política ou jurídica ampla, transcendendo os interesses subjetivos da causa. Assim, para que um recurso extraordinário seja recusado, é necessário que *dois terços* dos membros do Tribunal manifestem-se nesse sentido, evidenciando um rigoroso filtro inicial para a admissão desses recursos.

Por outro lado, o *Superior Tribunal de Justiça (STJ)*, conforme delineado no art. 105, III, da Constituição Federal de 1988, possui a competência para julgar, por meio de *Recurso Especial (REsp)*, as causas que são decididas em única ou última instância pelos Tribunais Regionais Federais ou pelos tribunais dos Estados, do Distrito Federal e Territórios.

As hipóteses de cabimento do recurso especial incluem:

> **a) contrariar tratado ou lei federal, ou negar-lhes vigência;**
> **b) julgar válido ato de governo local contestado em face de lei federal;**
> **c) der a lei federal interpretação divergente da que lhe haja atribuído outro tribunal.**

Após estabelecer as hipóteses de cabimento dos recursos extraordinário e especial conforme delineado pela Constituição Federal de 1988, é relevante conferir a sistemática do procedimento destes recursos.

Ambos os recursos, extraordinário e especial, devem ser interpostos perante o presidente ou o vice-presidente do tribunal de origem que proferiu a decisão a ser recorrida.

A *petição de interposição* deve ser meticulosamente elaborada, incluindo uma exposição detalhada do fato e do direito, uma demonstração precisa da admissibilidade do recurso interposto, e as razões pelas quais o recorrente solicita a reforma da decisão recorrida.

Com efeito, no caso de o recurso se fundamentar em dissídio jurisprudencial, o recorrente é obrigado a comprovar a discrepância entre a interpretação da lei dada pelo tribunal *a quo* e a de outro tribunal, conforme art. 1.029, § 1º, do CPC. Isso é feito pela apresentação de certidão, cópia ou citação da jurisprudência divergente, que pode estar disponível em repositórios oficiais, credenciados ou até mesmo em mídia eletrônica.

É fundamental que a documentação apresentada detalhe claramente as circunstâncias que assemelham os casos comparados, estabelecendo um paralelo claro e direto entre as decisões judiciais.

Segunda Parte • Recursos em Espécie

Importante destacar que, na presença de *vícios formais*, como questões de tempestividade, por exemplo, o Supremo Tribunal Federal ou o Superior Tribunal de Justiça têm a prerrogativa de desconsiderar tais erros ou exigir a sua correção nos respectivos recursos. Essa flexibilidade só será exercida se os vícios não forem considerados graves ao ponto de comprometer a justiça e o legítimo julgamento do mérito recursal.

No âmbito de incidente de resolução de demandas repetitivas, o CPC faculta ao *presidente do Supremo Tribunal Federal ou do Superior Tribunal de Justiça* a prerrogativa de **suspender processos** em curso em todo o território nacional que discutam questões de direito federal, seja de natureza constitucional ou infraconstitucional. Essa suspensão, conforme o art. 1.029, § 4º, do CPC, pode ser decretada levando em consideração a *segurança jurídica* ou o *excepcional interesse social*, mantendo-se até uma decisão ulterior sobre o recurso extraordinário ou especial a ser interposto.

Quanto aos seus efeitos, como regra, os *Recursos Extraordinário (RE)* e *Especial (REsp)* **não possuem efeito suspensivo**. Isso significa que a decisão recorrida continua a produzir todos os seus efeitos até que o Tribunal Superior decida o recurso.

O *efeito devolutivo*, entretanto, assegura que as questões de matéria constitucional, para o STF, e de lei federal, para o STJ, sejam reexaminadas pelos Respectivos Tribunais Superiores. Importante mencionar que, conforme estipula o art. 1.034, parágrafo único, do CPC, a admissão do recurso por um fundamento específico resulta na devolução ao Tribunal Superior de todos os fundamentos relevantes para a solução do capítulo da decisão que foi impugnado.

No entanto, de forma excepcional, é possível que o recorrente *solicite o efeito suspensivo aos recursos extraordinário ou especial*. Para tanto, deve-se formalizar um pedido expresso e escrito durante o período entre a publicação da decisão que admite o recurso e sua distribuição **(i) ao relator no Tribunal Superior**, ficando o relator designado para seu exame prevento para julgá-lo; ou no período compreendido entre a interposição do recurso e a publicação da decisão de admissão do recurso, **(ii) dirigido ao presidente ou vice-presidente do tribunal de origem**. Essa medida é particularmente relevante nos casos em que a execução imediata da decisão possa resultar em dano grave, de difícil ou impossível reparação.

De acordo com o que determina o art. 1.030 do CPC, o procedimento após a recepção da petição do recurso na secretaria do tribunal segue um trâmite bem definido. Inicialmente, o recorrido é intimado para que apresente suas contrarrazões dentro de um prazo de *15 (quinze) dias*.

Após esse período, o processo segue para a próxima etapa, em que os autos são encaminhados ao presidente ou ao vice-presidente do tribunal de origem, que poderá:

> **I – negar seguimento:**
>
> a) a recurso extraordinário que discuta questão constitucional à qual o Supremo Tribunal Federal não tenha reconhecido a existência de repercussão geral ou a recurso extraordinário interposto contra acórdão que esteja em conformidade com entendimento do Supremo Tribunal Federal exarado no regime de repercussão geral;
>
> b) a recurso extraordinário ou a recurso especial interposto contra acórdão que esteja em conformidade com entendimento do Supremo Tribunal Federal ou do Superior Tribunal de Justiça, respectivamente, exarado no regime de julgamento de recursos repetitivos;
>
> **II – encaminhar o processo ao órgão julgador para realização do juízo de retratação**, se o acórdão recorrido divergir do entendimento do Supremo Tribunal Federal ou do Superior Tribunal de Justiça exarado, conforme o caso, nos regimes de repercussão geral ou de recursos repetitivos;
>
> **III – sobrestar o recurso que versar sobre controvérsia de caráter repetitivo ainda não decidida** pelo Supremo Tribunal Federal ou pelo Superior Tribunal de Justiça, conforme se trate de matéria constitucional ou infraconstitucional;
>
> **IV – selecionar o recurso como representativo de controvérsia constitucional ou infraconstitucional**, nos termos do § 6º do art. 1.036;
>
> **V – realizar o juízo de admissibilidade** e, se positivo, remeter o feito ao Supremo Tribunal Federal ou ao Superior Tribunal de Justiça, desde que:
>
> a) o recurso ainda não tenha sido submetido ao regime de repercussão geral ou de julgamento de recursos repetitivos;
>
> b) o recurso tenha sido selecionado como representativo da controvérsia; ou
>
> c) o tribunal recorrido tenha refutado o juízo de retratação.

Assim, quando a admissibilidade de um recurso especial ou extraordinário é negada com base no *inciso V*, a parte interessada pode interpor um *agravo* direcionado ao Tribunal Superior, conforme delineado no art. 1.042 do CPC, que detalha o procedimento específico para esta situação.

Por outro lado, se a decisão que nega seguimento ao recurso for fundamentada nos *incisos I ou III*, o recurso cabível será o *agravo interno*, nos termos do art. 1.021 do CPC/2015, que permite que a decisão seja reexaminada pelo próprio tribunal que a proferiu.

Além disso, é possível que os recursos especial e extraordinário sejam interpostos de maneira *conjunta*. Nesse cenário, os autos serão inicialmente encaminhados ao *Superior Tribunal de Justiça (STJ)*.

Após a conclusão do julgamento do recurso especial, se este não for considerado prejudicado pelo julgamento do recurso extraordinário, os autos serão então remetidos ao Supremo Tribunal Federal (STF) para a apreciação do recurso extraordinário.

Caso o relator no STJ entenda que o recurso extraordinário pode influenciar o resultado do recurso especial, poderá optar por *sobrestar* o julgamento do

Segunda Parte • Recursos em Espécie

recurso especial e enviar os autos ao STF para a decisão do recurso extraordinário primeiro.

Se o relator no STF, após análise, decidir que o recurso extraordinário não prejudica o especial, os autos serão devolvidos ao STJ para prosseguimento do julgamento do recurso especial, cuja decisão será **decisão irrecorrível**.

A prática de não conhecer do recurso extraordinário pelo Supremo Tribunal Federal quando a questão constitucional nele discutida não apresentar repercussão geral é um aspecto crítico do processo judicial brasileiro, introduzido para otimizar a gestão do tempo do tribunal e concentrar-se em questões de ampla importância social ou legal. Essa filtragem inicial é essencial para que o STF mantenha seu foco em questões que têm o potencial de impactar a jurisprudência nacional de forma significativa.

Assim, poderá o Supremo Tribunal Federal, em **decisão irrecorrível**, não conhecer do recurso extraordinário, quando a questão constitucional nele versada não tiver **repercussão geral**.

Importante questão introduzida pelo CPC/2015 foi a **fungibilidade** entre os recursos extraordinário e especial de maneira inovadora, estabelecendo procedimentos que permitem uma maior flexibilidade e eficiência na gestão desses recursos pelos tribunais superiores. Nesse caso, o art. 1.032 do CPC destaca essa flexibilidade, ao permitir que, caso o relator, no Superior Tribunal de Justiça, identifique que o recurso especial apresenta questões constitucionais, ele possa conceder um prazo adicional de *15 dias* para o recorrente *comprovar a repercussão geral da questão constitucional* e elaborar sobre ela. Isso evita a rejeição prematura do recurso e permite que ele seja encaminhado ao STF para uma avaliação mais aprofundada.

Além disso, o art. 1.033 do CPC introduz um mecanismo inverso, ou seja, se o STF identificar que a violação constitucional alegada no recurso extraordinário é de fato uma questão que envolve a interpretação de lei federal ou de tratado, o recurso será remetido ao STJ para ser julgado como recurso especial. Esse intercâmbio entre os Tribunais Superiores assegura que o recurso seja examinado pelo Tribunal mais apropriado para a natureza específica da questão legal em debate.

Por fim, quando um recurso extraordinário ou especial são admitidos por um fundamento, isso abre a porta para que o Tribunal Superior examine e decida sobre os demais fundamentos associados ao capítulo impugnado da decisão. Essa abordagem não só garante que todos os aspectos relevantes da disputa sejam considerados, mas também fortalece o *princípio do duplo grau de jurisdição*, assegurando uma revisão judicial abrangente e minuciosa.

A respeito do **conceito de repercussão geral**, o requisito foi instituído para refinar o processo de seleção dos casos que serão julgados pelo Supremo Tribunal Federal, assegurando que apenas as questões de maior relevância nacional, seja em termos econômicos, políticos, sociais ou jurídicos, sejam apreciadas. Essa filtragem deve ser utilizada para otimizar os recursos do tribunal e garantir que seu tempo e esforços sejam dedicados a questões que possam estabelecer precedentes significativos ou esclarecer a lei para a sociedade como um todo.

A repercussão geral é reconhecida quando o recurso desafia uma decisão que esteja em desacordo com a jurisprudência consolidada do STF, envolve questões repetitivas que já foram objeto de julgamentos anteriores pelo tribunal, ou trata da inconstitucionalidade de tratados ou leis federais, nos termos do art. 97 da Constituição Federal, mecanismo que serve como um filtro preliminar, evitando que o STF seja sobrecarregado com casos que não tenham substancial importância constitucional.

Todavia, se a repercussão geral for negada, o presidente ou o vice-presidente do tribunal de origem irão negar seguimento a qualquer recurso extraordinário relacionado e sobrestado, efetivamente encerrando a possibilidade de revisão pelo STF em casos que tratam de matéria similar.

Além disso, o relator do STF pode permitir a participação de terceiros no debate sobre a repercussão geral, por meio da figura do **amicus curiae**, que é um terceiro interessado que pode fornecer informações valiosas ou dados relevantes ao caso, desde que seja subscrita por procurador habilitado, nos termos do Regimento Interno do Supremo Tribunal Federal. A contribuição do *amicus curiae* é particularmente valiosa em casos complexos, nos quais as implicações legais ou os efeitos sociais da decisão podem ser vastos.

Nesse sentido, uma vez *reconhecida a repercussão geral*, o relator pode determinar a **suspensão** de todos os processos relacionados que tramitem em qualquer instância judicial do país. Essa medida visa prevenir decisões contraditórias em diferentes tribunais e assegurar uma uniformidade na interpretação da lei em todo o território nacional, aguardando o julgamento final pelo STF. Esse procedimento não apenas mantém a coesão do sistema jurídico, mas também **protege o princípio da segurança jurídica**, essencial em um Estado de Direito.

De acordo com o § 6º do art. 1.035 do CPC, existe uma disposição que permite ao interessado solicitar ao presidente ou ao vice-presidente do tribunal que *excluam da decisão de sobrestamento* e que não admitam os recursos especial ou extraordinário, caso estes tenham sido interpostos de maneira *intempestiva*, ou seja, fora do prazo legal.

Esse pedido deve ser feito dentro de um prazo restrito de *5 dias*, após a intimação sobre a intenção de sobrestar o recurso. Caso o requerimento seja negado ou se a decisão aplicar um entendimento já consolidado sob o regime de repercussão geral ou em julgamento de recursos repetitivos, o interessado poderá interpor o recurso de *agravo interno*, buscando a revisão dessa decisão pelo próprio tribunal.

Segunda Parte • Recursos em Espécie

Se a *repercussão geral de um recurso for negada*, o presidente ou o vice-presidente do tribunal de origem estão autorizados a negar seguimento a quaisquer recursos extraordinários que tratem de *questões idênticas* e que estejam sobrestados na origem, evitando, assim, a tramitação de recursos que não atendam aos critérios de relevância definidos pelo Supremo Tribunal Federal.

Importante destacar que os recursos que tenham sua repercussão geral reconhecida recebem tratamento prioritário no sistema judicial. Eles devem ser julgados no prazo máximo de **1 ano**, após a decisão que reconheceu sua relevância e terão preferência sobre quase todos os outros tipos de processos, com exceção daqueles que envolvem réus presos e pedidos de *habeas corpus*, que possuem prioridade absoluta. Essa medida visa assegurar a rápida resolução de questões de grandes impactos social, econômico ou jurídico, reforçando a eficiência e a eficácia do sistema judicial.

Assim, é importante notar, também, que a decisão sobre a repercussão geral será sumulada e incluída em ata, que será publicada no diário oficial. Essa publicação tem valor de acórdão, formalizando o entendimento do tribunal sobre a matéria e servindo como referência para futuras decisões, tanto no âmbito do próprio tribunal quanto em outras instâncias judiciais, consolidando assim a jurisprudência sobre o tema tratado.

A respeito do Recurso Especial, a **Emenda Constitucional 125** introduziu mudanças significativas na dinâmica dos recursos especiais no Brasil, principalmente no que se refere ao *critério de admissibilidade* baseado na **relevância da questão federal** discutida. Esta alteração introduziu mais um novo filtro de acesso ao Superior Tribunal de Justiça, que tem como uma de suas principais funções uniformizar a interpretação da legislação infraconstitucional brasileira.

Essa nova sistemática introduzida pela Emenda Constitucional 125 permite que o STJ selecione para julgamento apenas aquelas questões que têm relevância nacional, possibilitando uma gestão mais eficiente do tempo e dos recursos judiciais. A relevância da questão federal torna-se, portanto, um critério essencial para a admissibilidade de um recurso especial.

E, para isso, não basta ao recorrente demonstrar a divergência na interpretação da lei entre diferentes tribunais; é necessário, também, que a questão debatida seja *relevante do ponto de vista nacional*, impactando significativamente grupos amplos da sociedade ou que tenha implicações importantes para a administração pública, para a evolução do direito ou para o estabelecimento de políticas públicas.

Assim, nos termos do § 2º do art. 105 da CF, para que um recurso especial seja admitido sob a alegação de relevância das questões de direito, o Superior Tribunal de Justiça exige que o recorrente demonstre, de forma clara e específica, como a questão debatida **transcende** o interesse meramente particular das

148   *Manual Prático da Advocacia Cível nos Tribunais*

partes e afeta a aplicação uniforme da lei federal. E essa demonstração é fundamental para que o Tribunal possa avaliar adequadamente a importância da matéria e decidir sobre a admissão do recurso.

No entanto, o Tribunal somente pode *recusar* a admissão de um recurso especial com base na falta de relevância da questão federal discutida, se houver uma manifestação nesse sentido por *2/3 (dois terços)* dos membros do órgão competente para o seu julgamento. Esse quórum qualificado é uma garantia adicional que busca assegurar que apenas questões verdadeiramente relevantes e de ampla repercussão sejam objeto de análise pelo STJ.

Essa disposição reflete a preocupação do sistema jurídico em filtrar os recursos especiais de maneira eficiente, evitando sobrecarregar o STJ com demandas que não apresentem uma necessidade palpável de revisão no âmbito da alta corte. Ao mesmo tempo, essa medida protege a função do Tribunal como um órgão de uniformização, permitindo que se concentre em questões cuja resolução possa influenciar significativamente a interpretação e aplicação das leis federais em múltiplos casos.

Outrossim, o § 3º do art. 105 determinou algumas hipóteses em que, presumidamente, haverá a relevância da questão federal. São os seguintes casos:

I – ações penais;

II – ações de improbidade administrativa;

III – ações cujo valor da causa ultrapasse 500 (quinhentos) salários mínimos;

IV – ações que possam gerar inelegibilidade;

V – hipóteses em que o acórdão recorrido contrariar jurisprudência dominante do Superior Tribunal de Justiça;

VI – outras hipóteses previstas em lei.

Portanto, o papel do recorrente em meticulosamente fundamentar a relevância da questão de direito federal infraconstitucional no recurso especial é mais do que uma exigência processual; é uma contribuição para a manutenção da qualidade e eficiência do Judiciário brasileiro, reforçando o papel do STJ como guardião da uniformidade e integridade da lei federal.

Importante disposição, ainda, foi a prevista na **Subseção II**, para o caso de julgamentos de *recursos extraordinários e especiais repetitivos*, determinando que sempre que houver *multiplicidade de recursos extraordinários ou especiais* com fundamento em *idêntica questão de direito*, haverá afetação para julgamento e a análise da repercussão geral será processada nos termos do Regimento Interno do Supremo Tribunal Federal, observado o disposto no art. 1.036 do CPC/2015.

Nesse contexto, o procedimento de afetação para o julgamento sob o regime de recursos repetitivos é mais uma medida que busca concentrar e

Segunda Parte • Recursos em Espécie

uniformizar a interpretação de temas jurídicos que se repetem em múltiplas ações, proporcionando maior previsibilidade e segurança jurídica.

Segundo esse o mecanismo, o presidente ou vice-presidente do Tribunal de Justiça ou Tribunal Regional Federal, reconhecendo a existência de múltiplos recursos sobre a mesma questão de direito, selecionarão *dois ou mais recursos representativos da controvérsia*. Esses serão encaminhados ao Supremo Tribunal Federal ou ao Superior Tribunal de Justiça, conforme a natureza constitucional ou infraconstitucional da matéria, para que se proceda à análise de admissibilidade e julgamento consolidado.

Ao decidir pela afetação dos recursos, haverá a suspensão do trâmite de todos os processos pendentes, sejam eles individuais ou coletivos, relacionados à mesma questão de direito em todo o Estado ou região. Essa suspensão se mantém até a decisão final dos tribunais superiores, o que impede decisões conflitantes sobre o mesmo tema e otimiza o uso dos recursos judiciais.

Adicionalmente, o CPC permite que, diante de uma decisão de sobrestamento (suspensão), partes interessadas possam requerer ao presidente ou vice-presidente do tribunal a exclusão do sobrestamento para recursos que foram interpostos fora do prazo legal (intempestivamente), ou seja, recursos que não deveriam prosseguir por falha processual básica. O prazo para tal manifestação sobre esse requerimento será de *5 dias* a partir da intimação.

Se esse requerimento for *indeferido*, a parte ainda pode recorrer dessa decisão por meio de *agravo interno*, conforme estabelecido no art. 1.021 do CPC, o que garante o direito à revisão dessa decisão dentro do próprio tribunal.

A função do presidente ou vice-presidente do Tribunal de Justiça ou do Tribunal Regional Federal na seleção de recursos representativos da controvérsia é determinante para iniciar o processo de julgamento sob o regime de recursos repetitivos, conforme o art. 1.036 do CPC. No entanto, essa seleção preliminar não é definitiva ou obrigatória para o relator no tribunal superior, que possui autonomia para avaliar e, se necessário, escolher diferentes recursos que melhor representem as questões de direito em análise.

Essa flexibilidade, na verdade, permite que o relator no Supremo Tribunal Federal ou no Superior Tribunal de Justiça faça uma escolha mais informada e estratégica, visando a garantir que as decisões tomadas sirvam como precedentes robustos e adequados para casos futuros. Assim, pode o relator optar por selecionar recursos que apresentem uma argumentação mais completa e detalhada sobre a matéria em questão, possibilitando uma análise mais profunda e abrangente das implicações legais e jurisprudenciais.

A *decisão de afetação* proferida pelo relator, uma vez que os recursos estejam devidamente selecionados e reconhecidos como representativos da controvérsia, formaliza o início do julgamento sob o regime de recursos repetitivos.

Essa decisão, conforme art. 1.037 do CPC, define a suspensão do trâmite de todos os processos relacionados que estão pendentes em qualquer tribunal do país, aguardando a resolução dessa questão de direito e:

> **I – identificará com precisão a questão a ser submetida a julgamento;**
> **II – determinará a suspensão do processamento de todos os processos pendentes, individuais ou coletivos, que versem sobre a questão e tramitem no território nacional;**
> **III – poderá requisitar aos presidentes ou aos vice-presidentes dos tribunais de justiça ou dos tribunais regionais federais a remessa de um recurso representativo da controvérsia.**

Importante notar que o procedimento de afetação incluirá descrição detalhada das razões pela escolha dos casos específicos, ressaltando a relevância e a representatividade dos recursos escolhidos para a questão de direito em análise. Além disso, o relator detalhará os critérios adotados para essa seleção, baseando-se na complexidade da matéria, na qualidade e profundidade da argumentação jurídica presente nos recursos, e na necessidade de uma resolução uniforme e coesa que orientará as instâncias inferiores.

Quando um recurso selecionado pelo presidente ou pelo vice-presidente do Tribunal de Justiça ou do Tribunal Regional Federal não for efetivamente afetado para julgamento sob o regime de recursos repetitivos pelo relator no tribunal superior, o procedimento subsequente deve ser cuidadosamente gerido.

Se o relator, no Supremo Tribunal Federal ou no Superior Tribunal de Justiça, decidir que não procederá à afetação, ele deve comunicar tal decisão ao presidente ou vice-presidente do tribunal de origem. Essa comunicação é necessária para que o presidente ou vice-presidente possa então revogar a decisão anterior que suspendeu o trâmite de todos os processos pendentes relacionados à mesma questão, conforme estabelecido no art. 1.037, § 1º, do CPC/2015, sobretudo para também garantir que não haja um atraso injustificado no andamento de outros casos que estavam aguardando a decisão sobre a afetação.

Ademais, *havendo mais de uma afetação*, o relator que efetua a primeira afetação de um recurso torna-se **prevento** para futuras decisões sobre questões similares, como previsto no art. 1.037, I e § 3º, do CPC, estabelecendo uma ordem de prevenção que visa evitar decisões conflitantes sobre a mesma questão jurídica por diferentes relatores.

Os recursos que forem afetados devem ser julgados dentro de um prazo de *1 ano* e recebem prioridade sobre outros casos, exceto aqueles envolvendo réus presos e pedidos de *habeas corpus*, que devem ser tratados com a máxima urgência devido às implicações nas liberdades individuais.

Segunda Parte • Recursos em Espécie

Adicionalmente, caso os recursos enviados, consoante o inciso III do *caput* do art. 1.037 do CPC, para representar a controvérsia incluam questões além daquelas específicas à afetação, o tribunal deverá julgar primeiro a questão afetada (§ 7º). Após a resolução dessa questão principal, o tribunal deverá decidir as demais questões envolvidas em cada processo em acórdãos específicos, garantindo assim uma resolução detalhada e completa de todas as matérias disputadas em cada caso.

Da mesma forma, no caso de suspensão do processamento de todos os processos pendentes que versarem sobre a questão, as partes deverão ser intimadas da decisão de suspensão de seu processo, a ser proferida pelo respectivo juiz ou relator, quando informado da decisão.

Em sendo demonstrado, pois, a ***distinção*** entre a questão a ser decidida no processo e aquela a ser julgada no recurso especial ou extraordinário afetado, ***a parte poderá requerer o prosseguimento do seu processo***. Importante observar a quem o **requerimento** será dirigido, devendo obedecer à seguinte ordem (§ 10):

(i) ao juiz, se o processo sobrestado estiver em primeiro grau;

(ii) ao relator, se o processo sobrestado estiver no tribunal de origem;

(iii) ao relator do acórdão recorrido, se for sobrestado recurso especial ou recurso extraordinário no tribunal de origem;

(iv) ao relator, no tribunal superior, de recurso especial ou de recurso extraordinário cujo processamento houver sido sobrestado.

Assim, **reconhecida a distinção (§ 12)**:

• nos casos dos ***itens (i), (ii) e (iv),*** o próprio juiz ou relator dará prosseguimento ao processo;

• no caso do ***item (iii)***, o relator comunicará a decisão ao presidente ou ao vice-presidente que houver determinado o sobrestamento do processo, para que o recurso especial ou o recurso extraordinário seja encaminhado ao respectivo Tribunal Superior.

Da decisão que **resolver o requerimento**, caberá:

I – **agravo de instrumento**, se o processo estiver em primeiro grau;

II – **agravo interno**, se a decisão for de relator.

Ainda, o art. 1.038, do CPC, prevê algumas hipóteses de ***ampliação dos poderes do relator***, determinando que, distribuídos os recursos extraordinário ou especial representativos da controvérsia, o relator poderá:

> **I – solicitar ou admitir manifestação de pessoas**, órgãos ou entidades com interesse na controvérsia (*amicus curiae*), considerando a relevância da matéria e consoante dispuser o regimento interno;
> **II – fixar data para, em audiência pública, ouvir depoimentos** de pessoas com experiência e conhecimento na matéria, com a finalidade de instruir o procedimento;
> **III – requisitar informações aos tribunais inferiores** a respeito da controvérsia e, cumprida a diligência, intimará o Ministério Público para manifestar-se.

No caso do **inciso III**, ou seja, na requisição das informações aos tribunais inferiores e para a manifestação do Ministério Público, os prazos respectivos serão de *15 (quinze) dias*, e os atos serão praticados, sempre que possível, por *meio eletrônico*.

Transcorrido o prazo para o Ministério Público e remetida a cópia do relatório aos demais ministros, haverá inclusão em pauta, devendo ocorrer o julgamento com preferência sobre os demais feitos, ressalvados os que envolvam réu preso e os pedidos de *habeas corpus*.

Por fim, assim como o recurso escolhido e admitido para a análise da controvérsia deverá abranger *argumentação e discussão* a respeito da matéria de direito, de igual maneira o conteúdo do acórdão deverá conter a *fundamentação adequada e suficiente* para a resolução das questões apresentadas, bem como abranger a análise dos fundamentos relevantes da tese jurídica discutida.

Decididos os recursos afetados, os órgãos colegiados declararão prejudicados os demais recursos versando sobre idêntica controvérsia ou os decidirão aplicando a tese firmada. Entretanto, **negada a existência de repercussão geral** no recurso extraordinário afetado, serão considerados *automaticamente* inadmitidos os recursos extraordinários cujo processamento tenha sido sobrestado.

Publicado o acórdão paradigma, surgem algumas possibilidades, conforme a seguir e nos termos do art. 1.040 do CPC:

> **I –** o presidente ou o vice-presidente do tribunal de origem *negará seguimento* aos recursos especiais ou extraordinários sobrestados na origem, se o acórdão recorrido *coincidir* com a orientação do tribunal superior;
> **II –** o órgão que proferiu o acórdão recorrido, na origem, *reexaminará o processo de competência originária, a remessa necessária ou o recurso anteriormente julgado*, se o acórdão recorrido *contrariar* a orientação do tribunal superior;
> **III –** os *processos suspensos* em primeiro e segundo graus de jurisdição *retomarão o curso para julgamento e aplicação da tese firmada* pelo tribunal superior;
> **IV –** se os recursos versarem sobre questão relativa a prestação de serviço público objeto de concessão, permissão ou autorização, o *resultado do julgamento será comunicado* ao órgão, ao ente ou à agência reguladora competente para fiscalização da efetiva aplicação, por parte dos entes sujeitos a regulação, da tese adotada.

Segunda Parte • Recursos em Espécie

A possibilidade de *desistência da ação por parte do autor*, antes de a sentença ser proferida, é uma faculdade prevista no CPC que permite ao demandante retirar sua demanda quando percebe que o mesmo tema está sendo resolvido em um recurso representativo da controvérsia.

Especificamente, se a desistência acontecer *antes de o réu apresentar contestação*, a parte desistente é beneficiada com a isenção das custas processuais e dos honorários advocatícios de sucumbência, o que reflete uma simplificação processual e redução de custos para o desistente.

Importante ressaltar que o **consentimento do réu não é necessário** para que a desistência seja efetivada, mesmo após a contestação ser apresentada, conferindo ao autor a liberdade de cessar a lide unilateralmente a qualquer momento antes da decisão judicial.

Quanto ao procedimento de recursos em casos de decisões divergentes já julgadas, quando o tribunal de origem mantém um acórdão divergente após a análise de um recurso representativo, os recursos especial ou extraordinário correspondentes serão encaminhados ao tribunal superior, conforme estipula o art. 1.036, § 1º, do CPC/2015.

Se houver um **juízo de retratação** que resulte na alteração da decisão inicialmente divergente, o tribunal de origem pode então decidir outras questões que necessitem de resolução devido à mudança do entendimento inicial.

Além disso, no caso do inciso II do *caput* do art. 1.040 do CPC, e nas situações em que o recurso abrange mais questões além daquela diretamente afetada pelo juízo, o presidente ou o vice-presidente do tribunal recorrido têm a prerrogativa de encaminhar o recurso ao tribunal superior para o julgamento das questões remanescentes, após a revisão pelo tribunal de origem. Isso se dá independentemente de uma nova ratificação do recurso, simplificando o processo e assegurando que todas as questões sejam devidamente apreciadas.

Estrutura resumida da peça (REsp)

Folha de rosto ou petição de interposição:

Endereçamento: Atentar para o fato de que ambos os recursos, especial e extraordinário, serão endereçados ao Presidente (ou ao Vice-presidente) do Tribunal recorrido (TJ ou TRF). Assim, por exemplo, utilizar:

"EXCELENTÍSSIMO SENHOR DOUTOR DESEMBARGADOR PRESIDENTE (OU VICE-PRESIDENTE) DO E. TRIBUNAL DE JUSTIÇA DO ESTADO DE XXX (OU DO E. TRIBUNAL REGIONAL FEDERAL DA XXXª REGIÃO)".

Número do processo: Importante verificar que, por se tratar de recurso, haverá o devido número de distribuição do processo. Assim, identificar o processo logo em seguida ao endereçamento:

Processo n. XXX (número do processo CNJ – *0000000-00.0000.0.00.0000*).

Identificação das partes: Segue o mesmo modelo dos recursos anteriores:

"**NOME DO RECORRENTE**, já devidamente qualificado nos autos do processo em epígrafe; **NOME DO RECORRIDO**, também devidamente qualificado nos autos".

Nome da ação e sua fundamentação legal: "vem, respeitosamente, por seu advogado que esta subscreve, interpor o presente **RECURSO ESPECIAL**, com pedido de efeito suspensivo (art. 1.029, § 5º, do CPC), nos termos dos *arts. 105, III, "a", da CF/88 e 1.029 e seguintes do CPC*, o que faz tempestivamente, seguindo anexo o comprovante do preparado recursal (art. 1.007 do CPC), com as inclusas razões do Recurso Especial".

Fechamento:

Nestes Termos,

Pede Deferimento.

Local... e Data...

Nome do Advogado...

OAB n. ...

Peça – Folha das Razões:

Endereçamento: Razões de Recurso Especial ou Razões de Recurso Extraordinário; identificação das partes (Recorrente: ...; Recorrido: ...); identificação do processo (Processo n. ...); "Egrégio Superior Tribunal de Justiça ou Supremo Tribunal Federal, Ínclitos Ministros".

Fatos: Demonstrar, com base no art. 105, III, *a*, da CF/88, o cabimento do recurso (art. 1.029, II, do CPC), fundamentando ser cabível o referido recurso contra decisão que, em única ou última instância, pelos Tribunais Regionais Federais ou pelos tribunais dos Estados, do Distrito Federal e Territórios, contrariar tratado ou lei federal, ou negar-lhes vigência. Por fim, em relação ao cabimento, importante destacar que não se aplica ao caso a Súmula 7 do STJ, pois a pretensão de simples reexame de prova não enseja recurso especial, não sendo o caso dos autos. Por fim, restam prequestionados os dispositivos de lei violados ou negados em sua vigência, cumprindo o disposto na Súmula 211 do STJ.

Fundamentação: Faça a correta ligação entre os fatos e os dispositivos legais aplicáveis, como artigos de lei, súmulas, precedentes, desenvolvendo raciocínio lógico e coerência jurídica. Na narrativa das questões jurídicas, assim como determina o art. 1.029, I, do CPC, apontar as incorreções da decisão recorrida (contrariedade ou negativa de vigência a tratado ou lei federal).

Pedidos e requerimentos: "Diante do exposto, requer o recebimento e conhecimento do Recurso Especial, determinando-se a intimação do Recorrido (CPC, art. 1.030) para responder no prazo legal. Requer-se, ainda, em face da situação de urgência (narrar a situação), seja concedido o efeito suspensivo ao presente recurso, com base no disposto no art. 1.029, § 5º, do CPC. Ao final, requer o Recorrente o provimento do Recurso Especial, em decorrência da contrariedade ou negativa de vigência a tratado ou lei federal para, com a reforma da decisão recorrida, julgar procedentes os pedidos da petição inicial (*dependendo do caso concreto, pode ser um pedido só de reforma, só de anulação ou os dois, como aqui foi exposto*)".

Segunda Parte • Recursos em Espécie

Fechamento da peça:

Nestes Termos,

Pede Deferimento.

Local... e Data...

Nome do Advogado...

OAB n. ...

Modelo de Recurso Especial

Petição de interposição

EXCELENTÍSSIMO SENHOR DOUTOR DESEMBARGADOR PRESIDENTE (OU VICE-PRESIDENTE) DO E. TRIBUNAL DE JUSTIÇA DE XXX (OU DO E. TRIBUNAL REGIONAL FEDERAL DA XXXª REGIÃO)

Processo n. XXX (número do processo CNJ – *0000000-00.0000.0.00.0000*).

NOME DO RECORRENTE, já qualificado nos autos da **AÇÃO XXX** *(identificar a ação originária)*, número em epígrafe, movida em face de **NOME DO RECORRIDO**, também qualificado nos autos, vem, respeitosamente, por seu advogado que esta subscreve, interpor o presente

RECURSO ESPECIAL

com pedido de efeito suspensivo (art. 1.029, § 5º, do CPC), nos termos dos *arts. 105, III, "a", da CF/88 e 1.029 e seguintes do CPC*, o que faz tempestivamente, seguindo anexo o comprovante do preparado recursal (art. 1.007 do CPC), com as inclusas razões do Recurso Especial.

Por oportuno, nos termos do art. 1.030 do CPC, requer seja recebida a petição, intimando o Recorrido para apresentar suas contrarrazões e, após, realizado o juízo de admissibilidade, sejam os autos remetidos ao Superior Tribunal de Justiça (art. 1.030, V, do CPC).

Nestes termos,

Pede deferimento.

Local... e Data...

Avogado...

OAB n. ...

156   *Manual Prático da Advocacia Cível nos Tribunais*

RAZÕES DO RECURSO ESPECIAL
Recorrente: XXX
Recorrido: XXX
Processo n. XXX
Egrégio Superior Tribunal de Justiça
Ilustres Ministros

I – DO CABIMENTO DO PRESENTE RECURSO

Demonstrar, com base no art. 105, III, "a", da CF/88, o cabimento do recurso (art. 1.029, II, do CPC), fundamentando ser cabível o referido recurso contra decisão que, em única ou última instância, pelos Tribunais Regionais Federais ou pelos tribunais dos Estados, do Distrito Federal e Territórios, contrariar tratado ou lei federal, ou negar-lhes vigência.

Importante comprovar a relevância da questão federal, conforme art. 105, § 2º, da CF ou se é caso de incidência das matérias específicas do § 3º do art. 105 da CF.

Em relação ao cabimento, importante destacar que não se aplica ao caso a Súmula 7 do STJ, pois a pretensão de simples reexame de prova não enseja recurso especial, não sendo o caso dos autos.

Por fim, restam prequestionados os dispositivos de lei violados ou negados em sua vigência, cumprindo o disposto na Súmula 211 do STJ.

II – SÍNTESE DO PROCESSADO

Narrar os fatos (art. 1.029, I, do CPC) ocorridos desde a propositura da ação até a prolação da decisão recorrida, passando pela sentença e pelo acórdão de apelação, demonstrando as questões relevantes para a reforma/anulação da decisão recorrida (contrariedade ou negativa de vigência a tratado ou lei federal).

III – DOS FUNDAMENTOS JURÍDICOS

Na narrativa das questões jurídicas, assim como determina o art. 1.029, I, do CPC, apontar as incorreções da decisão recorrida (contrariedade ou negativa de vigência a tratado ou lei federal).

Observar se há precedente. Caso o precedente seja favorável, fazer a adesão. Caso desfavorável, fazer a distinção.

IV – RAZÕES DO PEDIDO DE REFORMA OU DE INVALIDAÇÃO DA DECISÃO RECORRIDA (CPC, ART. 1.029, III)

Apontar as razões do pedido de reforma ou invalidação ("error in judicando" ou "error in procedendo") da decisão recorrida (art. 1.029, III, do CPC), pois elemento necessário do recebimento e processamento do recurso especial.

V – CONCLUSÕES

Diante do exposto, requer em face da situação de urgência (narrar a situação), seja concedido o efeito suspensivo ao presente recurso, com base no disposto no art. 1.029, § 5º, do CPC.

Segunda Parte • Recursos em Espécie

Ao final, requer o Recorrente o provimento do Recurso Especial, em decorrência da contrariedade ou negativa de vigência a tratado ou lei federal para, com a reforma da decisão recorrida, julgar procedentes os pedidos da petição inicial (*dependendo do caso concreto, pode ser um pedido só de reforma, só de anulação ou os dois, como aqui foi exposto*), condenando o Recorrido ao pagamento das custas com o processo e honorários advocatícios, nos termos do art. 85 do CPC.

Nestes termos,

Pede deferimento.

Local... e Data...

Advogado...

OAB n. ...

Estrutura resumida da peça (RE)

Folha de rosto ou petição de interposição:

Endereçamento: Atentar para o fato de que ambos os recursos, especial e extraordinário, serão endereçados ao Presidente (ou ao Vice-presidente) do Tribunal recorrido (TJ ou TRF). Assim, por exemplo, utilizar:

"EXCELENTÍSSIMO SENHOR DOUTOR DESEMBARGADOR PRESIDENTE (OU VICE-PRESIDENTE) DO E. TRIBUNAL DE JUSTIÇA DO ESTADO DE XXX (OU DO E. TRIBUNAL REGIONAL FEDERAL DA XXXª REGIÃO)".

Número do processo: Importante verificar que, por se tratar de recurso, haverá o devido número de distribuição do processo. Assim, identificar o processo logo em seguida ao endereçamento:

Processo n. XXX (número do processo CNJ – *0000000-00.0000.0.00.0000*).

Identificação das partes: Segue o mesmo modelo dos recursos anteriores:

"**NOME DO RECORRENTE**, já devidamente qualificado nos autos do processo em epígrafe; **NOME DO RECORRIDO**, também devidamente qualificado nos autos".

Nome da ação e sua fundamentação legal: "vem, respeitosamente, por seu advogado que esta subscreve, interpor o presente **RECURSO EXTRAORDINÁRIO**, com pedido de efeito suspensivo (CPC, art. 1.029, § 5º), nos termos dos *arts. 102, III, "a", da CF/88 e 1.029 e seguintes do CPC*, o que faz tempestivamente, seguindo anexo o comprovante do preparado recursal (art. 1.007 do CPC), com as inclusas razões do Recurso Extraordinário".

Fechamento:

Nestes Termos,

Pede Deferimento.

Local... e Data...

Nome do Advogado...

OAB n. ...

158 — *Manual Prático da Advocacia Cível nos Tribunais*

Peça – Folha das Razões:

Endereçamento: Razões de Recurso Especial ou Razões de Recurso Extraordinário; identificação das partes (Recorrente: ...; Recorrido: ...); identificação do processo (Processo n. ...); "Egrégio Superior Tribunal de Justiça ou Supremo Tribunal Federal, Ínclitos Ministros".

Fatos: Demonstrar, com base no art. 102, III, *a*, da CF/88, o cabimento do recurso (art. 1.029, II, do CPC), fundamentando ser cabível o referido recurso contra decisão que julgar as causas decididas em única ou última instância, quando a decisão recorrida contrariar dispositivo da Constituição. Em relação ao cabimento, importante destacar que não se aplica ao caso a Súmula 279 do STF, pois para simples reexame de prova não cabe recurso extraordinário, não sendo o caso dos autos. Ademais, no recurso extraordinário, o recorrente demonstra a repercussão geral das questões constitucionais discutidas no caso, nos termos do art. 102, § 3º, da CF/88, a fim de que o Tribunal examine a admissão do recurso, somente podendo recusá-lo pela manifestação de dois terços de seus membros. Nesse sentido, resta importante afirmar que, nos termos do art. 1.035, § 1º, do CPC, a repercussão geral será considerada como a existência de questões relevantes do ponto de vista econômico, político, social ou jurídico que ultrapassem os interesses subjetivos do processo, ou, ainda, sempre que o recurso impugnar acórdão que contrarie súmula ou jurisprudência dominante do Supremo Tribunal Federal; ou tenha reconhecido a inconstitucionalidade de tratado ou de lei federal, nos termos do art. 97 da CF/88, assim como estipula o art. 1.035, § 3º, do CPC. Portanto, dessa forma, o recorrente demonstra (narrar os aspectos do caso que ensejem repercussão geral) a existência de repercussão geral para apreciação exclusiva pelo Supremo Tribunal Federal, nos termos do art. 1.035, §§ 2º e 3º, do CPC. Por fim, restam prequestionados os dispositivos de lei violados ou negados em sua vigência, cumprindo o disposto na Súmula 282 do STF.

Fundamentação: Faça a correta ligação entre os fatos e os dispositivos legais aplicáveis, como artigos de lei, súmulas, precedentes, desenvolvendo raciocínio lógico e coerência jurídica. Narrar os fatos (art. 1.029, I, do CPC) ocorridos desde a propositura da ação até a prolação da decisão recorrida, passando pela sentença e pelo acórdão de apelação, demonstrando as questões relevantes para a reforma/anulação da decisão recorrida (contrariar dispositivo da Constituição).

Pedidos e requerimentos: "Diante do exposto, requer, em face da situação de urgência *(narrar e identificar a situação)*, seja concedido o efeito suspensivo ao presente recurso, com base no disposto no art. 1.029, § 5º, do CPC. Ao final, requer o Recorrente o provimento do Recurso Extraordinário, em decorrência de restar contrariado dispositivo da Constituição, para, com a reforma da decisão recorrida, julgar procedentes os pedidos da petição inicial *(dependendo do caso concreto, pode ser um pedido só de reforma, só de anulação ou os dois, como aqui foi exposto)*, condenando o Recorrido ao pagamento das custas com o processo e honorários advocatícios, nos termos do art. 85 do CPC".

Fechamento da peça:

Nestes Termos,

Pede Deferimento.

Local... e Data...

Nome do Advogado...

OAB n. ...

Segunda Parte • Recursos em Espécie

Modelo de Recurso Extraordinário

Petição de Interposição

EXCELENTÍSSIMO SENHOR DOUTOR DESEMBARGADOR PRESIDENTE (OU VICE-PRESIDENTE) DO E. TRIBUNAL DE JUSTIÇA DE XXX (OU DO E. TRIBUNAL REGIONAL FEDERAL DA XXXª REGIÃO)

Processo n. XXX (número do processo CNJ – *0000000-00.0000.0.00.0000*).

NOME DO RECORRENTE, já qualificado nos autos da **AÇÃO XXX** *(identificar a ação originária)*, número em epígrafe, movida em face de **NOME DO RECORRIDO**, também qualificado nos autos, vem, respeitosamente, por seu advogado que esta subscreve, interpor o presente

RECURSO EXTRAORDINÁRIO

com pedido de efeito suspensivo (CPC, art. 1.029, § 5º), nos termos dos *arts. 102, III, "a", da CF/88 e 1.029 e seguintes do CPC*, o que faz tempestivamente, seguindo anexo o comprovante do preparado recursal (art. 1.007 do CPC), com as inclusas razões do Recurso Extraordinário.

Por oportuno, nos termos do art. 1.030 do CPC, requer seja recebida a petição, intimando o Recorrido para apresentar suas contrarrazões e, após, realizado o juízo de admissibilidade, sejam os autos remetidos ao Supremo Tribunal Federal (art. 1.030, V, do CPC).

Nestes termos,

Pede deferimento.

Local... e Data...

Advogado...

OAB n. ...

RAZÕES DO RECURSO EXTRAORDINÁRIO

Recorrente: XXX

Recorrido: XXX

Processo n. XXX

Egrégio Supremo Tribunal Federal

Ilustres Ministros

I – DO CABIMENTO DO PRESENTE RECURSO

Demonstrar, com base no art. 102, III, "a", da CF/88, o cabimento do recurso (art. 1.029, II, do CPC), fundamentando ser cabível o referido recurso contra decisão que julgar as causas decididas em única ou última instância, quando a decisão recorrida contrariar dispositivo da Constituição.

Em relação ao cabimento, importante destacar que não se aplica ao caso a Súmula 279 do STF, pois para simples reexame de prova não cabe recurso extraordinário, não sendo o caso dos autos.

Ademais, no recurso extraordinário, o recorrente demonstra a repercussão geral das questões constitucionais discutidas no caso, nos termos do art. 102, § 3º, da CF/88, a fim de que o Tribunal examine a admissão do recurso, somente podendo recusá-lo pela manifestação de dois terços de seus membros.

Nesse sentido, resta importante afirmar que, nos termos do art. 1.035, § 1º, do CPC, a repercussão geral será considerada como a existência de questões relevantes do ponto de vista econômico, político, social ou jurídico que ultrapassem os interesses subjetivos do processo, ou, ainda, sempre que o recurso impugnar acórdão que contrarie súmula ou jurisprudência dominante do Supremo Tribunal Federal; ou tenha reconhecido a inconstitucionalidade de tratado ou de lei federal, nos termos do art. 97 da CF/88, assim como estipula o art. 1.035, § 3º, do CPC.

Portanto, desse modo, o recorrente demonstra (narrar os aspectos do caso que ensejem repercussão geral) a existência de repercussão geral para apreciação exclusiva pelo Supremo Tribunal Federal, nos termos do art. 1.035, §§ 2º e 3º, do CPC.

Por fim, restam prequestionados os dispositivos de lei violados ou negados em sua vigência, cumprindo o disposto na Súmula 282 do STF.

II – SÍNTESE DO PROCESSADO

Narrar os fatos (art. 1.029, I, do CPC) ocorridos desde a propositura da ação até a prolação da decisão recorrida, passando pela sentença e pelo acórdão de apelação, demonstrando as questões relevantes para a reforma/anulação da decisão recorrida (contrariar dispositivo da Constituição).

III – DOS FUNDAMENTOS JURÍDICOS

Na narrativa das questões jurídicas, assim como determina o art. 1.029, I, do CPC, apontar as incorreções da decisão recorrida (contrariar dispositivo da Constituição).

Observar se há precedente. Caso o precedente seja favorável, fazer a adesão. Caso desfavorável, fazer a distinção.

IV – RAZÕES DO PEDIDO DE REFORMA OU DE INVALIDAÇÃO DA DECISÃO RECORRIDA (CPC, ART. 1.029, III)

Apontar as razões do pedido de reforma ou invalidação ("error in judicando" ou "error in procedendo") da decisão recorrida (art. 1.029, III, do CPC), pois elemento necessário do presente recurso, demonstrando qual o vício/defeito (contrariar dispositivo da Constituição) da decisão recorrida.

V – CONCLUSÕES

Diante do exposto, requer, em face da situação de urgência *(narrar e identificar a situação)*, seja concedido o efeito suspensivo ao presente recurso, com base no disposto no art. 1.029, § 5º, do CPC.

Segunda Parte • Recursos em Espécie

> Ao final, requer o Recorrente o provimento do Recurso Extraordinário, em decorrência de restar contrariado dispositivo da Constituição, para, com a reforma da decisão recorrida, julgar procedentes os pedidos da petição inicial (*dependendo do caso concreto, pode ser um pedido só de reforma, só de anulação ou os dois, como aqui foi exposto*), condenando o Recorrido ao pagamento das custas com o processo e honorários advocatícios, nos termos do art. 85 do CPC.
>
> Nestes termos,
>
> Pede deferimento.
>
> Local... e Data...
>
> Assinatura...
>
> OAB n. ...

7. AGRAVOS EM RECURSO ESPECIAL E EM RECURSO EXTRAORDINÁRIO

Os agravos em recurso especial e em recurso extraordinário desempenham um papel fundamental no sistema recursal civil, servindo como um mecanismo de fiscalização das decisões que negam seguimento a recursos extraordinários ou especiais.

Esse recurso é essencial para assegurar que as decisões dos tribunais de segunda instância, que negam a admissibilidade de recursos dirigidos ao Supremo Tribunal Federal ou ao Superior Tribunal de Justiça, respeitem os requisitos legais e constitucionais necessários para sua admissão.

Conforme o art. 1.042 do CPC, com a redação dada pela Lei n. 13.256/2016, o agravo pode ser interposto contra *decisões do presidente ou do vice-presidente do tribunal* recorrido que *inadmitam recurso extraordinário ou recurso especial*.

A exceção a essa possibilidade ocorre quando a decisão de inadmissibilidade está baseada em entendimentos consolidados em regime de repercussão geral ou em julgamento de recursos repetitivos, o que confere uma camada adicional de segurança jurídica, evitando recursos desnecessários e a sobrecarga dos tribunais superiores.

Importante verificar que a Lei n. 13.256/2016 alterou a redação original do CPC/2015 e manteve o juízo de admissibilidade dos recursos especiais e extraordinários com o presidente e o vice-presidente dos tribunais locais, cabendo a eles a decisão de admissão ou não dos referidos recursos, para seu regular seguimento e remessa dos autos aos Tribunais Superiores.

A alteração trazida pela Lei n. 13.256/2016 ajustou o texto original do CPC para reforçar a competência dos presidentes e vice-presidentes dos tribunais de origem no juízo de admissibilidade dos recursos extraordinários e especiais, cabendo a essas autoridades a decisão inicial sobre a conformidade dos recursos com os requisitos formais e substanciais para sua admissão, garantindo que apenas as questões de maior relevância e com possíveis repercussões nacionais sejam apreciadas pelos Tribunais Superiores.

Dessa forma, quando o presidente ou o vice-presidente do tribunal recorrido decidirem inadmitir um recurso especial ou extraordinário por considerar ausentes os fundamentos ou a comprovação dos requisitos necessários para sua admissão, tal decisão é passível de desafio por meio do recurso de agravo.

O agravo deve ser interposto dentro do prazo de *15 dias*, conforme estabelece o art. 1.003, § 5º, do CPC e a petição de agravo é *dirigida* ao presidente ou ao vice-presidente do tribunal de origem, *não sendo necessária a cobrança de custas ou despesas postais para sua interposição* (art. 1.042, § 2º, do CPC). Esse recurso também está sujeito ao regime de repercussão geral e de recursos repetitivos, o que implica a possibilidade de sobrestamento e a realização de juízo de retratação pela autoridade que proferiu a decisão agravada.

Após a interposição do agravo, o agravado é intimado para responder no prazo de 15 dias, garantindo-se o exercício do contraditório. Decorrido o prazo de resposta e, na ausência de um juízo de retratação por parte do presidente ou do vice-presidente, o agravo será, então, remetido ao tribunal superior competente.

O tribunal superior pode julgar o agravo conjuntamente com o recurso especial ou extraordinário ao qual se refere, permitindo a realização de sustentação oral durante o julgamento, conforme previsto no regimento interno do tribunal. Esse procedimento assegura uma análise integrada e mais eficiente das questões jurídicas envolvidas, contribuindo para a celeridade processual e a adequada administração da justiça.

Na hipótese de *interposição conjunta* de recursos extraordinário e especial, o agravante deverá interpor *um agravo para cada recurso não admitido,* por se tratar de recursos excepcionais (recurso extraordinário e especial) próprios e que, de modo individual, devem respeitar aos requisitos de admissibilidade, sem falar que o mérito, certamente, será distinto, já que recursos com objetivos diferentes.

Em situações em que há apenas a interposição de um único agravo, o recurso será remetido ao tribunal competente. No entanto, havendo interposição conjunta, os autos serão remetidos ao Superior Tribunal de Justiça.

Uma vez interpostos, os agravos conduzem a um processo sequencial de revisão. Inicialmente, o Superior Tribunal de Justiça examina o agravo relativo ao recurso especial. Concluído esse julgamento, e se ainda pertinente, os autos são enviados ao Supremo Tribunal Federal para a apreciação do agravo direcionado ao recurso extraordinário. Esse encadeamento garante que todas as instâncias relevantes revisem as decisões de admissibilidade dos recursos.

Segunda Parte • Recursos em Espécie

Se os agravos forem providos, os tribunais superiores procederão ao julgamento dos méritos dos recursos extraordinário e especial. O provimento dos agravos significa que foram identificados erros nos juízos de admissibilidade inicialmente feitos pelos tribunais inferiores, possibilitando, assim, que as questões de maior complexidade e relevância sejam devidamente examinadas pelos tribunais competentes.

Estrutura resumida da peça

Folha de rosto ou petição de interposição:

Endereçamento: Atentar para o fato de que o recurso de agravo em recurso especial e extraordinário deverá ser endereçado ao Presidente (ou Vice-presidente) do Tribunal recorrido (TJ ou TRF). Assim, utilizar:

"EXCELENTÍSSIMO SENHOR DOUTOR DESEMBARGADOR PRESIDENTE (OU VICE-PRESIDENTE) DO E. TRIBUNAL DE JUSTIÇA DO ESTADO DE XXX (OU DO E. TRIBUNAL REGIONAL FEDERAL DA XXXª REGIÃO)".

Número do processo: Importante verificar que, por se tratar de recurso, haverá o devido número de distribuição do processo. Assim, identificar o processo logo em seguida ao endereçamento:

Processo n. XXX (número do processo CNJ – *0000000-00.0000.0.00.0000*).

Identificação das partes: Usar o mesmo modelo dos demais recursos:

"NOME DO AGRAVANTE, já devidamente identificado nos autos do Recurso Especial ou Extraordinário; (...) **NOME DO AGRAVADO**, devidamente qualificado nos autos do Recurso Especial ou Extraordinário".

Nome da ação e sua fundamentação legal: "não se conformando com a decisão proferida pelo Presidente do Tribunal, que inadmitiu o *(Recurso Especial ou Recurso Extraordinário)*, vem, respeitosamente, por seu advogado que esta subscreve, interpor o presente **AGRAVO EM RECURSO ESPECIAL *(OU RECURSO EXTRAORDINÁRIO***, com fundamento no *art. 1.042 do CPC*, o que faz tempestivamente, com as inclusas razões do Recurso Especial".

Fechamento:

Nestes Termos,

Pede Deferimento.

Local... e Data...

Nome do Advogado...

OAB n. ...

Manual Prático da Advocacia Cível nos Tribunais

Peça – Folha das Razões:

Endereçamento: Razões de recurso de Agravo; identificação das partes (Agravante: ...; Agravado: ...); identificação do processo (Processo n. ...); "Egrégio Superior Tribunal de Justiça (ou Supremo Tribunal Federal), Ínclitos Ministros."

Fatos: Demonstrar, com base no art. 1.042 do CPC, que cabe agravo contra decisão do presidente ou do vice-presidente do tribunal recorrido que inadmitir recurso extraordinário ou recurso especial, salvo quando fundada na aplicação de entendimento firmado em regime de repercussão geral ou em julgamento de recursos repetitivos. Neste ponto, busca-se obter a reforma da decisão que não admitiu o Recurso Especial (ou Recurso Extraordinário) anteriormente interposto.

Fundamentação: Faça a correta ligação entre os fatos e os dispositivos legais aplicáveis, como artigos de lei, súmulas, precedentes, desenvolvendo raciocínio lógico e coerência jurídica. Na narrativa das questões jurídicas que dão ensejo à compreensão de que o anterior Recurso Especial (ou Recurso Extraordinário) mereceria ser recebido e conhecido, pois são casos de evidente cabimento.

Pedidos e requerimentos: "Diante do exposto, requer o recebimento e conhecimento do Agravo em Recurso Especial ou Extraordinário, determinando-se a intimação do recorrido (art. 1.042, § 3º, do CPC) para responder no prazo legal. Ao final, requer, sendo admitido este recurso, sejam os autos remetidos ao Colendo Superior Tribunal de Justiça (ou Supremo Tribunal Federal, caso o recurso anterior seja o Recurso Extraordinário) para conhecimento e provimento nos exatos termos do art. 1.042, § 5º, do CPC, cumpridas as necessárias formalidades legais".

Fechamento da peça:

Nestes Termos,

Pede Deferimento.

Local... e Data...

Nome do Advogado...

OAB n. ...

Modelo de Agravo em Recurso Especial ou em Recurso Extraordinário

---

Petição de interposição

EXCELENTÍSSIMO SENHOR DOUTOR DESEMBARGADOR PRESIDENTE (OU VICE-PRESIDENTE) DO E. TRIBUNAL DE JUSTIÇA DE XXX (OU DO E. TRIBUNAL REGIONAL FEDERAL DA XXXª REGIÃO)

Processo n. XXX (número do processo CNJ – *0000000-00.0000.0.00.0000*).

NOME DO RECORRENTE, já qualificado nos autos da **AÇÃO XXX** *(identificar a ação originária)*, número em epígrafe, movida em face de **NOME DO RECORRIDO**, também qualificado nos autos, não se conformando com a decisão proferida pelo Presidente do Tribunal, que inadmitiu o *(Recurso Especial ou Recurso Extraordinário)*, vem, respeitosamente, por seu advogado que esta subscreve, interpor o presente

Segunda Parte • Recursos em Espécie

AGRAVO EM RECURSO ESPECIAL
(OU RECURSO EXTRAORDINÁRIO)

com fundamento no *art. 1.042 do CPC*, o que faz tempestivamente, com as inclusas razões do Recurso Especial.

Por oportuno, nos termos do art. 1.042, § 2º, do CPC, requer seja recebida a petição, independentemente do recolhimento das custas processuais, intimando o Recorrido para apresentar suas contrarrazões (art. 1.042, § 3º, do CPC) e, após, realizado o juízo de admissibilidade, sejam os autos remetidos ao Superior Tribunal de Justiça (ou Supremo Tribunal Federal).

Nestes termos,

Pede deferimento.

Local... e Data...

Avogado...

OAB n. ...

RAZÕES DO AGRAVO

Recorrente: XXX

Recorrido: XXX

Processo n. XXX

Egrégio Superior Tribunal de Justiça (ou Supremo Tribunal Federal),

Ilustres Ministros

I – DO CABIMENTO DO PRESENTE RECURSO

Demonstrar, com base no art. 1.042 do CPC, que cabe agravo contra decisão do presidente ou do vice-presidente do tribunal recorrido que inadmitir recurso extraordinário ou recurso especial, salvo quando fundada na aplicação de entendimento firmado em regime de repercussão geral ou em julgamento de recursos repetitivos.

Neste ponto, busca-se obter a reforma da decisão que não admitiu o Recurso Especial (ou Recurso Extraordinário) anteriormente interposto.

II – SÍNTESE DO PROCESSADO

Narrar os fatos ocorridos desde a propositura da ação até a prolação da decisão recorrida, demonstrando as questões relevantes para a reforma da decisão recorrida.

III – DOS FUNDAMENTOS JURÍDICOS

Na narrativa das questões jurídicas que dão ensejo à compreensão de que o anterior Recurso Especial (ou Recurso Extraordinário) mereceria ser recebido e conhecido, pois casos de evidente cabimento.

> **IV – CONCLUSÕES**
>
> Diante do exposto, requer o conhecimento e provimento do Agravo em Recurso Especial ou Extraordinário, para reformar a decisão do Presidente do Tribunal recorrido e, ao final, em julgamento conjunto, ser provido o Recurso Especial ou Recurso Extraordinário, nos exatos termos do art. 1.042, § 5º, do CPC, para XXX *(fazer os pedidos de reforma conforme constam no RE e REsp)*, cumpridas todas as necessárias formalidades legais.
>
> Nestes termos,
>
> Pede deferimento.
>
> Local... e Data...
>
> Assinatura...
>
> OAB n. ...

8. EMBARGOS DE DIVERGÊNCIA

Os Embargos de Divergência constituem instrumento recursal utilizado para a uniformização de jurisprudência dentro dos Tribunais Superiores, o Supremo Tribunal Federal (STF) e o Superior Tribunal de Justiça (STJ). Esse recurso é estrategicamente utilizado para resolver conflitos de interpretações jurídicas significativas entre diferentes Turmas ou Câmaras dentro de um mesmo tribunal, garantindo a consistência e a previsibilidade das decisões judiciais em todo o território nacional.

Importante verificar que os embargos de divergência serão cabíveis, assim como preceitua o art. 1.043 do CPC, em situações específicas e dirigidas ao Supremo Tribunal Federal e ao Superior Tribunal de Justiça, quando o acórdão **de órgão fracionário** de um dos tribunais, proferido em julgamento de **recurso extraordinário** ou de **recurso especial**, divergir do julgamento de qualquer outro órgão do mesmo tribunal, sendo os acórdãos, embargado e paradigma, de mérito **(inciso I)**; ou, sendo um **acórdão de mérito** e outro que **não tenha conhecido do recurso**, embora tenha apreciado a controvérsia **(inciso III)**.

Segundo a doutrina de Barbosa Moreira, para que os embargos de divergência sejam admitidos, é necessário que a divergência ocorra especificamente na interpretação de normas de direito federal. Além disso, a decisão utilizada como paradigma para fundamentar os embargos deve originar-se de outra Turma ou do Plenário do mesmo tribunal, não podendo ser da mesma Turma que proferiu a decisão embargada. Importante ressaltar que as teses jurídicas adotadas nos acórdãos comparados devem ser claramente inconciliáveis, evidenciando um conflito direto na aplicação do direito que necessita de resolução[8].

---

[8] Cf. BARBOSA MOREIRA, *O novo processo civil brasileiro*. 23. ed. Rio de Janeiro: Forense, 2005. p. 168.

Esse recurso é especialmente destinado para situações em que há divergências nas *decisões colegiadas* dentro do mesmo tribunal, limitando-se aos julgamentos realizados em recursos extraordinários e em recursos especiais. Assim, os embargos de divergência são estritamente aplicáveis a decisões proferidas por órgãos colegiados, tais como Turmas ou Plenários, no âmbito de recursos extraordinários e especiais.

Decisões monocráticas ou decisões em juízo de admissibilidade, bem como aquelas oriundas de competência originária dos tribunais superiores, não são passíveis de embargos de divergência (relembrando que os incisos II e IV do art. 1.043 do CPC/2015 foram revogados pela Lei n. 13.256/2016).

O escopo dos embargos de divergência é permitir a contestação de decisões que apresentem teses jurídicas divergentes em relação a julgados de outros órgãos do mesmo tribunal – seja Turma, Sessão, Corte Especial ou Pleno, no caso do Superior Tribunal de Justiça, e de Turma ou do Pleno, no caso do Supremo Tribunal Federal.

Essa divergência pode ser identificada tanto na aplicação do direito material quanto na do direito processual. Importante mencionar que a divergência apta a justificar os embargos deve emergir entre decisões de diferentes órgãos do tribunal ou, em casos excepcionais, dentro da mesma Turma, caso haja uma alteração significativa na composição da Turma (mais da metade de seus membros) que justifique uma nova interpretação jurisprudencial.

Ao interpor os embargos, o embargante deve demonstrar claramente a existência de teses jurídicas contraditórias entre a decisão embargada e o acórdão paradigma escolhido como referência. Essa demonstração necessita ser precisa e fundamentada para garantir que o recurso seja admitido e julgado apropriadamente. A decisão de admitir ou não os embargos caberão inicialmente ao relator no tribunal superior, que avaliará a consistência e a relevância da divergência apresentada.

Esse recurso é aplicável inclusive quando o acórdão paradigma, utilizado como referência para demonstrar a divergência jurisprudencial, é oriundo da mesma Turma que proferiu a decisão contestada. Isso é permitido desde que a composição da Turma tenha *mudado significativamente*, em mais da metade de seus membros, desde a decisão paradigma.

Por seu turno, para demonstrar a divergência necessária à admissão dos embargos, o embargante deve apresentar certidão, cópia autenticada ou citação detalhada de repositório de jurisprudência reconhecido, seja em meio físico ou eletrônico, em que foi publicado o acórdão que serve de paradigma. É crucial que a apresentação desses documentos destaque as semelhanças fáticas e jurídicas entre os casos analisados, fundamentando claramente a alegação de divergência.

O procedimento para a tramitação dos embargos de divergência é ditado pelo regimento interno do tribunal superior correspondente, que detalhará as etapas processuais a serem seguidas desde a interposição até o julgamento do recurso. Esse procedimento assegura que todos os recursos sejam tratados de forma sistemática e consistente.

Importante destacar que, no Superior Tribunal de Justiça, a interposição de embargos de divergência *interrompe o prazo* para a interposição de recurso extraordinário pelas partes, o que significa que os prazos são pausados até a decisão final sobre os embargos, permitindo a continuidade do processo sem prejuízo das partes.

Por fim, caso os embargos de divergência sejam *rejeitados ou não alterem a decisão* anterior, qualquer recurso extraordinário que tenha sido interposto antes da decisão sobre os embargos será julgado de forma independente, *sem necessidade de nova ratificação*.

Estrutura resumida da peça

Peça Única

Endereçamento: Atentar para o fato de que que o recurso de embargos de divergência deverá ser endereçado ao Presidente do Supremo Tribunal Federal ou do Superior Tribunal de Justiça, a depender de onde originou a divergência. Assim, utilizar: "EXCELENTÍSSIMO SENHOR DOUTOR MINISTRO PRESIDENTE DO SUPREMO TRIBUNAL FEDERAL (OU DO SUPERIOR TRIBUNAL DE JUSTIÇA)".

Número do processo: Importante verificar que, por se tratar de recurso, haverá o devido número de distribuição do processo. Assim, identificar o processo logo em seguida ao endereçamento:

Processo n. XXX (número do processo CNJ – 0000000-00.0000.0.00.0000).

Identificação das partes: Seguir o modelo dos recursos anteriores:

"**NOME DO EMBARGANTE**, já devidamente qualificado nos autos do processo em epígrafe, (...) **NOME DO EMBARGADO**, também já devidamente qualificado nos autos do Recurso Especial ou Extraordinário".

Nome da ação e sua fundamentação legal: "vem, respeitosamente, opor os presentes **EMBARGOS DE DIVERGÊNCIA**, nos termos do art. 1.043, I ou III, ou § 3º, do CPC".

Fatos: Demonstrar, com base no art. 1.043 do CPC, que cabem embargos de divergência contra o acórdão de órgão fracionário que, em recurso extraordinário ou em recurso especial, divergir do julgamento de qualquer outro órgão do mesmo tribunal, sendo os acórdãos, embargado e paradigma, de mérito; que em recurso extraordinário ou em recurso especial, divergir do julgamento de qualquer outro órgão do mesmo tribunal, sendo um acórdão de mérito e outro que não tenha conhecido do recurso, embora tenha apreciado a controvérsia; ou, ainda, quando o acórdão paradigma for da mesma Turma que proferiu a decisão embargada, desde que sua composição tenha sofrido alteração em mais da metade de seus membros.

Segunda Parte • Recursos em Espécie

> **Fundamentação:** Faça a correta ligação entre os fatos e os dispositivos legais aplicáveis, como artigos de lei, súmulas, precedentes, desenvolvendo raciocínio lógico e coerência jurídica. Na narrativa das questões jurídicas que dão ensejo à compreensão de que há a necessidade de uniformização da jurisprudência dos Tribunais Superiores (STF ou STJ), note que o recorrente provará a divergência com certidão, cópia ou citação de repositório oficial ou credenciado de jurisprudência, inclusive em mídia eletrônica, onde foi publicado o acórdão divergente, ou com a reprodução de julgado disponível na rede mundial de computadores, indicando a respectiva fonte e mencionará as circunstâncias que identificam ou assemelham os casos confrontados.
>
> **Pedidos e requerimentos:** "Diante do exposto, requer o recebimento do presente recurso, determinando-se a intimação do embargado para, querendo, responder no prazo legal, requerendo-se ao ilustre Relator o reconhecimento da divergência no sentido de XXX *(fazer o pedido de reanálise da matéria, de acordo com a divergência apresentada)*, fazendo-se justiça".
>
> **Fechamento da peça:**
>
> Nestes Termos,
>
> Pede Deferimento.
>
> Local... e Data...
>
> Nome do Advogado...
>
> OAB n. ...

Modelo de Embargos de Divergência

> **Peça única:**
>
> **EXCELENTÍSSIMO SENHOR RELATOR DOUTOR MINISTRO DO SUPERIOR TRIBUAL DE JUSTIÇA (OU DO SUPREMO TRIBUNAL FEDERAL)**
>
> **Processo n. XXX (número do processo CNJ – *0000000-00.0000.0.00.0000*).**
>
> **NOME DO EMBARGANTE**, já devidamente qualificado nos autos da **AÇÃO XXX** *(colocar o nome da ação)*, movida em face de **NOME DO EMBARGADO**, também já qualificado nos autos, vem, respeitosamente, por seu advogado que esta subscreve, interpor
>
> ### *EMBARGOS DE DIVERGÊNCIA*
>
> com fundamento no art. 1.043 do CPC, o que faz **tempestivamente**, nos termos do art. 1.003, § 5º, também do CPC, pelo que expõe e requer a esse Egrégio Tribunal o seguinte:
>
> ### I – SÍNTESE DOS FATOS
>
> *Narrar os fatos ocorridos no processo, até o julgamento do recurso especial ou recurso extraordinário.*

II – DO CABIMENTO

Demonstrar os requisitos e pressupostos necessários para o processamento do recurso, especialmente analisando o art. 1.043 do CPC e as regras específicas dos Regimentos Internos do STJ e do STF.

III – DAS RAZÕES DA DIVERGÊNCIA

Apontar e demonstrar, especificamente, a existência de divergência em acórdão de órgão fracionário que, em recurso extraordinário ou em recurso especial, divergir do julgamento de qualquer outro órgão do mesmo tribunal, sendo os acórdãos, embargado e paradigma, de mérito; ou que em recurso extraordinário ou em recurso especial, divergir do julgamento de qualquer outro órgão do mesmo tribunal, sendo um acórdão de mérito e outro que não tenha conhecido do recurso, embora tenha apreciado a controvérsia.

Comprovar a divergência com certidão, cópia ou citação de repositório oficial ou credenciado de jurisprudência, inclusive em mídia eletrônica, onde foi publicado o acórdão divergente, ou com a reprodução de julgado disponível na rede mundial de computadores, indicando a respectiva fonte, e mencionará as circunstâncias que identificam ou assemelham os casos confrontados, nos termos do art. 1.043, § 4º, do CPC.

Lembrar do art. 926 do CPC, estabelecendo que os Tribunais devem uniformizar a sua jurisprudência e mantê-la estável, íntegra e coerente.

IV – CONCLUSÕES

Diante do exposto, requer o recebimento do presente recurso, determinando-se a intimação do embargado para, querendo, responder no prazo legal, requerendo-se ao ilustre Relator a o reconhecimento da divergência no sentido de XXX *(fazer o pedido de reanálise da matéria, de acordo com a divergência apresentada)*, fazendo-se justiça.

Nestes termos,

Pede deferimento.

Local... e Data...

Advogado...

OAB n. ...

TERCEIRA PARTE
MÉTODOS AUTÔNOMOS DE IMPUGNAÇÃO DAS DECISÕES JUDICIAIS

PRIMEIRA PARTE
MÉTODOS AUTÔNOMOS DE RESOLUÇÃO
DE CONFLITOS JURÍDICOS

1. DOS PROCESSOS NOS TRIBUNAIS

1.1. Da ordem dos processos nos tribunais

Com efeito, é de suma importância o estudo das estruturas de *julgamento*, de *processamento*, de *organização* dos processos de competência originária e dos recursos em trâmite perante os tribunais, para que se possa, com segurança e efetividade, compreender toda a correta tramitação processual.

Em outras palavras, a *ordem dos processos nos tribunais* indica o procedimento que deve ser seguido para julgamento dos *recursos, incidentes recursais e ações originárias nos tribunais*.

É o *procedimento comum* nas Cortes de Justiça e nas Cortes Supremas.

Dessa forma, no sistema processual civil brasileiro, temos duas sistemáticas:

(i) os *juízes de primeiro grau*, chamados de juízos *singulares*; e

(ii) os *órgãos de segundo grau*, chamados de juízos *coletivos*.

O modo de julgar, de igual maneira, varia também em razão da própria natureza de cada espécie de juízo, ou seja: **(i)** no primeiro caso, as decisões são proferidas conforme a manifestação de vontade *unipessoal do juiz singular*; **(ii)** no segundo caso, por sua vez, as decisões ocorrem, como regra, pela *conjugação das opiniões dos vários membros* do respectivo Tribunal.

Daí a denominação desses julgados de ***"Acórdão"***, como derivação do verbo *"acordar"* (ou seja, *de chegar a um acordo*), que se aplica às decisões dos colegiados de *grau superior de jurisdição*.

Na verdade, os tribunais nem sempre decidem pela totalidade de seus membros. Isso porque, na prática, há uma divisão de trabalho e função entre seus integrantes, que se agrupam da seguinte maneira:

1. Tribunais de Justiça:

a) Tribunal Pleno: composto por *todos os desembargadores do Tribunal*, o Pleno tem funções administrativas e julga, também, questões de competência originária, como ações diretas de inconstitucionalidade que envolvam normas estaduais e municipais.

174   *Manual Prático da Advocacia Cível nos Tribunais*

b) Órgão Especial: em alguns Tribunais de Justiça, parte das atribuições do Pleno pode ser delegada ao *Órgão Especial*, que é formado por um número menor de desembargadores, geralmente compostos pelos mais antigos e aqueles eleitos pelos demais desembargadores.

c) Câmaras: divisões menores dentro do Tribunal, responsáveis pelo julgamento da maioria dos recursos. As Câmaras podem ser especializadas em áreas específicas do direito, como civil, criminal, empresarial, dentre outras.

d) Turmas de Julgamento: são divisões internas de cada Câmara, compostas pelos 3 desembargadores estaduais responsáveis pelo julgamento colegiado dos processos.

2. Tribunais Regionais Federais

a) Pleno: similar aos Tribunais de Justiça, o Pleno dos TRFs inclui todos os desembargadores federais do Tribunal e trata de questões administrativas e certos tipos de julgamentos específicos.

b) Corte Especial: nos TRFs, a Corte Especial é formada pelos desembargadores mais antigos e tem competências similares às do Órgão Especial dos Tribunais de Justiça, incluindo o julgamento de ações penais contra juízes federais, por exemplo.

c) Turmas: os TRFs também são divididos em Turmas, geralmente especializadas por matéria (como penal, previdenciária, tributária), responsáveis pelo julgamento de recursos e ações originárias.

d) Turmas de Julgamento: são divisões internas de cada Turma, compostas pelos 3 Desembargadores Federais responsáveis pelo julgamento colegiado dos processos.

3. Tribunais Superiores (STJ e STF)

a) Plenário: no *STF*, o Plenário é composto por todos os *11 ministros* e é o órgão máximo de decisão, especialmente para questões constitucionais. No *STJ*, o Plenário inclui todos os ministros para deliberações administrativas e alguns julgamentos específicos, totalizando *33 ministros*.

b) Corte Especial: no *STJ*, o *a Corte Especial* é composta por *15 ministros* mais antigos, responsáveis pelo julgamento de questões administrativas e alguns tipos de ações originárias (ações penais contra governadores e outras autoridades, por exemplo) e de alguns recursos internos (quando há interpretação divergente entre os órgãos especializados do STJ).

c) Seções: o *STJ* é dividido em *3 Seções* (Primeira Seção, Segunda Seção e Terceira Seção), que agrupam as respectivas *Turmas* por especialidade de matéria, como direito privado e direito público.

d) Turmas: as Turmas são compostas por um número menor de ministros. O *STJ* possui *6 Turmas*, divididas entre as *3 Seções* (com 5 ministros em cada

Terceira Parte • Métodos Autônomos de Impugnação das Decisões Judiciais 175

Turma); enquanto o **STF** possui apenas **2 Turmas** (com 5 ministros em cada), responsáveis pela maior parte dos julgamentos de recursos.

Exatamente por essa razão, o CPC estruturou um livro próprio (Livro III) para tratar dos processos nos tribunais, especialmente, da ordem dos processos nos tribunais, estabelecendo diretrizes importantes para garantir a eficiência e organização processual dentro dos tribunais brasileiros, essenciais para assegurar a celeridade e a justiça nas decisões judiciais, atribuindo responsabilidades específicas e procedimentos que devem ser seguidos rigorosamente pelos órgãos jurídicos.

Um dos aspectos centrais deste Capítulo é a regulamentação sobre como os processos devem ser *distribuídos e processados* entre os diferentes membros do Tribunal. Isso inclui regras para a distribuição inicial dos processos, assim como normas para a eventuais redistribuições, garantindo assim que todos os magistrados tenham cargas de trabalho equilibradas e que cada processo seja tratado por um juiz competente e imparcial.

A ordem dos processos nos tribunais também inclui disposições sobre a forma como os recursos são *analisados e julgados*. Estabelece-se uma hierarquia e uma sequência na apreciação dos casos, assegurando que recursos de maiores relevância e urgência ou que tenham impacto significativo na jurisprudência sejam priorizados. Além disso, o Código também promove o uso de mecanismos como os julgamentos em conjunto e a uniformização de jurisprudência para agilizar o processo decisório e reduzir a possibilidade de decisões contraditórias dentro do mesmo tribunal.

Outro ponto relevante é a normatização do julgamento de casos repetitivos. Por meio da sistematização do julgamento de recursos que envolvam questões jurídicas idênticas, busca-se promover a estabilidade e a previsibilidade das decisões judiciais, além de otimizar os recursos do Judiciário ao evitar a repetição de julgamentos sobre a mesma questão legal.

Finalmente, o Capítulo também informa sobre a importância dos regimentos internos dos tribunais, um documento fundamental que detalha procedimentos específicos que não estão necessariamente cobertos pelo CPC. O regimento interno complementa as regras gerais do Código e permite que cada tribunal adapte algumas das normas à sua realidade específica, respeitando sempre os princípios de justiça e eficiência processual.

Dessa forma, o *protocolo e a distribuição* dos autos em um tribunal são procedimentos internos essenciais que garantem a ordem e a eficiência do trâmite judicial, conforme delineado pelo art. 929 do CPC. Nesse artigo, é estabelecido que os autos do processo, ao chegarem ao tribunal, serão *registrados no mesmo dia de sua entrada*. Essa pronta entrada no protocolo assegura que não haja atrasos iniciais no tratamento do caso.

Após o registro, cabe à secretaria do tribunal organizar os documentos dos autos e proceder à sua imediata distribuição. Esse processo de distribuição deverá seguir as diretrizes dos *regimentos internos dos tribunais* (art. 930 do CPC), respeitando critérios como o da alternância, que previne o acúmulo desequilibrado de casos entre os julgadores e a imparcialidade do processo.

Além disso, a distribuição geralmente é realizada por meio de sorteio eletrônico, exceto em situações específicas em que a *prevenção ou a conexão* de causas exijam a atribuição do caso a um relator previamente designado, promovendo assim a continuidade e a coesão na análise jurídica.

Outrossim, o CPC ainda ressalta a possibilidade de *descentralização* dos serviços de protocolo, permitindo que essas atividades sejam realizadas em *ofícios de justiça de primeiro grau*, o que pode facilitar o acesso e a agilidade processual. Este ajuste pode ser determinado a *critério do próprio Tribunal*, buscando adaptar-se às necessidades locais e específicas de sua jurisdição.

O parágrafo único do art. 930 também introduz o conceito de *prevenção no âmbito dos recursos*, estipulando que o primeiro recurso protocolado torna o relator prevento para quaisquer recursos subsequentes relacionados ao mesmo processo ou a processos conexos. Isso visa manter a consistência na interpretação e aplicação do direito ao longo do caso.

Assim, uma vez distribuídos, os autos são encaminhados ao relator designado, que tem o prazo de *30 dias* para elaborar e devolver seu *voto* com um relatório à secretaria, conforme estipula o art. 931 do CPC/2015. Esse prazo visa assegurar a celeridade processual sem comprometer a qualidade e a profundidade da análise jurídica necessária para a resolução do caso.

Atuação e poderes do relator: o *relator* é aquele que primeiro toma conhecimento do processo ou do recurso, sendo de sua responsabilidade a análise dos autos e a *prolação de voto*, expondo todas as suas razões de fato e de direito que serão submetidas ao julgamento colegiado. A profundidade e a qualidade desse voto são essenciais, pois ele orientará as discussões e as deliberações subsequentes dos demais membros da Turma julgadora.

Durante o julgamento, os demais magistrados que comporão a Turma Julgadora também apresentaram os seus respectivos votos, tendo como base e parâmetro o relatório elaborado pelo relator. No entanto, em alguns e específicos casos, o relator poderá decidir *monocraticamente*, ou seja, *sem a necessidade de manifestação dos demais julgadores*.

Contudo, para garantir a justiça e a plena análise do caso, a legislação prevê, como visto anteriormente, que as decisões monocráticas do relator podem ser objetos de agravo interno, justamente com o objetivo submeter a decisão monocrática à revisão pelo *colegiado do Tribunal*, assegurando uma segunda análise da matéria e a correta aplicação da lei. Esse mecanismo reforça o princípio do duplo

Terceira Parte • Métodos Autônomos de Impugnação das Decisões Judiciais

grau de julgamento dentro do próprio tribunal, promovendo maior segurança jurídica.

Após a decisão pelo colegiado sobre o agravo interno, se ainda houver inconformismo quanto ao decidido, torna-se possível a interposição de recursos aos Tribunais Superiores, como o *recurso especial e o recurso extraordinário*, ou mesmo embargos de divergência, dependendo do caso.

Nesse sentido, nos termos do art. 932 do CPC/2015, **incumbe ao relator**, assim que distribuído o processo ou o recurso:

(i) dirigir e ordenar o processo no tribunal, inclusive em relação à *produção de prova*, quando necessário produzir em segundo grau ou em ações originárias, bem como, quando for o caso, *homologar autocomposição* das partes, caso essa tenha sido noticiada diretamente ao respectivo tribunal;

(ii) apreciar o pedido de tutela provisória nos recursos e nos processos de competência originária do tribunal, ressaltando a possibilidade de ser requerida a concessão de *efeito suspensivo ou de efeito ativo* a determinados recursos, bem como de conceder a *tutela provisória* (de urgência ou de evidência), necessárias para a proteção do direito ou do processo, como ocorrem com os pedidos cautelar ou antecipatório;

(iii) não conhecer de recurso inadmissível, prejudicado ou que **não tenha impugnado especificamente os fundamentos da decisão recorrida**, caso em que caberá ao relator inadmitir o recurso que não respeitar os requisitos de admissibilidade ou de julgar prejudicado quando, por exemplo, o recurso perder o seu objeto, ou o próprio recorrente perder o seu interesse recursal. Por fim, caso o recurso não apresente impugnação específica dos fundamentos da decisão recorrida, sendo mera manifestação genérica de inconformismo, o relator não conhecerá do referido recurso;

(iv) negar provimento a *recurso* que for contrário a:

a) **súmula** do Supremo Tribunal Federal, do Superior Tribunal de Justiça ou do próprio tribunal;

b) **acórdão** proferido pelo Supremo Tribunal Federal ou pelo Superior Tribunal de Justiça em **julgamento de recursos repetitivos**;

c) **entendimento** firmado em **incidente de resolução de demandas repetitivas** ou de **assunção de competência.**

Dessa forma, caberá ao relator analisar *se o recurso* está ou não de acordo com o sistema de precedentes adotado pelo CPC/2015, caso contrário, deverá *negar provimento aos referidos recursos*;

(v) depois de facultada a apresentação de contrarrazões, **dar provimento** ao recurso se a *decisão* recorrida for contrária a:

a) **súmula** do Supremo Tribunal Federal, do Superior Tribunal de Justiça ou do próprio tribunal;

b) **acórdão** proferido pelo Supremo Tribunal Federal ou pelo Superior Tribunal de Justiça em julgamento de **recursos repetitivos**;

c) **entendimento** firmado em **incidente de resolução de demandas repetitivas** ou de **assunção de competência**.

Nesse caso, diferentemente do inciso anteriormente analisado, será incumbência do relator analisar *se a decisão recorrida* obedeceu aos parâmetros estipulados pelos precedentes estudados, caso contrário, deverá *dar provimento ao recurso para a modificação da referida decisão*.

Importante mencionar que, em ambos os casos de decisão monocrática, observando os precedentes, tanto para negar como para dar provimento ao recuso, poderá o relator, se entender o caso, realizar a *distinção do precedente* (chamado de *distinguishing*) para não aplicá-lo no caso ou até a *adesão ao precedente* para aplicá-lo.

(vi) decidir o incidente de desconsideração da personalidade jurídica, quando este for instaurado *originariamente perante o tribunal*. Neste caso, caberá ao relator a decisão a respeito do referido incidente, quando o pedido tiver sido realizado em processo de *competência originária* ou no curso do próprio *recurso* (arts. 133 e 134 do CPC);

(vii) determinar a **intimação do Ministério Público**, quando for o caso, ou seja, levando em conta as suas atribuições funcionais e os casos em que atua como fiscal da ordem jurídica (art. 178 do CPC);

(viii) exercer outras atribuições estabelecidas no *regimento interno do tribunal*.

Destaca-se, ainda, que incumbe ao relator o dever de prevenção, ou seja, de buscar *"salvar"* o recurso ou o processo, antes de inadmiti-lo, levando em conta o *princípio da cooperação no processo civil* (art. 6º do CPC/2015), pois deverá o relator conceder o prazo de *5 (cinco) dias* ao recorrente para que seja **sanado o vício** ou **complementada a documentação exigível** (art. 932, parágrafo único, do CPC).

Finalmente, importante considerar que se o relator constatar a ocorrência de *fato superveniente* à decisão recorrida ou a existência de questão apreciável de ofício ainda não examinada que devam ser considerados no julgamento do recurso, intimará as partes para que se manifestem no prazo de *5 (cinco) dias*, podendo-se ocorrer aqui aquilo que alguns chamam de efeito translativo.

No entanto, se verificada a constatação do fato **durante a sessão de julgamento**, este será imediatamente suspenso, a fim de que as partes se *manifestem especificamente*, evitando-se, portanto, a ocorrência de ***decisão surpresa*** que, certamente, feriria de nulidade o julgamento caso considerada a questão nova trazida ao tribunal.

Terceira Parte • Métodos Autônomos de Impugnação das Decisões Judiciais   179

Todavia, caso a constatação se dê **em vista dos autos**, deverá o juiz que a solicitou encaminhá-los ao relator, que tomará as providências necessárias para que se implemente a ciência das partes e o contraditório e, em seguida, solicitará a inclusão do feito em pauta para prosseguimento do julgamento, com submissão integral da nova questão aos julgadores.

Julgamento: em não sendo o caso, portanto, de julgamento monocrático pelo relator, tem-se o *julgamento colegiado nos tribunais.*

Dessa forma, apresentado o voto pelo relator, contendo relatório, fundamentação e dispositivo, em seguida, os autos serão apresentados ao presidente, que designará dia para julgamento, ordenando a publicação da pauta no órgão oficial, visando a concretizar o *direito à publicidade* (arts. 5º, LX, e 93, IX, da CF, e arts. 11 e 189 do CPC/2015) e o *direito de informação* (arts. 5º, LV, da CF, e arts. 7º, 9º e 10 do CPC/2015) do julgamento, garantindo às partes, caso seja cabível, a respectiva *sustentação oral na tribuna do tribunal.*

Ademais, entre a data de publicação da pauta e a da sessão de julgamento, decorrerá, pelo menos, o *prazo de 5 (cinco) dias*, incluindo-se em nova pauta os processos que não tenham sido julgados, salvo aqueles cujo julgamento tiver sido expressamente adiado para a primeira sessão seguinte, cujo descumprimento acarretará nulidade, com aplicação por analogia das disposições da *Súmula 117 do Superior Tribunal de Justiça*[1].

Ainda assim, às partes será permitida vista dos autos em cartório após a publicação da pauta de julgamento, caso seja necessária a consulta dos autos antes da sessão. Por fim, a pauta de julgamento será afixada na entrada da sala em que se realizará a sessão de julgamento.

Com efeito, nos termos do art. 936 do CPC, **ressalvadas as preferências legais e regimentais**, os recursos, a remessa necessária e os processos de competência originária serão julgados na seguinte ordem:

(i) aqueles nos quais *houver sustentação oral*, observada a ordem dos requerimentos;

(ii) os requerimentos de *preferência* apresentados até o início da sessão de julgamento;

(iii) aqueles cujo *julgamento tenha iniciado em sessão anterior*; e

(iv) os demais casos.

Sequência durante o julgamento: Na sessão de julgamento, depois da exposição da causa pelo relator, o presidente dará a palavra, sucessivamente, ao recorrente, ao recorrido e, nos casos de sua intervenção, ao membro do Ministério Público, pelo prazo improrrogável de *15 (quinze) minutos para cada um*, a

---

[1] **Súmula 117 do STJ**: "A inobservância do prazo de 48 horas, entre a publicação de pauta e o julgamento sem a presença das partes, acarreta nulidade".

180 *Manual Prático da Advocacia Cível nos Tribunais*

fim de que sustem suas razões, observando o *regimento interno do respectivo Tribunal.*

ORDEM
1. Exposição da causa pelo relator;
2. Após, presidente dará a palavra ao recorrente;
3. Na sequência, ao recorrido;
4. E, ao final, ao Ministério Público.

> Conforme art. 937 do CPC, as **sustentações orais** serão cabíveis:
> I – no **recurso de apelação**;
> II – no **recurso ordinário**;
> III – no **recurso especial**;
> IV – no **recurso extraordinário**;
> V – nos **embargos de divergência**;
> VI – na **ação rescisória**, no **mandado de segurança** e na **reclamação**;
> VII – VETADO
> VIII – no **agravo de instrumento** interposto contra decisões interlocutórias que versem sobre **tutelas provisórias de urgência ou da evidência**;
> IX – em **outras hipóteses** previstas em lei ou no regimento interno do tribunal.

Caso a parte tenha interesse, poderá realizar a sustentação oral em reexame necessário. Ademais, a sustentação oral no incidente de resolução de demandas repetitivas, observará o disposto no art. 984 do CPC, no que couber.

O procurador que desejar proferir sustentação oral poderá requerer, até o início da sessão, que o processo seja julgado em primeiro lugar, sem prejuízo das preferências legais.

Destarte, nos processos de competência originária previstos no inciso VI do art. 937 do CPC (ou seja, no caso de *ação rescisória, mandado de segurança e reclamação*), **caberá sustentação oral no agravo interno interposto contra decisão de relator que o extinga** (art. 937, § 3º, do CPC/2015).

Finalmente, será permitido ao advogado com domicílio profissional em cidade diversa daquela onde está sediado o tribunal realizar *sustentação oral* por meio de videoconferência ou outro recurso tecnológico de transmissão de sons e imagens em tempo real, desde que o requeira até o dia anterior ao da sessão, visando conferir maior celeridade e economia ao processo, evitando a demora na realização do ato processual, bem como ao deslocamento do advogado até o respectivo tribunal.

Outrossim, a *questão preliminar* suscitada no julgamento terá prioridade de julgamento e será decidida antes do mérito, deste não se conhecendo caso seja incompatível com a decisão.

Terceira Parte • Métodos Autônomos de Impugnação das Decisões Judiciais 181

No entanto, mesmo que o julgamento das questões preliminares não tenha ocorrido antes do julgamento das questões posteriores, *não se deve decretar a nulidade da decisão*, se a desconsideração da ordem do art. 938 do CPC não tiver causado efetivo prejuízo aos fins de justiça do processo[2].

Do contrário, se for arguido e *comprovado o prejuízo pela parte interessada*, há de ser reconhecida e decretada a *nulidade da decisão*.

Por outro lado, constatada a ocorrência de **vício sanável**, inclusive aquele que possa ser conhecido de ofício, o relator determinará a realização ou a renovação do ato processual, no próprio tribunal ou em primeiro grau de jurisdição, intimadas as partes e, cumprida a diligência, o relator, sempre que possível, *prosseguirá no julgamento do recurso*.

Reconhecida a necessidade de produção de prova para o justo e efetivo julgamento do processo ou do recurso, o relator converterá o julgamento em diligência, que se realizará no tribunal ou em primeiro grau de jurisdição, decidindo-se o recurso após a conclusão da instrução. Caso não seja determinada, poderá ser reconhecida a nulidade processual por cerceamento de defesa.

Agora, quando não determinadas pelo relator as providências necessárias para sanar o vício, bem como para a realização ou a produção da prova, o órgão colegiado competente para o julgamento do recurso poderá determinar as respectivas medidas.

Segundo o art. 939 do CPC, se a preliminar for rejeitada ou se a apreciação do mérito for com ela *compatível*, seguir-se-ão a discussão e o julgamento da matéria principal, sobre a qual deverão se *pronunciar os juízes vencidos na preliminar*.

No momento da sessão de julgamento, caso o relator ou outro juiz que não se considere habilitado a proferir imediatamente o seu voto, poderá solicitar aquilo que ordinariamente convencionou-se chamar de *"vistas do processo"*, consistente no ato processual pelo qual se concede a um dos participantes do processo – seja o próprio juiz, o membro do Ministério Público ou às partes – a oportunidade de examinar os autos do processo de maneira mais cautelosa.

Nesse caso, o próprio julgador ou algum integrante da Turma Julgadora poderá solicitar vistas do processo para reanálise do processo, por exemplo, um relator pode pedir vistas do processo para mais tempo de análise antes de proferir seu voto; ou pode ocorrer em sessões de julgamento quando um dos magistrados solicita mais tempo para analisar o caso.

Essas *vistas do processo* deverão ocorrer pelo *prazo máximo de 10 (dez) dias*, após o qual o recurso será *reincluído em pauta para julgamento* na sessão seguinte

---

[2] STJ, REsp 807.579/RJ, 2.ª Turma, rel. Min. Castro Meira, j. 21.08.2007, *DJ* 31.08.2007, p. 224.

182 *Manual Prático da Advocacia Cível nos Tribunais*

à data da devolução, permitindo aos julgadores a análise dos autos para a melhor solução da causa.

Caso os autos não sejam devolvidos tempestivamente ou se não for solicitada pelo juiz *prorrogação* de prazo de no máximo mais 10 (dez) dias, o presidente do órgão fracionário os requisitará para julgamento do recurso na sessão ordinária subsequente, com publicação da pauta em que for incluído.

No entanto, se aquele julgador que realizou o pedido de vistas do processo ainda não se sentir habilitado a votar, o presidente *convocará substituto para proferir voto*, na forma estabelecida no regimento interno do tribunal.

Assim, proferidos os votos pelos *julgadores integrantes da Turma Julgadora*, o presidente anunciará o resultado do julgamento, designando para *redigir o acórdão o relator* ou, se vencido este, o autor do *primeiro voto vencedor*.

Assim, podemos ilustrar:

Turma Julgadora: 3 desembargadores – A, B e C

Relator: A

2º Juiz (Revisor): B

3º Juiz (Vogal): C

Unanimidade (3 a 0): Relator redigirá o acórdão.

Por maioria (2 a 1): Primeiro voto vencedor redigirá o acórdão. O voto que perder é chamado de voto vencido.

O voto proferido por qualquer julgador poderá ser alterado (chamado de *juízo de retratação*) até o momento da proclamação do resultado pelo presidente, ou seja, quando ocorrerá o efetivo encerramento do julgamento, salvo aquele já proferido por juiz afastado ou substituído.

Em caso de existência de *voto vencido* (resultado de 2 a 1), este será necessariamente declarado, integrando e fazendo parte do julgado para todos os fins, sendo parte integrante do acórdão, inclusive para fins de prequestionamento.

Nos julgamentos dos recursos de *apelação ou de agravo de instrumento*, a decisão será tomada, no *órgão colegiado*, pelo voto de *3 (três) juízes*. O agravo de instrumento, todavia, será necessariamente julgado **antes da apelação** interposta no mesmo processo, inclusive se estiverem pautados para a mesma sessão de julgamento, tendo em vista que em caso de eventual provimento do agravo de instrumento poderá restar *prejudicada* a análise da apelação.

Julgamento estendido ou técnica de infringência: quando o resultado da apelação for **não unânime**, ou seja, for por *maioria (2 a 1)*, o julgamento terá prosseguimento em sessão a ser designada com a presença de **outros julgadores**, que serão convocados, nos termos previamente definidos no regimento interno, em **número suficiente para garantir a possibilidade de inversão do**

Terceira Parte • Métodos Autônomos de Impugnação das Decisões Judiciais   183

resultado inicial, assegurado às partes e a eventuais terceiros o direito de sustentar oralmente suas razões perante os novos julgadores (art. 942 do CPC).

Então, em caso de maioria (*2 a 1*), os julgadores serão convocados em número que possibilite a maioria para a eventual inversão do resultado, ou seja, mais 2 desembargadores serão chamados (invertendo o julgamento para *2 a 3*, ou ampliando o julgamento inicial para *3 a 2 ou 3 a 1*, quando inviável, nesse último caso, a sua continuidade).

Trata-se da técnica processual chamada de *julgamento estendido* ou da *técnica de ampliação* (ou *infringencial*) *de julgamento* que busca, em verdade, possibilitar "novo" julgamento (e não um novo recurso, como era anteriormente ao CPC/2015).

Busca-se, realmente, permitir um julgamento qualificado, composto por um número maior de julgadores, restritos apenas às *apelações*, aos *agravos* e às *ações rescisórias*, quando, na primeira votação, não se obtiver um resultado unânime.

Em sendo possível, o prosseguimento do julgamento dar-se-á *na mesma sessão*, colhendo-se os votos de outros julgadores que porventura componham o órgão colegiado. Importante acrescentar que os julgadores que já tiverem votado *poderão rever* seus votos por ocasião do prosseguimento do julgamento.

Igualmente, como visto, essa técnica de julgamento **será aplicada** aos julgamentos não unânimes proferidos nas **apelações**, mas também se aplicando em:

(i) ***ação rescisória***, quando o resultado for a rescisão da sentença, devendo, nesse caso, seu prosseguimento ocorrer em órgão de maior composição previsto no regimento interno; e

(ii) ***agravo de instrumento***, quando houver reforma da decisão que julgar parcialmente o mérito.

Todavia, ***não se aplica*** o disposto no art. 942 do CPC ao julgamento:

(i) do ***incidente de assunção de competência*** e ao ***incidente de resolução de demandas repetitivas***;

(ii) da ***remessa necessária***;

(iii) não unânime proferido, nos tribunais, ***pelo plenário ou pela corte especial***.

Votos e acórdãos: com efeito, são chamados de **votos** as decisões proferidas por cada um dos julgadores nos tribunais, individualmente considerados, enquanto **acórdão** é a *decisão final* que reúne todas as decisões (votos) proferidas pelos magistrados que participaram do julgamento, contendo em seu corpo ementa, relatório, os votos e o dispositivo.

VOTO	ACÓRDÃO
a) O voto é a manifestação individual de cada juiz ou desembargador sobre o caso que está sendo julgado. É a expressão da opinião e do entendimento do magistrado a respeito das questões de fato e de direito apresentadas no processo. b) Cada juiz membro do colegiado (Turma Julgadora, Seção ou Câmara do Tribunal) apresenta seu voto após a análise do processo e das argumentações das partes. O voto dos demais julgadores pode concordar com o voto do relator ou deledivergir, apresentando uma fundamentação própria. c) O voto é proferido durante a sessão de julgamento e é parte do processo de decisão colegiada.	a) O acórdão é o documento que resume e formaliza a decisão final do tribunal sobre o caso. Ele é composto pela junção dos votos dos juízes participantes, incluindo o relatório (resumo do processo), os votos propriamente ditos (incluindo o do relator e de eventuais divergências) e a ementa, que é um resumo da decisão. b) O acórdão é o resultado (decisão final) do julgamento e reflete a decisão majoritária dos membros do Tribunal. Ele é registrado e publicado oficialmente, servindo como referência para a jurisprudência e para futuras decisões em casos semelhantes. c) O acórdão tem força legal e é vinculante para as partes envolvidas no processo, sendo o documento contra o qual se podem interpor recursos para instâncias superiores, se cabíveis.

Dessa forma, *os votos, os acórdãos e os demais atos processuais* podem ser registrados em documento eletrônico inviolável e assinados eletronicamente, na forma da lei, devendo ser impressos para juntada aos autos do processo quando este não for eletrônico (art. 943 do CPC).

Como dito anteriormente, todo acórdão conterá uma **Ementa**, que servirá como um resumo do caso, das principais questões processuais decididas e da decisão final tomada pela Turma julgadora. Importante ressaltar que, caso exista contradição entre o corpo do acórdão e a ementa, ser**ão** cabíveis embargos de declaração (art. 1.022, I, do CPC).

E, lavrado o acórdão, *sua ementa* será publicada no órgão oficial, no *prazo de 10 (dez) dias*.

Não publicado o acórdão no *prazo de 30 (trinta) dias*, contado da data da sessão de julgamento, as notas taquigráficas o substituirão, para todos os fins legais, independentemente de revisão, privilegiando a celeridade e a razoável duração do processo, bem como garantindo a efetiva solução dada ao caso concreto, para a sua imediata produção dos efeitos.

Nesse caso, o presidente do tribunal lavrará, de imediato, as *conclusões* e a *ementa* e mandará *publicar o acórdão*.

Modelo de um Acórdão proferido pelo Tribunal

> ***TRIBUNAL DE JUSTIÇA DE XXX***
>
> **OU**
>
> ***TRIBUNAL REGIONAL FEDERAL DA XXXª REGIÃO***
>
> **XXXª CÂMARA CÍVEL (NÚMERO DA CÂMARA OU TURMA)**

Terceira Parte • Métodos Autônomos de Impugnação das Decisões Judiciais 185

ACÓRDÃO

Processo n. XXX (número do processo)

Classe: XXX (tipo de ação ou recurso)

Relator: Des. XXX (nome do relator)

Recorrente(s): XXX (nome do Recorrente)

Recorrido(s): XXX (nome do Recorrido)

EMENTA:

Nesse ponto, a ementa serve como um resumo do julgado, geralmente realizado por intermédio de palavras-chaves indicando os temas e o resultado do julgamento.

É um resumo do acórdão que destaca os principais pontos da decisão, incluindo o fundamento legal principal. A ementa é útil para consultas rápidas e é frequentemente usada para pesquisa jurídica, por exemplo:

APELAÇÃO CIVIL – ACIDENTE DE TRÂNSITO – RESPONSABILIDADE CIVIL – ARTS. 186 E 927 DO CÓDIGO CIVIL – DANOS MATERIAIS, MORAIS E ESTÉTICOS – CABIMENTO – MANUTENÇÃO DA CONDENAÇÃO PROFERIDA NA SENTENÇA – HONORÁRIOS RECURSAIS DEVIDOS – RECURSO NÃO PROVIDO.

RELATÓRIO.

O Relator fará uma breve descrição do caso, incluindo as partes envolvidas, a natureza do litígio, e um resumo dos fatos relevantes, com análise do processo e os acontecimentos até o momento, da sentença, do recurso interposto e das contrarrazões, preparando para o julgamento pelo órgão colegiado do respectivo Tribunal.

Apresentação das questões legais em discussão e um resumo do processo, incluindo as decisões de instâncias inferiores, se houver.

O Desembargador XXX (nome do relator), relator do processo em epígrafe, expõe o caso em que XXX (nome do recorrente), parte recorrente, interpôs o recurso de XXX (indicar o recurso) contra a decisão proferida por XXX (nome da instância inferior ou juiz), que XXX (descrever brevemente a decisão recorrida e o motivo do recurso).

Em seu recurso, o recorrente sustenta XXX (narrar os pedidos do recorrente).

Em contrarrazões, o recorrido alega XXX (narrar a defesa do recorrido).

Este é o relatório. Fundamento e decido.

DA FUNDAMENTAÇÃO

Análise detalhada das questões legais envolvidas, discussão sobre a aplicabilidade de leis e precedentes relevantes. Argumentação jurídica que sustenta a decisão, incluindo interpretação de textos legais, aplicação de jurisprudência e doutrina.

É o momento de resposta a todos os argumentos relevantes apresentados pelas partes durante o processo.

Com efeito, XXX (Detalhar a análise jurídica que fundamenta a decisão, mencionando as leis, jurisprudências e princípios aplicados, bem como a resposta aos argumentos das partes).

> **DISPOSITIVO:**
>
> *A parte conclusiva onde se declara o resultado do julgamento. Inclui a decisão sobre cada uma das questões levantadas no processo. Pode incluir a confirmação, modificação ou anulação de decisões anteriores. Determinações específicas sobre o que deve ser feito pelas partes, como o pagamento de custas processuais, compensações financeiras etc.*
>
> Diante do exposto, esta XXX (Câmara/Turma) deste Tribunal de Justiça (ou Tribunal Regional Federal – nome do tribunal), por (unanimidade/maioria), decide **DAR PROVIMENTO** ao Recurso (ou **NEGAR PROVIMENTO**, conforme descrição da decisão), nos termos do voto do Relator.
>
> **Local, data completa.**
>
> **ASSINATURA**
>
> Des. XXX (nome do relator)
>
> **Relator**
>
> (Assinaturas dos demais desembargadores participantes)

2. O SISTEMA DOS PRECEDENTES JUDICIAIS PELOS TRIBUNAIS

Historicamente, no Brasil, o sistema jurídico tem sido fortemente influenciado pelo positivismo jurídico, uma corrente que enfatiza a lei como fonte primária do direito. Esse enfoque é evidente na estrutura do sistema de *civil law* adotado, de raiz romano-germânica, que prioriza o direito escrito e formalmente estabelecido.

Nesse contexto, a Constituição Federal de 1988, em seu art. 5º, II, cristaliza o princípio da legalidade, estipulando que *"ninguém será obrigado a fazer ou deixar de fazer alguma coisa senão em virtude de lei"*.

Esse princípio tem uma dupla função: proteger os indivíduos contra abusos ou arbitrariedades do Estado e servir como guia para a atividade jurisdicional, assegurando que as intervenções estatais estejam sempre fundamentadas em leis preexistentes.

Contudo, a visão de um sistema jurídico que se baseia exclusivamente na lei escrita vem sendo questionada e considerada *insuficiente* na contemporaneidade[3].

Como bem pontua Luiz Guilherme Marinoni, em sua obra *"Precedentes Obrigatórios"*, a ideia de que o *stare decisis* – princípio que obriga tribunais a seguirem decisões anteriores – só existiria em sistemas de *common law*, em que se percebe que o juiz "cria" o direito, é uma noção equivocada[4].

---

[3] Sobre os grandes sistemas jurídicos do direito contemporâneo, ver: DAVID, Rene. *Os grandes sistemas do direito contemporâneo*. 4. ed. São Paulo: Martins Fontes, 2002.

[4] MARINONI, Luiz Guilherme. *Precedentes obrigatórios*. 4. ed. rev., atual., e ampl. São Paulo: RT, 2016. p. 11.

Terceira Parte • Métodos Autônomos de Impugnação das Decisões Judiciais   187

Argumenta o autor que, mesmo em sistemas de *common law*, o papel da jurisprudência, embora relevante, é raramente uma fonte pura de direito, dependendo significativamente da interpretação das leis existentes para resolver casos concretos.

Essa análise sugere uma evolução nos sistemas jurídicos, inclusive no Brasil, onde a jurisprudência começa a desempenhar um papel complementar à legislação. Isso reflete uma tendência mais ampla de integração das características dos sistemas de *civil law* e *common law*, promovendo uma aplicação do direito que não apenas reconhece a autoridade da lei, mas também valoriza o desenvolvimento jurisprudencial como uma fonte essencial para a adaptação do direito às novas realidades sociais.

A implementação do Código de Processo Civil de 2015 no Brasil marcou uma evolução significativa na maneira como os juízes fundamentam suas decisões, introduzindo mecanismos que favorecem a adoção de decisões judiciais anteriores em casos similares. Essa prática visa promover maior previsibilidade e estabilidade jurídica, além de assegurar um tratamento isonômico entre os jurisdicionados.

Com isso, observa-se uma tendência de convergência entre as características tradicionais dos sistemas de *civil law* e de *common law*. Essa evolução reflete uma transformação na função do juiz, que deixa de ser visto apenas como um aplicador da lei para assumir o papel de intérprete de normas abertas, com uma atenção particular ao que foi decidido anteriormente em situações análogas.

Até porque essa mudança desmistifica a noção de que a vinculação ao uso de precedentes é exclusiva dos sistemas de *common law*.

De fato, países com tradições jurídicas romano-germânicas, como o Brasil, também têm incorporado essa prática, reconhecendo a sua utilidade para a uniformização dos entendimentos judiciais.

O uso de precedentes no direito brasileiro, portanto, não apenas fortalece a segurança jurídica, como também contribui para a estabilização do direito. De igual maneira, garante previsibilidade nas decisões judiciais, essencial tanto para a proteção dos direitos dos jurisdicionados quanto para a eficácia da justiça.

Além disso, a prática serve como um importante instrumento nas negociações e no desenvolvimento de políticas de acordos, proporcionando uma base mais sólida e confiável para a tomada de decisões em diversos contextos jurídicos e empresariais.

2.1. Conceito de precedentes

O conceito de *"precedente"* no direito é intrinsecamente ligado à ideia de antecedência e orientação para decisões futuras, baseando-se em *decisões judiciais anteriores que estabeleceram teses jurídicas significativas.*

Um precedente é, portanto, uma decisão judicial – seja ela uma decisão interlocutória, uma sentença ou um acórdão – que resolveu uma questão jurídica de maneira tal que seu entendimento central (*ratio decidendi*) serve como guia para o julgamento de casos semelhantes subsequentes. Essa decisão inicial que elabora ou clarifica de modo definitivo uma tese jurídica, cristalizando-a, serve de modelo para a resolução de controvérsias futuras sob circunstâncias análogas.

No entanto, é fundamental distinguir o mero uso de decisões judiciais como referência e a existência de um efeito vinculante. Nesse sentido, indaga-se: bastaria, portanto, a existência de uma decisão judicial para estarmos diante de um precedente? E mais, teria referido *"precedente"* efeito vinculante e, portanto, de observação obrigatória?

Tradicionalmente, as decisões judiciais não vinculam terceiros fora das partes envolvidas na decisão original (efeito *inter partes*), exceto em contextos específicos como os acordos em mediação ou negociação, que também são encorajados pelo CPC como parte do ambiente de autocomposição.

Contudo, há situações em que um precedente adquire um *"efeito vinculante"* de ordem geral, como é o caso das decisões tomadas em controle de constitucionalidade abstrato pelo Supremo Tribunal Federal, que devem ser observadas obrigatoriamente em casos futuros por todos os juízes e tribunais.

Essa característica eleva a importância do precedente, transformando-o em uma ferramenta essencial para a uniformização da interpretação jurídica e a estabilidade do sistema legal, alinhando o direito brasileiro com práticas comuns em jurisdições que valorizam fortemente a jurisprudência consolidada.

O art. 926 do CPC reflete uma orientação moderna na gestão da jurisprudência brasileira, encorajando os tribunais a buscarem uma *uniformização das decisões judiciais* para garantir *estabilidade, integridade e coerência*.

Essa orientação vai ao encontro da necessidade de previsibilidade e de segurança jurídica, fundamentais para a confiança no sistema judicial. Nesse contexto, tradicionalmente, devemos sempre recordar que *"jurisprudência"* é entendida como uma série de decisões judiciais consistentes que, por sua repetição e aceitação, assumem um papel orientador dentro do sistema de justiça.

Entretanto, surge a questão crítica sobre se todas as decisões judiciais devem ser vistas como precedentes.

Enquanto o termo *"jurisprudência"*, no CPC, sugere um *corpus* de decisões reiteradas que guiam interpretações futuras, um *"precedente"* implica uma decisão específica com a capacidade de influenciar casos futuros, ou seja, não basta que uma decisão seja emitida por uma autoridade judiciária para que se qualifique como precedente no sentido estrito que afeta diretamente outros julgamentos.

A diferença substancial reside na influência normativa: enquanto a jurisprudência como conjunto sugere um padrão de decisões que contribuem para a formação de um princípio ou linha interpretativa, um precedente individual

Terceira Parte • Métodos Autônomos de Impugnação das Decisões Judiciais 189

pode não ter o mesmo peso, a menos que represente uma virada ou estabelecimento claro de entendimento em situações jurídicas específicas.

Dessa forma, o CPC promove não apenas a consideração de decisões isoladas, mas a formação de um corpo coerente de jurisprudência que serve como um guia confiável para a resolução de futuros litígios.

Portanto, enquanto toda decisão judicial pode contribuir para o diálogo jurídico, nem todas alcançam o *status* de precedente no sentido mais estrito que o termo implica no contexto de sistemas que valorizam a precedência como elemento central da tomada de decisão judicial. E isso reflete a necessidade de discernir entre decisões que meramente compõem a jurisprudência e aquelas que efetivamente moldam o curso interpretativo do direito.

Por certo, segundo o CPC, apenas as *decisões dos Tribunais Superiores* que envolvam repercussão geral, incidentes de resolução de demandas repetitivas ou recursos repetitivos possuem o poder de *vincular* as instâncias inferiores. Essa visão demonstra a intenção do legislador de conferir às decisões de Tribunais Superiores um papel de normatização jurídica, destinadas a criar uma uniformidade nacional no tratamento de questões legais.

Portanto, é evidente a necessidade de não se tratar a ideia de precedente como um sinônimo direto e absoluto para qualquer decisão judicial.

Assim, é fundamental distinguir entre a aplicação mecânica de "*teses*" jurídicas estabelecidas e a interpretação cuidadosa e contextual das leis, garantindo que cada decisão judicial contribua de forma construtiva para o desenvolvimento do direito (a exemplo do art. 1.035, § 11, do CPC).

Dessa forma, em vez de se limitar a seguir rigidamente os entendimentos dos tribunais superiores, cada caso deve ser analisado com sua devida singularidade, permitindo que a jurisprudência evolua de forma responsiva e deliberada às necessidades sociais e jurídicas.

Na verdade, o Brasil não possui um sistema de precedentes puro, típico de jurisdições de *common law*, mas desenvolveu um modelo próprio, influenciado pela necessidade de uniformizar jurisprudências e aumentar a estabilidade e coerência das decisões judiciais.

Esse modelo é reconhecido por algumas críticas que questionam sua adequação aos padrões tradicionais de precedentes, apontando uma possível incompatibilidade teórica e técnica.

No entanto, em vez de rejeitar completamente o sistema de precedentes à brasileira, é mais proveitoso extrair os benefícios que ele pode oferecer, especialmente considerando a capacidade de reduzir o volume de processos e promover decisões mais previsíveis e alinhadas às necessidades do Judiciário.

190   *Manual Prático da Advocacia Cível nos Tribunais*

Como visto, a legislação vigente, notadamente o art. 926 do CPC, instrui os tribunais a *unificar e estabilizar suas jurisprudências*. Tal diretriz não somente é constitucional, mas também essencial para a *eficácia do sistema judiciário*.

Sob essa ótica, os tribunais são encorajados a editar súmulas que refletem a jurisprudência dominante, fundamentadas nas circunstâncias fáticas dos casos que motivaram suas criações, essencial para garantir que tais súmulas se mantenham pertinentes e aplicáveis às situações concretas, contribuindo significativamente para a formulação de políticas de acordos e para a compreensão dos riscos associados a novas demandas.

Para que uma decisão seja considerada um precedente efetivo no sistema jurídico brasileiro, deve cumprir certos critérios.

Primeiramente, deve basear-se em julgamentos de tribunais em controle concentrado de constitucionalidade, decisões vinculadas a súmulas vinculantes, ou proferidas sob o regime de repercussão geral e demandas repetitivas. Além disso, essas decisões devem ser emitidas por plenários ou órgãos especiais e vincular-se a essas instâncias.

Em um segundo nível, a aplicação de tais precedentes não deve ocorrer automaticamente, mas requer uma avaliação cuidadosa das circunstâncias fáticas específicas de cada caso, bem como uma análise detalhada das teses normativas estabelecidas na decisão original (*ratio decidendi*).

Dessa forma, o sistema de precedentes no Brasil, apesar de suas peculiaridades, busca fornecer uma base jurídica sólida, promovendo a consistência e a previsibilidade nas decisões judiciais e fortalecendo a integridade do direito como um todo.

3. O CÓDIGO DE PROCESSO CIVIL E O SISTEMA DOS PRECEDENTES À BRASILEIRA

O dispositivo do art. 927 do CPC determina que os juízes e os tribunais deverão observar, por ocasião do julgamento dos casos concretos:

> I – as decisões do Supremo Tribunal Federal em controle concentrado de constitucionalidade;
>
> II – os enunciados de súmula vinculante;
>
> III – os acórdãos em incidente de assunção de competência ou de resolução de demandas repetitivas e em julgamento de recursos extraordinário e especial repetitivos;
>
> IV – os enunciados das súmulas do Supremo Tribunal Federal em matéria constitucional e do Superior Tribunal de Justiça em matéria infraconstitucional;
>
> V – a orientação do plenário ou do órgão especial aos quais estiverem vinculados.

Terceira Parte • Métodos Autônomos de Impugnação das Decisões Judiciais 191

O Código de Processo Civil de 2015 trouxe avanços significativos na maneira como o Judiciário brasileiro trata as decisões judiciais que possuem efeito vinculante, distinguindo-as claramente das demais decisões que não possuem essa característica.

O art. 927 do CPC/2015 é determinante nesse contexto, pois atribui uma eficácia normativa específica a certas decisões, reconhecendo que seus fundamentos factuais e jurídicos podem influenciar o resultado de casos futuros. Essa distinção enfatiza a importância de compreender não apenas a decisão em si, mas também seus fundamentos determinantes, conhecidos como *ratio decidendi*.

A *ratio decidendi* é entendida como as razões jurídicas essenciais que formam a base da decisão em um caso específico e que são consideradas vinculantes para casos futuros semelhantes.

Isso contrasta com o *obiter dictum*, elementos da decisão que não são essenciais para a conclusão jurídica e, portanto, não possuem força vinculante. O *obiter dictum* pode incluir comentários, exemplos ou explicações que estão presentes na decisão, mas que não são críticos para o raciocínio jurídico adotado pelo juiz.

Essa diferenciação entre *ratio decidendi* e *obiter dictum* é vital para a aplicação correta dos precedentes no sistema jurídico. As decisões com força vinculante devem ser claramente identificadas e compreendidas dentro deste quadro, assegurando que apenas os elementos juridicamente substantivos de uma decisão sejam utilizados como referência para futuros julgamentos.

Além disso, o CPC sublinha a importância do contraditório e da devida fundamentação nas decisões que se apoiam no art. 927.

Conforme estabelecido pelos arts. 10 e 489, § 1º, do CPC, é imperativo que todas as questões discutidas no processo sejam adequadamente consideradas e que as decisões sejam rigorosamente fundamentadas. Essa abordagem não só reforça a legitimidade e a justiça das decisões judiciais como também promove a transparência e a previsibilidade no sistema jurídico.

A revisão das teses jurídicas estabelecidas em enunciados de súmula ou em julgamentos de casos repetitivos no ordenamento jurídico brasileiro é um processo que deve ser tratado com cautela, visando manter a estabilidade e a previsibilidade das decisões judiciais.

Segundo o art. 927, § 2º, do CPC, essa revisão pode incluir a realização de audiências públicas e permitir a contribuição de pessoas, órgãos ou entidades com interesse no debate, garantindo assim uma discussão abrangente e democrática sobre a matéria, sendo essa abordagem colaborativa e transparente essencial para a rediscussão de teses jurídicas e assegurando que todas as vozes relevantes sejam ouvidas antes de qualquer alteração significativa ser efetivada.

Além disso, a possibilidade de *modulação dos efeitos* de tais alterações destaca a importância de se considerar o impacto social e a segurança jurídica.

Como aponta Araken de Assis, é preferível que a revisão das teses jurídicas tenha efeito *ex nunc*, ou seja, que se aplique apenas a partir do momento da alteração, sem retroagir, sobretudo para evitar um aumento no número de litígios, pois as partes que foram vencidas sob a orientação da tese anterior não poderão reabrir processos já decididos, baseando-se na nova interpretação. Tal abordagem não apenas obsta a multiplicação de processos, mas também promove a segurança jurídica e protege a confiança legítima dos cidadãos nas decisões judiciais[5].

Finalmente, a modificação de qualquer enunciado de súmula, de jurisprudência consolidada ou de tese jurídica em julgamentos de casos repetitivos deve ser fundamentada de maneira adequada e detalhada, respeitando os princípios de segurança jurídica, proteção da confiança e isonomia.

Essa exigência de fundamentação rigorosa assegura que as alterações sejam baseadas em razões jurídicas sólidas e bem articuladas, refletindo uma análise profunda e considerada das questões envolvidas, bem como reforçando a legitimidade das alterações jurisprudenciais e garantindo que as decisões dos tribunais continuem a ser vistas como justas, equitativas e fundamentadas em princípios jurídicos consistentes.

Se entendermos que cada decisão judicial constitui um precedente, impõe-se aos julgadores a complexa tarefa de identificar uma similitude completa e irrestrita entre todos os casos concretos e as decisões judiciais anteriores. O que, além de impraticável, não reflete a realidade e a finalidade dos precedentes no direito.

Na prática, a adoção eficaz de precedentes exige dos julgadores uma análise cuidadosa e precisa das circunstâncias fáticas de cada caso em confronto com o julgamento paradigma, visando identificar a *ratio decidendi* — a norma geral subjacente à decisão anterior.

A partir dessa análise, determina-se se e como essa norma deve influenciar a decisão do caso em julgamento, buscando não apenas uma coincidência exata entre os casos, mas sim uma aplicação ponderada da essência jurídica que fundamentou decisões anteriores, garantindo, assim, a consistência e a previsibilidade na aplicação do direito.

4. DISTINÇÃO E SUPERAÇÃO DE PRECEDENTE

Ambos os conceitos destacam a relevância de dois institutos fundamentais que os julgadores devem considerar ao tomar decisões: a *"distinção"* (ou *distinguishing*) e a *"superação"* de precedentes (*overruling* ou *overriding*). Esses temas

---

[5] ASSIS, Araken de. *Manual dos recursos*. 8. ed. São Paulo: RT, 2016. p. 469.

Terceira Parte • Métodos Autônomos de Impugnação das Decisões Judiciais   193

são fundamentais e de relevância para o processo, sobretudo direcionado ao entendimento e à aplicação judicial dos precedentes.

O *distinguishing* permite ao julgador identificar diferenças substanciais entre o caso atual e o precedente. E essa necessidade de diferenciação ocorre quando não há similitude suficiente entre os fatos fundamentais do caso em análise e aqueles que embasaram a *ratio decidendi* do precedente.

A despeito das aparentes semelhanças superficiais, uma característica distintiva essencial pode justificar uma aplicação diferente da norma. Esse processo de distinção não apenas evita a aplicação mecânica da lei, mas também aprimora a capacidade de adaptação do direito às particularidades de cada situação.

Por outro lado, a superação de precedentes (*overruling*) ocorre quando o tribunal decide que o precedente não deve mais ser seguido, seja por razões de mudança na interpretação legal, evolução social ou inadequação da decisão anterior à realidade atual. Esse fenômeno reflete a dinâmica do direito e a necessidade de sua evolução para atender às exigências contemporâneas.

Essas técnicas, *distinguishing* e *overruling*, são aplicadas pelos julgadores para refinar a jurisprudência, garantindo que ela permaneça relevante e eficaz.

Ao distinguir, o magistrado pode optar por uma interpretação restritiva (*restrictive distinguishing*), limitando a aplicação do precedente aos casos que estritamente se alinham aos seus fundamentos, ou por uma interpretação ampliativa (*ampliative distinguishing*), expandindo a aplicação do precedente para abranger situações similares que possam se beneficiar da mesma lógica jurídica. Ambos os métodos, portanto, são essenciais para a justa aplicação do direito e para a construção de uma jurisprudência coesa e adaptável.

No contexto do *overruling*, o tribunal efetua uma superação completa do precedente, decidindo expressamente adotar uma nova direção jurídica e abandonar o entendimento anterior.

Esse movimento também busca equilibrar a estabilidade e a segurança jurídica, previamente estabelecidas pelo precedente, com a necessidade de adaptação a novos contextos ou entendimentos legais, além de determinar uma mudança na interpretação da lei, influenciados pelo princípio da boa-fé e considera a confiança que os jurisdicionados depositaram no precedente, conforme articula o art. 927, § 3º, do CPC/2015, que permite a *modulação dos efeitos* das decisões para acomodar as mudanças sem prejudicar desproporcionalmente aqueles que confiaram na orientação jurídica anterior.

Por outro lado, o fenômeno do *overriding* manifesta-se quando o tribunal decide limitar a aplicação do precedente de forma parcial, adaptando-se a mudanças legislativas ou a novas interpretações de princípios jurídicos que surgem após a formação do precedente original.

Nesse caso, não há uma superação total do precedente, mas uma recalibragem de seu escopo e aplicabilidade, garantindo que a jurisprudência se mantenha alinhada com a evolução do direito e das circunstâncias sociais.

Ambos os processos, *overruling* e *overriding*, refutam a noção de que os magistrados estão rigidamente vinculados aos precedentes, mostrando que o sistema jurídico é dinâmico e capaz de se adaptar às mudanças.

Os juízes, portanto, têm o dever de fundamentar meticulosamente suas decisões, seja para justificar a não aplicação de um precedente devido à distinção dos fatos ou à relevância de novos argumentos jurídicos, seja para explicar a manutenção de sua aplicabilidade, assegurando que cada caso seja avaliado em seus próprios méritos, promovendo uma interpretação do direito que é tanto informada quanto reflexiva.

Modelos de Pedidos de Adesão, Distinção e Superação dos Precedentes

a) Geralmente, fazer os pedidos de adesão ou de distinção do precedente nos Recursos Especial ou Extraordinário.

b) Quando o precedente for de Tribunal de Justiça ou de Tribunal Regional Federal, por certo, fazer o pedido de adesão ou de distinção ao precedente em Recurso de Apelação ou em Agravo Interno.

DA ADESÃO AO PRECEDENTE XXX *(indicar o precedente – art. 927 do CPC)*

Tese firmada no Precedente Tema 1.076 do STJ	i) A fixação dos honorários por apreciação equitativa não é permitida quando os valores da condenação, da causa ou o proveito econômico da demanda forem elevados. É obrigatória nesses casos a observância dos percentuais previstos nos §§ 2º ou 3º do art. 85 do CPC – a depender da presença da Fazenda Pública na lide –, os quais serão subsequentemente calculados sobre o valor: (a) da condenação; ou (b) do proveito econômico obtido; ou (c) do valor atualizado da causa. ii) Apenas se admite arbitramento de honorários por equidade quando, havendo ou não condenação: (a) o proveito econômico obtido pelo vencedor for inestimável ou irrisório; ou (b) o valor da causa for muito baixo.
Similitude do caso concreto	No caso concreto, o Tribunal de Justiça do Estado de São Paulo, no julgamento do Recurso de Apelação n. XXX, manteve a fixação dos honorários advocatícios por equidade, sustentando no elevado valor da causa.
Conclusão	Nesse caso, necessária a adesão ao Precedente firmado no **Tema 1.076 do STJ**, julgado na modalidade de recursos repetitivos, para fixar os honorários advocatícios de acordo percentuais previstos nos § 2º do art. 85 do CPC, calculados sobre o valor: (a) da condenação; ou (b) do proveito econômico obtido; ou (c) do valor atualizado da causa.

Terceira Parte • Métodos Autônomos de Impugnação das Decisões Judiciais 195

DA DISTINÇÃO DO CASO CONCRETO AO PRECEDENTE XXX *(indicar o precedente – art. 927 do CPC)*

Tese firmada no Precedente Tema 1.091 do STJ	É válida a penhora do bem de família de fiador apontado em contrato de locação de imóvel, seja residencial, seja comercial, nos termos do inciso VII do art. 3º da Lei n. 8.009/90.
Distinção com caso concreto	No presente caso, nota-se que a penhora determinada pelo ilustre magistrado de origem, e mantida no julgamento do Recurso de Apelação n. XXX pelo Tribunal de Justiça do Estado de São Paulo, recaiu sobre bem de família do devedor principal do contrato de locação e não sobre o bem apontado pelo fiador.
Conclusão	Desta forma, demonstrada a distinção do caso concreto com a **Tese firmada no Precedente 1.091 do STJ**, julgado na modalidade de recursos repetitivos, qual seja na necessidade de liberação do bem penhorado, por se tratar de bem de família do devedor principal da obrigação derivada de contrato de locação e não do bem apontado pelo fiador.

DA SUPERAÇÃO DO CASO CONCRETO AO PRECEDENTE XXX *(indicar o precedente – art. 927 do CPC)*

Tese firmada no Precedente Tema 1.091 do STJ	É válida a penhora do bem de família de fiador apontado em contrato de locação de imóvel, seja residencial, seja comercial, nos termos do inciso VII do art. 3º da Lei n. 8.009/90.
Distinção com caso concreto	No presente caso, nota-se que a penhora determinada pelo ilustre magistrado de origem, e mantida no julgamento do Recurso de Apelação n. XXX pelo Tribunal de Justiça do Estado de São Paulo, recaiu sobre o único bem do fiador, reconhecidamente como bem de família, não tendo sido ofertado no contrato ou no processo judicial, violando, assim, o seu direito de moradia, constitucionalmente garantido.
Conclusão	Desta forma, solicita-se a reanálise da Tese firmada no Precedente de Tema 1.091, em razão da necessidade de adequação à realidade social, sobretudo diante da proteção conferida ao bem de família, quando não ofertado livremente pelo fiador no contrato de locação, respeitando o procedimento de superação nos termos do art. 927, §§ 2º a 4º, do CPC.

5. DO INCIDENTE DE ASSUNÇÃO DE COMPETÊNCIA

O instituto da *"assunção de competência"*, aprimorado no CPC/2015 pelo art. 947, representa um desenvolvimento significativo em relação ao que estava previsto no art. 555, § 1º, do CPC/73.

Esse instrumento jurídico possibilita que o órgão colegiado responsável pelo julgamento de recursos, remessa necessária ou processos de competência originária, instaure um incidente para promover a uniformização da jurisprudência.

O critério para sua instauração inclui a presença de *questões de direito* com *alta relevância e grande repercussão social*, que, embora não sejam frequentes, ou seja, sem repetições em múltiplos processos, têm o potencial de se repetir em futuras ocasiões, além do reconhecimento do interesse público envolvido.

196 | *Manual Prático da Advocacia Cível nos Tribunais*

Essencialmente, a assunção de competência é destinada a otimizar a prestação jurisdicional, almejando uma *uniformização* que contribua para a estabilidade dos entendimentos jurídicos dentro da própria Corte.

Dessa forma, não apenas se busca resolver os *casos concretos* com eficácia, mas também *assegurar a segurança jurídica*, promovendo a integridade e a coerência nos julgamentos subsequentes de casos similares.

Esse processo permite que um colegiado superior dentro do tribunal manifeste uma interpretação jurídica unificada, que servirá como referência para a resolução de litígios futuros, consolidando assim uma jurisprudência estável e previsível.

Por meio desse mecanismo, o tribunal pode direcionar e clarificar a aplicação do direito, fortalecendo o princípio da segurança jurídica e da isonomia processual.

Os **requisitos de admissibilidade** do incidente de assunção de competência são, pois:

> **(i) relevante questão de direito;**
> **(ii) com grande repercussão social;**
> **(iii) sem repetição em múltiplos processos; e**
> **(iv) reconhecido interesse público.**

Procedimento: o incidente de assunção de competência poderá ser instaurado de *ofício pelo relator* ou a *pedido das partes*, do *Ministério Público* ou da *Defensoria Pública*, ou seja, somente estarão sujeitos ao procedimento os recursos, a remessa necessária ou os processos de competência originária que estiverem tramitando e em curso no tribunal, a serem julgados pelo órgão colegiado competente, que o regimento indicar.

Dessa forma, como dito anteriormente, o referido órgão colegiado julgará o recurso, a remessa necessária ou o processo de competência originária se reconhecer **interesse público** na assunção de competência.

Caso seja regularmente julgado, o **acórdão** proferido em assunção de competência **vinculará** (art. 927, III, do CPC) todos os juízes e órgãos fracionários, demonstrando a fixação dos limites territoriais do incidente aos seus órgãos e julgadores, exceto se houver revisão de tese.

Por fim, aplicar-se-á o procedimento de incidente de assunção de competência quando ocorrer relevante questão de direito a respeito da qual seja conveniente a **prevenção** *ou a* **composição de divergência** entre **Câmaras ou Turmas do Tribunal**, trazendo, no caso da prevenção, unidade de julgamento, no intuito de evitar julgamentos dissonantes nas matérias analisadas, bem como, mais uma vez, de conferir estabilidade à Corte, com a manutenção da coerência jurisprudencial, prevenindo ou compondo divergência interna no próprio tribunal.

Terceira Parte • Métodos Autônomos de Impugnação das Decisões Judiciais

Estrutura resumida da peça

Endereçamento: Atentar para o fato de que o incidente de assunção de competência será proposto perante o Desembargador Relator diretamente no Tribunal ou ao Presidente do referido Tribunal. Assim, a título de exemplo, utilizar:

"EXCELENTÍSSIMO SENHOR DOUTOR DESEMBARGADOR RELATOR DO PROCESSO XXX DA TURMA JULGADORA DO TRIBUNAL DE JUSTIÇA DO ESTADO DE XXX (OU DO TRIBUNAL REGIONAL FEDERAL DA XXXª REGIÃO)

OU

EXCELENTÍSSIMO SENHOR DOUTOR DESEMBARGADOR PRESIDENTE DO TRIBUNAL DE JUSTIÇA DO ESTADO DE XXX (OU DO TRIBUNAL REGIONAL FEDERAL DA XXXª REGIÃO)".

Número do processo: Importante verificar que, por se tratar de incidente de assunção de competência, existiu ou existe uma ação em andamento, estando o processo no Tribunal, inclusive tendo recebido o devido número de distribuição. Assim, identificar o processo logo em seguida ao endereçamento:

Processo n. XXX (número do processo CNJ – *0000000-00.0000.0.00.0000*).

Identificação das partes: Seguir a mesma regra de qualificação dos recursos. Note que não há réu, recorrido ou parte contrária nos incidentes, mas apenas interessado.

"NOME DO INTERESSADO, já devidamente qualificado nos autos do recurso em epígrafe, nos autos da *AÇÃO XXX (NOME DA AÇÃO)* (...)"

Nome da ação e sua fundamentação legal: "vem, respeitosamente, à presença de Vossa Excelência, apresentar *INCIDENTE DE ASSUNÇÃO DE COMPETÊNCIA (NOME DO INCIDENTE)*, com fundamento no art. 947 do CPC, pelas razões de fato e de direito a seguir afirmadas".

Fatos: Resumo dos fatos, conforme o caso concreto, sobretudo demonstrando ser matéria de direito, de grande repercussão social e a necessidade de o Tribunal assumir a competência para o julgamento da causa.

Fundamentação: Faça a correta ligação entre os fatos e os dispositivos legais aplicáveis, como artigos de lei, súmulas, precedentes, desenvolvendo raciocínio lógico e coerência jurídica. Não se esqueça de demonstrar que a matéria envolvida trata de relevantes questões de direito, com grande repercussão social, sem repetição em múltiplos processos (potencialidade de repetições futuras), e reconhecido o interesse público na assunção de competência.

Pedidos e requerimentos: "Assim, com base no art. 947 do Código de Processo Civil, requer-se o julgamento deste incidente de assunção de competência, em razão da relevante questão de direito a respeito da qual seja conveniente a prevenção ou a composição de divergência entre Câmaras ou Turmas do tribunal, trazendo, no caso da prevenção, unidade de julgamento, no intuito de evitar julgamentos dissonantes nas matérias analisadas, bem como, mais uma vez, de conferir estabilidade à Corte, com a manutenção da coerência jurisprudencial, prevenindo ou compondo divergência interna no próprio tribunal".

Fechamento da peça:

Nestes termos,

Pede deferimento.

Local... e Data...

Advogado...

OAB n. ...

Modelo de Petição de IAC

EXCELENTÍSSIMO SENHOR DOUTOR DESEMBARGADOR RELATOR DO PROCESSO XXX DA TURMA JULGADORA DO TRIBUNAL DE JUSTIÇA DE XXX (OU DO TRIBUNAL REGIONAL FEDERAL DA XXXª REGIÃO)

OU

EXCELENTÍSSIMO SENHOR DOUTOR DESEMBARGADOR PRESIDENTE DO TRIBUNAL DE JUSTIÇA DO ESTADO DE XXX (OU DO TRIBUNAL REGIONAL FEDERAL DA XXXª REGIÃO)

Processo n. XXX (número do processo CNJ – *0000000-00.0000.0.00.0000*).

NOME DO INTERESSADO, já qualificado nos autos do recurso em epígrafe, nos autos da ação **XXX *(NOME DA AÇÃO)***, vem, respeitosamente, à presença de Vossa Excelência, apresentar

INCIDENTE DE ASSUNÇÃO DE COMPETÊNCIA

com fundamento no art. 947 do CPC, pelas razões de fato e de direito a seguir afirmadas;

I – DOS FATOS

Resumo dos fatos, conforme o caso concreto, sobretudo demonstrando a grande repercussão social do caso e a necessidade de o Tribunal assumir a competência para o julgamento da causa.

III – NO MÉRITO

Apresentar todos os elementos do caso, especialmente com relação aos pedidos do incidente, ou seja, envolver relevante questão de direito, com grande repercussão social, sem repetição em múltiplos processos. Observar se há precedente.

III – DOS PEDIDOS

Assim, diante de todo o exposto, com base no art. 947 do Código de Processo Civil, requer-se o julgamento deste **Incidente de Assunção de Competência**, em razão da relevante questão de direito a respeito da qual seja conveniente a prevenção ou a composição de divergência entre Câmaras ou Turmas deste Tribunal, trazendo, no caso da prevenção, unidade de julgamento, no intuito de evitar julgamentos dissonantes nas matérias analisadas, bem como, mais uma vez, de conferir estabilidade à Corte, com a manutenção da coerência jurisprudencial, prevenindo ou compondo divergência interna no próprio tribunal *(fazer o pedido de acordo com os modelos e as estruturas apresentadas acima)*.

Nestes termos,

Pede deferimento.

Local... e Data...

Advogado...

OAB n. ...

Terceira Parte • Métodos Autônomos de Impugnação das Decisões Judiciais

6. DO INCIDENTE DE ARGUIÇÃO DE INCONSTITUCIONALIDADE

O incidente de arguição de inconstitucionalidade, conforme delineado no CPC/2015, art. 948, é um mecanismo essencial dentro do sistema jurídico brasileiro para o **controle difuso de constitucionalidade**.

Esse tipo de controle, diferentemente do **modelo concentrado** exercido exclusivamente pelo Supremo Tribunal Federal, permite que qualquer juiz ou Tribunal examine a conformidade de leis ou atos normativos em relação à Constituição Federal durante a resolução de um caso concreto.

Nesse contexto, o CPC/2015 introduziu *procedimentos específicos* para a arguição de inconstitucionalidade dentro do controle difuso, visando assegurar a robustez do contraditório e a ampla defesa.

Assim, uma vez levantada a questão da inconstitucionalidade de uma lei ou de ato normativo durante um processo, o relator do caso tem a responsabilidade inicial de analisar a argumentação apresentada.

Essencialmente, o relator deve promover uma análise preliminar sobre a plausibilidade da arguição de inconstitucionalidade, procedimento que envolve a audição do Ministério Público e das partes envolvidas.

Após essa fase preliminar, e considerando a relevância da matéria e o potencial impacto de sua decisão, o relator encaminhará a questão para deliberação pela Turma ou Câmara do Tribunal responsável pelo caso. Este encaminhamento transforma a arguição de inconstitucionalidade em um *incidente processual formal*, diferenciando-o claramente de uma ação direta de inconstitucionalidade, que possui rito e natureza próprios no controle concentrado.

Esse tratamento específico dado pelo CPC/2015 reforça a importância de um debate jurídico qualificado e tecnicamente fundamentado dentro do tribunal, assegurando que a decisão sobre a inconstitucionalidade seja tomada com base em uma *discussão coletiva e fundamentada*, refletindo a pluralidade de visões dentro do colegiado.

Portanto, tem-se, aqui, um incidente específico de arguição de inconstitucionalidade, e não uma ação autônoma ou um recurso.

De acordo com a Constituição Federal, no art. 97, a declaração de inconstitucionalidade de uma lei ou ato normativo do Poder Público por parte dos tribunais exige o voto da *maioria absoluta* de seus membros ou dos integrantes do respectivo órgão especial, cujo procedimento é conhecido como a **regra da reserva de plenário**.

Essa disposição busca assegurar que decisões de grande relevância constitucional sejam deliberadas com a máxima ponderação e representatividade dentro do tribunal, refletindo assim a importância e a profundidade da análise necessária. Adicionalmente, tais decisões devem estar em conformidade com as especificações estabelecidas pelo regimento interno de cada tribunal, garantindo que o processo de declaração de inconstitucionalidade seja realizado de maneira rigorosa e padronizada.

Legitimidade: são legitimados a promover o incidente de arguição de inconstitucionalidade:

> **(i)** as **partes e seus assistentes**, que podem, no curso do processo, por meio de qualquer manifestação, suscitar o incidente;
>
> **(ii)** o **Ministério Público**, seja como parte ou como fiscal da ordem jurídica, quando nos autos puder peticionar;
>
> **(iii)** os **juízes,** tanto em primeiro como nos demais graus de jurisdição, podendo suscitar o incidente por despacho, decisão própria ou até, se o caso, oralmente durante a sessão de julgamento.

Nesse contexto, o incidente de inconstitucionalidade pode ser suscitado por qualquer magistrado que esteja analisando o caso, assim como pelas partes envolvidas ou pelo Ministério Público, seja atuando como parte ou como fiscal da lei.

É importante destacar que o incidente deve ser instaurado antes da conclusão do julgamento do recurso ou da ação originária pelo colegiado.

Esta exigência decorre da necessidade de garantir que a questão da inconstitucionalidade seja devidamente considerada e resolvida dentro do contexto processual adequado, *antes da decisão final do órgão colegiado.*

Procedimento: quando alegada a inconstitucionalidade de uma *lei ou ato normativo* do Poder Público em controle difuso, o procedimento inicia-se com a remessa dos autos ao relator responsável, que deverá processar o incidente de inconstitucionalidade.

Essencialmente, o relator deve garantir a observância do contraditório, convocando o Ministério Público e as partes envolvidas para se manifestarem sobre a questão antes de submetê-la à Turma ou Câmara competente do tribunal (art. 948 do CPC).

Se a Turma ou Câmara *rejeitar a arguição de inconstitucionalidade*, o processo prossegue normalmente, visto que a alegação de inconstitucionalidade não foi reconhecida. Isso implicará a continuidade do julgamento da causa principal sem a necessidade de escalonar a questão para instâncias superiores.

Por outro lado, caso a *arguição seja aceita pela Turma ou Câmara*, a questão é elevada para julgamento pelo plenário do tribunal ou por seu órgão especial, conforme estabelecido. Nesse caso, haverá uma decisão colegiada sobre a inconstitucionalidade, respeitando o *princípio da reserva de plenário.*

Contudo, é importante ressaltar que *não haverá necessidade* de submeter a questão ao plenário ou ao órgão especial se já existir um pronunciamento

Terceira Parte • Métodos Autônomos de Impugnação das Decisões Judiciais

destes, ou do plenário do Supremo Tribunal Federal sobre a mesma questão de inconstitucionalidade, visando evitar redundâncias e garantir a coerência e estabilidade das decisões judiciais no âmbito constitucional.

Após a Turma/Câmara acolher o incidente de arguição de inconstitucionalidade, uma cópia do acórdão é distribuída a todos os juízes do respectivo Tribunal. Subsequentemente, o presidente do tribunal agendará uma sessão de julgamento dedicada a discutir e decidir sobre a alegada inconstitucionalidade do ato ou lei em questão.

Adicionalmente, há a previsão de que as entidades públicas responsáveis pela emissão do ato normativo questionado possam participar e se manifestar durante o incidente de inconstitucionalidade. Para tanto, estas devem formalizar seu interesse dentro dos prazos e seguindo os procedimentos estabelecidos pelo regimento interno do tribunal. Esta etapa é fundamental para garantir que todos os lados envolvidos tenham a oportunidade de apresentar seus argumentos antes da decisão final sobre a constitucionalidade do ato.

Assim, podem se manifestar no incidente (art. 103 da Constituição Federal):

(i) o Presidente da República;

(ii) a Mesa do Senado Federal;

(iii) a Mesa da Câmara dos Deputados;

(iv) a Mesa de Assembleia Legislativa ou da Câmara Legislativa do Distrito Federal;

(v) Governador de Estado ou do Distrito Federal;

(vi) o Procurador-Geral da República;

(vii) o Conselho Federal da Ordem dos Advogados do Brasil;

(viii) partido político com representação no Congresso Nacional;

(ix) confederação sindical ou entidade de classe de âmbito nacional (art. 950, § 2º, do CPC/2015).

A manifestação escrita sobre a questão constitucional em análise deverá ser submetida dentro do prazo estipulado pelo regimento interno do tribunal. Será garantido aos interessados o direito de *apresentar memoriais* ou solicitar a *anexação de documentos* pertinentes à discussão.

Além disso, considerando a significância da matéria e a representatividade dos envolvidos, o relator possui a prerrogativa de, mediante um despacho irrecorrível, permitir a *participação de outros órgãos ou entidades no debate* (*amicus curiae*), assegurando uma prestação jurisdicional abrangente e respeitando o princípio da participação democrática.

Após a conclusão dessa fase processual, o tribunal procederá ao julgamento da arguição de inconstitucionalidade.

202   *Manual Prático da Advocacia Cível nos Tribunais*

A decisão final determinará se a lei ou ato normativo em questão é constitucional ou não, estabelecendo os efeitos desse julgamento para o processo de origem, no qual surgiu o incidente de arguição de inconstitucionalidade.

Estrutura resumida da peça

Endereçamento: Atentar para o fato de que o incidente de assunção de competência será proposto perante o Desembargador Relator diretamente no Tribunal ou ao Presidente do referido Tribunal. Assim, a título de exemplo, utilizar:

"EXCELENTÍSSIMO SENHOR DOUTOR DESEMBARGADOR RELATOR DO PROCESSO XXX DA TURMA JULGADORA DO TRIBUNAL DE JUSTIÇA DE XXX (OU DO TRIBUNAL REGIONAL FEDERAL DA XXXª REGIÃO)

OU

EXCELENTÍSSIMO SENHOR DOUTOR DESEMBARGADOR PRESIDENTE DO TRIBUNAL DE JUSTIÇA DO ESTADO DE XXX (OU DO TRIBUNAL REGIONAL FEDERAL DA XXXª REGIÃO)".

Número do processo: Importante verificar que, por se tratar de incidente de assunção de competência, existiu ou existe uma ação em andamento, estando o processo no Tribunal, inclusive tendo recebido o devido número de distribuição. Assim, identificar o processo logo em seguida ao endereçamento:

Processo n. XXX (número do processo CNJ – *0000000-00.0000.0.00.0000*).

Identificação das partes: Seguir a mesma regra de qualificação dos recursos e dos incidentes. Note que não há réu, recorrido ou parte contrária nos incidentes, mas apenas interessado.

"NOME DO INTERESSADO, já devidamente qualificado nos autos do recurso em epígrafe, nos autos da *AÇÃO XXX (NOME DA AÇÃO)* (...)"

Nome da ação e sua fundamentação legal: "vem, respeitosamente, à presença de Vossa Excelência, apresentar *INCIDENTE DE ARGUIÇÃO DE INCONSTITUCIONALIDADE (NOME DO INCIDENTE)*, com fundamento nos arts. 948 e seguintes do CPC, pelas razões de fato e de direito a seguir afirmadas".

Fatos: Resumo dos fatos, conforme o caso concreto, em especial demonstrando a inconstitucionalidade da lei ou do ato normativo questionado dentro do processo, ação ou recurso.

Fundamentação: Faça a correta ligação entre os fatos e os dispositivos legais aplicáveis, como artigos de lei, súmulas, precedentes, desenvolvendo raciocínio lógico e coerência jurídica. Não se esqueça que, no caso do incidente de arguição de inconstitucionalidade, há a necessidade de pedir e demonstrar o reconhecimento da inconstitucionalidade da lei ou do ato normativo emanado pelo Poder Público.

Pedidos e requerimentos: "Assim, diante do exposto, com base no art. 948 do Código de Processo Civil, requer-se a submissão da questão à Turma ou Câmara ou órgão jurisdicional a qual competir o conhecimento do processo, reconhecendo a inconstitucionalidade da Lei n. **XXX** ou do ato normativo XXX *(fazer o pedido de acordo com os modelos e as estruturas apresentadas acima)*".

Fechamento da peça:

Nestes termos,

Pede deferimento.

Terceira Parte • Métodos Autônomos de Impugnação das Decisões Judiciais 203

Local... e Data...

Advogado...

OAB n. ...

Modelo de Petição de Incidente de Arguição de Inconstitucionalidade

EXCELENTÍSSIMO SENHOR DOUTOR DESEMBARGADOR RELATOR DO PRO-CESSO XXX DA TURMA JULGADORA DO TRIBUNAL DE JUSTIÇA DE XXX (OU DO TRIBUNAL REGIONAL FEDERAL DA XXXª REGIÃO)

OU

EXCELENTÍSSIMO SENHOR DOUTOR DESEMBARGADOR PRESIDENTE DO TRIBUNAL DE JUSTIÇA DO ESTADO DE XXX (OU DO TRIBUNAL REGIONAL FEDERAL DA XXXª REGIÃO)

Processo n. XXX (número do processo CNJ – *0000000-00.0000.0.00.0000*).

NOME DO INTERESSADO, já qualificado nos autos do recurso em epígrafe, nos autos da ação *XXX (NOME DA AÇÃO)*, vem, respeitosamente, à presença de Vossa Excelência, apresentar

INCIDENTE DE ARGUIÇÃO DE INCONSTITUCIONALIDADE

com fundamento nos arts. 948 e seguintes do CPC, pelas razões de fato e de direito a seguir afirmadas;

I – DOS FATOS

Resumo dos fatos, conforme o caso concreto, sobretudo demonstrando a inconstitucionalidade da lei ou do ato normativo questionado dentro do processo, ação ou recurso.

III – NO MÉRITO

Apresentar todos os elementos do caso, especialmente, com relação aos pedidos de reconhecimento da inconstitucionalidade de lei ou de ato normativo emanado pelo Poder Público.

III – DOS PEDIDOS

Assim, diante do exposto, com base no art. 948 do Código de Processo Civil, requer-se a submissão da questão à Turma ou Câmara ou órgão jurisdicional ao qual competir o conhecimento do processo, reconhecendo a inconstitucionalidade da Lei n. **XXX** ou do ato normativo XXX *(fazer o pedido de acordo com os modelos e as estruturas apresentadas acima).*

Nestes termos,

Pede deferimento.

Local... e Data...

Advogado...

OAB n. ...

7. DO CONFLITO DE COMPETÊNCIA

O fenômeno do *conflito de competência* emerge quando há incertezas ou disputas entre *diferentes órgãos jurisdicionais* sobre quem possui atribuição para julgar determinada causa.

Esse tipo de conflito pode se manifestar de diversas formas: pode ocorrer que nenhum dos órgãos se reconheça como competente; que mais de um se considere habilitado para julgar a mesma demanda; ou que exista uma controvérsia sobre a consolidação ou divisão de processos.

Essencialmente, o sistema jurídico busca garantir que cada caso seja atribuído a apenas um juiz ou tribunal competente. No entanto, na prática, podem surgir situações em que *múltiplos juízes* se declaram competentes para um único caso, ou, inversamente, todos rejeitam a competência para o seu julgamento. Para resolver essas situações, o Código de Processo Civil brasileiro prevê a resolução por meio do **incidente de conflito de competência**, regulamentado nos arts. 66 e 951 a 959.

No direito processual civil brasileiro, o art. 66 do CPC estabelece três cenários distintos que permitem a instauração de um conflito de competência. Essas situações são essenciais para determinar a jurisdição adequada e evitar duplicidades ou omissões no julgamento de casos, contribuindo para a eficiência e a correção procedimental no sistema judiciário:

> a) quando dois ou mais juízes se declararem competentes para determinada causa *(conflito positivo de competência)*;
>
> b) quando dois ou mais juízes reputarem-se incompetentes para certa demanda judicial, atribuindo um ao outro a competência *(conflito negativo de competência)*; e
>
> c) quando entre dois ou mais juízes surgir controvérsia acerca da reunião ou da separação de processos.

No âmbito do processo civil, o conflito de competência surge como um mecanismo destinado a solucionar dúvidas sobre qual autoridade judicial possui a competência para julgar determinada causa. Esse incidente processual é determinante para garantir que o processo seja conduzido pelo **juízo adequado**, evitando decisões conflitantes e garantindo maior segurança jurídica.

O conflito de competência pode ser provocado por qualquer das partes envolvidas no processo, pelo Ministério Público, ou até mesmo pelo juiz que está conduzindo o caso.

Esses atores processuais têm legitimidade para suscitar o conflito quando percebem que há uma controvérsia sobre qual juízo deveria ser responsável pelo julgamento, seja por existir mais de um órgão se considerando competente *(conflito positivo)* ou nenhum se considerando apto a julgar *(conflito negativo)*.

Terceira Parte • Métodos Autônomos de Impugnação das Decisões Judiciais 205

Especificamente em relação ao Ministério Público, sua atuação é estratégica e ocorre principalmente nos casos que tocam o interesse público, como processos que envolvem incapazes, questões de ordem pública ou conflitos fundiários urbanos e rurais. Conforme determinado pelo art. 178 do CPC/2015, o Ministério Público atua como *fiscal da lei*, mas assume o *papel de parte ativa* ao suscitar o conflito de competência, o que reforça seu compromisso com a ordem jurídica e a correta distribuição de justiça.

É importante destacar que, em regra, terceiros não possuem legitimidade para suscitar conflito de competência, a menos que comprovem um interesse jurídico direto no desfecho da questão de competência. Esse princípio reforça a ideia de que a capacidade para instaurar esse tipo de incidente processual geralmente está restrita às partes diretamente envolvidas no processo, ao Ministério Público ou aos juízes.

No entanto, a exceção para terceiros ocorre quando estes conseguem demonstrar que o resultado do conflito pode afetar seus *interesses jurídicos* de maneira significativa, permitindo, assim, sua participação no debate sobre a competência jurisdicional.

Ademais, é também importante considerar que a parte que, durante o processo, arguiu a incompetência relativa, *não pode suscitar o conflito de competência*, conforme estabelece o art. 952 do CPC.

Essa restrição busca evitar que a arguição de incompetência relativa seja utilizada estrategicamente para protelar ou complicar o curso normal do processo.

Por outro lado, a norma não impede que outras partes, que não levantaram a questão da incompetência relativa, possam suscitar conflito de competência se julgarem necessário.

Esse arranjo normativo, na verdade, visa equilibrar o direito processual, assegurando que o conflito de competência seja utilizado adequadamente para clarificar, e não para obstruir, a administração da justiça.

Procedimento: o conflito de competência, previsto no art. 953 do CPC, será suscitado ao Tribunal:

> **(i) pelo juiz**, por ofício; ou
> **(ii) pela parte e pelo Ministério Público**, por petição.

No procedimento de conflito de competência, tanto o ofício do juiz quanto a petição inicial da parte ou do Ministério Público deverão ser devidamente instruídos com os documentos necessários que comprovem a existência do conflito, fornecendo uma base sólida para a análise e decisão subsequente.

Uma vez distribuído o conflito de competência, o relator incumbido do caso tem a responsabilidade de colher informações essenciais para o esclarecimento da matéria, iniciando por solicitar que os juízes envolvidos no conflito prestem esclarecimentos.

Se o conflito tiver sido suscitado por um dos juízes, apenas o juiz suscitado será ouvido.

Após a distribuição do conflito de competência, o relator determinará a **oitiva dos juízes em conflito** ou, se um deles for suscitante, apenas do suscitado, buscando os elementos para o julgamento do conflito. Ademais, no prazo designado pelo relator, **incumbirá ao juiz ou aos juízes prestar as informações** eventualmente solicitadas.

Além disso, o relator possui a prerrogativa de estabelecer um prazo para que os juízes forneçam as informações necessárias, as quais são vitais para uma decisão informada.

Em situações de conflito positivo, nas quais mais de um juiz se declara competente, ou em conflito negativo, em que ambos se declaram incompetentes, o relator pode, de ofício ou mediante pedido de uma das partes, determinar o *sobrestamento do processo principal*. Essa medida visa evitar decisões conflitantes e a consequente insegurança jurídica enquanto o conflito de competência está sendo resolvido.

Durante esse período de suspensão do processo principal, e para garantir que *nenhum prejuízo irreparável* seja causado às partes envolvidas, o relator pode designar um dos juízes em conflito para tomar *medidas provisórias urgentes*. E esta designação é importante para assegurar a continuidade da prestação jurisdicional e a proteção dos direitos em jogo, mantendo a ordem processual e a proteção jurídica até que o conflito de competência seja definitivamente resolvido.

Nos termos do art. 955 do CPC, poderá o relator julgar de plano o conflito de competência quando sua decisão se fundar em:

(i) **súmula** do Supremo Tribunal Federal, do Superior Tribunal de Justiça ou do próprio tribunal; ou

(ii) **tese firmada** em julgamento de **casos repetitivos** ou em **incidente de assunção de competência**, ou seja, possibilitando o julgamento de plano dos casos em que envolvam a força vinculante do sistema de precedentes.

Após o término do prazo concedido para a apresentação de informações pelos juízes envolvidos no conflito de competência, o processo segue adiante, independentemente de tais informações terem sido ou não fornecidas.

Nesse momento, o Ministério Público é chamado a se manifestar dentro do prazo estipulado de cinco dias, conforme determina o art. 956 do CPC, garantindo-se que a análise jurídica do caso seja abrangente e considere todas as perspectivas relevantes antes da decisão final.

Terceira Parte • Métodos Autônomos de Impugnação das Decisões Judiciais 207

Subsequentemente, o conflito é encaminhado para julgamento pelo tribunal competente, que tem a tarefa de determinar o juízo apropriado para prosseguir com o processo. Na decisão, o tribunal não apenas aponta o juízo competente, mas também avalia a validade dos atos processuais realizados pelo juízo anteriormente considerado incompetente.

Essa avaliação é fundamental para assegurar que não haja prejuízos aos direitos processuais das partes envolvidas, permitindo que o processo continue de forma eficiente e justa sob a jurisdição do juízo agora declarado competente. Os autos são então transferidos para esse juízo, facilitando a continuidade processual.

Ademais, em situações em que o conflito envolve *membros de órgãos fracionários de tribunais*, como desembargadores e juízes que atuam em tribunais, a resolução do conflito deve aderir estritamente ao estabelecido pelo regimento interno do tribunal respectivo.

Esse regimento detalha não apenas o procedimento a ser seguido, mas também a estrutura específica para o julgamento desses casos, garantindo que todos os aspectos do conflito sejam abordados de maneira sistemática e conforme as normas internas do tribunal.

Além disso, o regimento interno também regula o processo e o julgamento de conflitos de atribuições entre autoridades judiciárias e administrativas, proporcionando um marco regulatório claro e eficaz para a resolução de tais disputas.

Estrutura resumida da peça

Endereçamento: Atentar para o fato de que o incidente de conflito de competência será proposto diretamente perante o Tribunal, direcionado ao Presidente do Tribunal competente. Assim, a título de exemplo, utilizar:

"EXCELENTÍSSIMO SENHOR DOUTOR DESEMBARGADOR PRESIDENTE DO TRIBUNAL DE JUSTIÇA DO ESTADO DE XXX (OU DO TRIBUNAL REGIONAL FEDERAL DA XXXª REGIÃO)".

Número do processo: Importante verificar que, por se tratar de incidente de conflito de competência, existiu ou existe uma ação em andamento, estando o processo no Tribunal, inclusive tendo recebido o devido número de distribuição. Assim, identificar o processo logo em seguida ao endereçamento:

Processo n. XXX (número do processo CNJ – *0000000-00.0000.0.00.0000*).

Identificação das partes: Seguir o mesmo modelo dos recursos e dos incidentes. Note que não há réu, recorrido ou parte contrária, mas apenas interessado.

"NOME DO INTERESSADO, já qualificado nos autos do recurso em epígrafe, nos autos da ação *XXX (NOME DA AÇÃO)* (...)"

Nome da ação e sua fundamentação legal: "vem, respeitosamente, à presença de Vossa Excelência, apresentar **CONFLITO DE COMPETÊNCIA (NOME DO INCIDENTE)**, com fundamento nos arts. 951 e seguintes do CPC, pelas razões de fato e de direito a seguir afirmadas".

Fatos: Faça um resumo dos fatos, conforme o caso concreto, sobretudo demonstrando o conflito de competência para o julgamento da causa e os motivos do não julgamento.

Fundamentação: Faça a correta ligação entre os fatos e os dispositivos legais aplicáveis, como artigos de lei, súmulas, precedentes, desenvolvendo raciocínio lógico e coerência jurídica. Não se esqueça de demonstrar as hipóteses de cabimento: quando dois ou mais juízes se declararem competentes para determinada causa (conflito positivo de competência); quando dois ou mais juízes reputarem-se incompetentes para certa demanda judicial, atribuindo um ao outro a competência (conflito negativo de competência); e quando entre dois ou mais juízes surgir controvérsia acerca da reunião ou da separação de processos.

Pedidos e requerimentos: "Assim, com base no art. 951 do Código de Processo Civil, requer-se o reconhecimento e a declaração do juízo competente XXX *(fazer o pedido de acordo com os modelos e as estruturas apresentadas acima)*, pronunciando a respeito da (in)validade dos atos praticados pelo juízo incompetente, bem como declarando qual o juízo competente e remetendo-se, após, os autos ao douto juízo."

Fechamento da peça:

Nestes termos,

Pede deferimento.

Local... e Data...

Advogado...

OAB n. ...

Modelo de Petição de Conflito de Competência

EXCELENTÍSSIMO SENHOR DOUTOR DESEMBARGADOR PRESIDENTE DO TRIBUNAL DE JUSTIÇA DO ESTADO DE XXX (OU DO TRIBUNAL REGIONAL FEDERAL DA XXXª REGIÃO)

Processo n. ...

NOME DO INTERESSADO, já qualificado nos autos do recurso em epígrafe, nos autos da ação **XXX (NOME DA AÇÃO)**, vem, respeitosamente, à presença de Vossa Excelência, apresentar

CONFLITO DE COMPETÊNCIA

com fundamento nos arts. 951 e seguintes do CPC, pelas razões de fato e de direito a seguir afirmadas;

Terceira Parte • Métodos Autônomos de Impugnação das Decisões Judiciais

---

I – DOS FATOS

Resumo dos fatos, conforme o caso concreto, sobretudo demonstrando o conflito de competência para o julgamento da causa.

III – NO MÉRITO

Apresentar todos os elementos do caso, especialmente o conflito de competência, positivo ou negativo, ou, se ambos os juízes negarem a reunião ou a separação dos processos, art. 66 do CPC.

Não se esqueça de demonstrar as hipóteses de cabimento: quando dois ou mais juízes se declararem competentes para determinada causa (conflito positivo de competência); quando dois ou mais juízes reputarem-se incompetentes para certa demanda judicial, atribuindo um ao outro a competência (conflito negativo de competência); e quando entre dois ou mais juízes surgir controvérsia acerca da reunião ou da separação de processos

III – DOS PEDIDOS

Assim, com base no art. 951 do Código de Processo Civil, requer-se o reconhecimento e a declaração do juízo competente XXX *(fazer o pedido de acordo com os modelos e as estruturas apresentadas acima)*, pronunciando-se a respeito da (in)validade dos atos praticados pelo juízo incompetente, bem como declarando qual o juízo competente e remetendo-se, após, os autos ao douto juízo.

Nestes termos,

Pede deferimento.

Local... e Data...

Advogado...

OAB n. ...

---

8. DA HOMOLOGAÇÃO DE DECISÃO ESTRANGEIRA E DA CONCESSÃO DO *EXEQUATUR* À CARTA ROGATÓRIA

A *homologação de decisão estrangeira* e o *processo de carta rogatória* **são procedimentos cruciais no contexto do direito internacional privado, permitindo que decisões judiciais e administrativas tomadas em um país sejam reconhecidas e executadas em outro.**

No Brasil, o *Superior Tribunal de Justiça (STJ)* **é o órgão competente para analisar e homologar decisões estrangeiras, conforme estabelecido pelo art.** 105, I, *i*, da Constituição Federal, exceto quando houver disposições específicas em tratados internacionais que determinem outra forma de procedimento.

Essa homologação é feita por meio de uma *ação originária de competência do STJ*, que avalia a compatibilidade da decisão estrangeira com a ordem pública nacional e os princípios do direito brasileiro.

O processo é regido tanto pelos tratados internacionais dos quais o Brasil é signatário quanto pelo Regimento Interno do STJ. Esse procedimento assegura que a decisão estrangeira esteja alinhada com os critérios de justiça e legalidade exigidos pela legislação brasileira.

Além disso, as decisões interlocutórias estrangeiras podem ser executadas no Brasil mediante **carta rogatória**, uma ferramenta de cooperação jurídica internacional que permite ao Tribunal de um país solicitar a execução de atos processuais ou a obtenção de provas dentro da jurisdição de outro país. Assim como a homologação de decisões finais, a execução de decisões interlocutórias via carta rogatória segue as disposições dos tratados aplicáveis e, subsidiariamente, as normas estabelecidas pelo direito brasileiro.

Importante ressaltar que, no caso de decisões arbitrais estrangeiras, o processo de homologação também segue os tratados relevantes e a legislação específica sobre arbitragem internacional, aplicando-se de forma subsidiária as regras gerais sobre homologação de decisões estrangeiras, visando facilitar a integração do Brasil no cenário jurídico global, promovendo a eficácia e a rapidez na resolução de disputas transnacionais e fortalecendo a segurança jurídica para partes internacionais.

A *eficácia de decisões estrangeiras* no Brasil está condicionada à sua homologação pelo Superior Tribunal de Justiça ou à concessão do *exequatur* para as cartas rogatórias, conforme determinado pelo art. 961 do CPC. Esse procedimento garante que tais decisões estejam em conformidade com a ordem jurídica brasileira e os princípios de direito internacional aplicáveis, a menos que existam disposições específicas em leis ou tratados internacionais que dispensem a necessidade de homologação.

A homologação pode ser concedida para decisões judiciais definitivas ou para decisões não judiciais que, segundo a legislação brasileira, teriam natureza jurisdicional. O STJ tem a *prerrogativa de homologar tais decisões de forma parcial*, dependendo da análise dos aspectos que são compatíveis com a legislação brasileira. Essa análise criteriosa permite uma integração jurídica efetiva, respeitando tanto os direitos estabelecidos na decisão estrangeira quanto os princípios fundamentais do direito brasileiro.

Adicionalmente, o processo de homologação também contempla a possibilidade de deferimento de medidas urgentes e a execução provisória de atos, assegurando que necessidades imediatas possam ser atendidas mesmo enquanto a decisão ainda está sob análise para homologação.

Especificamente no *contexto de execução fiscal*, a homologação de decisões estrangeiras pode ser realizada quando houver previsão em tratado internacional ou quando existir uma promessa de reciprocidade formalmente apresentada à autoridade judiciária brasileira, fortalecendo as relações internacionais e

Terceira Parte • Métodos Autônomos de Impugnação das Decisões Judiciais 211

garantindo a cooperação jurídica entre países, facilitando a execução transnacional de obrigações fiscais e outras responsabilidades legais.

Da mesma forma, a sentença estrangeira de *divórcio consensual* possui a particularidade de produzir efeitos no Brasil sem necessitar de homologação pelo Superior Tribunal de Justiça, representando uma flexibilidade do sistema jurídico brasileiro para reconhecer decisões de divórcio consensuais proferidas no exterior, simplificando o processo de validação dessas decisões em território nacional.

Cabe, pois, a qualquer juiz brasileiro, no âmbito de sua competência, examinar a validade da decisão estrangeira, seja como questão principal ou incidentalmente, quando a validade for questionada em processo que esteja sob sua jurisdição.

Além disso, decisões estrangeiras que concedam medidas de urgência também podem ser executadas no Brasil, ainda que sejam interlocutórias. A execução dessas medidas se dá por intermédio de carta rogatória, garantindo-se que a autoridade jurisdicional estrangeira que prolatou a decisão tenha competência exclusiva sobre a urgência da medida.

É importante destacar que, para a execução dessas medidas urgentes que foram concedidas sem a audiência do réu, o contraditório deverá ser assegurado posteriormente, a fim de evitar alegações de nulidade por cerceamento de defesa.

Quando se trata de dispensar a homologação pelo STJ para que a sentença estrangeira produza efeitos no Brasil, especialmente em situações de urgência, a validade da decisão estrangeira deve ser expressamente reconhecida pelo juiz brasileiro responsável por executar a medida.

Isso significa afirmar que, mesmo dispensando a homologação formal pelo STJ, ainda se requer uma validação judicial no Brasil para que tais decisões sejam eficazes, até porque, há necessidade de equilibrar a agilidade na execução de medidas urgentes com a proteção dos direitos processuais das partes envolvidas.

Requisitos: de acordo com o que determina o art. 963 do CPC/2015, constituem *requisitos indispensáveis* à homologação da decisão:

> (i) ser proferida por autoridade competente;
> (ii) ser precedida de citação regular, ainda que verificada a revelia;
> (iii) ser eficaz no país em que foi proferida;
> (iv) não ofender a coisa julgada brasileira;
> (v) estar acompanhada de tradução oficial, salvo disposição que a dispense prevista em tratado;
> (vi) não conter manifesta ofensa à ordem pública.

Assim, para que as cartas rogatórias recebam o *exequatur* e possam ser executadas no Brasil, é *imprescindível* que atendam a todos os pressupostos previamente estabelecidos, assegurando-se que não ocorra a homologação da decisão estrangeira ou da carta rogatória em situações em que haja competência exclusiva da autoridade judiciária brasileira, sobretudo necessárias para preservar as prerrogativas jurisdicionais nacionais e garantir que as normas de competência sejam respeitadas.

A execução de decisões estrangeiras no Brasil, ***após a concessão do* exequatur**, é realizada perante o juízo federal competente, a partir de um requerimento da parte interessada. Esse processo segue as normas aplicáveis ao cumprimento de decisões nacionais, enfatizando a aderência aos princípios de soberania nacional e cooperação internacional.

Essencialmente, o *pedido de execução* deve ser acompanhado por uma cópia autenticada da decisão homologatória ou do *exequatur*, equipando a autoridade brasileira com toda a documentação necessária para executar efetivamente a decisão estrangeira em território nacional, possibilitando, pois, a integração da decisão estrangeira ao sistema jurídico brasileiro, mantendo a integridade e a eficiência do tratamento judicial adequado aos casos internacionais.

Estrutura resumida da peça
a) Ao contrário das peças anteriores, a homologação de sentença estrangeira seguirá o modelo de petição inicial, e não de petição simples.

> **Endereçamento:** Atentar para o fato de que a homologação de decisão estrangeira ou a concessão do *exequatur* à carta rogatória serão petições iniciais propostas diretamente perante o Superior Tribunal de Justiça, direcionadas ao Presidente do Tribunal competente. Assim, a título de exemplo, utilizar:
>
> "EXCELENTÍSSIMO SENHOR DOUTOR MINISTRO PRESIDENTE DO SUPERIOR TRIBUNAL DE JUSTIÇA".
>
> **Identificação das partes:** Por ser petição inicial, seguir a qualificação completa das aparte, conforme art. 319, II, do CPC:
>
> **NOME DO AUTOR**, "nacionalidade", "estado civil", "profissão" (se pessoa jurídica, indicar se de direito privado ou público), portador do "RG n. XXX", inscrito no "CPF/CNPJ sob o n. XXX", "endereço eletrônico", "domiciliado à Rua XXX" (se for pessoa jurídica "com sede à Rua XXX"), "número", "bairro", "Município", "Estado de XXX", "CEP".
>
> **NOME DO RÉU**, "nacionalidade", "estado civil", "profissão" (se pessoa jurídica, indicar se de direito privado ou público), portador do "RG n. XXX", inscrito no "CPF/CNPJ sob o n. XXX", "endereço eletrônico", "domiciliado à Rua XXX" (se for pessoa jurídica "com sede à Rua XXX"), "número", "bairro", "Município", "Estado de XXX", "CEP".
>
> **Nome da ação e sua fundamentação legal:** "vem, respeitosamente, à presença de Vossa Excelência, pleitear a **HOMOLOGAÇÃO DA SENTENÇA ESTRANGEIRA OU DA CONCESSÃO DO *EXEQUATUR* À CARTA ROGATÓRIA**, com fundamento no art. 960 e seguintes do CPC (...)".

Terceira Parte • Métodos Autônomos de Impugnação das Decisões Judiciais   213

> **Fatos:** Faça um resumo dos fatos, conforme o caso concreto julgado pelo órgão jurisdicional estrangeiro, inclusive informando a natureza do caso a ser suscitado no pedido de homologação.
>
> **Fundamentação:** Faça a correta ligação entre os fatos e os dispositivos legais aplicáveis, como artigos de lei, súmulas, precedentes, desenvolvendo raciocínio lógico e coerência jurídica. Não se esqueça de demonstrar a existência de sentença estrangeira ou de decisão interlocutória, pretendendo o reconhecimento e o *exequatur* necessário para seu cumprimento. Demonstre, também, não se tratar de hipótese de competência exclusiva da autoridade judiciária brasileira, art. 964 do CPC.
>
> **Pedidos e requerimentos:** "Assim, em face do exposto e com base no art. 960 do Código de Processo Civil, requer-se: a) A procedência do pedido para que seja homologada a sentença estrangeira, para que seja devidamente executada no Brasil; b) A citação do Réu que figurou como parte contrária da ação originária para que, querendo, oferecer contestação no prazo legal; c) A intimação do Ministério Público; d) Protesta pela produção de todos os meios de provas em direito admitidas, já se fazendo acompanhada esta petição de toda a documentação necessária para sua homologação; e) A condenação do Réu ao pagamento das custas judiciais e honorários advocatícios; f) Anexa a esta inicial a guia de custas devidamente recolhidas".
>
> **Valor da causa:** Dá-se à causa o valor de R$ XXX (reais)
>
> **Fechamento da peça:**
>
> Nestes termos,
>
> Pede deferimento.
>
> Local... e Data...
>
> Advogado...
>
> OAB n. ...

Modelo de Ação de Homologação de Sentença Estrangeira

> **EXCELENTÍSSIMO SENHOR DOUTOR MINISTRO PRESIDENTE DO SUPERIOR TRIBUNAL DE JUSTIÇA.**
>
> **NOME DO AUTOR**, "nacionalidade", "estado civil", "profissão" (se pessoa jurídica, indicar se de direito privado ou público), portador do "RG n. XXX", inscrito no "CPF/CNPJ sob o n. XXX", "endereço eletrônico", "domiciliado à Rua XXX" (se for pessoa jurídica, "com sede à Rua XXX"), "número", "bairro", "Município", "Estado de XXX", "CEP", por seu advogado que esta subscreve, que recebe intimações na Rua XXX (procuração anexa), vem, respeitosamente, à presença de Vossa Excelência, propor a presente

HOMOLOGAÇÃO DA SENTENÇA ESTRANGEIRA OU CONCESSÃO DO "EXEQUATUR" À CARTA ROGATÓRIA

com fundamento nos arts. 960 e seguintes do CPC, em face de **NOME DO RÉU**, "nacionalidade", "estado civil", "profissão" (se pessoa jurídica, indicar se de direito privado ou público), portador do "RG n. XXX", inscrito no "CPF/CNPJ sob o n. XXX", "endereço eletrônico", "domiciliado à Rua XXX" (se for pessoa jurídica, "com sede à Rua XXX"), "número", "bairro", "Município", "Estado de XXX", "CEP", pelas razões de fato e de direito a seguir afirmadas:

I – DOS FATOS

Resumo dos fatos, conforme o caso concreto, sobretudo informando a natureza do caso concreto a ser suscitado no pedido de homologação.

III – NO MÉRITO

Apresentar todos os elementos do caso, especialmente demonstrando os requisitos essenciais para a homologação da sentença, conforme art. 963 do CPC, e não se tratar de hipótese de competência exclusiva da autoridade judiciária brasileira, art. 964 do CPC.

III – DOS PEDIDOS

Assim, em face do exposto e com base no art. 960 do Código de Processo Civil, requer-se:

a) A procedência do pedido para que seja homologada a sentença estrangeira, para que seja devidamente executada no Brasil;

b) A citação do Réu que figurou como parte contrária da ação originária para que, querendo, ofereça contestação no prazo legal;

c) A intimação do Ministério Público;

d) Protesta pela produção de todos os meios de provas em direito admitidos, já se fazendo acompanhada esta petição de toda a documentação necessária para sua homologação;

e) A condenação do Réu ao pagamento das custas judiciais e honorários advocatícios;

f) Anexa a esta inicial a guia de custas devidamente recolhidas.

Valor da Causa: R$ XXX (reais)

Nestes termos,

Pede deferimento.

Local... e Data...

Advogado...

OAB n. ...

Terceira Parte • Métodos Autônomos de Impugnação das Decisões Judiciais 215

9. DO INCIDENTE DE RESOLUÇÃO DE DEMANDAS REPETITIVAS

O Incidente de Resolução de Demandas Repetitivas (IRDR) é uma inovação do Código de Processo Civil de 2015, concebida para otimizar a *uniformização da interpretação do Direito* nos tribunais e acelerar o processamento de casos que envolvam a mesma questão jurídica central.

Esse mecanismo permite a seleção de um *caso representativo* da controvérsia dentre um conjunto de processos similares, que será julgado por um órgão colegiado com quórum qualificado.

A partir desse julgamento, estabelece-se uma tese jurídica que será obrigatoriamente seguida em todos os casos semelhantes, pendentes ou que venham a surgir, garantindo, assim, a consistência na aplicação do direito e evitando julgamentos divergentes para casos idênticos.

Assim, esse instrumento do ordenamento jurídico brasileiro visa, essencialmente, à padronização das decisões judiciais sobre determinadas matérias que se repetem frequentemente nos tribunais, contribuindo significativamente para a previsibilidade do direito e para a eficiência do sistema judiciário.

O IRDR *não se configura como uma ação autônoma nem como um* recurso, mas sim como um **incidente processual**, cujo objetivo principal é a resolução eficaz de controvérsias massificadas, promovendo a celeridade processual e diminuindo o volume de recursos e ações sobre questões já decididas.

Na verdade, esse procedimento também reforça e fortalece o princípio do contraditório, assegurando que todas as partes envolvidas tenham a oportunidade de participar do debate jurídico que definirá a tese a ser aplicada universalmente.

Cabimento: como bem determina o próprio art. 976 do CPC/2015, será cabível a instauração do IRDR quando houver, **simultaneamente**:

> (i) a efetiva repetição de processos que contenham controvérsia sobre a mesma questão unicamente de direito e
>
> (ii) risco de ofensa à isonomia e à segurança jurídica.

A criação do IRDR é guiada principalmente pela necessidade de se tratar a proliferação de processos que tramitam pelos tribunais envolvendo a *mesma questão jurídica, unicamente de direito*. Esse **primeiro requisito** para a instauração do IRDR é a efetiva *repetição de processos* que tratam do mesmo ponto de direito, observando-se um padrão nas demandas que exigem uma resposta jurisdicional uniforme e consistente.

Esse fenômeno de repetição não deve ser percebido de maneira isolada ou superficial, mas como uma tendência observada em uma escala *macro*, em que tribunais responsáveis pela emissão de precedentes identificam, por meio de uma análise cuidadosa e criteriosa, uma controvérsia jurídica recorrente que transcende casos individuais e se manifesta nacionalmente. Essa abordagem garante que o IRDR não seja apenas um mecanismo de economia processual, mas um instrumento efetivo de estabilização jurisprudencial.

Importante ressaltar que, embora o IRDR tenha uma forte inclinação à uniformização de questões de direito, não deve ignorar o contexto fático que envolve cada caso. A integração dos fatos ao direito é essencial para a adequada compreensão e resolução do problema jurídico.

A delimitação precisa da questão de direito envolvida é crucial, pois a identidade ou similaridade de situações fáticas, por si só, *não justifica a instauração do incidente*.

O IRDR deve focar em questões jurídicas que se repetem e que demandam uma interpretação ou aplicação uniforme do direito, conforme estabelece o art. 976, I, do CPC. Assim, a análise deve sempre contemplar uma visão integrada de fatos e direito para que a solução jurídica proposta pelo Tribunal seja *tanto abrangente quanto suficiente*.

O *segundo requisito essencial* para a instauração do IRDR diz respeito ao *risco de ofensa à isonomia e à segurança jurídica*, pilares fundamentais para a estabilidade e previsibilidade das decisões judiciais.

Esse requisito torna-se relevante quando há uma potencialidade de surgimento de múltiplas e divergentes interpretações jurídicas nos tribunais, criando um cenário de incerteza e instabilidade que afeta negativamente a coerência jurisprudencial e a ordem social.

A existência desse risco evidencia a necessidade de uniformização da interpretação da lei, para evitar que a mesma questão jurídica seja decidida de maneiras distintas em casos similares, comprometendo, assim, a equidade no tratamento dos jurisdicionados.

Esse fenômeno não apenas gera uma desorientação entre os cidadãos, que ficam sem uma base sólida para antecipar os resultados de suas demandas legais, mas também afeta negativamente a própria função integradora do direito, que é assegurar a previsibilidade e a segurança nas relações sociais e jurídicas.

Assim, a aplicação do IRDR busca preservar a integridade do sistema jurídico ao mitigar a discrepância nas decisões judiciais e reforçar a aplicação uniforme da lei.

Legitimidade: segundo o art. 977 do CPC/2015, o pedido de instauração do incidente será *dirigido ao presidente de tribunal*:

> (i) **pelo juiz ou relator**, por ofício;
> (ii) **pelas partes**, por petição; ou
> (iii) pelo **Ministério Público ou pela Defensoria Pública**, por petição.

Terceira Parte • Métodos Autônomos de Impugnação das Decisões Judiciais

Nesses casos, o ofício ou a petição serão instruídos com os documentos necessários à demonstração do preenchimento dos pressupostos para a instauração do incidente, ou seja, aptos a comprovar a efetiva repetição de processos que contenham controvérsia sobre a mesma questão unicamente de direito e o risco de ofensa à isonomia e à segurança jurídica.

Procedimento: destaca-se, inicialmente, que no IRDR *não serão exigidas custas processuais para o seu processamento*, por força de disposição legal expressa do art. 976, § 5º, do CPC/2015.

A *desistência ou o abandono* do processo não impedem o exame de mérito do incidente, sendo mantida a sua ordem de julgamento, em razão da relevância de sua questão para a estabilidade e uniformização jurisprudencial, bem como para a segurança jurídica proporcionada pelas orientações proferidas pelas Cortes.

Ademais, se não for o requerente, o Ministério Público *intervirá obrigatoriamente* no incidente e deverá assumir sua titularidade, em caso de desistência ou de abandono.

A inadmissão do incidente de resolução de demandas repetitivas por ausência de qualquer de seus pressupostos de admissibilidade não impede que, uma vez satisfeito o requisito, seja o *incidente novamente suscitado*.

No entanto, será *incabível* o incidente de resolução de demandas repetitivas quando um dos Tribunais Superiores, no âmbito de sua respectiva competência, já tiver afetado recurso para definição de tese sobre questão de direito material ou processual repetitiva, competindo aos tribunais inferiores, tão somente, aguardar pelo julgamento do recurso nos tribunais superiores, em razão da supremacia hierárquica e da questão repetitiva analisada.

A *competência para o julgamento* do incidente de resolução de demandas repetitivas caberá ao *órgão* indicado pelo regimento interno dentre aqueles responsáveis pela uniformização de jurisprudência do tribunal, sendo que o órgão colegiado incumbido de julgar o incidente e de *fixar a tese jurídica* julgará igualmente o recurso, a remessa necessária ou o processo de competência originária de onde se originou o incidente.

Importante atentar-se para o fato de que a instauração e o julgamento do incidente serão sucedidos da mais ampla e específica *divulgação e publicidade*, por meio de registro eletrônico no Conselho Nacional de Justiça, em razão da necessidade de conhecimento por todos a respeito da posição adotada pelo tribunal, bem como da tese fixada por ocasião do julgamento.

Ressalta-se que essa regra deverá ser aplicada ao julgamento de *recursos repetitivos* e da *repercussão geral* em recurso extraordinário.

Além disso, os tribunais devem manter um banco de dados eletrônico, constantemente atualizado, que contém informações detalhadas sobre as questões de direito que foram submetidas ao IRDR.

Essa base de dados deve ser prontamente comunicada ao Conselho Nacional de Justiça, que é responsável por incluí-la em um cadastro nacional. Esse registro não só facilita a consulta e a disseminação das informações, mas também promove a transparência e a acessibilidade para todos os interessados.

Para uma identificação eficaz dos processos que são afetados pela decisão tomada no âmbito do IRDR, o cadastro eletrônico deve detalhar meticulosamente os fundamentos determinantes da decisão e os dispositivos legais a ela relacionados, sobretudo para assegurar que as teses jurídicas sejam registradas com clareza e precisão, permitindo uma aplicação uniforme e coerente das decisões em casos futuros que envolvam questões jurídicas semelhantes.

Uma vez distribuído, o órgão colegiado encarregado de julgar o incidente realizará uma análise criteriosa para verificar se estão presentes os requisitos necessários para a admissão do IRDR.

Essa etapa é fundamental para garantir que apenas questões com relevante repetitividade e impacto significativo sobre a segurança jurídica e a isonomia sejam admitidas para julgamento sob esse mecanismo especial, contribuindo, assim, para a eficiência e a eficácia do sistema judiciário.

Se for admitido o incidente, conforme art. 982 do CPC, o relator:

> **(i) suspenderá os processos pendentes**, individuais ou coletivos, que tramitam no Estado ou na região, conforme o caso;
>
> **(ii) poderá requisitar informações** a órgãos em cujo juízo tramita processo no qual se discute o objeto do incidente, que as prestarão no prazo de *15 (quinze) dias*, sendo o caso, inclusive, de participação do *amicus curiae*; e
>
> **(iii) intimará o Ministério Público** para, querendo, manifestar-se no prazo de 15 (quinze) dias.

A suspensão dos processos relacionados à questão objeto do incidente de resolução de demandas repetitivas será comunicada aos tribunais e juízos competentes.

Durante o período de suspensão, qualquer requerimento de *tutela de urgência* deverá ser apresentado diretamente ao juízo responsável pelo processo suspenso, assegurando-se a proteção jurídica imediata quando necessário.

Nesse contexto, qualquer parte legitimada pode solicitar ao tribunal superior, que julgará o recurso extraordinário ou especial, a suspensão de todos os processos, individuais ou coletivos, que tramitem em território nacional e tratem da mesma questão jurídica abordada pelo incidente já instaurado.

Terceira Parte • Métodos Autônomos de Impugnação das Decisões Judiciais 219

Conforme estipula o art. 982, § 3º, do CPC, o relator do incidente tem o dever de ordenar a suspensão dos processos que envolvam a mesma questão de direito dentro da área de competência do Tribunal, obviamente, após requerimento efetivado pelas partes, pelo próprio juiz, pelo Ministério Público ou pela Defensoria Pública. Essa suspensão pode ser estendida para todo o território nacional, mediante requerimento devidamente fundamentado apresentado por qualquer das partes envolvidas.

Ademais, a suspensão decretada pelo relator será *encerrada* caso não seja interposto recurso especial ou extraordinário contra a decisão emitida no incidente.

Uma vez que o incidente esteja formalmente instaurado, o relator solicitará que as partes e quaisquer outros interessados, incluindo pessoas, órgãos e entidades que possam contribuir para a resolução da questão, apresentem documentos ou solicitem diligências que sejam essenciais para esclarecer a controvérsia jurídica dentro de um prazo comum de 15 dias.

Após essa fase, o Ministério Público também terá o mesmo período para apresentar sua manifestação, conforme o art. 983 do CPC/2015.

Para instruir o incidente, o relator poderá designar data para, em audiência pública, ouvir depoimentos de pessoas com experiência e conhecimento na matéria e, sendo concluídas as diligências, o relator solicitará dia para o julgamento do incidente.

Por fim, no julgamento, observar-se-á a seguinte **ordem**, nos termos do art. 984 do CPC:

> I – o relator fará a **exposição do objeto do incidente**;
>
> II – poderão **sustentar suas razões**, sucessivamente:
>
> a) o **autor** e o **réu** do processo originário e o **Ministério Público**, pelo prazo de *30 (trinta) minutos*;
>
> b) os **demais interessados**, no prazo de *30 (trinta) minutos*, divididos entre todos, sendo exigida inscrição com *2 (dois) dias de antecedência*.

Ainda assim, considerando o número de inscritos para manifestação, o prazo poderá ser ampliado.

O incidente será julgado no prazo de **1 (um) ano** e terá preferência sobre os demais feitos, ressalvados os que envolvam réu preso e os pedidos de *habeas corpus*. Superado esse prazo, consequentemente cessa a suspensão dos processos, salvo decisão fundamentada do relator em sentido contrário determinando a manutenção da suspensão, caso necessária.

Sendo decidido o IRDR, o conteúdo do acórdão abrangerá a análise de todos os fundamentos suscitados concernentes à ***tese jurídica discutida***, sejam favoráveis ou contrários, devendo ser aplicada, obrigatoriamente:

> **I – a todos os processos individuais ou coletivos que versem sobre idêntica questão de direito e que tramitem na área de jurisdição do respectivo tribunal**, inclusive àqueles que tramitem nos juizados especiais do respectivo Estado ou região;
> **II – aos casos futuros que versem idêntica questão de direito e que venham a tramitar no território de competência do tribunal**, salvo revisão na forma do art. 986, do, do CPC.

Quando o IRDR abordar questões atreladas à prestação de serviços regulados – sejam eles concedidos, permitidos ou autorizados –, o resultado do julgamento será prontamente comunicado ao órgão, entidade ou agência reguladora responsável pela supervisão.

Essa comunicação é necessária para assegurar que a tese jurídica estabelecida pelo tribunal seja devidamente aplicada pelos entes regulados, garantindo, assim, a uniformidade e a eficácia da regulação.

Além disso, caso a *tese jurídica* definida no julgamento do IRDR não seja observada na prática, as partes afetadas têm o direito de interpor **reclamação** contra a decisão que desrespeitou o precedente estabelecido. Essa medida reforça a autoridade do precedente e assegura a coerência na aplicação da lei.

Importante frisar, também, que há previsão legal para a revisão ou mesmo a *superação das teses jurídicas firmadas* por meio do IRDR.

Conforme estabelecido pelo art. 986 CPC, essa revisão pode ser iniciada de ofício ou por requerimento dos legitimados e deve ser conduzida pelo mesmo tribunal que estabeleceu a tese original. Esse mecanismo assegura a adaptabilidade e a atualização constante da jurisprudência, alinhando-a às evoluções sociais, econômicas e legais, além de proteger a segurança jurídica e a equidade no tratamento das questões jurídicas.

Do julgamento do mérito do incidente é **cabível a interposição de recursos extraordinário ou especial**, conforme a natureza da matéria, ambos dotados de efeito suspensivo. Além disso, presume-se a existência de repercussão geral nas questões constitucionais que possam ser debatidas no curso desses recursos.

Após a deliberação sobre o mérito desses recursos, a tese jurídica firmada pelo Supremo Tribunal Federal ou pelo Superior Tribunal de Justiça passará a ter aplicação em todo o território nacional, estendendo-se a todos os processos, sejam eles individuais ou coletivos, que tratem da mesma questão de direito abordada.

Estrutura resumida da peça

a) **O pedido de instauração do incidente será dirigido ao presidente de Tribunal, por petição quando a legitimidade for das partes**

Terceira Parte • Métodos Autônomos de Impugnação das Decisões Judiciais

Endereçamento: Atentar para o fato de que o incidente de resolução de demandas repetitivas será proposto diretamente perante o Tribunal, direcionado ao Presidente do Tribunal competente. Assim, a título de exemplo, utilizar:

"EXCELENTÍSSIMO SENHOR DOUTOR DESEMBARGADOR PRESIDENTE DO TRIBUNAL DE JUSTIÇA DO ESTADO DE XXX (OU DO TRIBUNAL REGIONAL FEDERAL DA XXXª REGIÃO)".

Número do processo: Importante verificar que, por se tratar de incidente de resolução de demandas repetitivas, existiu ou existe uma ação em andamento, estando o processo no Tribunal, inclusive tendo recebido o devido número de distribuição. Assim, identificar o processo logo em seguida ao endereçamento: "Processo n. ...".

Identificação das partes: "NOME DO INTERESSADO", já qualificado nos autos do recurso em epígrafe...". Note que não há réu, recorrido ou parte contrária, mas apenas interessado.

Nome da ação e sua fundamentação legal: "vem, respeitosamente, à presença de Vossa Excelência, apresentar **INCIDENTE DE RESOLUÇÃO DE DEMANDAS REPETITIVAS (IRDR) (NOME DO INCIDENTE)**, com fundamento nos arts. 976 e seguintes do CPC, pelas razões de fato e de direito a seguir afirmadas".

Fatos: Faça um resumo dos fatos, conforme o caso concreto, especialmente demonstrando que a questão em análise envolve, realmente, matéria unicamente de direito.

Fundamentação: Faça a correta ligação entre os fatos e os dispositivos legais aplicáveis, como artigos de lei, súmulas, precedentes, desenvolvendo raciocínio lógico e coerência jurídica. Não se esqueça de demonstrar a hipótese de cabimento, qual seja a efetiva repetição de processos que contenham controvérsia sobre a mesma questão unicamente de direito, e o risco de ofensa à isonomia e à segurança jurídica.

Pedidos e requerimentos: "Assim, com base nos arts. 982 e 985 do Código de Processo Civil, requer-se a suspensão imediata de todos os processos pendentes, individuais ou coletivos, intimando-se o Ministério Público para, querendo, manifestar-se no prazo legal. Ao final, requer-se o reconhecimento da tese jurídica XXX *(fazer o pedido de acordo com os modelos e as estruturas apresentadas acima)*, aplicada a todos os processos individuais ou coletivos que versem sobre idêntica questão de direito e que tramitem na área de jurisdição do respectivo tribunal, inclusive àqueles que tramitem nos juizados especiais do respectivo Estado ou região e aos casos futuros que versem idêntica questão de direito e que venham a tramitar no território de competência do tribunal".

Fechamento da peça:

Nestes termos,

Pede deferimento.

Local... e Data...

Advogado...

OAB n. ...

Modelo de Petição de Incidente de Resolução de Demandas Repetitivas (IRDR)

EXCELENTÍSSIMO SENHOR DOUTOR DESEMBARGADOR PRESIDENTE DO TRIBUNAL DE JUSTIÇA DO ESTADO DE XXX (OU DO TRIBUNAL REGIONAL FEDERAL DA XXXª REGIÃO)

Processo n. ...

NOME DO INTERESSADO, já qualificado nos autos do recurso em epígrafe, nos autos da *AÇÃO XXX (NOME DA AÇÃO)*, vem, respeitosamente, à presença de Vossa Excelência, apresentar *INCIDENTE DE RESOLUÇÃO DE DEMANDAS REPETITIVAS (IRDR) (NOME DO INCIDENTE)*, com fundamento nos arts. 976 e seguintes do CPC, pelas razões de fato e de direito a seguir afirmadas;

I – DOS FATOS

Resumo dos fatos, conforme o caso concreto, sobretudo demonstrando que a questão em análise envolve, realmente, matéria unicamente de direito.

III – NO MÉRITO

Apresentar todos os elementos do caso, especialmente instruindo a petição inicial com os documentos necessários à demonstração do preenchimento dos pressupostos para a instauração do incidente (art. 977, parágrafo único, do CPC) e dos requisitos simultâneos:

I – efetiva repetição de processos que contenham controvérsia sobre a mesma questão unicamente de direito;

II – risco de ofensa à isonomia e à segurança jurídica.

III – DOS PEDIDOS

Assim, com base nos arts. 982 e 985 do Código de Processo Civil, requer-se a suspensão imediata de todos os processos pendentes, individuais ou coletivos, intimando-se o Ministério Público para, querendo, manifestar-se no prazo legal.

Ao final, requer-se o reconhecimento da tese jurídica *XXX (fazer o pedido de acordo com os modelos e as estruturas apresentadas acima)*, aplicada a todos os processos individuais ou coletivos que versem sobre idêntica questão de direito e que tramitem na área de jurisdição do respectivo tribunal, inclusive àqueles que tramitem nos juizados especiais do respectivo Estado ou região e aos casos futuros que versem idêntica questão de direito e que venham a tramitar no território de competência do tribunal.

Nestes termos,

Pede deferimento.

Local... e Data...

Advogado...

OAB n. ...

Terceira Parte • Métodos Autônomos de Impugnação das Decisões Judiciais 223

10. DA RECLAMAÇÃO

A reclamação constitui, talvez, a ferramenta processual mais necessária para a salvaguarda da integridade de todo o sistema processual civil, pois tem por objetivo principal assegurar que a atividade jurisdicional seja exercida de maneira eficaz e coerente, respeitando os precedentes judiciais estabelecidos pelos tribunais.

Esse instrumento é fundamental para promover a estabilidade, a previsibilidade e a uniformidade na aplicação do direito, fortalecendo, assim, a segurança jurídica.

O art. 926 do CPC/2015 reflete essa preocupação, ao estipular que os tribunais devem manter e preservar uma jurisprudência *uniforme e estável, integral e coerente.*

Nesse sentido, são incentivados a editar súmulas e consolidar entendimentos que refletem as teses jurídicas firmadas em julgamentos de recursos repetitivos ou em grandes controvérsias, tanto de direito material quanto processual, garantindo que as decisões dos tribunais sirvam de guia efetivo para a solução de casos futuros, evitando divergências e insegurança jurídica.

A reclamação, analisada à luz da norma processual civil, que expressamente regulamenta o seu procedimento, não deve ser concebida ou interpretada como recurso ou como sucedâneo recursal, tampouco como um incidente processual.

Por certo, a reclamação tem a **natureza jurídica de *ação originária proposta no tribunal***, que muito se assemelha aos *remédios processuais*, de índole constitucional, embora agora também regulamentada pelo CPC/2015, destinada à cassação da decisão ou avocação dos autos para observância da competência, distribuída ao relator que proferiu a decisão ou acórdão cuja tese jurídica não é aplicada ou respeitada em outra ação ou mesmo em outro recurso ainda pendente de julgamento.

Cabimento: segundo o art. 988 do CPC/2015, caberá reclamação para:

> **(i) *preservar*** a competência do tribunal;
>
> **(ii) *garantir a autoridade*** das decisões do tribunal;
>
> **(iii) *garantir a observância de enunciado*** de súmula vinculante e de decisão do Supremo Tribunal Federal em controle concentrado de constitucionalidade;
>
> **(iv) *garantir a observância de acórdão*** proferido em julgamento de incidente de resolução de demandas repetitivas ou de incidente de assunção de competência.

A reclamação é, portanto, um instrumento processual que pode ser proposto perante **qualquer tribunal**, cabendo sua análise e decisão ao órgão jurisdicional responsável por preservar a competência ou assegurar a autoridade da decisão questionada.

Essa ação está claramente prevista na legislação e desempenha um papel fundamental na manutenção da **integridade do sistema de precedentes judiciais brasileiro**.

É especialmente relevante quando um Tribunal, seja ele Estadual ou Federal, descumpre ou desconsidera uma *decisão ou tese jurídica estabelecida*, garantindo, assim, a coerência e uniformidade na aplicação do direito.

Legitimidade: poderá propor a reclamação a *parte interessada ou o Ministério Público*, nos termos do art. 988 do CPC, sendo entendida a legitimidade como a atribuição conferida a todo e qualquer interessado para a propositura do procedimento da reclamação perante o tribunal competente. Nesse ponto, inclusive, o legislador *consolidou o entendimento anteriormente formado pelo STF*.

De fato, tendo em vista que a função principal da reclamação *não* é a de cuidar do simples interesse particular, mas a de assegurar a autoridade das decisões, dos precedentes e a de preservar a competência dos Tribunais Superiores, e, também, de se tratar da hipótese em que alguém, que não tenha figurado pessoalmente no processo, mas que realmente iria se beneficiar da decisão reclamada, por estar ela relacionada a interesse público, conclui-se que a reclamação **poderia também ser utilizada por esse terceiro interessado**.

Até porque a sua principal finalidade é *assegurar a autoridade das decisões dos Tribunais Superiores, preservar os precedentes* e a *competência destas cortes*. E é justamente por isso que a reclamação serve não apenas aos interesses diretamente envolvidos no processo, mas também protege o interesse público, conferindo estabilidade e previsibilidade ao sistema jurídico.

O Ministério Público, seja Federal, Estadual ou da União, ao atuar como fiscal da lei, detém *legitimidade ativa* para propor a reclamação. Essa disposição assegura que, mesmo nos casos em que não esteja diretamente envolvido, o Ministério Público possa agir na *defesa da legalidade e da autoridade das decisões judiciais*.

Assim, quando o Ministério Público não é parte na reclamação, é-lhe garantido o direito de vista do processo pelo prazo de *5 dias*, seguindo a apresentação das informações e da contestação pelo beneficiário do ato impugnado.

Por outro lado, a *legitimidade passiva* na reclamação recai sobre aquele a quem é imputada a prática do ato que justifica a reclamação, o que pode incluir autoridades administrativas ou judiciárias que, por suas ações, usurpam a competência dos Tribunais Superiores.

Essa designação visa assegurar que *qualquer ato contrário* à determinação dos tribunais superiores possa ser corrigido, preservando-se, assim, a integridade e a coerência do sistema jurídico brasileiro, além de fortalecer o princípio da separação dos poderes e a função precípua do judiciário na interpretação da lei.

Procedimento: além da possibilidade da propositura em **qualquer tribunal**, a reclamação deverá ser *instruída com prova documental* e dirigida ao presidente do Tribunal.

Terceira Parte • Métodos Autônomos de Impugnação das Decisões Judiciais   225

Ao ser protocolada, a reclamação é imediatamente autuada e, sempre que possível, distribuída ao relator que supervisionou o processo original que deu origem à reclamação, visando uma maior coerência e eficiência na análise dos fatos já conhecidos pelo magistrado, garantindo a conexão entre os casos e a continuidade interpretativa das questões legais envolvidas.

Uma vez designado, o relator realiza um juízo de admissibilidade preliminar sobre a regularidade formal da reclamação, analisando os pressupostos processuais e as condições da ação (legitimidade das partes e o interesse processual), necessários para determinar se a reclamação atende às exigências legais para sua tramitação.

Além disso, o relator é responsável por requisitar informações detalhadas à autoridade acusada de praticar o ato impugnado, garantindo que todos os lados da questão sejam considerados antes de qualquer decisão. Neste estágio, o relator também pode analisar e decidir pedidos de liminares, caso a situação exija uma resposta judicial rápida para evitar danos irreparáveis ou para assegurar a eficácia da jurisdição.

Como a reclamação possui a *natureza jurídica de uma ação (remédio constitucional)*, é essencial que a petição inicial cumpra rigorosamente os requisitos formais dos arts. 319 e 320 do CPC, garantindo que todos os elementos necessários à estruturação da petição inicial estão obedecidos, para a devida compreensão e julgamento do caso estejam presentes e corretamente documentados.

Ademais, há a necessidade de se instruir a petição inicial com provas documentais robustas, que demonstrem a alegada afronta à decisão ou precedente que a reclamação visa proteger, seguindo a estrutura e os princípios aplicados no mandado de segurança, particularmente no que diz respeito à necessidade de uma prova clara do direito alegado e do perigo de dano pela demora na prestação jurisdicional.

No entanto, nos termos do art. 988, § 5º, do CPC, será **inadmissível a reclamação** quando:

> **(i)** *proposta após o trânsito em julgado* da decisão reclamada;
> **(ii)** *proposta para garantir a observância* de acórdão de recurso extraordinário *com repercussão geral reconhecida* ou de acórdão proferido em julgamento de recursos extraordinário ou especial repetitivos, *quando não esgotadas as instâncias ordinárias*.

Por outro lado, a *inadmissibilidade* ou o *julgamento do recurso* interposto contra a decisão proferida pelo órgão reclamado **não prejudicam a reclamação**.

Dessa forma, ao ser distribuída a reclamação ao relator, caberá a ele tomar algumas providências ao despachá-la, conforme previsto no art. 989 do CPC:

> **I – requisitará informações** da autoridade a quem for imputada a prática do ato impugnado, que as prestará no prazo de 10 (dez) dias;
>
> **II** – se necessário, **ordenará a suspensão do processo ou do ato impugnado** para evitar dano irreparável;
>
> **III – determinará a citação do beneficiário** da decisão impugnada, que terá prazo de 15 (quinze) dias para apresentar a sua contestação.

Quando o tribunal *avalia e julga* os pedidos apresentados em uma reclamação, sua principal função é corrigir desvios ou excessos em relação às suas próprias decisões precedentes, garantindo a coerência e a integridade da jurisprudência.

Nesse contexto, o Tribunal tem as prerrogativas de *cassar a decisão* que exceda ou contrarie o entendimento já estabelecido ou de *determinar medidas* apropriadas para resolver a controvérsia em questão, restabelecendo o estado de direito e a uniformidade interpretativa.

Após a decisão sobre os pedidos na reclamação, é fundamental que se proceda ao **imediato cumprimento do determinado**, assegurando-se a aplicação efetiva da justiça e a manutenção da ordem jurídica.

O acórdão será posteriormente *redigido e formalizado*, detalhando as razões da decisão, os fundamentos legais e as implicações para as partes envolvidas.

Essa estrutura não só reafirma o respeito e a observância aos *precedentes judiciais* como também *fortalece a competência e a autoridade das decisões* proferidas pelos tribunais. Assegurar que suas diretrizes sejam consistentemente seguidas, os tribunais contribuem efetivamente para a *previsibilidade do direito* e para a *segurança jurídica*, elementos essenciais para o bom funcionamento do sistema judicial e para a confiança do público nas instituições de justiça.

Estrutura resumida da peça

a) Como visto, segue a estrutura de petição inicial

> **Endereçamento:** Atentar para o fato de que a Reclamação será proposta diretamente perante o Tribunal, direcionada ao Presidente do Tribunal competente. Assim, a título de exemplo, utilizar:
>
> "EXCELENTÍSSIMO SENHOR DOUTOR MINISTRO PRESIDENTE DO SUPERIOR TRIBUNAL DE JUSTIÇA (OU DO SUPREMO TRIBUNAL FEDERAL) (PODE SER TAMBÉM DIRIGIDA AO PRESIDENTE DO TRIBUNAL DE JUSTIÇA DO ESTADO OU DO TRIBUNAL REGIONAL FEDERAL)".
>
> **Identificação das partes:** Lembre-se que a estrutura será de petição inicial, então é preciso observar os requisitos do art. 319 e a qualificação das partes do inciso II do referido artigo do CPC. Importante verificar que não há réu na Reclamação, mas tão somente a necessidade de indicar o pronunciamento judicial violador das hipóteses do art. 988 do CPC.

Terceira Parte • Métodos Autônomos de Impugnação das Decisões Judiciais

"NOME DO INTERESSADO, "nacionalidade", "estado civil", "profissão" (se pessoa jurídica indicar se de direito privado ou público), portador do "RG n. XXX", inscrito no "CPF/CNPJ sob o n. XXX", "endereço eletrônico", "domiciliado à Rua XXX" (se for pessoa jurídica "com sede à Rua XXX"), "número", "bairro", "Município", "Estado de XXX", "CEP".

(...) em face da *sentença proferida pelo XXX (Juízo da XXX Vara Cível de XXX ou da Seção Judiciária de XXX) do Acórdão proferido pela XXX (Câmara de Direito Civil do Tribunal de Justiça de XXX ou Turma Julgadora XXX do Tribuna; Regional Federal da XXX Região)*, que violou a autoridade da *XXX (informar a violação e as hipóteses de cabimento do art. 988 do CPC)* (...).

Nome da ação e sua fundamentação legal: "vem, respeitosamente, à presença de Vossa Excelência, apresentar a sua **RECLAMAÇÃO**, com fundamento nos arts. 102, I, *l*, da CF (se STF); 105, I, *f*, da CF (se STJ) e art. 988 e seguintes do CPC, pelas razões de fato e de direito a seguir afirmadas".

Fatos: Faça um resumo dos fatos, conforme o caso concreto, sobretudo informando a natureza do julgado e o teor da decisão que violou o art. 988 do CPC.

Fundamentação: Faça a correta ligação entre os fatos e os dispositivos legais aplicáveis, como artigos de lei, súmulas, precedentes, desenvolvendo raciocínio lógico e coerência jurídica. Não se esqueça de demonstrar a existência da necessidade de preservar a competência do tribunal, garantir a autoridade das decisões do tribunal, garantir a observância de enunciado de súmula vinculante e de decisão do Supremo Tribunal Federal em controle concentrado de constitucionalidade, garantir a observância de acórdão proferido em julgamento de incidente de resolução de demandas repetitivas ou de incidente de assunção de competência.

Pedidos e requerimentos: "Assim, em face do exposto e com base nos arts. 989 e seguintes do Código de Processo Civil, requer-se: a) seja concedido o efeito suspensivo para imediatamente suspender o ato impugnado XXX, para o fim de evitar dano irreparável, nos termos do art. 989, I, do CPC; b) que seja julgado procedente o pedido da presente Reclamação, para cassar a decisão/sentença/acórdão proferido nos autos do processo n. XXX pelo Juízo da XXX. Vara Cível da Comarca de XXX (ou Câmara de Direito Civil do Tribunal de Justiça de XXX ou Turma Julgadora XXX do Tribuna; Regional Federal da XXX Região); c) a requisição de informações da autoridade reclamada, no prazo de 10 dias, na forma do art. 989, I, do CPC; d) a intimação do Ministério Público para vistas do processo, nos termos do art. 991 do CPC; e) protesta pela produção de todos os meios de provas em direito admitidas, já se fazendo acompanhada esta petição de toda a documentação necessária para o julgamento da Reclamação, nos termos do art. 988, § 2º, do CPC; f) a condenação da Reclamada ao pagamento das custas judiciais e honorários advocatícios; g) anexa a esta inicial a guia de custas devidamente recolhidas".

Valor da causa: Dá-se à causa o valor de R$...

Fechamento da peça:

Nestes termos,

Pede deferimento.

Local... e Data...

Advogado...

OAB n. ...

Manual Prático da Advocacia Cível nos Tribunais

Modelo de Reclamação

EXCELENTÍSSIMO SENHOR DOUTOR MINISTRO PRESIDENTE DO SUPERIOR TRIBUNAL DE JUSTIÇA *(OU DO SUPREMO TRIBUNAL FEDERAL) – (PODE SER TAMBÉM DIRIGIDA AO PRESIDENTE DO TRIBUNAL DE JUSTIÇA DO ESTADO OU DO TRIBUNAL REGIONAL FEDERAL)*

NOME DO INTERESSADO, "nacionalidade", "estado civil", "profissão" (se pessoa jurídica, indicar se de direito privado ou público), portador do "RG n. XXX", inscrito no "CPF/CNPJ sob o n. XXX", "endereço eletrônico", "domiciliado à Rua XXX" (se for pessoa jurídica, "com sede à Rua XXX"), "número", "bairro", "Município", "Estado de XXX", "CEP", por seu advogado que esta subscreve, que recebe intimações na Rua XXX (procuração anexa), vem, respeitosamente, à presença de Vossa Excelência, propor a presente

RECLAMAÇÃO

com fundamento nos *arts. 102, I, "l" (se STF); 105, I, "f", da CF (se STJ) e art. 988 e seguintes do CPC*, em face da ***sentença proferida pelo XXX*** *(Juízo da XXX Vara Cível de XXX ou da Seção Judiciária de XXX)* do ***Acórdão proferido pela XXX*** *(Câmara de Direito Civil do Tribunal de Justiça de XXX ou Turma Julgadora XXX do Tribuna; Regional Federal da XXX Região)*, que violou a autoridade da ***XXX*** *(informar a violação e as hipóteses de cabimento do art. 988 do CPC)*, pelas razões de fato e de direito a seguir afirmadas:

I – DOS FATOS

Resumo dos fatos, conforme o caso concreto, sobretudo informando a natureza do julgado e o teor da decisão que violou o art. 988 do CPC.

III – NO MÉRITO

Apresentar todos os elementos de direito do caso concreto, especialmente demonstrando os requisitos essenciais do art. 988 do CPC e não se tratar de hipótese de não cabimento da Reclamação do art. 988, § 5º, do CPC.

De igual forma, instruir a Reclamação com a prova documental necessária para o pronto julgamento dos pedidos.

Demonstrar que a Reclamação foi proposta para:

I – preservar a competência do tribunal;

II – garantir a autoridade das decisões do tribunal;

III – garantir a observância de enunciado de súmula vinculante e de decisão do Supremo Tribunal Federal em controle concentrado de constitucionalidade;

IV – garantir a observância de acórdão proferido em julgamento de incidente de resolução de demandas repetitivas ou de incidente de assunção de competência.

Terceira Parte • Métodos Autônomos de Impugnação das Decisões Judiciais 229

III – DOS PEDIDOS

Assim, em face do exposto e com base nos arts. 989 e seguintes do Código de Processo Civil, requer-se:

a) seja concedido o efeito suspensivo para imediatamente suspender o ato impugnado XXX, para o fim de evitar dano irreparável, nos termos do art. 989, I, do CPC;

b) que seja julgado procedente o pedido da presente Reclamação, para cassar a decisão/sentença/acórdão proferido nos autos do processo n. XXX pelo Juízo da XXX. Vara Cível da Comarca de XXX (ou Câmara de Direito Civil do Tribunal de Justiça de XXX ou Turma Julgadora XXX do Tribuna; Regional Federal da XXX Região);

c) requisição de informações da autoridade reclamada, no prazo de 10 dias, na forma do art. 989, I, do CPC;

d) a intimação do Ministério Público para vistas do processo, nos termos do art. 991 do CPC;

e) protesta pela produção de todos os meios de provas em direito admitidos, já se fazendo acompanhada esta petição de toda a documentação necessária para o julgamento da Reclamação, nos termos do art. 988, § 2º, do CPC;

f) a condenação da Reclamada ao pagamento das custas judiciais e honorários advocatícios;

g) anexa a esta inicial a guia de custas devidamente recolhidas.

Valor da Causa: R$ XXX (reais)

Nestes termos,

Pede deferimento.

Local... e Data...

Advogado...

OAB n. ...

Para Memorizar os Incidentes e as Ações de Competência Originária

PROCESSOS DE COMPETÊNCIA DOS TRIBUNAIS			
	Requisitos	Procedimento	Efeitos
Incidente de Assunção de Competência	(i) relevante questão de direito; (ii) com grande repercussão social; (iii) sem repetição em múltiplos processos; (iv) reconhecido interesse público.	(i) instaurado de ofício pelo relator ou a pedido das partes, do Ministério Público ou da Defensoria Pública; (ii) o julgamento será feito pelo órgão colegiado.	O acórdão proferido vinculará todos os juízes fracionários, demonstrando a fixação dos limites territoriais do incidente aos seus órgãos e julgadores, exceto se houver revisão de tese.

Incidente de Arguição de Inconstitucionalidade	O controle de constitucionalidade é realizado de modo concentrado (abstrato) ou concreto (difuso), sendo que o primeiro é realizado pelo Supremo Tribunal Federal, enquanto o segundo pode ser exercido, de modo incidental, por qualquer juiz.	Arguida, em controle difuso, a inconstitucionalidade de lei ou de ato normativo do Poder Público, o relator, após ouvir o Ministério Público e as partes, fazendo valer o contraditório, submeterá a questão à Turma ou à Câmara à qual competir o conhecimento do processo.	Rejeitada a arguição, prosseguirá o julgamento do feito pelo tribunal, dando-se continuidade ao processo originário. Acolhida, a questão ventilada no incidente de arguição de inconstitucionalidade será submetida ao plenário do tribunal ou ao seu órgão especial, onde houver, para que seja apreciada a questão.
Conflito de Competência	a) quando dois ou mais juízes se declararem competentes para determinada causa (conflito positivo de competência); b) quando dois ou mais juízes reputarem-se incompetentes para certa demanda judicial, atribuindo um ao outro a competência (conflito negativo de competência); e c) quando entre dois ou mais juízes surgir controvérsia acerca da reunião ou da separação de processos.	O conflito de competência poderá ser suscitado por qualquer das partes envolvidas na relação processual, pelo Ministério Público ou pelo juiz. Poderá o relator, de ofício ou a requerimento de qualquer das partes, determinar o sobrestamento do processo e designará um dos juízes para resolver, em caráter provisório, as medidas urgentes, sempre objetivando a efetiva prestação jurisdicional.	Ao decidir o conflito, o tribunal declarará qual o juízo competente, pronunciando-se também sobre a validade dos atos do juízo incompetente, sendo os autos do processo em que se manifestou o conflito, portanto, remetidos ao juiz declarado competente.
Homologação de Decisão Estrangeira e Concessão do *Exequatur* à Carta Rogatória	(i) ser proferida por autoridade competente; (ii) ser precedida de citação regular, ainda que verificada a revelia; (iii) ser eficaz no país em que foi proferida; (iv) não ofender a coisa julgada brasileira; (v) estar acompanhada de tradução oficial, salvo disposição que a dispense prevista em tratado; (vi) não conter manifesta ofensa à ordem pública.	O pedido de execução deverá ser instruído com cópia autenticada da decisão homologatória ou do exequatur, conforme o caso, no intuito de municiar a autoridade brasileira com os elementos necessários para cumprir a decisão estrangeira em solo nacional.	A decisão estrangeira somente terá eficácia no Brasil após a homologação de sentença estrangeira ou a concessão do exequatur às cartas rogatórias, salvo disposição em sentido contrário de lei ou tratado.
Incidente de Resolução de Demandas Repetitivas	(i) a efetiva repetição de processos que contenham controvérsia sobre a mesma questão unicamente de direito; e (ii) risco de ofensa à isonomia e à segurança jurídica.	O pedido de instauração do incidente será dirigido ao presidente de tribunal: (i) pelo juiz ou relator, por ofício; (ii) pelas partes, por petição; ou	A tese jurídica discutida, seja favorável ou contrária, deve ser aplicada obrigatoriamente: I – a todos os processos individuais ou coletivos que versem sobre idêntica questão de direito e que

Terceira Parte • Métodos Autônomos de Impugnação das Decisões Judiciais

Incidente de Resolução de Demandas Repetitivas		(iii) pelo Ministério Público ou pela Defensoria Pública, por petição. Não serão exigidas custas processuais para o seu processamento; a competência para o julgamento do incidente de resolução de demandas repetitivas caberá ao órgão indicado pelo regimento interno dentre aqueles responsáveis pela uniformização de jurisprudência do tribunal;	tramitem na área de jurisdição do respectivo tribunal, inclusive àqueles que tramitem nos juizados especiais do respectivo Estado ou região; II – aos casos futuros que versem sobre idêntica questão de direito e que venham a tramitar no território de competência do tribunal, salvo revisão na forma do art. 986 do CPC/2015.
Reclamação	(i) preservar a competência do tribunal; (ii) garantir a autoridade das decisões do tribunal; (iii) garantir a observância de enunciado de súmula vinculante e de decisão do Supremo Tribunal Federal em controle concentrado de constitucionalidade; (iv) garantir a observância de acórdão proferido em julgamento de incidente de resolução de demandas repetitivas ou de incidente de assunção de competência.	(i) possibilidade da propositura em qualquer tribunal, a reclamação deverá ser instruída com prova documental e dirigida ao presidente do tribunal; (ii) tem natureza jurídica de ação, sendo necessária a instrução e comprovação por prova documental, demonstrando a similaridade entre a reclamação e o mandado de segurança.	Quando reconhecida, ordena o que for adequado para a preservação de sua competência ou impõe o cumprimento de seu julgado.

11. AÇÃO RESCISÓRIA

11.1. Introdução

Como visto na Primeira Parte deste Manual, a coisa julgada é instituto fundamental para **assegurar a estabilidade e a previsibilidade das decisões judiciais**, consolidando-se como um dos principais pilares da *segurança jurídica* no processo civil.

Uma vez que uma decisão judicial transita em julgado, ela se torna definitiva, não sendo mais passível de ser modificada por meio de recursos ordinários. Entretanto, em situações excepcionais, a legislação prevê a possibilidade de revisão dessas decisões por intermédio da **Ação Rescisória**.

Conforme explicitado por Eduardo Arruda Alvim, a ação rescisória é uma ação autônoma de impugnação, delineada pelos arts. 966 e seguintes do CPC. Ela se diferencia dos recursos ordinários, pois não é uma continuação do

232   *Manual Prático da Advocacia Cível nos Tribunais*

processo original, mas sim a **instauração de um novo processo judicial**[6]. A ação rescisória é admissível apenas *após o trânsito em julgado da decisão* que se busca impugnar, ou seja, quando não há mais possibilidade de recurso no âmbito do mesmo processo.

Esse instrumento jurídico serve como meio de *relativização da coisa julgada*, permitindo, sob circunstâncias rigorosamente definidas pela lei, que decisões judiciais já consolidadas sejam rescindidas.

As hipóteses de cabimento da ação rescisória incluem, por exemplo, ocorrência de fraude, erro de fato, ou a descoberta de novas provas que, se conhecidas anteriormente, poderiam levar a um resultado diferente no julgamento. Portanto, a ação rescisória é uma exceção importante ao *princípio da imutabilidade da coisa julgada*, assegurando que injustiças manifestas possam ser corrigidas mesmo após a decisão ter alcançado autoridade de coisa julgada.

É, verdadeiramente, **ação excepcional para casos pontuais**.

Isso porque, a ação rescisória, por sua *natureza jurídica*, constitui uma ferramenta processual de caráter excepcional, aplicada a situações específicas nas quais se justifica a **desconstituição** de uma decisão judicial já solidificada pela coisa julgada.

No âmbito técnico-jurídico, "rescindir" não necessariamente indica a presença de um vício que invalide o ato jurídico; trata-se, em essência, de anular ou desfazer um ato jurídico com base no exercício de um *direito potestativo*, ou seja, de um direito conferido por lei ou contrato que permite a uma das partes alterar unilateralmente a situação jurídica sem necessidade de consentimento da outra parte.

José Carlos Barbosa Moreira, sobre essa questão, anota que *"seria hoje anacronismo prolongar a controvérsia, que em certa época lavrou na doutrina, sobre a assimilação da ação rescisória à figura do recurso"*[7].

Dessa forma, segundo o STJ

> a ação rescisória constitui demanda de natureza excepcional, de sorte que seus pressupostos devem ser observados com rigor, sob pena de se transformar em espécie de recurso ordinário para rever decisão já ao abrigo da coisa julgada[8].

Analogamente aos mecanismos do direito privado, a rescisão de uma sentença pode ser comparada à rescisão de um contrato devido ao inadimplemento de uma das partes. Em tais circunstâncias, a lei outorga à parte prejudicada o direito de desfazer um contrato válido para proteger seus interesses.

---

[6] ALVIM, Eduardo Arruda. *Direito processual civil*. 5. ed. rev. atual. e ampl. São Paulo: RT, 2019. p. 1.045.

[7] BARBOSA MOREIRA, José Carlos. *Comentários ao Código de Processo Civil*. 11. ed. Rio de Janeiro: Forense, 2003. v. 5. p. 100.

[8] STJ, REsp 136.254/SP, 4 T., rel. Min. Aldir Passarinho, j. 03.02.2005, *DJU* 09.05.2005.

Terceira Parte • Métodos Autônomos de Impugnação das Decisões Judiciais 233

De forma similar, a ação rescisória permite à parte prejudicada por uma sentença transitada em julgado desconstituir essa decisão, caso esteja enquadrada em uma das situações previstas no art. 487 do Código de Processo Civil.

11.2. Hipóteses de cabimento

Excepcionalmente, nasce, por meio da ação rescisória, um dos primeiros *mecanismos de relativização da coisa julgada.*

No CPC/2015, especificamente nos arts. 966 a 975, são elencadas as hipóteses em que a ação rescisória pode ser proposta. Essas incluem situações como a existência de prova nova que, se conhecida no momento do processo, poderia alterar significativamente o resultado; decisões judiciais que se basearam em documentos ou atestados reconhecidamente falsos; ou a ocorrência de prevaricação, corrupção ou dolo por parte do juiz ou de uma das partes, entre outras.

A ação rescisória, portanto, constitui uma ferramenta vital para assegurar que a justiça possa ser realizada mesmo após a conclusão formal de um processo. Ela representa um balanço crítico entre a necessidade de estabilidade jurídica proporcionada pela coisa julgada e a flexibilidade necessária para adaptar-se a verdades materiais que emergem após o julgamento.

Essa capacidade de revisão é essencial para manter a integridade e a justiça do sistema judicial, evitando que erros judiciais irreversíveis prejudiquem indevidamente qualquer das partes envolvidas, garantindo assim a correção de eventuais injustiças que poderiam ser perpetuadas sob o manto da definitividade.

Vejam-se, pois, as hipóteses de cabimento:

Art. 966. A decisão de mérito, transitada em julgado, pode ser rescindida quando:

I – se verificar que foi proferida por força de *prevaricação, concussão ou corrupção do juiz;*

II – for proferida por *juiz impedido* ou por *juízo absolutamente incompetente;*

III – resultar de *dolo ou coação da parte vencedora* em detrimento da parte vencida ou, ainda, de *simulação ou colusão* entre as partes, a fim de fraudar a lei;

IV – *ofender a coisa julgada;*

V – *violar manifestamente norma jurídica;*

VI – for fundada em *prova cuja falsidade* tenha sido apurada em processo criminal ou venha a ser demonstrada na própria ação rescisória;

VII – obtiver o autor, posteriormente ao trânsito em julgado, *prova nova* cuja existência ignorava ou de que não pôde fazer uso, capaz, por si só, de lhe assegurar pronunciamento favorável;

VIII – for fundada em *erro de fato* verificável do exame dos autos.

Nesses casos, previstos de *forma taxativa* pelo CPC/2015, haverá a possibilidade de cabimento da ação rescisória, destinada precipuamente a obter uma revisão da **decisão judicial de mérito (art. 487 do CPC) transitada em julgado** e, se for o caso, desconstituir o julgado (ou a força da *coisa julgada*) eivado do comprovado vício.

Analisemos, pois, tais hipóteses:

> **I** – se verificar que foi proferida por força de **prevaricação, concussão ou corrupção do juiz**;

Conforme estabelece o **art. 966, I, do CPC**, a ação rescisória pode ser ajuizada quando uma decisão judicial é proferida sob a influência de **atos de ilícitos penais graves** como prevaricação, concussão ou corrupção por parte do juiz.

Esses três tipos de condutas ilícitas, definidos nos *arts. 319, 316 e 317 do Código Penal*, caracterizam-se por serem delitos praticados por funcionários públicos durante o exercício de suas funções, neste caso, por um magistrado.

A **prevaricação** ocorre quando o funcionário público retarda ou deixa de praticar, indevidamente, ato de ofício, ou pratica-o contra disposição expressa de lei, para satisfazer interesse ou sentimento pessoal.

A **concussão** é definida como o ato de exigir, para si ou para outrem, direta ou indiretamente, vantagem indevida, em razão da função.

Já a **corrupção passiva** acontece quando o funcionário público solicita ou recebe, para si ou para outros, vantagem indevida, ou aceita a promessa de tal vantagem.

Quando tais condutas ilícitas afetam a imparcialidade e a integridade do julgamento, comprometem a seriedade da prestação jurisdicional. Isso ocorre porque a justiça deve ser administrada de maneira *imparcial e justa*, livre de qualquer influência corrupta ou indevida que possa alterar o curso de uma decisão.

Nesse contexto, a decisão judicial que resulta de qualquer uma dessas práticas ilícitas perde sua legitimidade e, por conseguinte, a coisa julgada que normalmente protegeria tal decisão de revisões futuras pode ser desconstituída.

Assim, a *ação rescisória* fundada nesses ilícitos penais representa uma medida essencial para assegurar que a autoridade da coisa julgada não sirva como um escudo para proteger decisões judiciais contaminadas por abusos de poder e má conduta, fortalecendo a confiança pública no sistema de justiça e assegura que o princípio da legalidade e da moralidade administrativa seja mantido.

> **II** – for proferida por **juiz impedido** ou por **juízo absolutamente incompetente**;

A segunda hipótese legal para a rescisão de uma decisão judicial, conforme o **inciso II do art. 966 do CPC**, refere-se ao *impedimento do juiz* ou à *incompetência absoluta do juízo*.

Terceira Parte • Métodos Autônomos de Impugnação das Decisões Judiciais 235

Essas situações são regulamentadas, respectivamente, pelos **arts. 144 e 62 do CPC**, e representam falhas estruturais graves no processo de julgamento, que afetam diretamente a validade da decisão.

O *impedimento do juiz* ocorre em situações em que há uma falta de capacidade subjetiva para atuar no processo, como laços familiares com uma das partes ou interesses diretos no resultado do julgamento, nos termos do art. 144 do CPC.

A *incompetência absoluta*, por outro lado, define-se pela falta de capacidade objetiva do juízo para a atuação na causa, ou seja, quando o juiz ou o tribunal não possui atribuição legal para apreciar e decidir sobre o caso em questão, como em situações que envolvem matéria específica designada a outra esfera judicial.

Importante destacar que apenas a incompetência absoluta e o impedimento do juiz justificam a proposição de uma ação rescisória. A incompetência relativa e a suspeição do juiz, tratadas nos arts. 63 e 145 do CPC, respectivamente, não são fundamentos aceitáveis para tal ação.

No caso da incompetência relativa, ela pode ser contestada pelas partes antes do julgamento da causa, mas, uma vez não alegada a tempo, o vício é sanado pela coisa julgada.

Similarmente, a suspeição, que diz respeito à imparcialidade do juiz sem a mesma gravidade ou evidência do impedimento, também é resolvida no âmbito do processo e, se não contestada adequadamente, é superada pela autoridade da coisa julgada.

Portanto, a ação rescisória fundamentada no impedimento do juiz ou na incompetência absoluta do juízo reflete uma proteção contra irregularidades significativas que comprometem a justiça e a legalidade do processo judicial, assegurando que tais falhas possam ser corrigidas mesmo após a decisão final.

> **III** – resultar de *dolo ou coação da parte vencedora* em detrimento da parte vencida ou, ainda, de *simulação ou colusão* entre as partes, a fim de fraudar a lei;

Quando uma decisão judicial é influenciada por *dolo ou coação* da parte vencedora contra a parte vencida, ou ainda por *simulação ou colusão* entre as partes para fraudar a lei, surgem fundamentos legítimos para a rescisão do julgado, conforme estipula o *inciso III do art. 966 do CPC*.

Essas práticas configuram sérias violações à integridade e boa-fé processuais e, quando devidamente comprovadas, permitem ao juiz *anular* a decisão anterior para prevenir o abuso do sistema jurídico.

O *dolo*, nesse contexto, refere-se ao ato intencional de enganar ou manipular o processo para obter um benefício indevido, enquanto a *coação* envolve pressionar injustamente a parte adversa a tomar uma decisão contra sua vontade.

236 *Manual Prático da Advocacia Cível nos Tribunais*

A **simulação e a colusão**, por outro lado, envolvem acordos maliciosos e fraudulentos entre as partes para criar uma aparência falsa de litígio ou para esconder seus verdadeiros objetivos, respectivamente, tudo com o intuito de enganar o tribunal e obter vantagens ilícitas.

O art. 142 do CPC destaca a responsabilidade do magistrado em identificar e impedir tais práticas. Se o juiz se convencer, com base nas circunstâncias do caso, de que as partes utilizaram o processo judicial para realizar atos simulados ou alcançar fins proibidos por lei, ele não apenas pode rescindir o julgado, mas também deve proferir decisões que frustrem os objetivos ilegais das partes.

Adicionalmente, o juiz deve aplicar, *de ofício*, as penalidades previstas para a litigância de má-fé. Assim,

> Art. 142. Convencendo-se, pelas circunstâncias, de que autor e réu se serviram do processo para praticar ato simulado ou conseguir fim vedado por lei, o juiz proferirá decisão que impeça os objetivos das partes, aplicando, de ofício, as penalidades da litigância de má-fé.

Esse mecanismo legal reforça a função do Judiciário de garantir que o processo seja um instrumento de justiça genuína e não um meio para a prática de atos ilícitos ou fraudulentos. A possibilidade de rescindir uma decisão judicial nesses casos serve como um importante corretivo, assegurando que o Poder Judiciário mantenha sua integridade e continue a cumprir sua função essencial de administração da justiça de forma justa e equitativa.

IV – *ofender a coisa julgada*;

A hipótese prevista no ***inciso IV do art. 966 do CPC*** estabelece a possibilidade de rescindir uma decisão judicial quando esta *ofende a autoridade de uma coisa julgada anterior*.

Especificamente, essa situação ocorre quando uma nova demanda judicial, essencialmente idêntica a uma anterior já decidida e cuja decisão alcançou o trânsito em julgado, é novamente submetida ao Judiciário e resolvida de maneira definitiva.

A ofensa à coisa julgada acontece quando o segundo processo ignora ou contradiz o que foi estabelecido no primeiro, criando uma situação de *conflito entre duas decisões judiciais que deveriam ser imutáveis*. Esse cenário compromete um dos pilares do direito, que é a segurança jurídica proporcionada pela coisa julgada, além de desvirtuar a função de estabilidade das decisões judiciais.

De acordo com o art. 337, VII, do CPC, é responsabilidade do réu, já na fase de contestação, arguir a existência de coisa julgada como defesa preliminar, apontando que a matéria já foi decidida e que qualquer novo julgamento sobre o mesmo assunto seria desnecessário e ilegal. Caso a nova decisão seja proferida

Terceira Parte • Métodos Autônomos de Impugnação das Decisões Judiciais   237

e transite em julgado em desrespeito à coisa julgada anterior, surge o direito de propor uma ação rescisória.

Nesse contexto, a ação rescisória tem como objetivo a desconstituição da segunda coisa julgada, por ser considerada uma violação direta à decisão anteriormente consolidada. Isso permite que o Judiciário corrija equívocos que possam ter ocorrido na aplicação da lei, assegurando que decisões anteriores, que já passaram pelo devido processo legal e foram concluídas, mantenham seu valor e autoridade.

Portanto, essa modalidade de ação rescisória é essencial para preservar a integridade e a finalidade da coisa julgada, evitando que decisões judiciais se tornem fontes de insegurança jurídica e conflito legal, ao invés de soluções definitivas e estáveis para as disputas legais.

> **V – *violar manifestamente norma jurídica*;**

A possibilidade de rescindir uma decisão judicial também se estende aos casos em que há uma ***violação manifesta de norma jurídica***, conforme estabelecido pelo ***inciso V do art. 966 do CPC***.

Isso ocorre quando, no julgamento, o magistrado desconsidera claramente a aplicação de uma norma legal diretamente relacionada ao caso em análise, sendo certo que esse tipo de violação implica um erro grave na *interpretação ou na aplicação da lei*, que vai além de meras divergências interpretativas.

No entanto, é fundamental considerar a orientação estabelecida pela *Súmula 343 do Supremo Tribunal Federal (STF)*, que dispõe: "não cabe ação rescisória por ofensa a literal disposição de lei, quando a decisão rescindenda se tiver baseado em texto legal de interpretação controvertida nos tribunais".

Esse enunciado sumular, embora formulado sob a égide do CPC de 1973, mantém sua relevância e aplicação sob o atual CPC. O entendimento, aqui, é que a ação rescisória não é o meio adequado para resolver divergências de interpretação de textos legais que não sejam unívocos, ou seja, que admitem mais de uma interpretação razoável entre os juristas e nos tribunais.

Portanto, para que uma ação rescisória seja cabível sob o **inciso V**, é necessário que a *violação da norma jurídica seja inequívoca e indiscutível*, caracterizando-se por um desrespeito claro e direto à lei aplicável ao caso. A decisão deve demonstrar um desvio incontestável dos preceitos legais vigentes, não apenas uma interpretação legal contestável ou uma entre várias interpretações possíveis que tenham sido objeto de debate jurídico anterior.

Assim, a ação rescisória fundada em violação manifesta de norma jurídica serve como um instrumento para corrigir erros judiciais que representem uma aplicação flagrantemente incorreta ou abusiva da lei, assegurando que o sistema

238 *Manual Prático da Advocacia Cível nos Tribunais*

jurídico não apenas resolva conflitos, mas o faça de maneira justa e conforme os ditames legais.

> **VI –** for fundada em ***prova cuja falsidade*** tenha sido apurada em processo criminal ou venha a ser demonstrada na própria ação rescisória;

De acordo com o ***inciso VI do art. 966 do CPC***, é possível ajuizar uma ação rescisória quando a decisão judicial estiver fundamentada em ***prova cuja falsidade seja comprovada posteriormente***, seja por meio de um processo criminal ou demonstrada durante a própria ação rescisória. Esse dispositivo legal visa corrigir decisões judiciais que foram proferidas baseadas em evidências *adulteradas ou forjadas*, as quais podem ter induzido o juiz a erro, levando a uma decisão injusta ou incorreta.

A ação rescisória, nesse contexto, só será admissível e terá fundamento quando a prova falsa tiver sido decisiva para o desfecho do julgamento. Ou seja, a falsidade da prova deve ter sido um elemento determinante para a conclusão alcançada pelo magistrado. Se a prova em questão, mesmo que falsa, não tiver sido essencial para o veredito – isto é, se a remoção dessa prova do conjunto de evidências não alteraria o resultado da lide – então não se justifica a desconstituição do julgado, pois a decisão não se fundamentou nesse elemento viciado de forma determinante.

Essa condição reflete uma preocupação fundamental com a justiça e a correção dos processos judiciais, ou seja, a legislação procura assegurar que as decisões judiciais se baseiem em provas legítimas e verídicas, protegendo o processo judicial de manipulações que possam comprometer a imparcialidade e a equidade das sentenças.

Portanto, a ação rescisória fundamentada na falsidade de provas é um mecanismo de controle e integridade, permitindo a revisão de decisões corrompidas por fraudes evidenciais que poderiam, de outra forma, permanecer incontestadas e prejudicar as partes envolvidas ou o próprio sistema de justiça.

> **VII –** obtiver o autor, posteriormente ao trânsito em julgado, ***prova nova*** cuja existência ignorava ou de que não pôde fazer uso, capaz, por si só, de lhe assegurar pronunciamento favorável;

O ***inciso VII do art. 966 do CPC*** destaca outra condição importante para a proposição de uma ação rescisória: a descoberta de ***prova nova***, após o trânsito em julgado de uma decisão, cuja existência era desconhecida pelo autor ou que, por algum motivo, não pôde ser utilizada durante o processo.

Essa prova nova deve ser suficientemente forte para, por si só, garantir um resultado favorável se tivesse sido apresentada anteriormente.

Terceira Parte • Métodos Autônomos de Impugnação das Decisões Judiciais

Esse dispositivo reflete a preocupação do Código em permitir a revisão de decisões judiciais quando surgem evidências substanciais que poderiam mudar significativamente o resultado de um julgamento. A norma visa assegurar que a decisão final dos processos judiciais esteja o mais próxima possível da verdade factual dos casos, reconhecendo que, em algumas situações, informações cruciais podem se tornar disponíveis apenas após a conclusão do julgamento.

Para que uma ação rescisória baseada na descoberta de prova nova seja viável, *não basta que a prova seja simplesmente nova*; ela deve ser decisiva, fundamental e capaz de alterar a compreensão dos fatos de forma a influenciar diretamente na decisão final.

Além disso, é essencial que o autor demonstre que não tinha conhecimento da existência dessa prova no momento do processo original ou que foi impedido de utilizá-la por circunstâncias além de seu controle.

Essa modalidade de ação rescisória permite corrigir injustiças que poderiam ser perpetradas devido à falta de acesso a informações relevantes durante o julgamento inicial.

Assim, o CPC possibilita a reintrodução e a análise de provas significativas e impactantes justamente para fortalece os princípios de justiça e equidade do sistema jurídico, garantindo que as decisões sejam baseadas no conjunto mais completo e preciso de informações disponíveis.

> **VIII –** for fundada em ***erro de fato*** verificável do exame dos autos.

O ***inciso VIII do art. 966 do CPC*** abre a possibilidade de se rescindir uma decisão judicial quando esta for baseada em um ***erro de fato*** que possa ser claramente identificado por meio da análise dos autos do processo. Esse tipo de erro ocorre quando a decisão assume como verdadeiro um fato que na realidade nunca ocorreu, ou quando nega a existência de um fato que efetivamente aconteceu.

Para que a ação rescisória seja cabível sob este inciso, é fundamental que o erro de fato não envolva um ponto controvertido sobre o qual houve debate e deliberação judicial. Ou seja, o erro deve se referir a uma *questão fática que foi erroneamente compreendida ou interpretada pelo juiz*, sem que houvesse disputa ou necessidade de julgamento sobre a sua existência ou inexistência.

Esse mecanismo de rescisão é essencial para garantir a precisão factual das decisões judiciais. Erros de fato não detectados ou corrigidos durante o julgamento original podem levar a conclusões jurídicas equivocadas e resultar em injustiças significativas, o que justifica o CPC assegurar que as sentenças sejam justas e baseadas em uma compreensão correta e incontroversa dos fatos.

Portanto, a ação rescisória por erro de fato serve como um importante recurso de correção para os litigantes, possibilitando a revisão de decisões

240 *Manual Prático da Advocacia Cível nos Tribunais*

judiciais que, de outra forma, permaneceriam inalteradas apesar de fundamentadas em premissas factualmente incorretas, reforçando a busca pela verdade material no processo judicial, assegurando que as decisões sejam o mais acuradas possível em relação aos fatos do caso.

Como regra, é cabível a ação rescisória contra **qualquer decisão de mérito**, inclusive aquelas proferidas em jurisdição voluntária.

No entanto, o art. 966, § 2º, do CPC constitui uma exceção à regra, possibilitando a ação rescisória nas hipóteses anteriormente analisadas, quando a decisão transitada em julgado, **embora não seja de mérito**, impeça:

(i) **nova propositura da demanda**, como nos casos das sentenças terminativas fundamentadas em ilegitimidade de parte, falta de interesse de agir, que reconhece litispendência, coisa julgada ou perempção, e nos casos em que pode ser possível a rescisão da decisão que tenha, eventualmente, violado a norma jurídica; ou

(ii) **admissibilidade do recurso** correspondente.

Da mesma forma, os **atos de disposição de direitos**, praticados pelas partes ou por outros participantes do processo e homologados pelo juízo (atos processuais das partes), bem como os atos homologatórios praticados no curso da execução, **não estão sujeitos** à desconstituição pela via da ação rescisória, em razão da previsão constante do art. 966, § 4ª, do CPC, estabelecendo, para tanto, a necessidade de propositura da **ação anulatória**, nos termos da lei.

Ademais, a ação rescisória pode ter por objeto a *decisão judicial como um todo*, ou apenas ser direcionada a um *capítulo específico da decisão*, como bem determina o art. 966, § 3º, do CPC.

A ação rescisória fundada na **violação manifesta à norma jurídica** pode também ser aplicada contra decisões que, embora baseadas em enunciados de súmula ou acórdãos proferidos em julgamentos de casos repetitivos, falhem em reconhecer a distinção (*distinguishing*) entre o caso em questão e os precedentes utilizados como fundamento.

Esse tipo de rescisória destaca a necessidade de um olhar atento e criterioso sobre as particularidades de cada caso, assegurando que a *aplicação de precedentes judiciais* não se torne um exercício mecânico que ignore diferenças fáticas ou jurídicas significativas.

Nesses casos, é imprescindível que o autor da ação rescisória demonstre, de maneira clara e fundamentada, a existência de uma situação específica que difere substancialmente dos casos que originaram o precedente. Isso pode envolver uma hipótese fática distinta ou uma questão jurídica que não foi examinada previamente, o que justificaria um desfecho diferente do estabelecido pelo padrão decisório anterior. A falha em identificar e argumentar essas distinções de forma convincente pode levar à inépcia da inicial, resultando na rejeição da ação rescisória.

Terceira Parte • Métodos Autônomos de Impugnação das Decisões Judiciais 241

Esse aspecto da legislação processual destaca a importância de se respeitar o princípio da igualdade e da justiça individualizada.

A jurisprudência deve servir como guia para a *uniformidade e previsibilidade das decisões judiciais*, mas não deve substituir a análise minuciosa e detalhada das circunstâncias únicas de cada caso.

Assim, a ação rescisória se apresenta como um mecanismo essencial para corrigir equívocos na aplicação de precedentes, garantindo que a interpretação e aplicação das leis sejam sempre adaptadas às particularidades de cada situação e alinhadas com os princípios fundamentais de justiça e correção jurídica.

O direito à rescisão de uma decisão judicial por meio de uma ação rescisória, conforme regulado pelo Código de Processo Civil de 2015, possui prazos específicos que diferem significativamente da legislação anterior, estabelecida pelo CPC de 1973.

No atual Código, o prazo para propor uma ação rescisória é de **2 anos**, no entanto, **contados a partir do trânsito em julgado da última decisão proferida no processo**. Esse prazo é estendido até o primeiro dia útil subsequente, caso vença durante férias forenses, recesso, feriados ou em dias sem expediente forense.

No entanto, existem exceções importantes a essa regra geral, que consideram as circunstâncias específicas relacionadas à descoberta de novas provas ou à identificação de fraudes processuais. Por exemplo, quando a ação rescisória se baseia na descoberta de prova nova, conforme o inciso VII do art. 966 do CPC, o prazo para ajuizamento começa a contar **a partir da data em que a prova foi descoberta**.

Nesse caso, é importante observar que existe um **prazo máximo de 5 anos** contados do trânsito em julgado da última decisão, independentemente do momento da descoberta da prova nova.

Adicionalmente, nas situações em que houve **simulação ou colusão** entre as partes para prejudicar terceiros ou manipular o resultado do processo, o prazo para a ação rescisória começa a contar do momento em que o *terceiro prejudicado ou o Ministério Público*, caso não tenha intervindo no processo, *tomar conhecimento da fraude*.

Esses prazos são estabelecidos para garantir a estabilidade das decisões judiciais e evitar litígios indefinidos, mas também asseguram a possibilidade de correção de injustiças graves que possam ter sido perpetradas pelo uso de provas fraudulentas ou em situações de manipulação do sistema judicial.

Portanto, é essencial que as partes interessadas estejam atentas a esses prazos para não perderem a oportunidade de reivindicar a revisão de uma decisão por meio da ação rescisória, após o que a sentença se torna definitiva e inalterável, fechando a janela para correções legais.

11.3. Legitimidade

De outro lado, em relação aos legitimados, faz-se necessário observar o que determina o art. 967 do CPC:

> **Art. 967. Têm legitimidade para propor a ação rescisória:**
>
> I - quem *foi parte no processo* ou o seu *sucessor* a título universal ou singular;
>
> II - o *terceiro juridicamente interessado*;
>
> III - o *Ministério Público*:
>
> a) se não foi ouvido no processo em que lhe era obrigatória a intervenção;
>
> b) quando a decisão rescindenda é o efeito de simulação ou de colusão das partes, a fim de fraudar a lei;
>
> c) em outros casos em que se imponha sua atuação;
>
> IV - *aquele que não foi ouvido no processo* em que lhe era obrigatória a intervenção.

Dessa forma, têm legitimidade para propor a ação rescisória (i) *quem foi parte no processo ou o seu sucessor*; (ii) *o terceiro juridicamente interessado*; (iii) *o Ministério Público*; e (iv) *aquele que não foi ouvido no processo em que lhe era obrigatória a intervenção*.

A questão da legitimidade para propor uma ação rescisória, conforme estabelecido pelo art. 967, I, do CPC, é clara quando se trata de quem foi parte no processo original ou de seus sucessores, tanto a título universal quanto singular. A legislação assegura que esses indivíduos estão plenamente habilitados a iniciar uma ação rescisória se a decisão final do processo estiver enquadrada em qualquer das hipóteses previstas no mencionado art. 966.

A legitimidade ativa para ajuizar a ação rescisória é atribuída não apenas às partes que diretamente participaram do litígio, mas também àqueles que sucedem esses indivíduos, seja por direito universal – como no caso de herdeiros ou legatários que assumem todos os direitos e obrigações do *de cujus* – ou por direito singular, em que a sucessão se aplica a direitos específicos relacionados à matéria discutida no processo.

Essa disposição tem o intuito de garantir que os interesses jurídicos e as reivindicações possam ser continuados por aqueles que possuem um vínculo direto ou derivado com as partes originais, permitindo que injustiças ou erros judiciais possam ser corrigidos, mesmo após a mudança nas partes devido a eventos como morte ou transferência de direitos e obrigações.

Portanto, não há dúvidas sobre a legitimidade de tais indivíduos para buscar a rescisão de uma decisão judicial quando esta se baseia em fundamentos legais que permitem tal revisão, como erro de fato, falsidade de prova, decisões proferidas com base em corrupção, entre outros. Essa clareza legislativa é fundamental para manter a ordem processual e assegurar que os direitos possam ser defendidos ou recuperados por intermédio dos mecanismos legais apropriados, mesmo após o encerramento formal do processo.

Terceira Parte • Métodos Autônomos de Impugnação das Decisões Judiciais 243

Além das partes diretamente envolvidas no processo original e seus sucessores, a legislação processual civil brasileira também reconhece a legitimidade do *terceiro juridicamente interessado* para propor uma ação rescisória, conforme delineado no art. 967, II, do CPC.

Essa extensão da legitimidade é particularmente importante porque abrange indivíduos ou entidades que, embora não tenham sido partes na ação original, são afetados negativamente pela decisão judicial rescindenda, devido à sua *eficácia reflexa*.

Um terceiro juridicamente interessado é alguém cujos direitos ou obrigações são impactados de maneira substancial pela decisão proferida, mesmo que ele não tenha participado diretamente do processo.

Para que esse terceiro seja considerado legitimado a propor uma ação rescisória, é decisivo que a decisão tenha lhe causado prejuízo direto e concreto, e que esteja enquadrada em uma das hipóteses de cabimento previstas pelo art. 966 do CPC. Isso garante que apenas aqueles com um interesse legítimo e substancialmente afetado possam buscar a reversão de uma decisão judicial por meio desse mecanismo excepcional.

É importante ressaltar, ainda, que a ação rescisória normalmente não se limita a anular a decisão anterior; ela frequentemente implica a necessidade de um *novo julgamento da causa*.

Esse novo julgamento, conhecido como *juízo rescisório*, ou *iudicium rescissorium*, é essencial porque visa não apenas a desconstituição da decisão anterior, mas também a resolução justa da questão subjacente, com base nos méritos do caso e nas provas apresentadas. Portanto, a ação rescisória é um instrumento duplo: ela **anula** uma decisão judicial previamente considerada injusta ou errônea e abre caminho para que o caso seja **reexaminado e novamente decidido**, assegurando uma resolução mais justa e equitativa conforme os princípios legais.

Essa abordagem reflete a preocupação do sistema processual civil em manter a integridade processual e a justiça nas decisões judiciais, proporcionando uma via para corrigir erros que possam ter repercussões sérias para além das partes que estavam originalmente envolvidas no processo.

O Ministério Público (MP) desempenha um papel fundamental e determinante no sistema jurídico processual brasileiro como fiscal da ordem jurídica e defensor dos direitos e interesses da sociedade. Nesse contexto, o MP é dotado de **legitimidade exclusiva** para propor ação rescisória em circunstâncias específicas, assegurando que as decisões judiciais respeitem os princípios legais e a justiça.

Primeiramente, o Ministério Público possui legitimidade para pleitear a rescisão de decisões proferidas em processos nos quais sua intervenção era obrigatória, mas não ocorreu. Essa situação pode surgir em casos nos quais o MP

244   *Manual Prático da Advocacia Cível nos Tribunais*

deveria ter atuado como fiscal da lei, monitorando e assegurando que a justiça fosse feita de acordo com os princípios legais e éticos que governam o direito.

Assim, a falta de intervenção do MP nesses casos pode levar a uma decisão que não contempla adequadamente o interesse público ou a ordem jurídica, justificando assim a rescisão.

Além disso, o Ministério Público também tem legitimidade para iniciar ações rescisórias em casos de *simulação ou colusão* entre as partes. Essas situações envolvem acordos entre as partes para manipular ou enganar o sistema judicial, com o objetivo de obter uma decisão favorável que fraude a lei. Nesses casos, o MP atua para desfazer essas tramas e garantir que os interesses da justiça e da legalidade prevaleçam.

Outro aspecto importante da legitimidade do MP para propor ações rescisórias surge quando a causa envolve **direitos públicos indisponíveis**, como direitos sociais, ambientais ou outros interesses coletivos que não podem ser objeto de transação ou renúncia. Nessas situações, o Ministério Público atua para proteger esses direitos, que são de interesse fundamental para a sociedade e para a manutenção da ordem legal e ética.

Portanto, a função do Ministério Público na proposição de ações rescisórias é fundamental para assegurar que as decisões judiciais sejam justas, legais e alinhadas com os interesses maiores da sociedade.

Por meio dessas ações, o MP busca corrigir erros ou manipulações no sistema judicial, reafirmando seu papel essencial como guardião da legalidade e da justiça.

11.4. Procedimento

Após superar as questões de prazo e legitimidade para a ação rescisória, é importante destacar o procedimento e as exigências processuais que regem a sua propositura, conforme estabelecido pelo Código de Processo Civil.

Como visto, a ação rescisória é um instrumento processual que permite a revisão de decisões judiciais já transitadas em julgado, sob circunstâncias específicas previstas em lei, e sua formulação deve seguir rigorosamente os *princípios da demanda ou da disponibilidade*.

De acordo com o art. 968 do CPC, a petição inicial de uma ação rescisória deve ser cuidadosamente elaborada, observando os requisitos essenciais dos **arts. 319 e 320 do CPC**. Isso implica que a petição deve conter a exposição do fato e do direito, o pedido com suas especificações, o valor da causa, entre outros elementos que garantam a adequada compreensão e fundamentação da demanda.

Além do pedido de rescisão da decisão anterior, o autor deve *requerer o novo julgamento da causa*, o que é denominado **juízo rescisório**. Esse pedido é *cumulativo e necessário* para que, uma vez anulada a decisão anterior, a matéria possa

Terceira Parte • Métodos Autônomos de Impugnação das Decisões Judiciais   245

ser reexaminada e uma nova decisão seja proferida, baseada nos méritos do caso e nas provas apresentadas.

Outro aspecto relevante na propositura da ação rescisória é a exigência de um *depósito prévio de 5% sobre o valor da causa*.

Esse depósito serve como uma espécie de garantia e é uma particularidade das ações rescisórias que visa desencorajar ações frívolas, temerárias ou sem fundamento. Caso a ação rescisória seja unanimemente declarada inadmissível ou improcedente, o valor depositado é convertido em multa. Esse mecanismo busca balancear o direito de acesso à justiça com a necessidade de proteger o Judiciário e as partes envolvidas de demandas infundadas ou meramente protelatórias.

Ao detalhar as especificidades da ação rescisória sob o Código de Processo Civil, é importante ressaltar que o requisito do depósito prévio de 5% sobre o valor da causa tem *exceções importantes*.

Esse depósito *não será exigido* de entidades públicas e de certos atores jurídicos devido ao seu papel e sua natureza. Assim, a União, os Estados, o Distrito Federal, os Municípios, suas autarquias e fundações de direito público, além do Ministério Público, da Defensoria Pública e dos indivíduos que tenham obtido o benefício da gratuidade de justiça, *estão isentos dessa obrigação*. Essa isenção reconhece tanto a capacidade financeira restrita desses entes e indivíduos quanto a importância de seu acesso à justiça sem barreiras financeiras.

Além disso, o CPC/2015 introduziu um *teto para o depósito*, limitando-o a 1.000 salários mínimos. Essa medida serve para evitar que o montante do depósito se torne proibitivo e desproporcional, garantindo que o acesso à justiça não seja impedido por exigências financeiras excessivas, mesmo em casos de grandes litígios financeiros.

Ainda em relação à gestão prática dos depósitos, o CPC estipula que, caso o depósito seja realizado por meio de guia imprópria, o órgão jurisdicional deve ordenar a sua regularização, em vez de indeferir a petição inicial de plano, assegurando que erros administrativos ou técnicos no processo de depósito não resultem em prejuízos processuais irremediáveis, promovendo a justiça processual e evitando o descarte de ações potencialmente válidas por questões formais facilmente corrigíveis.

É fundamental destacar que, conforme as disposições do CPC/2015, existem situações específicas em que a petição inicial pode ser indeferida. Além dos motivos previstos no art. 330, que incluem a falta de legitimidade ou interesse processual, a inexistência de pedido, dentre outros, o **art. 968, II**, adiciona uma condição importante relacionada ao depósito prévio: *a petição inicial será indeferida caso o depósito exigido não seja efetuado*.

No entanto, o CPC também oferece proteção às partes para corrigir erros e equívocos em suas petições iniciais. O art. 321 do CPC assegura que, se a petição inicial apresentar algum defeito ou irregularidade que possa ser sanado, o autor tem o direito de **emendá-la**.

Dessa forma, ao juiz, por sua vez, é *defeso indeferir de plano a petição inicial* sem antes conceder ao autor a oportunidade de corrigir o problema, o que reforça o princípio da *primazia do julgamento de mérito e o direito ao amplo acesso à justiça*, permitindo que as partes ajustem suas petições para atender aos requisitos processuais sem que sejam imediatamente penalizadas por erros formais.

Outrossim, conforme o art. 968, § 4º, aplicam-se à ação rescisória as **regras da improcedência liminar do pedido**, dispostas no art. 332 do CPC/2015, o que permite, nas causas que dispensem a fase instrutória, ao juiz, independentemente da citação do réu, julgar *liminarmente improcedente o pedido que contrariar*:

> **(i) enunciado de súmula do Supremo Tribunal Federal ou do Superior Tribunal de Justiça;**
>
> **(ii) acórdão proferido pelo Supremo Tribunal Federal ou pelo Superior Tribunal de Justiça em julgamento de recursos repetitivos;**
>
> **(iii) entendimento firmado em incidente de resolução de demandas repetitivas ou de assunção de competência;**
>
> **(iv) enunciado de súmula de tribunal de justiça sobre direito local.**
>
> Poderá, ainda, o juiz julgar liminarmente improcedente o pedido **se verificar, desde logo, a ocorrência de decadência ou de prescrição.**

Quando há reconhecimento de *incompetência do tribunal* para julgar uma ação rescisória, o CPC prevê procedimentos específicos para a correção e redirecionamento do processo. Se a decisão indicada para rescisão *não abordou o mérito* e não se encaixa nas condições específicas do § 2º *do art. 966*, ou se foi *substituída por uma decisão posterior*, o autor da ação será intimado para **emendar a petição inicial**.

Essa emenda visa adequar o objeto da ação rescisória às exigências legais e processuais corretas, garantindo que a ação seja apreciada pelo tribunal competente.

Nesses casos, após a emenda da petição inicial, o réu receberá a oportunidade de complementar os fundamentos de sua defesa, ajustando-os conforme as novas informações ou o novo enquadramento legal apresentado pela emenda.

Em seguida, o processo será encaminhado ao *Tribunal competente*, conforme o art. 968, § 6º, do CPC/2015, assegurando que a ação rescisória seja julgada pela instância apropriada.

Adicionalmente, é importante notar que o simples ajuizamento de uma ação rescisória **não suspende** automaticamente a execução da decisão que se busca rescindir, a menos que seja *concedida uma tutela provisória*.

Terceira Parte • Métodos Autônomos de Impugnação das Decisões Judiciais 247

Dessa forma, o relator do caso tem a responsabilidade de ordenar a citação do réu, estipulando um prazo para resposta que não será inferior a 15 dias e não superior a 30 dias.

Durante esse período, o réu pode apresentar sua defesa, e, após esse prazo, independentemente de haver ou não contestação, o procedimento seguirá as normas do *procedimento comum*, conforme delineado no art. 970 do CPC.

Após o relator devolver os autos, a secretaria do tribunal providenciará cópias do relatório e as distribuirá entre os juízes do órgão competente para o julgamento. A fim de assegurar uma análise imparcial, a designação do relator, sempre que possível, recairá sobre um juiz que não tenha participado do julgamento original, evitando-se assim o comprometimento da isenção por parte de um julgador que já possua opiniões pré-formadas e expressas anteriormente.

Além disso, se a apreciação dos fatos *exigir a produção de novas provas*, o relator poderá encarregar o órgão que emitiu a decisão original de realizar essa tarefa, estipulando um prazo de um a três meses para que os autos sejam devolvidos com as provas efetuadas, conforme estabelece o art. 972 do CPC.

Uma vez concluída a fase instrutória, será concedida vista aos advogados do autor e do réu para que apresentem suas razões finais, sucessivamente, dentro de um prazo de *10 dias*.

Após essa etapa, os autos serão enviados ao relator para que o julgamento seja realizado pelo órgão competente, seguindo o regimento interno do tribunal.

Caso o pedido seja **julgado procedente**, o Tribunal rescindirá a decisão questionada e, se necessário, *realizará um novo julgamento*, ordenando também a restituição do depósito feito pelo autor.

Por outro lado, se o pedido for unanimemente **considerado inadmissível ou improcedente**, o valor depositado será revertido em favor do réu, conforme o disposto no § 2º do art. 82 do CPC.

Finalmente, dependendo das circunstâncias, contra a decisão que resolve a ação rescisória ainda poderão ser interpostos **embargos de declaração, recurso especial e/ou recurso extraordinário**, oferecendo às partes a possibilidade de questionar aspectos da decisão final, seja para esclarecer obscuridades, seja para apelar a instâncias superiores sobre questões constitucionais ou legais relevantes.

248   *Manual Prático da Advocacia Cível nos Tribunais*

Estrutura resumida da peça

Endereçamento: Lembrar que a Ação Rescisória segue o formato de petição inicial e será proposta diretamente perante o Tribunal de Justiça, direcionada ao Presidente do Tribunal competente. Assim, a título de exemplo, utilizar:

"EXCELENTÍSSIMO SENHOR DOUTOR DESEMBARADOR PRESIDENTE DO EGRÉGIO TRIBUNAL DE JUSTIÇA DO ESTADO DE XXX (OU DO TRIBUNAL REGIONAL FEDERAL DA XXXª REGIÃO)".

Identificação das partes: Por ser petição inicial, lembrar dos requisitos essenciais dos arts. 319 e 320, do CPC, especialmente da qualificação das partes, nos termos do inciso II do art. 319 do CPC.

NOME DO AUTOR, "nacionalidade", "estado civil", "profissão" (se pessoa jurídica, indicar se de direito privado ou público), portador do "RG n. XXX", inscrito no "CPF/CNPJ sob o n. XXX", "endereço eletrônico", "domiciliado à Rua XXX" (se for pessoa jurídica, "com sede à Rua XXX"), "número", "bairro", "Município", "Estado de XXX", "CEP".

NOME DO RÉU, "nacionalidade", "estado civil", "profissão" (se pessoa jurídica, indicar se de direito privado ou público), portador do "RG n. XXX", inscrito no "CPF/CNPJ sob o n. XXX", "endereço eletrônico", "domiciliado à Rua XXX" (se for pessoa jurídica, "com sede à Rua XXX"), "número", "bairro", "Município", "Estado de XXX", "CEP".

Nome da ação e sua fundamentação legal: "vem, respeitosamente, à presença de Vossa Excelência, propor **AÇÃO RESCISÓRIA**, com fundamento no art. 966 e seguintes do CPC, em face da sentença transitada em julgado, proferida nos autos do processo n. XXX (indicar o julgado a ser rescindindo), pelas razões de fato e de direito a seguir afirmadas".

Fatos: Faça um resumo e a narrativa dos fatos, conforme o caso concreto e demonstrando a razão do pedido de rescisão do pronunciamento judicial transitado em julgado.

Fundamentação: Faça a correta ligação entre os fatos e os dispositivos legais aplicáveis, como artigos de lei, súmulas, precedentes, desenvolvendo raciocínio lógico e coerência jurídica. Não se esqueça de demonstrar a existência dos requisitos do art. 966 do CPC: I – se verificar que foi proferida por força de prevaricação, concussão ou corrupção do juiz; II – for proferida por juiz impedido ou por juízo absolutamente incompetente; III – resultar de dolo ou coação da parte vencedora em detrimento da parte vencida ou, ainda, de simulação ou colusão entre as partes, a fim de fraudar a lei; IV – ofender a coisa julgada; V – violar manifestamente norma jurídica; VI – for fundada em prova cuja falsidade tenha sido apurada em processo criminal ou venha a ser demonstrada na própria ação rescisória; VII – obtiver o autor, posteriormente ao trânsito em julgado, prova nova cuja existência ignorava ou de que não pôde fazer uso, capaz, por si só, de lhe assegurar pronunciamento favorável; VIII – for fundada em erro de fato verificável do exame dos autos.

Pedidos e requerimentos: "Assim, em face do exposto e com base nos arts. 967 e seguintes do Código de Processo Civil, requer-se: a) seja concedido o efeito suspensivo para imediatamente suspender o cumprimento da decisão rescindenda, para o fim de evitar dano irreparável ou de difícil reparação, nos termos do art. 969 do CPC; b) que seja julgado procedente o pedido da presente Ação Rescisória, anulando o julgado e proferindo um novo julgamento, nos termos do art. 968, I, do CPC, com a consequente

Terceira Parte • Métodos Autônomos de Impugnação das Decisões Judiciais

devolução do depósito prévio de 5% do valor da causa ao Autor (art. 974 do CPC); c) a citação do Réu para, querendo, contestar a presente ação, no prazo que Vossa Excelência designar, conforme art. 970 do CPC; d) nos termos do art. 968, II, do Código de Processo Civil, a juntada da inclusa guia do depósito de R$ XXX (reais), correspondente a 5% (cinco por cento) do valor da causa, devidamente atualizado até a presente data (documento anexo); e) protesta pela produção de todos os meios de provas em direito admitidas, já se fazendo acompanhada esta petição de toda a documentação necessária para o julgamento da presente Ação Rescisória; f) a condenação do Réu ao pagamento das custas judiciais e honorários advocatícios que forem arbitrados; g) por fim, o interesse (ou desinteresse) na realização da audiência de conciliação ou mediação, nos termos do art. 319, VII, do CPC".

Valor da causa: Dá-se à causa o valor de R$...

Fechamento da peça:

Nestes termos,

Pede deferimento.

Local... e Data...

Advogado...

OAB n. ...

Modelo de Ação Rescisória

EXCELENTÍSSIMO SENHOR DOUTOR DESEMBARADOR PRESIDENTE DO EGRÉGIO TRIBUNAL DE JUSTIÇA DO ESTADO DE XXX (OU DO TRIBUNAL REGIONAL FEDERAL DA XXXª REGIÃO)

NOME DO AUTOR, estado civil, profissão, inscrito no CPF n. XXX e no RG n. XXX, endereço eletrônico, residente e domiciliado à Rua XXX (Qualificação Completa), por seu advogado que esta subscreve, que recebe intimações à Rua XXX (procuração anexa), vem, respeitosamente, à presença de Vossa Excelência, propor a presente

AÇÃO RESCISÓRIA

com fundamento nos *arts. 966 (indicar o inciso) e seguintes do CPC*, em face da sentença transitada em julgado, proferida nos autos do processo n. XXX (indicar o julgado a ser rescindido), movida contra **NOME DO RÉU**, estado civil, profissão, inscrito no CPF n. XXX e no RG n. XXX, endereço eletrônico, residente e domiciliado à Rua XXX (Qualificação Completa), pelas razões de fato e de direito a seguir afirmadas:

I – DOS FATOS

Resumo dos fatos, conforme o caso concreto e demonstrando a razão do pedido de rescisão do pronunciamento judicial transitado em julgado.

III – NO MÉRITO

Lições jurídicas sobre o tema da peça processual.

Observar se há precedente e justificar a contradição ou a inobservância do precedente (art. 966, § 5º, do CPC).

Não se esqueça de demonstrar a existência dos requisitos do art. 966 do CPC; I – se verificar que foi proferida por força de prevaricação, concussão ou corrupção do juiz; II – for proferida por juiz impedido ou por juízo absolutamente incompetente; III – resultar de dolo ou coação da parte vencedora em detrimento da parte vencida ou, ainda, de simulação ou colusão entre as partes, a fim de fraudar a lei; IV – ofender a coisa julgada; V – violar manifestamente norma jurídica; VI – for fundada em prova cuja falsidade tenha sido apurada em processo criminal ou venha a ser demonstrada na própria ação rescisória; VII – obtiver o autor, posteriormente ao trânsito em julgado, prova nova cuja existência ignorava ou de que não pôde fazer uso, capaz, por si só, de lhe assegurar pronunciamento favorável; VIII – for fundada em erro de fato verificável do exame dos autos.

III – DOS PEDIDOS

Assim, em face do exposto e com base nos arts. 967 e seguintes do Código de Processo Civil, requer-se:

a) seja concedido o efeito suspensivo para imediatamente suspender o cumprimento da decisão rescindenda, para o fim de evitar dano irreparável ou de difícil reparação, nos termos do art. 969 do CPC;

b) que seja julgado procedente o pedido da presente Ação Rescisória, anulando o julgado e proferindo um novo julgamento, nos termos do art. 968, I, do CPC, com a consequente devolução do depósito prévio de 5% do valor da causa ao Autor (art. 974 do CPC);

c) a citação do Réu para, querendo, contestar a presente ação, no prazo que Vossa Excelência designar, conforme art. 970 do CPC;

d) nos termos do art. 968, II, do Código de Processo Civil, a juntada da inclusa guia do depósito de R$ XXX (reais), correspondente a 5% (cinco por cento) do valor da causa, devidamente atualizado até a presente data (documento anexo);

e) protesta pela produção de todos os meios de provas em direito admitidos, já se fazendo acompanhada esta petição de toda a documentação necessária para o julgamento da presente Ação Rescisória;

f) a condenação do Réu ao pagamento das custas judiciais e honorários advocatícios que forem arbitrados;

g) por fim, o interesse (ou desinteresse) na realização da audiência de conciliação ou mediação, nos termos do art. 319, VII, do CPC.

Valor da Causa: R$ XXX (reais)

Nestes termos,

Pede deferimento.

Local... e Data...

Advogado...

OAB n. ...

Terceira Parte • Métodos Autônomos de Impugnação das Decisões Judiciais 251

Para Memorizar

AÇÃO RESCISÓRIA	
Cabimento	Decisão de mérito transitada em julgado, desde que ocorra alguma das hipóteses do art. 966 do CPC/2015.
Legitimidade	As partes; o Ministério Público; e o Terceiro interessado.
Competência	Sempre do órgão jurisdicional de segundo grau.
Prazo	Decadencial de 2 anos, contado do trânsito em julgado da última decisão proferida no processo.
Requisito específico	Depósito de 5% do valor da causa.
Efeito	Não tem efeito suspensivo, salvo se a parte requerer, preenchidos os requisitos, cautelar ou antecipação de tutela.

12. *QUERELA NULLITATIS INSANABILIS* OU AÇÃO DECLARATÓRIA DE NULIDADE

A *querela nullitatis insanabilis*, também chamada de ação declaratória de nulidade, um conceito profundamente enraizado na tradição jurídica, é um mecanismo de extrema relevância para a preservação da justiça e integridade processual nos sistemas jurídicos que derivam do Direito Romano.

Esse instrumento legal serve para impugnar atos judiciais que possuem vícios tão graves que são considerados *inexistentes ou nulos* **ab initio**, ou seja, nulos desde sua origem, sem a necessidade de uma declaração de nulidade por uma decisão posterior.

Originária do Direito Romano e refinada ao longo dos séculos pelas doutrinas civilistas europeias, a *querela nullitatis* é usada para impugnar decisões judiciais que falham em cumprir requisitos processuais fundamentais, resultando em *nulidades que não são passíveis de convalidação*. Essas nulidades são consideradas *"insanáveis"* porque afetam a essência do ato jurídico, tornando-o inválido independentemente de qualquer tentativa de correção ou ratificação.

No contexto prático, a *querela nullitatis insanabilis* permite que partes prejudicadas por decisões judiciais fundamentalmente viciadas solicitem a anulação desses atos diretamente, sem serem limitadas por prazos de prescrição ou preclusão que normalmente se aplicam aos recursos e impugnações convencionais.

Essa característica distingue a *querela* de outros mecanismos de impugnação, como os recursos ordinários ou mesmo a ação rescisória, pois ela *pode ser invocada a qualquer tempo*, enfatizando a ideia de que *um ato jurídico nulo nunca pode produzir efeitos legítimos*.

252 Manual Prático da Advocacia Cível nos Tribunais

Até porque uma sentença passível de rescisão, conforme determinada o art. 966 do CPC, não é o mesmo que uma *sentença nula* e, muito menos, *sentença inexistente*. Portanto, não está sujeita ao mesmo prazo da ação rescisória. Ou melhor, **não há prazo decadencial para a sua propositura**.

A relevância da *querela nullitatis insanabilis* reside em sua capacidade de proteger os princípios de justiça fundamentais.

Na verdade, ao permitir que atos processuais nulos sejam impugnados e contestados **independentemente do tempo transcorrido**, ela atua como uma salvaguarda contra erros judiciais que, se não corrigidos, poderiam comprometer a legitimidade e a justiça do processo legal.

Nos sistemas jurídicos contemporâneos, essa doutrina continua sendo vital para assegurar que os princípios de devido processo legal e justiça sejam mantidos em face de erros processuais significativos.

Sua aplicação promove transparência e confiança no sistema judicial, assegurando que os indivíduos possam confiar que os tribunais corrigirão erros que comprometam a legalidade dos processos.

Em resumo, a *querela nullitatis insanabilis* é mais do que um mero dispositivo técnico dentro do direito processual; ela é uma expressão dos valores fundamentais de equidade e justiça que sustentam o sistema jurídico, garantindo que nenhuma decisão judicial, **por mais antiga que seja**, esteja além do alcance da correção jurídica quando marcada por vícios de nulidade profundamente enraizados.

Os requisitos para a propositura de uma *querela nullitatis insanabilis* são específicos e refletem a necessidade de abordar erros processuais significativos que comprometem a justiça de decisões judiciais.

1. Vícios de Inexistência ou de Nulidade Absoluta: o principal requisito é que o ato judicial deve conter um vício que o torne inexistente ou absolutamente nulo. Tais vícios podem incluir:

- **Falta ou nulidade de citação do réu**, resultando em uma violação do direito ao contraditório e à ampla defesa.
- **Ausência de competência do juízo (incompetência absoluta)**, em que o processo é conduzido por um órgão que não possui autoridade legal para julgar o caso.
- **Falhas na composição do órgão julgador**, como a participação de um juiz impedido ou suspeito.

2. Incapacidade ou impossibilidade de convalidação: o vício deve ser de tal natureza que não possa ser convalidado ou corrigido por meio de ratificação ou consentimento posterior das partes, ou seja, o erro ou vício é irremediável por quaisquer meios processuais regulares ou extraordinários.

Terceira Parte • Métodos Autônomos de Impugnação das Decisões Judiciais   253

3. Independência de prazo: a *querela* pode ser proposta a qualquer tempo, independentemente de prazos de preclusão ou decadência. Isso reflete o entendimento de que um ***ato nulo não pode gerar efeitos jurídicos válidos*** e, portanto, pode ser impugnado a qualquer momento.

4. Ato Judicial como objeto: a *querela nullitatis insanabilis* é específica para atacar atos judiciais. Ela não é aplicável a atos administrativos ou contratuais, os quais podem ter seus próprios mecanismos de contestação de validade.

5. Efeitos potencialmente extensivos: embora a *querela* seja normalmente proposta por uma das partes do processo original, seus efeitos podem estender-se a terceiros que foram afetados pelo ato judicial nulo, especialmente em contextos em que os efeitos da decisão nula se estendem além das partes diretamente envolvidas no litígio.

6. Não dependência de outros recursos: a instauração de uma *querela nullitatis* não depende da exaustão de outros recursos legais. Ela pode ser iniciada independentemente de outros mecanismos de impugnação terem sido tentados e falhado em corrigir o vício.

A *querela nullitatis insanabilis* desempenha uma função imprescindível dentro do sistema jurídico, permitindo a revisão de decisões judiciais profundamente viciadas que, de outra forma, poderiam permanecer incontestáveis.

Esse procedimento destaca o compromisso do sistema jurídico com a justiça substancial e o respeito ao devido processo legal, garantindo que nenhuma decisão judicial, independentemente de sua autoridade, esteja acima da lei e dos princípios fundamentais de justiça.

Estrutura resumida da peça

Endereçamento: Lembrar que a *Querela Nullitatis Insanabilis* (ou Ação Declaratória de Nulidade), assim como ocorre com a Ação Rescisória, segue o formato de petição inicial e será proposta regularmente, no juízo de primeiro grau, seguindo a distribuição regular. Assim, a título de exemplo, utilizar:

"AO JUÍZO DE DIREITO DA ___ VARA CÍVEL DA COMARCA DE XXX (OU DA ___ VARA FEDERAL DA SEÇÃO JUDICIÁRIA DE XXX)".

Identificação das partes: Por ser petição inicial, lembrar dos requisitos essenciais dos arts. 319 e 320, do CPC, especialmente da qualificação das partes, nos termos do inciso II do art. 319 do CPC.

NOME DO AUTOR, "nacionalidade", "estado civil", "profissão" (se pessoa jurídica, indicar se de direito privado ou público), portador do "RG n. XXX", inscrito no "CPF/CNPJ sob o n. XXX", "endereço eletrônico", "domiciliado à Rua XXX" (se for pessoa jurídica, "com sede à Rua XXX"), "número", "bairro", "Município", "Estado de XXX", "CEP".

254
Manual Prático da Advocacia Cível nos Tribunais

NOME DO RÉU, "nacionalidade", "estado civil", "profissão" (se pessoa jurídica, indicar se de direito privado ou público), portador do "RG n. XXX", inscrito no "CPF/CNPJ sob o n. XXX", "endereço eletrônico", "domiciliado à Rua XXX" (se for pessoa jurídica, "com sede à Rua XXX"), "número", "bairro", "Município", "Estado de XXX", "CEP".

Nome da ação e sua fundamentação legal: "vem, respeitosamente, à presença de Vossa Excelência, propor **AÇÃO DE *QUERELA NULLITATIS INSANABILIS* (ou AÇÃO DECLARATÓRIA DE NULIDADE)**, com fundamento nos arts. 319 e 320 do CPC, em face de (...) pelas razões de fato e de direito a seguir afirmadas".

Fatos: Como uma petição inicial, descreva detalhadamente o contexto do ato judicial que está sendo impugnado, explicando as circunstâncias que envolvem o vício alegado, como falta ou nulidade de citação, incompetência do juízo etc. Detalhe como e por que o ato é considerado nulo ou inexistente.

Fundamentação: Faça a correta ligação entre os fatos e os dispositivos legais aplicáveis, como artigos de lei, súmulas, precedentes, desenvolvendo raciocínio lógico e coerência jurídica. Pode-se usar como fundamento alguns dos requisitos do art. 966 do Código de Processo Civil, segundo os quais a ação rescisória pode ser ajuizada quando houver evidência de que uma sentença de mérito, transitada em julgado, padece de vícios que a tornam inexistente ou, até mesmo, nula. No caso em tela, XXX (explique com fundamentos legais específicos por que o ato judicial deve ser considerado nulo ou inexistente, citando doutrina e jurisprudência relevantes que apoiam o argumento).

Da nulidade do ato judicial: O ato judicial impugnado é inequivocamente nulo, pois XXX (explique o vício que corrompe a essência do ato, como a violação dos princípios do contraditório e da ampla defesa, a falta de competência jurídica para julgar o caso, ou a presença de um juiz impedido, entre outros).

Pedidos e requerimentos: "Diante do exposto, requer a Vossa Excelência: a) A citação do réu, para, querendo, apresentar sua contestação; b) A procedência da presente ação, com a declaração de nulidade do ato judicial XXX (especificar qual a natureza do ato e o vício de inexistência ou de nulidade), com todas as consequências legais; c) Protesta provar o alegado por todos os meios de prova em direito admitidos, inclusive juntando os documentos necessários para instruir a inicial, bem como pleiteando pela realização de perícias e demais provas necessárias à elucidação do mérito; d) A condenação do Réu ao pagamento das custas processuais, honorários de advogados e demais cominações legais".

Valor da causa: Dá-se à causa o valor de R$...

Fechamento da peça:

Nestes termos,

Pede deferimento.

Local... e Data...

Advogado...

OAB n. ...

Terceira Parte • Métodos Autônomos de Impugnação das Decisões Judiciais

Modelo de *Querela Nullitatis Insanabilis* ou de Ação Declaratória de Nulidade

AO JUÍZO DE DIREITO DA ___ VARA CÍVEL DA COMARCA DE XXX (OU DA ___ VARA FEDERAL DA SEÇÃO JUDICIÁRIA DE XXX)

NOME DO AUTOR, "nacionalidade", "estado civil", "profissão" (se pessoa jurídica, indicar se de direito privado ou público), portador do "RG n. XXX", inscrito no "CPF/CNPJ sob o n. XXX", "endereço eletrônico", "domiciliado à Rua XXX" (se for pessoa jurídica, "com sede à Rua XXX"), "número", "bairro", "Município", "Estado de XXX", "CEP", por seu advogado abaixo assinado (procuração anexa – Doc. 01), com escritório profissional situado à Rua (Endereço completo, incluindo CEP, para intimações), vem, respeitosamente, perante Vossa Excelência, propor

AÇÃO DE QUERELA NULLITATIS INSANABILIS *(ou AÇÃO DECLARATÓRIA DE NULIDADE)*

com fundamento nos arts. 319 e 320 do CPC, em face de **NOME DA PARTE CONTRÁRIA**, "nacionalidade", "estado civil", "profissão" (se pessoa jurídica, indicar se de direito privado ou público), portador do "RG n. XXX", inscrito no "CPF/CNPJ sob o n. XXX", "endereço eletrônico", "domiciliado à Rua XXX" (se for pessoa jurídica, "com sede à Rua XXX"), "número", "bairro", "Município", "Estado de XXX", "CEP", pelas razões de fato e de direito a seguir expostas:

I. DOS FATOS

Descreva detalhadamente o contexto do ato judicial que está sendo impugnado, explicando as circunstâncias que envolvem o vício alegado, como falta ou nulidade de citação, incompetência do juízo etc. Detalhe como e por que o ato é considerado nulo ou inexistente.

II. DO DIREITO

Pode-se usar como fundamento alguns dos requisitos do art. 966 do Código de Processo Civil, segundo os quais a ação rescisória pode ser ajuizada quando houver evidência de que uma sentença de mérito, transitada em julgado, padece de vícios que a tornam inexistente ou, até mesmo, nula.

No caso em tela, XXX (explique com fundamentos legais específicos por que o ato judicial deve ser considerado nulo ou inexistente, citando doutrina e jurisprudência relevantes que apoiam o argumento).

III. DA NULIDADE DO ATO JUDICIAL

O ato judicial impugnado é inequivocamente nulo, pois XXX (explique o vício que corrompe a essência do ato, como a violação dos princípios do contraditório e da ampla defesa, a falta de competência jurídica para julgar o caso, ou a presença de um juiz impedido, entre outros).

IV. DO PEDIDO

Diante do exposto, requer a Vossa Excelência:

a) A citação do réu, para, querendo, apresentar sua contestação;

b) A procedência da presente ação, com a declaração de nulidade do ato judicial XXX (especificar qual a natureza do ato e o vício de inexistência ou de nulidade), com todas as consequências legais;

c) Protesta provar o alegado por todos os meios de prova em direito admitidos, inclusive juntando os documentos necessários para instruir a inicial, bem como pleiteando pela realização de perícias e demais provas necessárias à elucidação do mérito;

d) A condenação do Réu ao pagamento das custas processuais, honorários de advogados e demais cominações legais.

Valor da Causa: R$ XXX (reais).

Nestes Termos,

Pede Deferimento.

Local... Data...

Advogado...

OAB n....

13. MANDADO DE SEGURANÇA

O mandado de segurança, conforme definido na Constituição Federal de 1988, é uma *ação constitucional* destinada à proteção de direitos líquidos e certos, não amparados por *habeas corpus* ou *habeas data*, contra ilegalidades ou abusos de poder por parte de autoridades públicas ou agentes de entidades privadas no exercício de atribuições do Poder Público. Esse instrumento pode ser empregado tanto *individual* quanto *coletivamente*, adaptando-se às necessidades de proteção de direitos tanto de indivíduos quanto de grupos.

Mandado de segurança individual: o mandado de segurança individual é previsto pelo art. 5º, LXIX, da CF/88, e serve como mecanismo para a proteção de um direito específico de uma pessoa física ou jurídica que se encontre ameaçado ou violado por uma ação ou omissão ilegal de uma autoridade pública. A impetração deste mandado ocorre quando o indivíduo busca a tutela de um direito próprio, claro e evidente, sendo uma resposta rápida e eficaz contra ilegalidades específicas.

Mandado de segurança coletivo: por outro lado, o mandado de segurança coletivo, estipulado pelo art. 5º, LXX, da CF/88, é uma ferramenta de tutela de direitos coletivos ou individuais homogêneos. Ele pode ser impetrado por partidos políticos com representação no Congresso Nacional, organizações sindicais, entidades de classe ou associações legalmente constituídas e em funcionamento há pelo menos um ano, em defesa dos interesses de seus membros ou associados. Esse tipo de mandado de segurança coletivo permite a proteção de direitos de grupos, evitando a necessidade de múltiplas ações individuais e reforçando a eficácia da tutela jurisdicional em casos que afetam uma coletividade.

Terceira Parte • Métodos Autônomos de Impugnação das Decisões Judiciais 257

A dualidade de aplicação do mandado de segurança, seja individual ou coletivo, reflete sua flexibilidade e sua importância fundamental como instrumento de justiça rápida e eficiente.

No contexto das ações coletivas, o mandado de segurança coletivo amplia o escopo de proteção jurídica, permitindo uma resposta judicial que não apenas beneficia o grupo representado, mas também fortalece o regime democrático ao facilitar o acesso à justiça e ao resguardar direitos e liberdades contra abusos.

Em ambos os casos, a impetração do mandado de segurança exige a demonstração de um direito líquido e certo, a identificação da autoridade coatora responsável pelo ato questionado, e a apresentação de provas pré-constituídas.

As decisões tomadas em mandado de segurança são tipicamente rápidas, uma vez que essa ação visa resolver situações em que o perigo de dano ou o risco ao direito é iminente.

Assim como preceitua o art. 5º da CF/88, veja-se o cabimento do mandado de segurança individual e coletivo:

> **LXIX** – conceder-se-á mandado de segurança para **proteger direito líquido e certo**, não amparado por *habeas-corpus* ou *habeas-data*, quando o responsável pela ilegalidade ou abuso de poder for autoridade pública ou agente de pessoa jurídica no exercício de atribuições do Poder Público;
>
> **LXX – o mandado de segurança coletivo pode ser impetrado por:**
>
> a) partido político com representação no Congresso Nacional;
>
> b) organização sindical, entidade de classe ou associação legalmente constituída e em funcionamento há pelo menos um ano, em defesa dos interesses de seus membros ou associados;

Ademais, conforme estabelecido pelo art. 20 da Lei n. 12.016/2009, os processos de mandado de segurança, bem como os respectivos recursos, são **prioritários** em relação a quase todos os outros atos judiciais, com a única exceção do *habeas corpus*. Essa prioridade reflete a importância do mandado de segurança como mecanismo de tutela rápida e eficaz de direitos fundamentais, garantindo que as questões urgentes sejam resolvidas sem delongas desnecessárias.

Além da prioridade na tramitação, a lei também estipula que na instância superior, os processos de mandado de segurança devem ser levados a julgamento na primeira sessão que ocorrer após os autos serem concluídos ao relator. Este prazo para a conclusão dos autos pelo relator é estritamente limitado a *5 dias*.

Tal disposição assegura que o processo de mandado de segurança não apenas inicie, mas também avance rapidamente por meio das etapas judiciais, minimizando o tempo durante o qual o direito violado permanece sem a devida reparação.

O mandado de segurança serve como um escudo contra ilegalidades ou abusos de poder por parte de autoridades.

258 Manual Prático da Advocacia Cível nos Tribunais

A definição de *"autoridade"* abrangida pela Lei do Mandado de Segurança é ampla, incluindo qualquer categoria de autoridade pública, assim como os agentes de instituições privadas que estejam no desempenho de funções públicas, demonstrando a extensão do mandado de segurança como um recurso disponível tanto contra atos de autoridades tradicionalmente vistas como governamentais quanto contra aqueles em posições de poder significativo em entidades privadas que realizam atividades públicas.

E essa definição de *"autoridade"* é ampliada para incluir não apenas funcionários públicos tradicionais, mas também representantes ou órgãos de partidos políticos, administradores de entidades autárquicas, dirigentes de pessoas jurídicas e pessoas naturais que desempenham funções públicas, sendo equiparação essencial, pois estes indivíduos e entidades podem exercer poderes que afetam significativamente os direitos dos cidadãos, mas apenas no contexto dessas funções específicas é que suas ações podem ser contestadas via mandado de segurança.

Importante ressaltar, também, que o mandado de segurança **não é aplicável a todos os atos realizados por essas autoridades**. Ele não se estende aos atos de gestão comercial praticados por administradores de empresas públicas, sociedades de economia mista e concessionárias de serviços públicos.

Essa restrição é fundamental para *diferenciar* entre as funções administrativas que impactam o interesse público e os atos puramente comerciais, que seguem lógicas de mercado e estratégias empresariais, não se enquadrando no escopo de decisões passíveis de serem contestadas por mandado de segurança.

Quando um direito ameaçado ou violado é comum a um grupo de pessoas, qualquer uma delas está legitimada a requerer o mandado de segurança, permitindo, assim, que indivíduos dentro de um grupo possam agir proativamente para proteger não apenas seus próprios direitos, mas também os de outros que compartilhem da mesma situação jurídica.

Além disso, há uma nuance interessante na legislação que permite a um indivíduo impetrar mandado de segurança em nome de outro, caso possua um direito líquido e certo que derive do direito de terceiros em condições idênticas.

Essa permissão é condicionada ao fato de o titular original do direito não ter agido para proteger tal direito dentro de um prazo de *30 dias* após ser notificado judicialmente, assegurando que direitos não sejam perdidos por inação da parte diretamente interessada, fortalecendo a proteção jurídica e facilitando a correção de injustiças.

Todavia, segundo o art. 5º da Lei n. 12.016/2009:

Terceira Parte • Métodos Autônomos de Impugnação das Decisões Judiciais 259

> **Art. 5º Não se concederá mandado de segurança quando se tratar:**
> I – de ato do qual caiba recurso administrativo com efeito suspensivo, independentemente de caução;
> II – de decisão judicial da qual caiba recurso com efeito suspensivo;
> III – de decisão judicial transitada em julgado.

Para a propositura de um mandado de segurança, um instrumento jurídico destinado a proteger direitos líquidos e certos, é fundamental seguir as diretrizes processuais estabelecidas pela legislação vigente, garantindo assim que a petição seja aceita e processada de forma eficiente.

Conforme o Código de Processo Civil de 2015 (CPC/2015) e a Lei do Mandado de Segurança (Lei n. 12.016/2009), existem requisitos específicos para a formatação e conteúdo da petição inicial.

De acordo com os arts. 319 e 320 do CPC/2015, a petição inicial de um mandado de segurança deve conter:

- **A exposição do fato e do direito:** esta seção deve detalhar claramente a situação que deu origem ao pedido, explicando como o direito líquido e certo do impetrante foi ou está sendo violado por ato ilegal ou abuso de poder.

- **O pedido com as suas especificações:** deve-se especificar o que se espera da corte, geralmente a anulação do ato coator e a concessão de medidas para salvaguardar o direito afetado.

- **O valor da causa:** quando aplicável, embora no mandado de segurança muitas vezes não se trate de uma questão de valor monetário.

- **Os nomes e qualificações das partes:** identificação completa do impetrante e da autoridade coatora, incluindo a pessoa jurídica a qual esta última está vinculada ou da qual exerce atribuições.

Conforme o art. 6º da Lei do Mandado de Segurança (LMS), a petição inicial deve ser apresentada em duas vias. Os documentos que instruem a primeira via devem ser reproduzidos na segunda, obviamente, o que é essencial para facilitar a análise do caso tanto pela autoridade coatora quanto pelos órgãos julgadores.

Esse artigo também exige que a petição inicial identifique não apenas a autoridade coatora responsável pelo ato contestado, mas também a entidade à qual essa autoridade está vinculada ou em nome da qual exerce suas funções, também fundamental para direcionar corretamente a ação e assegurar que as partes responsáveis sejam adequadamente notificadas e chamadas a responder.

A observância rigorosa desses requisitos não apenas assegura a admissibilidade da ação, mas também fortalece o mérito da causa ao demonstrar a seriedade e a precisão com que o impetrante aborda a questão. A clareza e a precisão na petição inicial são determinantes para a rápida resolução do caso, dado o caráter de urgência que geralmente acompanha os mandados de segurança.

Dessa forma, a adequada formulação da petição inicial é um passo fundamental para o sucesso na obtenção de uma tutela jurídica efetiva por meio do mandado de segurança, facilitando a proteção eficaz dos direitos fundamentais ameaçados por ações ou omissões ilegais de autoridades públicas.

Procedimento: o mandado de segurança, como mecanismo jurídico essencial na proteção de direitos líquidos e certos contra atos ilegais ou abusivos de autoridade, contempla disposições específicas em relação ao recebimento da inicial, bem como ao uso de medidas liminares. **Assim, em consonância com o art. 7º da Lei n. 12.016/2009:**

> Art. 7º Ao despachar a inicial, o juiz ordenará:
>
> I – *que se notifique o coator do conteúdo da petição inicial*, enviando-lhe a segunda via apresentada com as cópias dos documentos, a fim de que, no prazo de 10 (dez) dias, preste as informações;
>
> II – *que se dê ciência do feito ao órgão de representação judicial da pessoa jurídica interessada*, enviando-lhe cópia da inicial sem documentos, para que, querendo, ingresse no feito;
>
> III – *que se suspenda o ato que deu motivo ao pedido*, quando houver fundamento relevante e do ato impugnado puder resultar a ineficácia da medida, caso seja finalmente deferida, sendo facultado exigir do impetrante caução, fiança ou depósito, com o objetivo de assegurar o ressarcimento à pessoa jurídica[9].

No tocante às liminares, essas disposições estão detalhadamente exploradas nos parágrafos do artigo acima, que regem a Lei do Mandado de Segurança e são determinantes para compreender o equilíbrio entre a necessidade de uma resposta judicial rápida e a prevenção do uso indevido de medidas judiciais poderosas.

Cabimento de agravo de instrumento contra decisões sobre liminares: conforme o § 1º do art. 7º da Lei n. 12.016/2009, qualquer decisão de juiz de primeiro grau que conceda ou denegue uma liminar em um processo de mandado de segurança é imediatamente sujeita a recurso de agravo de instrumento. E essa questão demonstra que as partes têm o direito de contestar rapidamente a decisão preliminar perante um tribunal superior, garantindo que haja uma revisão adicional e rápida dessas decisões cruciais, que podem ter impactos significativos antes do julgamento final.

---

[9] O Supremo Tribunal Federal, no julgamento da ADI 4296, entendeu que está de acordo com a Constituição a exigência de caução, depósito ou fiança para a concessão de liminar em MS (art. 7º, III). Para o ministro Alexandre de Moraes, a contracautela é mera faculdade do magistrado que viabiliza o exercício da jurisdição imediata, não havendo limitação ou restrição ao poder geral de cautela para a garantia do direito líquido e certo.

Terceira Parte • Métodos Autônomos de Impugnação das Decisões Judiciais   261

Restrições específicas à concessão de liminares: outrossim, o § 2º[10] do referido artigo estabelece limitações claras sobre o escopo das liminares em mandados de segurança, proibindo expressamente sua concessão em casos que envolvem:

- Compensação de créditos tributários,
- Entrega de mercadorias e bens do exterior,
- Reclassificação ou equiparação de servidores públicos,
- Concessão de aumento ou extensão de vantagens ou pagamento de qualquer natureza.

Muito embora declaradas inconstitucionais, essas restrições foram impostas pela legislação para evitar alterações significativas e potencialmente disruptivas na administração pública ou nas finanças públicas antes de uma análise judicial completa. A natureza dessas restrições refletiria uma preocupação com a estabilidade administrativa e a prevenção de decisões precipitadas que possam ter consequências irreversíveis.

Persistência dos efeitos da liminar: de acordo com o § 3º, os efeitos de uma liminar concedida em um mandado de segurança continuarão em vigor até que uma sentença final seja proferida, a menos que a liminar seja anteriormente revogada ou cassada, garantindo que as medidas provisórias proporcionem proteção contínua ao direito em questão durante a pendência do processo.

Prioridade no julgamento: o § 4º sublinha que, uma vez concedida uma medida liminar, o processo correspondente deve ser tratado com prioridade, sobretudo visando acelerar a resolução final do caso, minimizando o período durante o qual as partes envolvidas permanecem em um estado de incerteza legal e possivelmente enfrentando condições injustas.

Extensão das vedações às tutelas antecipadas: finalmente, o § 5º amplia as vedações à concessão de liminares para incluir também a tutela antecipada.

Dessa forma, as restrições impostas às liminares também se aplicam às decisões que antecipam a tutela dos direitos antes do julgamento, sendo tal extensão importante para manter a consistência na aplicação da lei, evitando que diferentes formas de alívio preliminar sejam tratadas de maneira desigual.

Ademais, a legislação que rege o mandado de segurança estabelece critérios específicos para a aceitação de petições iniciais nesta categoria de ação judicial.

---

[10] O STF, nesse caso, no julgamento da ADI 4296, com o voto vencedor do ilustre ministro Alexandre de Moraes, considerou inconstitucional o art. 7º, § 2º, que proíbe expressamente a concessão de liminar para compensação de créditos tributários, entrega de mercadorias e bens provenientes do exterior, reclassificação ou equiparação de servidores públicos e concessão de aumento ou extensão de vantagens ou pagamento de qualquer natureza.

Portanto, é imperativo que esses critérios sejam meticulosamente seguidos para evitar o indeferimento precoce da petição.

Indeferimento da petição inicial: a petição inicial de um mandado de segurança será imediatamente indeferida se não corresponder aos critérios legais para tal ação, se estiver faltando algum dos requisitos legais, ou se o prazo legal para impetração tiver sido excedido.

Essa decisão de indeferimento deve ser claramente motivada pelo juiz, detalhando as razões específicas para tal decisão, conforme requer o princípio da devida motivação das decisões judiciais.

Recursos contra o indeferimento: se a decisão de indeferimento for proferida por um juiz de primeira instância, é cabível *recurso de apelação*.

No caso de o mandado de segurança ser de competência originária de algum dos tribunais superiores, e o indeferimento inicial for ato do relator, o recurso apropriado será o *agravo interno (agravo regimental)* dirigido ao órgão competente do mesmo tribunal.

Procedimento após o indeferimento: após o período concedido para que a autoridade coatora preste as informações necessárias, o processo segue para o Ministério Público, que tem um papel crucial como fiscal da lei.

O representante do Ministério Público deve emitir sua opinião dentro de um prazo improrrogável de *10 dias*.

Independentemente de o Ministério Público emitir ou não seu parecer dentro deste prazo, os autos devem ser conclusos ao juiz responsável, que é obrigado a proferir uma decisão dentro de *30 dias*, conforme estipulado pelo art. 12 da Lei do Mandado de Segurança (Lei n. 12.016/2009).

Recursos contra a sentença: contra a sentença que *concede ou denega* o mandado de segurança, cabe o *recurso de apelação*.

Importante destacar que, se a *segurança for concedida*, a sentença será submetida automaticamente ao *duplo grau de jurisdição*, o que significa que será revista por uma instância superior para confirmação, mesmo que não haja recurso da decisão.

Esse mecanismo visa garantir uma maior fiscalização das decisões que concedem o mandado de segurança, refletindo a importância e a seriedade desta modalidade de ação judicial.

Além disso, tanto o impetrante quanto a autoridade coatora possuem o direito de recorrer da decisão, garantindo que ambas as partes tenham oportunidades iguais de contestação.

Cumprimento provisório da sentença: a sentença que concede o mandado de segurança tem a particularidade de poder ser *executada provisoriamente*, a menos que haja decisão judicial em sentido contrário ou que a lei especifique situações em que a concessão de medidas liminares é proibida ou vedada.

Terceira Parte • Métodos Autônomos de Impugnação das Decisões Judiciais 263

Essa possibilidade de execução provisória permite uma resposta judicial rápida e eficaz, especialmente em casos em que a demora poderia causar danos irreparáveis ou significativos ao direito protegido.

Procedimentos em tribunais: quando o mandado de segurança é de competência originária dos tribunais, o relator do caso é responsável pela instrução do processo. Nesse caso, o procedimento inclui a organização das provas e a preparação do caso para julgamento.

Além disso, é garantido às partes o direito à defesa oral durante a sessão de julgamento, proporcionando uma oportunidade para que todos os aspectos e nuances do caso sejam devidamente apresentados e considerados pelos julgadores.

No que se refere às decisões interlocutórias, como a concessão ou denegação de medidas liminares pelo relator, é cabível o ***recurso de agravo ao órgão competente do tribunal***, garantindo assim uma revisão adicional dessas decisões preliminares.

Direitos após denegação sem mérito: conforme estipula o art. 19 da Lei do Mandado de Segurança (Lei n. 12.016/2009), mesmo que a sentença ou o acórdão denegue o mandado de segurança sem uma decisão de mérito, não obstará ou impedirá que o requerente possa buscar a proteção de seus direitos por meio de outra ação apropriada.

Na verdade, essa disposição assegura que a denegação inicial do mandado de segurança ***não constitua um obstáculo*** para a busca subsequente por justiça, permitindo ao requerente pleitear seus direitos e efeitos patrimoniais por intermédio de outros meios legais.

Mandado de segurança coletivo: o mandado de segurança coletivo expande ainda mais o alcance dessa ferramenta jurídica, permitindo sua impetração por partidos políticos com representação no Congresso Nacional, organizações sindicais, entidades de classe ou associações com pelo menos um ano de funcionamento legal.

Essas entidades podem defender não apenas os direitos de seus membros individualmente, mas também interesses coletivos ligados à sua finalidade institucional. Importante ressaltar que, para a impetração do mandado de segurança coletivo, não é necessária uma autorização especial, facilitando assim a defesa rápida e eficiente dos direitos coletivos ameaçados ou violados.

Segundo o art. 21, parágrafo único, da Lei do Mandado de Segurança, os direitos protegidos pelo mandado de segurança coletivo podem ser:

> **I – coletivos**, assim entendidos, para efeito desta Lei, os transindividuais, de natureza indivisível, de que seja titular grupo ou categoria de pessoas ligadas entre si ou com a parte contrária por uma relação jurídica básica;

> **II – individuais homogêneos**, assim entendidos, para efeito desta Lei, os decorrentes de origem comum e da atividade ou situação específica da totalidade ou de parte dos associados ou membros do impetrante.

O mandado de segurança coletivo é uma ferramenta jurídica importante na defesa de direitos coletivos, permitindo que uma entidade representativa atue em nome de um grupo ou categoria. No entanto, o entendimento e a aplicação dessa forma de mandado de segurança envolvem nuances específicas em relação à coisa julgada e à litispendência, bem como ao procedimento para a concessão de liminares e o prazo para impetração.

Coisa julgada em mandado de segurança coletivo: a sentença proferida em um mandado de segurança coletivo possui efeito de coisa julgada limitadamente aos membros do grupo ou categoria representados pelo impetrante, assegurando que o resultado do mandado coletivo vincula todos os membros do grupo, mas não se estende a pessoas fora dessa coletividade.

Essa limitação é imprescindível para garantir que o mandado de segurança coletivo cumpra sua função de proteger os direitos de um grupo específico sem impor decisões indiscriminadamente a indivíduos que não participaram da ação e podem não compartilhar das mesmas circunstâncias.

Litispendência e ações individuais: importante destacar que a impetração de um mandado de segurança coletivo não induz litispendência para ações individuais de membros do grupo, permitindo que membros individuais do grupo possam continuar ou iniciar suas próprias ações de mandado de segurança paralelamente ao processo coletivo.

Contudo, é essencial que membros individuais que desejam se beneficiar da coisa julgada em um mandado de segurança coletivo desistam de suas ações individuais dentro de 30 dias a partir da notificação da impetração coletiva, assegurando assim a consolidação dos esforços jurídicos e a clareza na representação dos interesses coletivos.

Concessão de liminares: no contexto de mandados de segurança coletivos, a concessão de liminares segue um procedimento estrito que requer a *audiência do representante judicial da pessoa jurídica de direito público envolvida*.

Esse representante deve se pronunciar dentro de um prazo de *72 horas*, conforme o art. 22, § 2º, da Lei do Mandado de Segurança.

Nesse caso, esse requisito visa garantir que todas as partes relevantes sejam ouvidas antes da concessão de uma medida que pode ter impactos significativos e amplos, promovendo uma consideração cuidadosa e equilibrada das questões em jogo.

Terceira Parte • Métodos Autônomos de Impugnação das Decisões Judiciais

Prazo para a impetração: além disso, o direito de requerer um mandado de segurança é limitado a um período de *120 dias*, a partir do momento em que o interessado toma ciência do ato impugnado.

Esse prazo é estabelecido para incentivar a resolução rápida de disputas e garantir que os atos administrativos sejam desafiados em tempo hábil, evitando prolongamentos desnecessários e garantindo a eficiência administrativa e judicial.

Por fim, o art. 25 da Lei do Mandado de Segurança (Lei n. 12.016/2009) estabelece normas específicas que diferenciam o processo de mandado de segurança de outros tipos de processos judiciais, particularmente em relação à interposição de recursos e às condenações para pagamento de custas processuais, como os honorários advocatícios.

Esse artigo tem implicações importantes para a condução do mandado de segurança, visando agilizar a resolução de casos e reduzir os encargos financeiros associados ao litígio.

Exclusão de embargos infringentes: primeiramente, o artigo especifica que não cabem embargos infringentes no processo de mandado de segurança.

Os embargos infringentes eram um tipo de recurso (já extinto no CPC/2015) utilizado em outros contextos para revisar decisões não unânimes de órgãos colegiados, buscando uma reanálise das questões de fato e direito que foram objeto de decisão dividida.

A exclusão desse recurso no contexto do mandado de segurança reflete o objetivo da lei de proporcionar uma resolução rápida e efetiva de questões que envolvem direitos líquidos e certos, impedindo a prolongação do processo por meio de múltiplas instâncias de revisão.

Ausência de condenação em honorários advocatícios: além disso, o art. 25 também determina que não há condenação ao pagamento dos honorários advocatícios no processo de mandado de segurança.

De fato, a lei visa, com essa medida, reduzir a barreira financeira para o acesso à justiça, permitindo que indivíduos e entidades possam buscar a proteção de seus direitos por meio do mandado de segurança, sem o risco de encargos financeiros significativos caso não obtenham sucesso na ação.

E a exclusão dos honorários advocatícios é particularmente importante em um contexto em que o direito em questão pode estar sendo suprimido ou ameaçado por ações ou omissões de autoridades públicas, tornando essencial que os cidadãos possam contestar tais atos sem medo de penalidades financeiras.

Sanções por litigância de má-fé: no entanto, é importante notar que o art. 25 *não elimina a possibilidade de aplicação de sanções* em casos de litigância de má-fé.

Manual Prático da Advocacia Cível nos Tribunais

No caso, enquanto os litigantes em mandado de segurança estão isentos de pagar honorários advocatícios, eles ainda podem ser penalizados se agirem com desonestidade, tentarem manipular o processo judicial, ou de outra forma abusarem dos mecanismos judiciais para fins ilícitos ou frívolos.

Essas sanções são cruciais para manter a integridade do processo judicial e garantir que o sistema seja usado de maneira justa e responsável.

Portanto, o art. 25 reflete um equilíbrio cuidadoso estabelecido pela Lei do Mandado de Segurança entre facilitar o acesso à justiça e prevenir o abuso do sistema judicial, bem como ajudam a garantir que o mandado de segurança permaneça uma ferramenta eficaz e acessível para a proteção dos direitos fundamentais, enquanto mantém um rigoroso controle sobre a conduta processual dos litigantes.

Estrutura resumida da peça (MS INDIVIDUAL)

Endereçamento: Lembrar que o Mandado de Segurança, segue o formato de petição inicial e será proposta regularmente, no juízo de primeiro grau, seguindo a distribuição regular. Assim, a título de exemplo, utilizar:

"AO JUÍZO DE DIREITO DA ___ VARA CÍVEL DA COMARCA DE XXX (OU DA ___ VARA FEDERAL DA SEÇÃO JUDICIÁRIA DE XXX)".

Identificação das partes: Por ser petição inicial, lembrar dos requisitos essenciais dos arts. 319 e 320 do CPC, especialmente da qualificação das partes, nos termos do inciso II do art. 319 do CPC. Lembrar que o Mandado de Segurança não tem Réu, mas autoridade Coatora.

NOME DO AUTOR, "nacionalidade", "estado civil", "profissão" (se pessoa jurídica indicar se de direito privado ou público), portador do "RG n. XXX", inscrito no "CPF/CNPJ sob o n. XXX", "endereço eletrônico", "domiciliado à Rua XXX" (se for pessoa jurídica "com sede à Rua XXX"), "número", "bairro", "Município", "Estado de XXX", "CEP".

NOME DA AUTORIDADE COATORA, "qualificação completa", "cargo", "repartição onde exerce o cargo", "endereço profissional".

Nome da ação e sua fundamentação legal: "vem respeitosamente perante Vossa Excelência, com fulcro no art. 5º, LXIX, da Constituição Federal e na Lei n. 12.016/2009, impetrar o presente **MANDADO DE SEGURANÇA INDIVIDUAL,** contra ato considerado ilegal e abusivo de praticado por (...), pelos motivos de fato e de direito a seguir aduzidos".

Fatos: Como uma petição inicial, descreva de forma clara e objetiva o ato administrativo ou a decisão judicial que está sendo questionada. Indique a data do ato, quem o praticou, e por que o considera ilegal ou abusivo, detalhando como tal ato afeta diretamente o direito líquido e certo do impetrante.

Fundamentação: Faça a correta ligação entre os fatos e os dispositivos legais aplicáveis, como artigos de lei, súmulas, precedentes, desenvolvendo raciocínio lógico e coerência jurídica. Indicar que o ato impugnado viola diretamente o direito líquido e certo do impetrante, que é garantido pela lei/ato normativo XXX (citar as leis, artigos, jurisprudências relevantes que fundamentam a alegação de ilegalidade ou abuso de poder).

Terceira Parte • Métodos Autônomos de Impugnação das Decisões Judiciais 267

Da ilegalidade/abuso de poder: O ato praticado pelo coator XXX (descrever como o ato configura ilegalidade ou abuso de poder, citando a legislação pertinente ou princípios constitucionais que foram desrespeitados).

Do pedido de liminar: Se aplicável, detalhe a necessidade de concessão de liminar, justificando o perigo da demora e o fundado receio de dano irreparável ou de difícil reparação, de acordo com o art. 7º, III, da Lei n. 12.016/2009.

Pedidos e requerimentos: "Diante do exposto, requer a Vossa Excelência: a) A concessão da medida liminar para XXX (especificar o que se deseja com a concessão da liminar), para evitar danos irreparáveis ao direito do impetrante; b) Notificação da autoridade coatora para que preste as informações que julgar necessárias, dentro do prazo legal; c) A oitiva do representante do Ministério Público; d) Ao final, a concessão definitiva do mandado de segurança, confirmando a liminar, se concedida, com a consequente anulação/nulidade/suspensão do ato coator; e) A condenação do impetrado ao pagamento das custas processuais e demais despesas processuais, excetuando-se honorários advocatícios conforme a Lei n. 12.016/2009. f) Protesta provar o alegado por todos os meios de prova em direito admitidos, em especial por meio de documentos, já devidamente anexados a esta inicial".

Valor da causa: Dá-se à causa o valor de R$...

Fechamento da peça:

Nestes termos,

Pede deferimento.

Local... e Data...

Advogado...

OAB n. ...

Modelo de Mandado de Segurança Individual

AO JUÍZO DE DIREITO DA ___ VARA CÍVEL DA COMARCA DE XXX (OU DA ___ VARA FEDERAL DA SEÇÃO JUDICIÁRIA DE XXX)

NOME DO IMPETRANTE, "nacionalidade", "estado civil", "profissão" (se pessoa jurídica indicar se de direito privado ou público), portador do "RG n. XXX", inscrito no "CPF/CNPJ sob o n. XXX", "endereço eletrônico", "domiciliado à Rua XXX" (se for pessoa jurídica "com sede à Rua XXX"), "número", "bairro", "Município", "Estado de XXX", "CEP", por seu advogado abaixo assinado (procuração anexa – Doc. 01), com escritório profissional situado à Rua (Endereço completo, incluindo CEP, para intimações), vem respeitosamente perante Vossa Excelência, com fulcro no art. 5º, LXIX, da Constituição Federal e na Lei n. 12.016/2009, impetrar o presente

MANDADO DE SEGURANÇA INDIVIDUAL

contra ato considerado ilegal e abusivo de praticado por **NOME DA AUTORIDADE COATORA**, qualificação completa, cargo, repartição onde exerce o cargo, endereço profissional, pelos motivos de fato e de direito a seguir aduzidos:

I. DOS FATOS

Descreva de forma clara e objetiva o ato administrativo ou a decisão judicial que está sendo questionada. Indique a data do ato, quem o praticou, e por que o considera ilegal ou abusivo, detalhando como tal ato afeta diretamente o direito líquido e certo do impetrante.

II. DO DIREITO

Indicar que o ato impugnado viola diretamente o direito líquido e certo do impetrante, que é garantido pela lei/ato normativo XXX (citar as leis, artigos, jurisprudências relevantes que fundamentam a alegação de ilegalidade ou abuso de poder).

III. DA ILEGALIDADE/ABUSO DE PODER

O ato praticado pelo coator XXX (descrever como o ato configura ilegalidade ou abuso de poder, citando a legislação pertinente ou princípios constitucionais que foram desrespeitados).

IV. DO PEDIDO DE LIMINAR

Se aplicável, detalhe a necessidade de concessão de liminar, justificando o perigo da demora e o fundado receio de dano irreparável ou de difícil reparação, de acordo com o art. 7º, III, da Lei n. 12.016/2009.

V. DO PEDIDO

Diante do exposto, requer a Vossa Excelência:

a) A concessão da medida liminar para XXX (especificar o que se deseja com a concessão da liminar), para evitar danos irreparáveis ao direito do impetrante;

b) Notificação da autoridade coatora para que preste as informações que julgar necessárias, dentro do prazo legal;

c) A oitiva do representante do Ministério Público;

d) Ao final, a concessão definitiva do mandado de segurança, confirmando a liminar, se concedida, com a consequente anulação/nulidade/suspensão do ato coator;

e) A condenação do impetrado ao pagamento das custas processuais e demais despesas processuais, excetuando-se honorários advocatícios conforme a Lei n. 12.016/2009;

f) Protesta provar o alegado por todos os meios de prova em direito admitidos, em especial por meio de documentos, já devidamente anexados a esta inicial.

Valor da causa: Dá-se à causa o valor de R$ XXX (reais)

Termos em que,

Pede deferimento.

Local... Data...

Advogado...

OAB n....

Terceira Parte • Métodos Autônomos de Impugnação das Decisões Judiciais

Estrutura resumida da peça (MS COLETIVO)

Endereçamento: Lembrar que o Mandado de Segurança segue o formato de petição inicial e será proposta regularmente, no juízo de primeiro grau, seguindo a distribuição regular. Assim, a título de exemplo, utilizar:

"AO JUÍZO DE DIREITO DA ___ VARA CÍVEL DA COMARCA DE XXX (OU DA ___ VARA FEDERAL DA SEÇÃO JUDICIÁRIA DE XXX)".

Identificação das partes: Por ser petição inicial, lembrar dos requisitos essenciais dos arts. 319 e 320 do CPC, especialmente da qualificação das partes, nos termos do inciso II do art. 319 do CPC. Lembrar que o Mandado de Segurança não tem Réu, mas autoridade Coatora.

NOME DO AUTOR, "nacionalidade", "estado civil", "profissão" (se pessoa jurídica indicar se de direito privado ou público), portador do "RG n. XXX", inscrito no "CPF/ CNPJ sob o n. XXX", "endereço eletrônico", "domiciliado à Rua XXX" (se for pessoa jurídica "com sede à Rua XXX"), "número", "bairro", "Município", "Estado de XXX", "CEP".

NOME DA AUTORIDADE COATORA, "qualificação completa", "cargo", "repartição onde exerce o cargo", "endereço profissional".

Nome da ação e sua fundamentação legal: "vem respeitosamente perante Vossa Excelência, com fulcro no art. 5º, LXX, da Constituição Federal e na Lei n. 12.016/2009, impetrar o presente **MANDADO DE SEGURANÇA COLETIVO,** contra ato considerado ilegal e abusivo de praticado por (...), pelos motivos de fato e de direito a seguir aduzidos".

Fatos: Como uma petição inicial, descreva de forma clara e objetiva o ato administrativo ou a decisão judicial que está sendo questionada. Indique a data do ato, quem o praticou, e por que o considera ilegal ou abusivo, detalhando como tal ato afeta diretamente o direito líquido e certo do impetrante.

Fundamentação: Faça a correta ligação entre os fatos e os dispositivos legais aplicáveis, como artigos de lei, súmulas, precedentes, desenvolvendo raciocínio lógico e coerência jurídica. A Lei n. 12.016/2009, que regula o processo de mandado de segurança, juntamente com o art. 5º, LXX, da Constituição Federal, garante o direito de impetrar mandado de segurança coletivo a entidades como a impetrante, para a proteção de direitos líquidos e certos não amparados por *habeas corpus* ou *habeas data*, quando os membros do grupo forem a parte prejudicada pelo ato do Poder Público.

Da legitimidade ativa: Demonstrar que a impetrante possui legitimidade ativa para propor este mandado de segurança coletivo em defesa dos interesses de seus membros, conforme definido em seus estatutos e reconhecido pela jurisprudência e legislação vigente sobre a matéria.

Da ilegalidade/abuso de poder: O ato impugnado viola diretamente os direitos dos membros da entidade, configurando abuso de poder e ilegalidade por XXX (explique detalhadamente a natureza do abuso ou da ilegalidade, referenciando a legislação ou princípios constitucionais violados).

Do pedido de liminar: Se aplicável, detalhe a necessidade de concessão de liminar, justificando o perigo da demora e o fundado receio de dano irreparável ou de difícil reparação aos interesses coletivos representados, de acordo com o art. 7º, III, da Lei n. 12.016/2009.

270   Manual Prático da Advocacia Cível nos Tribunais

Pedidos e requerimentos: "Diante do exposto, requer-se a Vossa Excelência: a) A concessão da medida liminar para XXX (especificar o efeito desejado da liminar); b) A notificação da autoridade coatora para que preste as informações, no prazo legal; c) A notificação do representante do Ministério Público para que acompanhe o feito; d) Ao final, a concessão definitiva do mandado de segurança, declarando a nulidade/anulabi- lidade/suspensão do ato coator e restabelecendo o direito dos membros da impetrante. e) A condenação do impetrado ao pagamento das custas processuais e demais despesas processuais, excetuando-se honorários advocatícios conforme a Lei n. 12.016/2009. f) Protesta provar o alegado por todos os meios de prova em direito admitidos, em espe- cial por meio de documentos, já devidamente anexados a esta inicial".

Valor da causa: Dá-se à causa o valor de R$ XXX (reais)

Fechamento da peça:

Nestes termos,

Pede deferimento.

Local... e Data...

Advogado...

OAB n. ...

Modelo de Mandado de Segurança Coletivo

AO JUÍZO DE DIREITO DA ___ VARA CÍVEL DA COMARCA DE XXX (OU DA ___ VARA FEDERAL DA SEÇÃO JUDICIÁRIA DE XXX)

NOME DO IMPETRANTE, nacionalidade, estado civil, profissão, portador da cartei- ra de identidade n. XXX e inscrito no CPF sob o n. XXX, residente e domiciliado à Rua XXX (Endereço completo), por seu advogado abaixo assinado (procuração anexa – Doc. 01), com escritório profissional situado à Rua (Endereço completo, incluindo CEP, para intimações), vem respeitosamente perante Vossa Excelência, com fulcro no art. 5º, LXX, da Constituição Federal e na Lei n. 12.016/2009, impetrar o presente

MANDADO DE SEGURANÇA COLETIVO

contra ato considerado ilegal e abusivo praticado por **NOME DA AUTORIDADE COA- TORA**, qualificação completa, cargo, repartição onde exerce o cargo, endereço profis- sional, pelos motivos de fato e de direito a seguir aduzidos:

I. DOS FATOS

Descreva detalhadamente o ato administrativo ou decisão que está sendo contestada, especi- ficando como afeta a coletividade representada pela entidade. Explique a data do ato, quem o praticou, e por que o considera ilegal ou abusivo.

II. DO DIREITO

A Lei n. 12.016/2009, que regula o processo de mandado de segurança, junto com o art. 5º, LXX, da Constituição Federal, garante o direito de impetrar mandado de segurança coletivo a entidades como a impetrante, para a proteção de direitos líquidos e certos não amparados por "habeas corpus" ou "habeas data", quando os membros do grupo forem a parte prejudicada pelo ato do Poder Público.

III. DA LEGITIMIDADE ATIVA

A impetrante possui legitimidade ativa para propor este mandado de segurança coletivo em defesa dos interesses de seus membros, conforme definido em seus estatutos e reconhecido pela jurisprudência e legislação vigente sobre a matéria.

IV. DA ILEGALIDADE/ABUSO DE PODER

O ato impugnado viola diretamente os direitos dos membros da entidade, configurando abuso de poder e ilegalidade por XXX (explique detalhadamente a natureza do abuso ou da ilegalidade, referenciando a legislação ou princípios constitucionais violados).

V. DO PEDIDO DE LIMINAR

Se aplicável, detalhe a necessidade de concessão de liminar, justificando o perigo da demora e o fundado receio de dano irreparável ou de difícil reparação aos interesses coletivos representados, de acordo com o art. 7º, III, da Lei n. 12.016/2009.

VI. DO PEDIDO

Diante do exposto, requer-se a Vossa Excelência:

a) A concessão da medida liminar para XXX (especificar o efeito desejado da liminar);

b) A notificação da autoridade coatora para que preste as informações, no prazo legal;

c) A notificação do representante do Ministério Público para que acompanhe o feito;

d) Ao final, a concessão definitiva do mandado de segurança, declarando a nulidade/anulabilidade/suspensão do ato coator e restabelecendo o direito dos membros da impetrante;

e) A condenação do impetrado ao pagamento das custas processuais e demais despesas processuais, excetuando-se honorários advocatícios, conforme a Lei n. 12.016/2009;

f) Protesta provar o alegado por todos os meios de prova em direito admitidos, em especial por meio de documentos, já devidamente anexados a esta inicial.

Valor da causa: Dá-se à causa o valor de R$ XXX (reais)

Termos em que,

Pede deferimento.

Local... Data...

Advogado...

OAB n....

SÚMULAS DO STF E DO STJ
Recursos e Processos nos Tribunais

Súmula 7 do STJ. A pretensão de simples reexame de prova não enseja recurso especial.

Súmula 13 do STJ. A divergência entre julgados do mesmo tribunal não enseja recurso especial.

Súmula 45 do STJ. No reexame necessário, é defeso, ao tribunal, agravar a condenação imposta à Fazenda Pública.

Súmula 83 do STJ. Não se conhece do recurso especial pela divergência, quando a orientação do tribunal se firmou no mesmo sentido da decisão recorrida.

Súmula 86 do STJ. Cabe recurso especial contra acordão proferido no julgamento de agravo de instrumento.

Súmula 98 do STJ. Embargos de declaração manifestados com notório propósito de prequestionamento não têm caráter protelatório.

Súmula 99 do STJ. O Ministério Público tem legitimidade para recorrer no processo em que oficiou como fiscal da lei, ainda que não haja recurso da parte.

Súmula 115 do STJ. Na instância especial é inexistente recurso interposto por advogado sem procuração nos autos.

Súmula 117 de STJ. A inobservância do prazo de 48 horas [agora, de 5 dias, pelo CPC/2015], entre a publicação de pauta e o julgamento sem a presença das partes, acarreta nulidade.

Súmula 118 do STJ. O agravo de instrumento é o recurso cabível da decisão que homologa a atualização do cálculo da liquidação.

Súmula 123 do STJ. A decisão que admite, ou não, o recurso especial deve ser fundamentada, com o exame dos seus pressupostos gerais e constitucionais.

Súmula 126 do STJ. É inadmissível recurso especial, quando o acordão recorrido assenta em fundamentos constitucional e infraconstitucional, qualquer deles suficiente, por si só, para mantê-lo, e a parte vencida não manifesta recurso extraordinário.

Súmula 175 do STJ. Descabe o depósito prévio nas ações rescisórias propostas pelo INSS.

Súmulas do STF e do STJ • Recursos e Processos nos Tribunais

Súmula 211 do STJ. Inadmissível recurso especial quanto à questão que, a despeito da oposição de embargos declaratórios, não foi apreciada pelo Tribunal *a quo*.

Súmula 216 do STJ. A tempestividade de recurso interposto no Superior Tribunal de Justiça é aferida pelo registro no protocolo da secretaria e não pela data da entrega na agência do correio.

Súmula 223 do STJ. A certidão de intimação do acórdão recorrido constitui peça obrigatória do instrumento de agravo.

Súmula 242 do STF. O agravo no auto do processo deve ser apreciado, no julgamento da apelação, ainda que o agravante não tenha apelado.

Súmula 249 do STF. É competente o Supremo Tribunal Federal para a ação rescisória, quando, embora não tendo conhecido do recurso extraordinário, ou havendo negado provimento ao agravo, tiver apreciado a questão federal controvertida.

Súmula 252 do STF. Na ação rescisória, não estão impedidos juízes que participaram do julgamento rescindendo.

Súmula 272 do STF. Não se admite como ordinário recurso extraordinário de decisão denegatória de mandado de segurança.

Súmula 279 do STF. Para simples reexame de prova não cabe recurso extraordinário.

Súmula 280 do STF. Por ofensa a direito local não cabe recurso extraordinário.

Súmula 281 do STF. É inadmissível o recurso extraordinário, quando couber na Justiça de origem, recurso ordinário da decisão impugnada.

Súmula 282 do STF. É inadmissível o recurso extraordinário, quando não ventilada, na decisão recorrida, a questão federal suscitada.

Súmula 283 do STF. É inadmissível o recurso extraordinário, quando a decisão recorrida assenta em mais de um fundamento suficiente e o recurso não abrange todos eles.

Súmula 284 do STF. É inadmissível o recurso extraordinário, quando a deficiência na sua fundamentação não permitir a exata compreensão da controvérsia.

Súmula 286 do STF. Não se conhece do recurso extraordinário fundado em divergência jurisprudencial, quando a orientação do plenário do Supremo Tribunal Federal já se firmou no mesmo sentido da decisão recorrida.

Súmula 287 do STF. Nega-se provimento ao agravo, quando a deficiência na sua fundamentação, ou na do recurso extraordinário, não permitir a exata compreensão da controvérsia.

Súmula 288 do STF. Nega-se provimento a agravo para subida de recurso extraordinário, quando faltar no traslado o despacho agravado, a decisão

274 *Manual Prático da Advocacia Cível nos Tribunais*

recorrida, a petição de recurso extraordinário ou qualquer peça essencial à compreensão da controvérsia.

Súmula 289 do STF. O provimento do agravo por uma das Turmas do Supremo Tribunal Federal ainda que sem ressalva, não prejudica a questão do cabimento do recurso extraordinário.

Súmula 292 do STF. Interposto o recurso extraordinário por mais de um dos fundamentos indicados no art. 101, III, da Constituição, a admissão apenas por um deles não prejudica o seu conhecimento por qualquer dos outros.

Súmula 317 do STF. São improcedentes os embargos declaratórios, quando não pedida a declaração do julgado anterior, em que se verificou a omissão.

Súmula 320 do STJ. A questão federal somente ventilada no voto vencido não atende ao requisito do prequestionamento.

Súmula 320 do STF. A apelação despachada pelo juiz no prazo legal não fica prejudicada pela demora da juntada, por culpa do cartório.

Súmula 322 do STF: Não terá seguimento pedido ou recurso dirigido ao Supremo Tribunal Federal, quando manifestamente incabível, ou apresentado fora do prazo, ou quando for evidente a incompetência do tribunal.

Súmula 331 do STJ. A apelação interposta contra sentença que julga embargos à arrematação tem efeito meramente devolutivo.

Súmula 343 do STF. Não cabe ação rescisória por ofensa a literal disposição de lei, quando a decisão rescindenda se tiver baseado em texto legal de interpretação controvertida nos tribunais.

Súmula 356 do STF. O ponto omisso da decisão, sobre o qual não foram opostos embargos declaratórios, não pode ser objeto de recurso extraordinário, por faltar o requisito do prequestionamento.

Súmula 369 do STF. Julgados do mesmo Tribunal não servem para fundamentar o recurso extraordinário por divergência jurisprudencial.

Súmula 399 do STF. Não cabe recurso extraordinário, por violação de lei federal, quando a ofensa alegada for a regimento de tribunal.

Súmula 400 do STF. Decisão que deu razoável interpretação à lei, ainda que não seja a melhor, não autoriza recurso extraordinário pela letra "a" do art. 101, III, da Constituição Federal.

Súmula 401 do STJ. O prazo decadencial da ação rescisória só se inicia quando não for cabível qualquer recurso do último pronunciamento judicial.

Súmula 423 do STF. Não transita em julgado a sentença por haver omitido o recurso *ex officio*, que se considera interposto *ex lege*.

Súmula 425 do STF. O agravo despachado no prazo legal não fica prejudicado pela demora da juntada, por culpa do cartório; nem o agravo entregue em cartório no prazo legal, embora despachado tardiamente.

Súmulas do STF e do STJ • Recursos e Processos nos Tribunais   275

Súmula 428 do STF. Não fica prejudicada a apelação entregue em cartório no prazo legal, embora despachada tardiamente.

Súmula 454 do STF. Simples interpretação de cláusulas contratuais não dá lugar a recurso extraordinário.

Súmula 456 do STF. O Supremo Tribunal Federal, conhecendo do recurso extraordinário, julgará a causa, aplicando o direito à espécie.

Súmula 484 do STJ. Admite-se que o preparo seja efetuado no primeiro dia útil subsequente, quando a interposição do recurso ocorrer após o encerramento do expediente bancário.

Súmula 514 do STF. Admite-se ação rescisória contra sentença transitada em julgado, ainda que contra ela não se tenha esgotado todos os recursos.

Súmula 515 do STF. A competência para a ação rescisória não é do Supremo Tribunal Federal, quando a questão federal, apreciada no recurso extraordinário ou no agravo de instrumento, seja diversa da que foi suscitada no pedido rescisório.

Súmula 518 do STJ. Para fins do art. 105, III, *a*, da Constituição Federal, não é cabível recurso especial fundado em alegada violação de enunciado de súmula.

Súmula 568 do STJ. O relator, monocraticamente e no Superior Tribunal de Justiça, poderá dar ou negar provimento ao recurso quando houver entendimento dominante acerca do tema.

Súmula 579 do STJ. Não é necessário ratificar o recurso especial interposto na pendência do julgamento dos embargos de declaração, quando inalterado o resultado anterior.

Súmula 634 do STF. Não compete ao Supremo Tribunal Federal conceder medida cautelar para dar efeito suspensivo a recurso extraordinário que ainda não foi objeto de juízo de admissibilidade na origem.

Súmula 635 do STF. Cabe ao Presidente do Tribunal de origem decidir o pedido de medida cautelar em recurso extraordinário ainda pendente do seu juízo de admissibilidade.

Súmula 636 do STF. Não cabe recurso extraordinário por contrariedade ao princípio constitucional da legalidade, quando a sua verificação pressuponha rever a interpretação dada a normas infraconstitucionais pela decisão recorrida.

Súmula 638 do STF. A controvérsia sobre a incidência, ou não, de correção monetária em operações de crédito rural é de natureza infraconstitucional, não viabilizando recurso extraordinário.

Súmula 640 do STF. É cabível recurso extraordinário contra decisão proferida por juiz de primeiro grau nas causas de alçada, ou por turma recursal de juizado especial cível e criminal.

276 — Manual Prático da Advocacia Cível nos Tribunais

Súmula 641 do STF. Não se conta em dobro o prazo para recorrer, quando só um dos litisconsortes haja sucumbido.

Súmula 727 do STF. Não pode o magistrado deixar de encaminhar ao Supremo Tribunal Federal o agravo de instrumento interposto da decisão que não admite recurso extraordinário, ainda que referente a causa instaurada no âmbito dos juizados especiais.

Súmula 733 do STF. Não cabe recurso extraordinário contra decisão proferida no processamento de precatórios.

Súmula 734 do STF. Não cabe reclamação quando já houver transitado em julgado o ato judicial que se alega tenha desrespeitado decisão do Supremo Tribunal Federal.

Súmula 735 do STF. Não cabe recurso extraordinário contra acórdão que defere medida liminar.

ENUNCIADOS DAS JORNADAS DE DIREITO PROCESSUAL CIVIL DO CONSELHO DA JUSTIÇA FEDERAL – CJF

Enunciado 8. Não cabe majoração de honorários advocatícios em agravo de instrumento, salvo se interposto contra decisão interlocutória que tenha fixado honorários na origem, respeitados os limites estabelecidos no art. 85, §§ 2º, 3º e 8º, do CPC.

Enunciado 39. Cassada ou modificada a tutela de urgência na sentença, a parte poderá, além de interpor recurso, pleitear o respectivo restabelecimento na instância superior, na petição de recurso ou em via autônoma.

Enunciado 43. Não ocorre a estabilização da tutela antecipada requerida em caráter antecedente, quando deferida em ação rescisória.

Enunciado 48. É admissível a tutela provisória da evidência, prevista no art. 311, II, do CPC, também em casos de tese firmada em repercussão geral ou em súmulas dos tribunais superiores.

Enunciado 49. A tutela da evidência pode ser concedida em mandado de segurança.

Enunciado 55. É cabível apelação contra sentença proferida no procedimento especial de habilitação (arts. 687 a 692 do CPC).

Enunciado 58. O prazo para interposição do agravo previsto na Lei n. 8.437/92 é de quinze dias, conforme o disposto no art. 1.070 do CPC.

Enunciado 59. Não é exigível identidade absoluta entre casos para a aplicação de um precedente, seja ele vinculante ou não, bastando que ambos possam compartilhar os mesmos fundamentos determinantes.

Enunciado 60. É direito das partes a manifestação por escrito, no prazo de cinco dias, sobre fato superveniente ou questão de ofício na hipótese do art. 933, § 1º, do CPC, ressalvada a concordância expressa com a forma oral em sessão.

Enunciado 61. Deve ser franqueado às partes sustentar oralmente as suas razões, na forma e pelo prazo previsto no art. 937, *caput*, do CPC, no agravo de instrumento que impugne decisão de resolução parcial de mérito (art. 356, § 5º, do CPC).

Enunciado 62. Aplica-se a técnica prevista no art. 942 do CPC no julgamento de recurso de apelação interposto em mandado de segurança.

278   *Manual Prático da Advocacia Cível nos Tribunais*

Enunciado 63. A técnica de que trata o art. 942, § 3º, I, do CPC aplica-se à hipótese de rescisão parcial do julgado.

Enunciado 64. Ao despachar a reclamação, deferida a suspensão do ato impugnado, o relator pode conceder tutela provisória satisfativa correspondente à decisão originária cuja autoridade foi violada.

Enunciado 65. A desistência do recurso pela parte não impede a análise da questão objeto do incidente de assunção de competência.

Enunciado 66. Admite-se a correção da falta de comprovação do feriado local ou da suspensão do expediente forense, posteriormente à interposição do recurso, com fundamento no art. 932, parágrafo único, do CPC.

Enunciado 67. Há interesse recursal no pleito da parte para impugnar a multa do art. 334, § 8º, do CPC por meio de apelação, embora tenha sido vitoriosa na demanda.

Enunciado 68. A intempestividade da apelação desautoriza o órgão *a quo* a proferir juízo positivo de retratação.

Enunciado 69. A hipótese do art. 1.015, parágrafo único, do CPC abrange os processos concursais, de falência e recuperação.

Enunciado 70. É agravável o pronunciamento judicial que postergar a análise de pedido de tutela provisória ou condicioná-la a qualquer exigência.

Enunciado 71. É cabível o recurso de agravo de instrumento contra a decisão que indefere o pedido de atribuição de efeito suspensivo a Embargos à Execução, nos termos do art. 1.015, X, do CPC.

Enunciado 72. É admissível a interposição de agravo de instrumento tanto para a decisão interlocutória que rejeita a inversão do ônus da prova, como para a que a defere.

Enunciado 73. Para efeito de não conhecimento do agravo de instrumento por força da regra prevista no § 3º do art. 1.018 do CPC, deve o juiz, previamente, atender ao art. 932, parágrafo único, e art. 1.017, § 3º, do CPC, intimando o agravante para sanar o vício ou complementar a documentação exigível.

Enunciado 74. O termo "manifestamente" previsto no § 4º do art. 1.021 do CPC se refere tanto à improcedência quanto à inadmissibilidade do agravo.

Enunciado 75. Cabem embargos declaratórios contra decisão que não admite recurso especial ou extraordinário, no tribunal de origem ou no tribunal superior, com a consequente interrupção do prazo recursal.

Enunciado 76. É considerada omissa, para efeitos do cabimento dos embargos de declaração, a decisão que, na superação de precedente, não se manifesta sobre a modulação de efeitos.

Enunciado 77. Para impugnar decisão que obsta trânsito a recurso excepcional e que contenha simultaneamente fundamento relacionado à sistemática dos recursos repetitivos ou da repercussão geral (art. 1.030, I, do CPC) e

Enunciados das Jornadas de Direito Processual Civil do CJF

fundamento relacionado à análise dos pressupostos de admissibilidade recursais (art. 1.030, V, do CPC), a parte sucumbente deve interpor, simultaneamente, agravo interno (art. 1.021 do CPC) caso queira impugnar a parte relativa aos recursos repetitivos ou repercussão geral e agravo em recurso especial/extraordinário (art. 1.042 do CPC) caso queira impugnar a parte relativa aos fundamentos de inadmissão por ausência dos pressupostos recursais.

Enunciado 78. A suspensão do recurso prevista no art. 1.030, III, do CPC deve se dar apenas em relação ao capítulo da decisão afetada pelo repetitivo, devendo o recurso ter seguimento em relação ao remanescente da controvérsia, salvo se a questão repetitiva for prejudicial à solução das demais matérias.

Enunciado 79. Na hipótese do art. 1.032 do CPC, cabe ao relator, após possibilitar que o recorrente adite o seu recurso para inclusão de preliminar sustentando a existência de repercussão geral, oportunizar ao recorrido que, igualmente, adite suas contrarrazões para sustentar a inexistência da repercussão.

Enunciado 80. Quando o Supremo Tribunal Federal considerar como reflexa a ofensa à Constituição afirmada no recurso extraordinário, deverá, antes de remetê-lo ao Superior Tribunal de Justiça para julgamento como recurso especial, conceder prazo de quinze dias para que as partes complementem suas razões e contrarrazões de recurso.

Enunciado 81. A devolução dos autos pelo Superior Tribunal de Justiça ou Supremo Tribunal Federal ao tribunal de origem depende de decisão fundamentada, contra a qual cabe agravo na forma do art. 1.037, § 13, II, do CPC.

Enunciado 82. Quando houver pluralidade de pedidos de admissão de *amicus curiae*, o relator deve observar, como critério para definição daqueles que serão admitidos, o equilíbrio na representatividade dos diversos interesses jurídicos contrapostos no litígio, velando, assim, pelo respeito à amplitude do contraditório, paridade de tratamento e isonomia entre todos os potencialmente atingidos pela decisão.

Enunciado 83. Caso os embargos de divergência impliquem alteração das conclusões do julgamento anterior, o recorrido que já tiver interposto o recurso extraordinário terá o direito de complementar ou alterar suas razões, nos exatos limites da modificação, no prazo de quinze dias, contados da intimação da decisão dos embargos de divergência.

Enunciado 135. É admissível a concessão de tutela da evidência fundada em tese firmada em incidente de assunção de competência.

Enunciado 136. A caução exigível em cumprimento provisório de sentença poderá ser dispensada se o julgado a ser cumprido estiver em consonância com tese firmada em incidente de assunção de competência.

Enunciado 137. Se o recurso do qual se originou a decisão embargada comportou a aplicação da técnica do art. 942 do CPC, os declaratórios eventualmente opostos serão julgados com a composição ampliada.

Enunciado 138. É cabível reclamação contra acórdão que aplicou indevidamente tese jurídica firmada em acórdão proferido em julgamento de recursos extraordinário ou especial repetitivos, após o esgotamento das instâncias ordinárias, por analogia ao quanto previsto no art. 988, § 4º, do CPC.

Enunciado 139. A ausência de retratação do órgão julgador, na hipótese prevista no art. 1030, II, do CPC, dispensa a ratificação expressa para que haja o juízo de admissibilidade e a eventual remessa do recurso extraordinário ou especial ao tribunal superior competente, na forma dos arts. 1.030, V, "c", e 1.041 do CPC.

Enunciado 140. A suspensão de processos pendentes, individuais ou coletivos, que tramitam no Estado ou na região prevista no art. 982, I, do CPC não é decorrência automática e necessária da admissão do IRDR, competindo ao relator ou ao colegiado decidir acerca da sua conveniência.

Enunciado 141. É possível a conversão de Incidente de Assunção de Competência em Incidente de Resolução de Demandas Repetitivas, se demonstrada a efetiva repetição de processos em que se discute a mesma questão de direito.

Enunciado 142. Determinada a suspensão decorrente da admissão do IRDR (art. 982, I), a alegação de distinção entre a questão jurídica versada em uma demanda em curso e aquela a ser julgada no incidente será veiculada por meio do requerimento previsto no art. 1.037, § 10.

Enunciado 143. O pedido de revisão da tese jurídica firmada no incidente de resolução de demandas repetitivas pode ser feita pelas partes, nos termos do art. 977, II, do CPC/2015.

Enunciado 144. No caso de apelação, o deferimento de tutela provisória em sentença retira-lhe o efeito suspensivo referente ao capítulo atingido pela tutela.

Enunciado 145. O recurso cabível contra a decisão que julga a liquidação de sentença é o Agravo de Instrumento.

Enunciado 168. Salvo nos casos de competência originária dos tribunais, o incidente de desconsideração da personalidade jurídica deve ser instaurado em primeiro grau.

Enunciado 173. O prazo para interpor agravo de instrumento em face da decisão de saneamento e organização do processo começa após o julgamento do pedido de ajustes e esclarecimentos ou do término do prazo previsto no art. 357, §1º, do CPC, caso as partes deixem de apresentar referida manifestação.

Enunciados das Jornadas de Direito Processual Civil do CJF   281

Enunciado 174. As exceções à obrigatoriedade de remessa necessária previstas no art. 496, §§ 3º e 4º, do CPC, aplicam-se ao procedimento de mandado de segurança.

Enunciado 180. A manifestação expressa da Fazenda Pública reconhecendo a procedência do pedido ou o desinteresse de recorrer da decisão judicial afasta a exigência da remessa necessária (art. 496, § 4º, inciso IV, do CPC).

Enunciado 186. Na hipótese de julgamento de recurso não unânime, o acórdão somente poderá ser publicado com a integralidade dos votos (vencedor e vencido) e seus respectivos fundamentos, sob pena de nova publicação.

Enunciado 187. É vedada a revisão pelo julgador substituto do voto proferido pelo substituído, no julgamento estendido previsto no art. 942 do CPC.

Enunciado 188. Os votos proferidos nos julgamentos virtuais dos tribunais devem ser publicizados em tempo real, à medida que forem sendo disponibilizados pelos julgadores.

Enunciado 189. Apesar da dicção do art. 1.009, §1º, do CPC, as decisões não agraváveis estão sujeitas à preclusão, que ocorrerá quando não houver impugnação em apelação ou em contrarrazões de apelação (preclusão diferida).

Enunciado 190. No caso de serem acolhidos, por maioria e com efeitos infringentes, os embargos de declaração opostos contra acórdão que julgou unanimemente a apelação, o julgamento deverá ter prosseguimento nos termos do art. 942 do CPC.

Enunciado 191. Cabe recurso em face de decisão que defere ou indefere pedido de tutela provisória no rito dos Juizados Especiais da Fazenda Pública no âmbito dos Estados, do Distrito Federal, dos Territórios e dos Municípios, regido pela Lei n. 12.153/2009.

Enunciado 192. É admissível sustentação oral no agravo interposto contra a decisão do presidente em suspensão de segurança, de liminar, de sentença e de medidas congêneres propostas pelo Poder Público.

Enunciado 193. A técnica de ampliação do colegiado é aplicável a qualquer hipótese de divergência no julgamento da apelação, seja no juízo de admissibilidade ou no de mérito.

Enunciado 194. Havendo dispersão quantitativa ou qualitativa de votos, caberá ao órgão colegiado definir o critério de desempate da votação em questão de ordem quando não houver previsão em regimento interno.

Enunciado 195. Se o agravo de instrumento for inadmitido quando impugnada decisão interlocutória com base no Tema Repetitivo 988 do STJ (taxatividade mitigada), caberá a impugnação da mesma decisão interlocutória em preliminar de apelação ou contrarrazões.

Enunciado 196. O tribunal não deve acolher ação rescisória com base em causa de pedir diversa daquela indicada na petição inicial.

282 Manual Prático da Advocacia Cível nos Tribunais

Enunciado 197. Para a comprovação de feriado local, é suficiente a juntada do calendário do tribunal de origem.

Enunciado 198. Caberá reclamação às Cortes superiores, nos termos do art. 988, inciso I, do CPC, quando o presidente de tribunal analisar pedido de suspensão de liminar deferida por um de seus pares ou por órgão fracionário do próprio tribunal.

Enunciado 199. Nos tribunais, os embargos de declaração poderão ser apresentados em mesa na primeira sessão subsequente ao seu protocolo, ressalvando-se regra regimental distinta (CPC, art. 1.024, §1º).

Enunciado 200. Cabe agravo de instrumento da decisão interlocutória que determinar a emenda da petição inicial da ação monitória, para adequação ao procedimento comum, por ser decisão interlocutória de indeferimento de tutela da evidência.

Enunciado 201. É aplicável o princípio da fungibilidade recursal quando o erro na interposição do recurso decorre da nomenclatura usada na decisão pelo magistrado.

Enunciado 202. No microssistema de julgamento de causas repetitivas, o controle da legitimidade para intervenção deve ocorrer a partir da análise: a) da contribuição argumentativa; b) da representatividade dos membros do grupo; e c) do grau de interesse na controvérsia.

Enunciado 204. A afetação de um Recurso Extraordinário ou Especial como repetitivo não pressupõe a existência de decisões conflitantes sobre a questão de direito material ou processual submetida a julgamento.

Enunciado 204. A afetação de um Recurso Extraordinário ou Especial como repetitivo não pressupõe a existência de decisões conflitantes sobre a questão de direito material ou processual submetida a julgamento.

Enunciado 205. A fundamentação da superação de tese firmada em recurso repetitivo deve apontar, expressamente, os critérios autorizadores da superação de precedentes. incongruência social ou inconsistência sistêmica.

Enunciado 206. Admite-se a propositura de ação rescisória fundada em acórdão proferido em julgamento de Incidente de Assunção de Competência (IAC) (art. 966, inciso V, e § 5º, CPC).

Enunciado 207. Nos processos em que houver intervenção de *amicus curiae*, deve-se garantir o efetivo diálogo processual e, por consequência, constar na fundamentação da decisão proferida a adequada manifestação acerca dos argumentos por ele trazidos.

Enunciado 208. A orientação contida no acórdão de mérito dos embargos de divergência se enquadra no comando do art. 927, inciso V, do CPC se este for proferido pelo Plenário do Supremo Tribunal Federal, pelas seções ou pela Corte Especial do Superior Tribunal de Justiça.

Enunciados das Jornadas de Direito Processual Civil do CJF

Enunciado 216. Na hipótese de o acolhimento da impugnação acarretar a extinção do cumprimento de sentença, a natureza jurídica da decisão é sentença e o recurso cabível é apelação; caso o acolhimento não impedir a continuidade dos atos executivos, trata-se de decisão interlocutória sujeita a agravo de instrumento (art. 1.015, parágrafo único, do CPC).

Enunciado 218. A decisão a que se refere o art. 903, § 2º, do CPC é interlocutória e impugnável por agravo de instrumento (art. 1.015, parágrafo único, do CPC).

Enunciado 237. No julgamento de casos repetitivos, havendo entre as causas uma ação coletiva, esta deve, preferencialmente, ser escolhida como representativa da controvérsia.

ENUNCIADOS DO FÓRUM PERMANENTE DE PROCESSUALISTAS CIVIS – FPPC

Enunciado 29. É agravável o pronunciamento judicial que postergar a análise do pedido de tutela provisória ou condicionar sua apreciação ao pagamento de custas ou a qualquer outra exigência.

Enunciado 82. É dever do relator, e não faculdade, conceder o prazo ao recorrente para sanar o vício ou complementar a documentação exigível, antes de inadmitir qualquer recurso, inclusive os excepcionais.

Enunciado 83. Fica superado o enunciado 115 da súmula do STJ após a entrada em vigor do CPC ("Na instância especial é inexistente recurso interposto por advogado sem procuração nos autos").

Enunciado 87. A instauração do incidente de resolução de demandas repetitivas não pressupõe a existência de grande quantidade de processos versando sobre a mesma questão, mas preponderantemente o risco de quebra da isonomia e de ofensa à segurança jurídica.

Enunciado 88. Não existe limitação de matérias de direito passíveis de gerar a instauração do incidente de resolução de demandas repetitivas e, por isso, não é admissível qualquer interpretação que, por tal fundamento, restrinja seu cabimento.

Enunciado 89. Havendo apresentação de mais de um pedido de instauração do incidente de resolução de demandas repetitivas perante o mesmo tribunal todos deverão ser apensados e processados conjuntamente; os que forem oferecidos posteriormente à decisão de admissão serão apensados e sobrestados, cabendo ao órgão julgador considerar as razões neles apresentadas.

Enunciado 90. É admissível a instauração de mais de um incidente de resolução de demandas repetitivas versando sobre a mesma questão de direito perante tribunais de 2º grau diferentes.

Enunciado 91. Cabe ao órgão colegiado realizar o juízo de admissibilidade do incidente de resolução de demandas repetitivas, sendo vedada a decisão monocrática.

Enunciado 97. É de cinco dias o prazo para efetuar o preparo.

Enunciado 103. A decisão parcial proferida no curso do processo com fundamento no art. 487, I, sujeita-se a recurso de agravo de instrumento.

Enunciado 104. O princípio da fungibilidade recursal é compatível com o NCPC e alcança todos os recursos, sendo aplicável de ofício.

Enunciados do Fórum Permanente de Processualistas Civis – FPPC   285

Enunciado 154. É cabível agravo de instrumento contra ato decisório que indefere parcialmente a petição inicial ou a reconvenção.

Enunciado 166. A aplicação dos enunciados das súmulas deve ser realizada a partir dos precedentes que os formaram e dos que os aplicaram posteriormente.

Enunciado 174. A realização da distinção compete a qualquer órgão jurisdicional, independente da origem do precedente invocado.

Enunciado 177. A decisão interlocutória que julga procedente o pedido para condenar o réu a prestar contas, por ser de mérito, é recorrível por agravo de instrumento.

Enunciado 197. Aplica-se o disposto no parágrafo único do art. 932 aos vícios sanáveis de todos os recursos, inclusive dos recursos excepcionais.

Enunciado 233. Ficam superados os enunciados 88, 169, 207, 255 e 390 da súmula do STJ como consequência da eliminação dos embargos infringentes ("São admissíveis embargos infringentes em processo falimentar"; "São inadmissíveis embargos infringentes no processo de mandado de segurança"; "É inadmissível recurso especial quando cabíveis embargos infringentes contra o acórdão proferido no tribunal de origem"; "Cabem embargos infringentes contra acórdão, proferido por 38 maioria, em agravo retido, quando se tratar de matéria de mérito"; "Nas decisões por maioria, em reexame necessário, não se admitem embargos infringentes").

Enunciado 306. O precedente vinculante não será seguido quando o juiz ou tribunal distinguir o caso sob julgamento, demonstrando, fundamentalmente, tratar-se de situação particularizada por hipótese fática distinta, a impor solução jurídica diversa.

Enunciado 307. Reconhecida a insuficiência da sua fundamentação, o tribunal decretará a nulidade da sentença e, preenchidos os pressupostos do § 3º do art. 1.013, decidirá desde logo o mérito da causa.

Enunciado 314. As decisões judiciais devem respeitar os precedentes do Supremo Tribunal Federal, em matéria constitucional, e do Superior Tribunal de Justiça, em matéria infraconstitucional federal.

Enunciado 316. A estabilidade da jurisprudência do tribunal depende também da observância de seus próprios precedentes, inclusive por seus órgãos fracionários.

Enunciado 323. A formação dos precedentes observará os princípios da legalidade, da segurança jurídica, da proteção da confiança e da isonomia.

Enunciado 342. O incidente de resolução de demandas repetitivas aplica-se a recurso, a remessa necessária ou a qualquer causa de competência originária.

Enunciado 343. O incidente de resolução de demandas repetitivas compete a tribunal de justiça ou tribunal regional.

286   *Manual Prático da Advocacia Cível nos Tribunais*

Enunciado 344. A instauração do incidente pressupõe a existência de processo pendente no respectivo tribunal.

Enunciado 345. O incidente de resolução de demandas repetitivas e o julgamento dos recursos extraordinários e especiais repetitivos formam um microssistema de solução de casos repetitivos, cujas normas de regência se complementam reciprocamente e devem ser interpretadas conjuntamente.

Enunciado 346. A Lei n. 13.015, de 21 de julho de 2014, compõe o microssistema de solução de casos repetitivos.

Enunciado 351. O regime da recorribilidade das interlocutórias do CPC aplica-se ao procedimento do mandado de segurança.

Enunciado 354. O art. 1.009, § 1º, não se aplica às decisões publicadas em cartório ou disponibilizadas nos autos eletrônicos antes da entrada em vigor do CPC.

Enunciado 355. Se, no mesmo processo, houver questões resolvidas na fase de conhecimento em relação às quais foi interposto agravo retido na vigência do CPC/73, e questões resolvidas na fase de conhecimento em relação às quais não se operou a preclusão por força do art. 1.009, § 1º, do CPC, aplicar-se--á ao recurso de apelação o art. 523, § 1º, do CPC/73 em relação àquelas, e o art. 1.009, § 1º, do CPC em relação a estas.

Enunciado 358. A aplicação da multa prevista no art. 1.021, § 4º, exige manifesta inadmissibilidade ou manifesta improcedência.

Enunciado 359. A aplicação da multa prevista no art. 1.021, § 4º, exige que a manifesta inadmissibilidade seja declarada por unanimidade.

Enunciado 390. Resolvida a desconsideração da personalidade jurídica na sentença, caberá apelação.

Enunciado 435. Cabe agravo de instrumento contra a decisão do juiz que, diante do reconhecimento de competência pelo juízo arbitral, se recusar a extinguir o processo judicial sem resolução de mérito.

Enunciado 453. A estabilidade a que se refere o *caput* do art. 926 consiste no dever de os tribunais observarem os próprios precedentes.

Enunciado 454. Uma das dimensões da coerência a que se refere o *caput* do art. 926 consiste em os tribunais não ignorarem seus próprios precedentes (dever de autorreferência).

Enunciado 455. Uma das dimensões do dever de coerência significa o dever de não contradição, ou seja, o dever de os tribunais não decidirem casos análogos contrariamente às decisões anteriores, salvo distinção ou superação.

Enunciado 456. Uma das dimensões do dever de integridade consiste em os tribunais decidirem em conformidade com a unidade do ordenamento jurídico.

Enunciado 457. Uma das dimensões do dever de integridade previsto no *caput* do art. 926 consiste na observância das técnicas de distinção e superação

Enunciados do Fórum Permanente de Processualistas Civis – FPPC

dos precedentes, sempre que necessário para adequar esse entendimento à interpretação contemporânea do ordenamento jurídico.

Enunciado 458. Para a aplicação, de ofício, de precedente vinculante, o órgão julgador deve intimar previamente as partes para que se manifestem sobre ele.

Enunciado 459. As normas sobre fundamentação adequada quanto à distinção e superação e sobre a observância somente dos argumentos submetidos ao contraditório são aplicáveis a todo o microssistema de formação de precedentes.

Enunciado 463. O parágrafo único do art. 932 e o art. 933 devem ser aplicados aos recursos interpostos antes da entrada em vigor do CPC/2015 e ainda pendentes de julgamento.

Enunciado 466. A técnica do art. 942 não se aplica aos embargos infringentes pendentes ao tempo do início da vigência do CPC, cujo julgamento deverá ocorrer nos termos dos arts. 530 e seguintes do CPC de 1973.

Enunciado 550. A inexistência de repercussão geral da questão constitucional discutida no recurso extraordinário é vício insanável, não se aplicando o dever de prevenção de que trata o parágrafo único do art. 932, sem prejuízo do disposto no art. 1.033.

Enunciado 551. Cabe ao relator, antes de não conhecer do recurso por intempestividade, conceder o prazo de cinco dias úteis para que o recorrente prove qualquer causa de prorrogação, suspensão ou interrupção do prazo recursal a justificar a tempestividade do recurso.

Enunciado 552. Não se aplica a técnica de ampliação do colegiado em caso de julgamento não unânime no âmbito dos Juizados Especiais.

Enunciado 556. É irrecorrível a decisão do órgão colegiado que, em sede de juízo de admissibilidade, rejeita a instauração do incidente de resolução de demandas repetitivas, salvo o cabimento dos embargos de declaração.

Enunciado 559. O efeito suspensivo *ope legis* do recurso de apelação não obsta a eficácia das decisões interlocutórias nele impugnadas.

Enunciado 560. As decisões de que tratam os arts. 22, 23 e 24 da Lei n. 11.340/2006 (Lei Maria da Penha), quando enquadradas nas hipóteses do inciso I, do art. 1.015, podem desafiar agravo de instrumento.

Enunciado 593. Antes de inadmitir o recurso especial ou recurso extraordinário, cabe ao presidente ou vice-presidente do tribunal recorrido conceder o prazo de cinco dias ao recorrente para que seja sanado o vício ou complementada a documentação exigível, nos termos do parágrafo único do art. 932.

Enunciado 599. A revisão do voto, após a ampliação do colegiado, não afasta a aplicação da técnica de julgamento do art. 942.

288 Manual Prático da Advocacia Cível nos Tribunais

Enunciado 605. Os juízes e as partes com processos no Juizado Especial podem suscitar a instauração do incidente de resolução de demandas repetitivas.

Enunciado 611. Na hipótese de decisão parcial com fundamento no art. 485 ou no art. 487, as questões exclusivamente a ela relacionadas e resolvidas anteriormente, quando não recorríveis de imediato, devem ser impugnadas em preliminar do agravo de instrumento ou nas contrarrazões.

Enunciado 612. Cabe agravo de instrumento contra decisão interlocutória que, apreciando pedido de concessão integral da gratuidade da Justiça, defere a redução percentual ou o parcelamento de despesas processuais.

ENUNCIADOS DA ESCOLA NACIONAL DE FORMAÇÃO E APERFEIÇOAMENTO DE MAGISTRADOS – ENFAM

Enunciado 9. É ônus da parte, para os fins do disposto no art. 489, § 1º, V e VI, do CPC/2015, identificar os fundamentos determinantes ou demonstrar a existência de distinção no caso em julgamento ou a superação do entendimento, sempre que invocar jurisprudência, precedente ou enunciado de súmula.

Enunciado 11. Os precedentes a que se referem os incisos V e VI do § 1º do art. 489 do CPC/2015 são apenas os mencionados no art. 927 e no inciso IV do art. 332.

Enunciado 19. A decisão que aplica a tese jurídica firmada em julgamento de casos repetitivos não precisa enfrentar os fundamentos já analisados na decisão paradigma, sendo suficiente, para fins de atendimento das exigências constantes no art. 489, § 1º, do CPC/2015, a correlação fática e jurídica entre o caso concreto e aquele apreciado no incidente de solução concentrada.

Enunciado 21. O IRDR pode ser suscitado com base em demandas repetitivas em curso nos juizados especiais.

Enunciado 22. A instauração do IRDR não pressupõe a existência de processo pendente no respectivo tribunal.

Enunciado 44. Admite-se o IRDR nos juizados especiais, que deverá ser julgado por órgão colegiado de uniformização do próprio sistema.

Referências Bibliográficas

ALVIM, Arruda. *Novo contencioso cível no CPC/2015*. São Paulo: RT, 2016.

ALVIM, Eduardo Arruda. *Direito processual civil*. 5. ed. rev. atual. e ampl. São Paulo: RT, 2013.

AMARAL DOS SANTOS, Moacyr. *Primeiras linhas de direito processual civil*. 28. ed. São Paulo: Saraiva, 2012. v. 3.

ASSIS, Araken de. *Manual dos recursos*. 8. ed. São Paulo: RT, 2016.

BARBOSA MOREIRA, José Carlos. *Comentários ao Código de Processo Civil*. 11. ed. Rio de Janeiro: Forense, 2003. v. 5.

BARBOSA MOREIRA, *O novo processo civil brasileiro*. 23. ed. Rio de Janeiro: Forense, 2005.

CUNHA, Leonardo Carneiro da; DIDIER JUNIOR, Fredie. Apelação contra decisão interlocutória não agravável: a apelação do vencido e a apelação subordinada do vencedor: duas possibilidades do CPC/2015. *Revista Thesis Juris*, São Paulo, v. 4, n. 1, p. 191, jan.-jun. 2015.

DINAMARCO, Candido Rangel. *Instituições de Direito Processual Civil*. 6. ed. São Paulo: Malheiros, 2009. v. 3.

MARINONI, Luiz Guilherme. *Precedentes obrigatórios*. 4. ed. rev., atual., e ampl. São Paulo: RT, 2016.

MARINONI, Luiz Guilherme; ARENHART, Sérgio Cruz; MITIDIERO, Daniel. *Novo curso de processo civil*. São Paulo: RT, 2015. v. 2.